So no firm line divides jurisprudence from adjudication or any other aspect of legal practice.

因此,在法理学与判案或法律实践的任何其他方面之间,不能划出一条固定不变的界线。

——［美］Ronald .Myles . Dworkin（罗纳德·德沃金）著:

Law's Empire(《法律帝国》)

法律实践丛刊第1卷
Practice of Law Vol.1

司法视野中的公证保全证据

Evidence Preservation Notarization
in the Judicial Scope

薛 凡 主编
Chief Editor: Xue Fan

在下沉、下沉的世界里上升、上升、上升

——编者按

> 当代中国社会公证保全证据活动的蓬勃兴起，不仅对于预防纠纷，而且对于解决纠纷以及保护知识产权乃至实现司法公正所起的促进作用，展现了一幅全新的波澜壮阔的法律实践图景。

本丛刊名为"法律实践"，顾名思义，编者的初衷是更多地从法律实践而不纯粹是从学理出发去关注和探讨一些有意义的问题。

需要追问的是，何为"法律实践"？显然，它理应比法学研究中常用的司法实践一词的含义更为广阔一些，因而可能更为全景和立体。以本卷丛刊的主题为例，"司法视野中的公证保全证据"意味着是从司法或者说诉讼的视角对公证保全证据活动进行多方位的分析。当代中国处在社会转型时期，十多年前我在一个学术研讨会上发言时曾经提出过一个观点：这一时期许多新型的法律问题可能不是首先出现在法官面前，而是首先出现在公证人或律师面前（参见薛凡：《公证人的职业地位及职业价值》，载《中国司法》2002年第8期），公证保全证据活动无疑是一个鲜明的实例。当代中国社会公证保全证据活动的蓬勃兴起，不仅对于预防纠纷，而且对于解决纠纷以及保护知识产权乃至实现司法公正所起的促进作用，展现了一幅全新的波澜壮阔的法律实践图景，它不仅广涉审判活动、公证活动、律师活动和立法活动多个领域，并且对于既有的法学理论研究和法学教育也提供了诸多富有思考价值的新问题，因而，丛刊定位于"法律实践"，意在从法律实践本身出发，尽可能从整体意义上研究其中出现的各类纷繁复杂的现象，以期有助于包括法官、公证人、律师等在内的法律职业人以及法科学子和研究人员增广视野。

本卷丛刊设先睹为快、特稿、比较研究、前沿探讨、争鸣园地、案例分析、法律与文学、评论与随笔、编后小记共九个栏目。

司法视野中的公证保全证据

……值得特别关注的是两个公正之间的内在联系,即公证保全证据活动之公正对于司法公正可能带来的影响。

一、先睹为快

本栏目带有阅读导航性质,从每位作者的文章中各选出一句点睛之语,以收窥一斑见全豹之功效。

二、特稿

本栏目主要刊发大容量篇幅的文稿,这在国外一些法学连续出版物中时有所见。本卷"特稿"栏目发表我个人的专著《公证保全证据司法观点与实务初步研究》节选本,全书逾20万字,这里刊出的部分内容,为全书篇幅二分之一以上。2010年3月初一个雪后初晴的早晨,我在京讲学之暇动笔。纷繁的日常生活缝隙之间,忙碌的公务和教学之余,多少个阅读、沉思和写作的昼与夜一晃而过。我的要旨在于从促进司法公正的实现出发,更多地由实务的层面,围绕公证保全证据这一准司法活动,努力促成两个范畴的共识,一是公证保全证据活动的实施者公证人群体的共识,一是更大范围也就是法律职业共同体范围内法官、公证人、律师以及学者之间对于公证保全证据活动的共识。在风格上,本书不囿于纯学术色彩,而力求融实证调研与法理探究于一体,书中涉及的相当一部分民事、行政诉讼或公证保全证据案件素材源于大量原始文献,包括裁判文书和公证文书、法院和公证系统的自办刊物、案卷、调研报告、会议纪要,等等,此外还有一些媒体的报道,而且在引用时尽可能存真即保留素材的原貌。在学理上,我有感于一些真问题,提出了相当一部分个人见解。在我看来,值得特别关注的是两个公正之间的内在联系,即公证保全证据活动之公正对于司法公正可能带来的影响。作为中国司法制度的"双子星座",公证制度与审判制度的宗旨一为预防纠纷,一为解决纠纷,制度设计的本意能否实现,最终可能还是要落实在对于法律职业人之职业行为准则、职业伦理及技术等的引领和规范上。

公证保全证据活动的重要价值不言而喻，作为这一活动的实施者，公证人素养的提升显然是一个迫在眉睫而又长远的任务，每念及此，就会想到著名学者、上海社会科学院副院长、法学研究所所长、上海市法官检察官遴选（惩戒）委员会委员叶青教授的一句精辟之言（《公证研讨》2013年第1期"倾听"栏目）：

> 公证人作为争议的预防者，对于公证人素质的要求不比争议的解决者法官要低，甚至应该更高。

回到本卷丛刊的主题，有必要一提的是，早在十年前问世的由叶青先生和中国公证协会副会长、上海市公证协会会长、上海市东方公证处主任黄群先生联袂主编的《中国公证制度研究》（上海社会科学院出版社2004年版）一书，迄今依然是最为贴近法律实践的汉语公证法学论著之一，书中对于公证保全证据的一些论述，特别是有关公证保全证据活动与司法活动关系的理解，即"公证保全证据可以依当事人申请随时随地进行，即使为了诉讼需要，它可以在诉讼前进行，也可以在诉讼期间进行；……"（第289页），不仅在当时而言极为超前，而且也为后来的法律实践所印证，对此，本卷丛刊中的若干文章都有所涉及。

三、比较研究

本栏目刊登郑云鹏先生的《台湾地区公证人保全证据之功能与案例探讨》。云鹏先生为台湾地区郑云鹏民间公证人事务所负责人，实务持续精进的同时，学术上也富有建树，是台湾地区第一位公证法学博士，此文即选自其博士论文《公证文书之效力及瑕疵公证文书救济方法之研究——以公证文书在民法、民事诉讼法、强制执行法所生之效力为中心》（台湾私立东海大学法律学研究所2010年博士论文）。十多年前，我和云鹏先生初会于泰山脚下由时任山东省公证处主任、数年来于公证理论研究和应用之

司法视野中的公证保全证据

> 对别人制度的比较，就是对自己制度的反思。

路不懈前行的刘疆先生发起的首届"齐鲁公证论坛"，此后多有学术交往。记得2013年11月，在上海举行的海峡两岸公证事务研讨会上，云鹏先生有一句话令我印象深刻：对别人制度的比较，就是对自己制度的反思。此文向我们展现了台湾地区公证保全证据即私权事实体验活动的概貌，可资大陆地区法官和公证人予以比较。在台湾地区民事司法领域，公证人之保全证据除促进程序、节省劳费之外，在协助法官认定事实、保存证据之新鲜度方面有着更为显著的作用。文章从台湾地区的私权事实体验公证书在智慧财产权诉讼中的实际运用着手，通过对台湾地区"智慧财产法院"民事判决实例的分析，解析了公证人保全证据之功能，检讨该项制度运用的实况，并对公证人保全证据的发展予以展望。值得一提的是，云鹏先生在文章后所附"作者感言"也是我作为此文的第一读者甚为欣赏的，现不避赘言，摘抄于此：

> 自从1993年进入公证界，迄今已二十载，并持续于公证法学的探索，常以苏轼《定风波》里的句子自况："莫听穿竹打叶声，何妨吟啸且徐行。竹杖芒鞋轻胜马，谁怕？一蓑烟雨任平生。"

四、前沿探讨

关于公证保全证据，北京市公证协会监事长、北京市方正公证处主任王士刚先生曾有言（王士刚：《深入研究工作方法 提高公证服务质量》，载北京市方正公证处《思考》2014年第1期）：

> ……证据保全公证对于我们应该不是新业务……对事实与行为的保全，确保了当事人证据的真实性，为纠纷的解决提供了保障，这类业务越来越受到社会的认可。对此类业务的办理我们也越来越纯熟。但，我们发现"熟练"的业务，

往往会出现疏忽；惯性思维往往让我们忽略了深层次的思考。

但愿，本卷丛刊"前沿探讨"栏目和其他栏目的文章是王士刚先生所倡导的深层次的思考的起步。

本栏目追踪探讨法律实践中具有前沿意义的新情况、新问题，此次发表的是张宇衡的《法院"启动"保全证据公证程序——诉讼与公证互涉现象浅析》。一般而言，公证保全证据程序通常是由与所保全证据存在实际利害关系的公证当事人向公证人申请启动，但在现实中这未必是启动公证保全证据程序的唯一方式，由法院"启动"公证保全证据程序这一新型法律现象已经逐步走进人们的视野。事实上，在我国民事司法活动中，这一实践模式已有颇为广泛的运用。法院"启动"公证保全证据程序的实践是否有法律依据？是否兼容于民事司法理论和公证理论？在此类案件中，法官与公证人、裁判权与公证权又当保持何种关系？此文对此类诉讼与公证互涉的法律现象进行了实证分析和法理追问，以实现对上述问题的解答。

五、争鸣园地

本栏目刊登王晓华博士的《公证保全证据是否止于民事领域——公证保全证据适用范围扩张初探》。在民事领域，公证保全证据已经发挥了显著的预防以及参与解决纠纷、便利诉讼的功能。作者通过法律实践中的个案已经注意到，在行政执法与行政诉讼以至刑事自诉等领域，是否也有可能存在公证保全证据的需求？文章认为，或许公证保全证据的特点决定了它在民事以外的某些领域也有存在的必要，并且能够更好地维护司法正义和社会公正。公证保全证据对于保障当事人的取证权有先天的优势，同时也能够为审判活动和行政执法活动提供信用支撑。民事以外领域若适用公证保全证据必须符合法律的规定，同时也存在一定的界限，包括不能突破正当程序、应当遵循最佳证据规则等。

六、案例分析

本栏目集中探讨了民事诉讼领域两个有一定标志性的涉及公证保全证据的典型案例,所谓标志性,是指审判权与公证权在民事诉讼活动中交互运作,而且这两个案例都是国内"首例",一是首例民事诉讼活动的公证保全,一是首例公证保全证据引发的涉隐私权侵权诉讼。

第一篇是彭建波的《当公证走近法庭——从国内首例公证远程作证案谈公证与审判的契合和互补》。"多设一家公证人事务所,就可以少设一个法院",西班牙的这句法谚一直以来被认为是对公证制度预防纠纷价值最为生动的诠释。然而,此文分析的案例在国内首开先河,不论在审判机关、公证行业还是学界都受到关注,其基本背景是数据时代民事审判活动和公证活动同步在线运行,进而言之,公证保全证据活动融入了民事诉讼的过程。世界的变化,远远超出了我们的感觉,科学技术的发展改变着人类生活,理所当然也改变着法律实践。记得 2010 年底,我在北京参加一个学术活动期间,向中国民事诉讼法学研究会会长、清华大学法学院教授张卫平先生介绍了这一公证保全证据案件,当时我个人的理解还止于此案属于公证保全证人证言,张卫平先生不愧为法学大家,当即敏锐地指出,这个案子已经不是传统意义上的公证保全证人证言,而是民事诉讼活动的公证保全,这一观点令我豁然开朗。此后,在我主持的一些教学和研究活动中,多次请自己教过的几位研究生从不同角度对这一案例作过专题研讨,本案的承办法官、承办公证员也曾发表过办案心得,在我编的两本书《公证文书改革参考》(厦门大学出版社 2012 年版)以及《公证的中国进路——司法第六辑》(厦门大学出版社 2011 年版)中可以读到相关研究成果。此次彭建波的文章对这一案例的研究是更进一步的"集大成"之作。作者指出,除了在法庭之外、诉讼之前防范纠纷于未然,通过公证保全证据活动,公证人还可以成为法官的一双眼睛,共同致力于化解矛盾、定纷止争。此文从原汁原味的案例素材展开，全面展现了法官、公证人、法学专家对该案的思考，对公证介入远程作证的若干争议从法理上予以回应，并从实务操作层面提出了若干合理化建议，以期推动民事审判与公证保全证据实现良性互动和完美契合。

第二篇是蒋浩的《网络侵权公证保全证据的司法评价与风险防范——兼评全国首例公证保全证据引发的涉隐私权诉讼案》。本案几经媒体报道，在法律职业人群体中备受瞩目。判决生效后，我即约请本案一审法院上海市普陀区人民法院研究室副主任蒋浩撰写案例分析。作者现为法官，此前曾从事过公证实务，因此对本案所作的分析显然具有"跨界"的宽广视野。文章由全国首例公证保全"婚外情"电子邮件引发的以公证机构为被告的涉隐私权纠纷案出发，回应了面对涉及网络隐私的证据，公证人能否进行保全，边界几何，司法如何评价等问题。

七、法律与文学

本栏目刊发两篇文章，一为黄顿的《大义凛然或保持客观——由小说〈公证人〉看公证保全证据中公证人和法官的定位》，一为陈婕婷的《绝对中立：在控辩双方之间——解读电影〈套利交易〉中的公证人保全证据》。

研究法律实践，需要有素材来源，不然就有可能像许多常见的法学文章那样，仅仅满足甚至陶醉于说"我认为"，也就是从观点到观点，其实更为重要的是，我们需要自问，支撑自己观点的依据究竟有哪些？在我看来，依据之一就是素材。按照我个人的理解，研究法律实践的素材来源至少有三，一是如前提到的原始文献，诸如法院或公证机构的案卷、裁判文书、公证文书等；一是二手文献，如媒体的报道等，本卷丛刊中的文章大多引用了这些素材；一是虚构作品，包括法律题材或有法律活动场景的电视剧、电影、小说等，这类素材在国内法学研究和教学中显然远

司法视野中的公证保全证据

未引起应有的重视,在不少法科学子的知识库存中也属于空白。本栏目两篇文章中,作为分析对象的两部虚构作品包括国内出版的长篇小说并已改编为同名电视剧的《公证人》、美国电影《套利交易》(Arbitrage),都是我在一些大学授课时向学生们推荐的研究素材。

黄顿的文章通过小说《公证人》中一个公证保全证据的故事,引发了对现实生活中公证保全证据司法适用的思考,进而将小说中和现实中的公证保全证据活动进行比较:小说中所展示的公证人更多的是大义凛然的形象,现实中的公证人却更应体现客观、公正。在此基础上,结合公证保全证据活动与司法活动,作者展开了对公证人和法官各自职业定位的思考:公证人必须保持客观,着重解决事实问题,法官同样需要保持客观,根据证据裁判原则审查经公证保全的证据,以解决法律问题。此文也是黄顿又一篇以《公证人》为研究对象思考法律实践和法理问题的精心之作,前一篇文章《居中而立的法律使者——〈公证人〉读后》刊于《公证的中国进路》一书,感兴趣的读者可以参阅。

陈婕婷的文章以美国电影《套利交易》作为分析载体,从电影跌宕起伏的故事情节中解读了美国公证人保全的证据在对抗制诉讼活动中具备的特殊证据效力,确保此种特殊证据效力有赖于法官和公证人的绝对中立,并分析了公证保全证据在中国现阶段的适用情况以及某些限制性因素,进而提出应当继续改革和完善中国公证体制,实现公证人和公证权的真正独立。

可以一提的是,本卷丛刊作者除郑云鹏、蒋浩先生和其他个别作者外,大都是我在国内多所大学曾经教过的法学研究生,许多个教学相长的日子历历在目,昔日的青涩学子渐已开始成材,其中一些学生已经抵达法律实践一线,黄顿、彭建波在法院都已有了参与审理案件的实践,张宇衡也已供职于公证机构,开始亲密接触包括保全证据在内的公证事务,期盼他们在促成个案公正的职业生涯中,能够保持正直并且保持法学研究的热情。

八、评论与随笔

本栏目设论坛、法言译萃两个子栏目,各刊登钱一栋的《花开两头 一枝独秀——社会治理视域中公证与诉讼保全证据的关系》以及薛骏的《权利:古与今》。

钱一栋的文章定位于著名学者、中国法理学研究会副会长、复旦大学法学院院长孙笑侠教授有关公证权系社会公共权力之界定,从两个方面探讨了公证保全证据与诉讼保全证据的关系:一是两类保全证据活动在社会治理架构中的分工与合作关系;二是相较于诉讼保全证据,公证保全证据具有中立性、广泛性、及时性、专业性的独特优势,进而讨论如何发挥公证保全证据的独特功用。文章旁征博引、视域宽阔,益于读者从更为理性的层面对公证保全证据活动进行深入思考。

在此特别需要提到钱一栋文章中所引用的中国公证协会王剑主任的论文《中国近现代公证制度开端之初考——东省特区及其法院与公证事务的由来》(载《公证研讨》2013年第2期),王剑先生此文的重要价值不仅在于廓清了中国近现代意义上公证制度的初始,结合本卷丛刊主题,此文更为重要的价值在于明确了中国近现代意义上的公证制度脱胎于司法制度,这和欧陆许多国家公证制度的走向并不同源。正因为此,最高人民法院司法改革领导小组办公室副主任蒋惠岭先生多年前提出的一个著名观点,即公证为"静态司法"、审判为"动态司法"(蒋惠岭:《〈关于公证机关赋予强制执行效力的债权文书执行有关问题的联合通知〉的理解与适用》,载最高人民法院执行工作办公室编:《强制执行指导与参考》2003年第1辑,法律出版社2003年版)概括十分精准,由上也可以佐证本卷丛刊的主题即由司法视角研究公证保全证据活动的意义。

薛骏的《权利:古与今》所译来自英语世界的箴言,虽篇幅简短,却堪深长思之,倘若结合本卷丛刊的主题再作一番思索,

> 公证为"静态司法"、审判为"动态司法"……

或许更能激起心灵的回声。

九、编后小记

　　本栏目主要刊登主编本人一些带有"广角镜"性质的文字，内容未必和丛刊的主题直接相关，而更多地驻足于思想的力量和乐趣。首篇文章题为《未来——职业和职业以外之随想》，所谓"职业和职业以外"，受启发于美国前国务卿、五星上将鲍威尔（Colin Luther Powell）的一句箴言："Avoid having your ego so close to your position that when your position falls, your ego goes with it." 鲍威尔此言，是我珍视的人生座右铭之一，网上的一些汉译似乎不是很妥帖，我尝试了一下，可否译为："避免和自己的职位贴得太近，以免职位不再之时泯灭了自我。"

　　"自我"何在？是否尽在自己的职位或所从事的职业之中？努力塑造一个完整的、真正意义上的自我，将有可能使自己的一切——当然也包括自己的职业——变得生动、丰富和精彩起来。

　　暑热之际、蝉鸣声中，赶写完这篇编者按，作为我个人创办的一本法学丛刊，主编和所有作者的真诚已经付出。此刻，思绪中忽然跃出齐格勒（Zig Ziglar）说过的一句至理名言，这也是他的一本畅销书的书名，国内已有中译本（潘岗译，中国社会科学出版社2003年版），十多年前，当我第一次读到这句话的时候就感受到一种温暖的力量给自己带来的鼓舞，特引于此，与同好分享并共勉：

　　Staying up, up, up in a down, down world
　　在下沉、下沉的世界里上升、上升、上升

薛　凡

二〇一四年八月三日草于沪上，十二月十八日改毕

目 录

在下沉、下沉的世界里上升、上升、上升——编者按

先睹为快 ··· 1

特稿
公证保全证据司法观点与实务初步研究 / 薛　凡 ············· 7

比较研究
台湾地区公证人保全证据之功能与案例探讨 / 郑云鹏 ······ 235

前沿探讨
法院"启动"公证保全证据程序
——诉讼与公证互涉现象浅析 / 张宇衡 ················ 253

争鸣园地
公证保全证据是否止于民事领域
——公证保全证据适用范围扩张初探 / 王晓华 ·········· 285

案例分析
当公证走近法庭
——从国内首例公证远程作证案谈审判与公证的契合和互补
／彭建波 ·· 305

网络隐私公证保全证据的司法评价与风险防范
——兼评全国首例公证保全证据引发的涉隐私权诉讼案
/ 蒋 浩·················331

法律与文学

大义凛然或是保持客观
——由小说《公证人》看公证保全证据中法官和公证人的定位
/ 黄 顿·················353

绝对中立：在控辩双方之间
——解读电影《套利交易》中的公证人保全证据 / 陈婕婷
·················365

评论与随笔

论坛

花开两头　一枝独秀
——社会治理视域中公证与诉讼保全证据的关系 / 钱一栋
·················383

法言译萃

权利：古与今 / 薛 骏·················408

编后小记

未 来
——职业和职业以外之随想 / 薛 凡·················413

Contents

Staying up, up, up in a down, down world—Editor's Note

First Sight ···1

Special Issue
A Brief Research on Judicial Opinion and Practice of Evidence Preservation Notarization / **Xue Fan** ·············7

Comparative Study
The Function and Case Analysis of Evidence Preservation Notarization in Taiwan Region / **Zheng Yunpeng** ·············235

Frontier Research
The Court "Launched" Procedure of Evidence Preservation Notarization: A brief analysis of interactions between trial and notary/ **Zhang Yuheng** ·············253

Contend
Is Evidence Preservation Notarization Limited to Civil Issues: On the extension of the scope of evidence preservation notarization / **Wang Xiaohua** ·············285

Case Analysis

When Notarization Approaches Court:
Research on compatibility and complementation of trial and notarization from the first domestic case of remote testifying notarization
 / **Peng Jianbo** ·· 305

The Judicial Opinion and Risk Prevention on Evidence Preservation Notarization of Online Privacy:
Also on the first domestic litigation case related to privacy right arising out of evidence preservation notarization / **Jiang Hao** ············ 331

Laws and Literature

Maintain the Dignity of Justice or Stay Objective:
To see the position of the judge and the notary in evidence preservation notarization from the perspective of the novel "*The Notary*"
 / **Huang Di** ·· 353

Absolute Neutrality: between the prosecution and the defense interpret the evidence preservation notarization of "*Arbitrage*"
 /**Chen Jieting** ·· 365

Comment and Essay
Forum
A Thriving Branch of Flower:
The relationship between evidence preservation notarization and evidence preservation proceeding in horizon of social governance
 / **Qian Yidong** ·· 383

Proverb Translation
Rights: From the ancient to the modern/ **Xue Jun** ······ 408

Afterword
Future:
Some thoughts within and beyond profession/ **Xue Fan** ············ 413

先睹为快

　　……如同远方海面上缓缓显露的桅杆，公证保全证据活动对于中国知识产权保护以至促进司法公正实现的意义正在日渐显现。诚然，这也对中国公证人的职业化、规范化以及公证与司法关系的重构提出了新的要求。

　　——薛　凡：《公证保全证据司法观点与实务初步研究》

　　……在审判程序中，法官最困难之工作即在于事实之认定。盖审判为事后的审查，法官无法回到事件之最初，而必须依赖当事人之举证及调查证据之结果进行判断，判断过程中，往往产生发现真实与促进程序无法平衡之问题。而公证人在法律行为或私权事实形成当时，以其专业素养，忠实记录当时状况，保存证据之新鲜度，足凭为法官认定事实之重要资料。

　　——郑云鹏：《台湾地区公证人保全证据之功能与案例探讨》

　　……在法治社会中，法院并不享有至高无上之地位，只有宪法和法律才是真正至高无上的，因此，认为法院应当与整个社会治理机制相隔绝无疑是一种过于狭隘的成见。事实上，在忠实于事实、忠实于法律的前提下，引入公证机构对诉讼活动的某些过程进行保全，甚至由法院直接向公证机构提出公证保全证据之申请，未必会有碍于法院之司法权威，从某种程度而言或许更能因得到公证人如实、客观之保全而增强司法活动的公信力。

　　——张宇衡：《法院"启动"公证保全证据程序
　　　　　　　——诉讼与公证互涉现象浅析》

司法视野中的公证保全证据

在民事以外领域适用公证保全证据，一个很大的价值目标在于维护包括程序正义在内的司法公正。因此，公证保全证据的使用不能侵害当事人享有正当程序的权利，换言之，公权力机关不能使用公证保全证据规避法定的正当程序。

——王晓华：《公证保全证据是否止于民事领域
——公证保全证据适用范围扩张初探》

……事实上，公证人在庭审时保全证人远程作证过程不仅仅起到一个第三方见证的作用，还代为行使了部分原本由法院行使的职能，同时兼行公证职能。公证保全证据的程序严谨、规范，与庭审深度融合、衔接得当，使公证人与法官既各司其职又共同致力于在司法过程中发现真实。

——彭建波：《当公证走近法庭
——从国内首例公证远程作证案谈公证与审判的契合和互补》

……在公证保全证据活动过程中，公证人必然要消极、被动地接触到他人隐私，不然就无以行使公证权，这就如同法官在审理案件中无法回避接触他人隐私一样，否则将无法行使审判权，难以查明事实，作出合理判决。

——蒋　浩：《网络隐私公证保全证据的司法评价与风险防范
——兼评国内首例公证保全证据引发的涉隐私权诉讼案》

……公证人在从事公证保全证据活动的过程中，其职责更多地在于对证据进行客观完整的保全，而不是外在地展现自身的正义感，正义感存在于公证人内心的良知和一丝不苟、严谨的保全过程之中。因为，案件的裁决最终交由法官，而不是交给公证人，公证人的职责是解决事实问题，将可靠的事实提交给法官，作为法官断案的事实依据，而将法律问题留待法官判断。

——黄　顿：《大义凛然或是保持客观
——由小说〈公证人〉看公证保全证据中法官和公证人的定位》

……从公证保全证据形成的过程上看，由公证人依法独立行使职权，法官并不参与公证证据的形成过程，因而，能够有效避免法官形成先入为主的判断……因此，在诉讼中，经公证保全的证据能够有效制约法官的恣意，防止裁判结果过多地受到法官主观因素的影响。

——陈婕婷：《绝对中立：在控辩双方之间
—— 解读电影〈套利交易〉中的公证人保全证据》

公证保全证据与诉讼保全证据在国家—社会共同参与的治理架构中都有自己的位置，这是公证保全证据存在的理由之一，此即"花开两头"；另一理由在于，公证保全证据相比于诉讼保全证据更具有自己的独特优势，此即"一枝独秀"。

——钱一栋：《花开两头　一枝独秀
——社会治理视域中公证与诉讼保全证据的关系》

特稿

公证保全证据司法观点与实务初步研究
/薛 凡

特稿

公证保全证据司法观点与实务初步研究

◎ 薛 凡

概要：

本文以当代中国社会蓬勃兴起的公证保全证据活动这一重大法律现象为背景，结合实务与法理，对各级审判机关以司法解释、判例、司法建议等途径形成的有关公证保全证据活动行为准则的司法观点进行了深入分析，明确提出并全面探讨了公证保全证据活动应当遵循的三项基本准则——如实、客观、合法。

目次：

第一部分：现象与背景
 一、本文的立意、研究思路与方法
 二、波澜壮阔——公证保全证据活动在中国的兴起
 （一）通向法治秩序"设备"的启动

（二）公证保全证据与民事诉讼：两个相邻范畴的考察

三、特征的初步归纳——作为一种全新法律现象的公证保全证据活动

（一）公证保全证据活动对于社会生活的介入日趋深广

（二）公证保全证据活动的类型日趋多元

（三）公证保全证据活动涉及的法律问题日趋复杂

四、问题的提出——从审判实践看公证保全证据活动的规范

（一）公证保全证据活动与审判实践的关系

（二）由审判实践看公证保全证据活动的瑕疵

五、规则的引领——以公证保全证据活动的司法监管为讨论中心

第二部分：司法观点与实务的展开

六、从"如实"出发

（一）"如实"准则的确立

（二）公证活动方式与公证法律关系的异同——"如实"准则对于公证运行的影响

（三）"如实"准则的法理辨析

（四）公证保全证据活动的基本构成——"如实"的实务展开之一

（五）如实实施保全——"如实"的实务展开之二

（六）如实作成保全证据活动现场记录——"如实"的实务展开之三

（七）如实出具保全证据公证书——"如实"的实务展开之四

（八）摒弃简单化操作方式——"如实"的实务展开之五

（九）"如实"的证据基础——"如实"的实务展开之六

（十）从"如实"到真实、客观并重

七、保持客观

（一）在主观与客观之间——公证活动真实、合法的两个层面

（二）"客观"准则在公证保全证据活动中的基本价值——

公证主管机关与审判机关观点之比较

（三）"客观"准则的法理辨析

（四）蕴含于公证人办案思维与行为之中的客观——"客观"的实务展开之一

（五）公证保全证据活动中客观的三重特性——"客观"的实务展开之二

（六）公证保全证据活动中"客观"呈现的两种不同形态——"客观"的实务展开之三

（七）公证保全证据活动中公证人的特别提示义务——"客观"的实务展开之四

八、指向合法

（一）"合法"准则的法理辨析

（二）公证程序合法——"合法"的实务展开之一

（三）取证方式合法——"合法"的实务展开之二

（四）公证前提与后果的合法——"合法"的实务展开之三

第三部分：不是结尾的"结尾"

九、初步研究得出的若干观点

附录

本文图表名称一览

本文援引的部分判例／判决例名称

参考文献

第一部分 现象与背景

一、本文的立意、研究思路与方法

本文从司法观点的视角出发，尽可能多地运用诉讼与公证个案，力求通过实务论证与法理分析相交融的研究方法，对公证保全证据活动需遵循的三项基本准则即如实、客观、合法展开深入探讨，全文主要分为三大版块：现象与背景、司法观点与实务的展开以及不是结尾的"结尾"。

（一）现象与背景

这一版块意在对公证保全证据活动在当代中国社会转型时期呈现的主要现象及其背景和特点予以分析，进而引申出公证保全证据活动的司法监管这一命题并加以讨论。主要分为以下四个部分：公证保全证据活动在中国的兴起、公证保全证据活动特征的初步归纳、从审判实践看公证保全活动的瑕疵以及公证保全证据活动的司法监管。

1. 公证保全证据活动在中国的兴起

本部分从公证保全活动在当代中国社会蓬勃兴起这一重大法律现象入手，通过对公证保全证据概念的解析，指出在人民权利意识日渐觉醒的背景下，公证保全证据成为人民寻求有效证据以维护自身正当合法权利的重要途径，继而以实证研究的方式，围绕公证保全证据与民事诉讼的互动关系这一核心问题，通过对一系列来自公证行业与司法机关统计数据的分析，总结归纳出我国公证保全证据活动在两个范畴的增长，即公证保全证据案件数量迅猛增长、民事诉讼中经公证保全证据比重大幅增长。

2. 公证保全证据活动特征的初步归纳

本部分以实证分析为基础，初步归纳了公证保全证据活动的特征即三个"日趋"：公证保全证据活动对于社会生活的介入日趋深广、公证保全证据活动的类型日趋多元、公证保全证据活动涉及的法律问题日趋复杂。具言之，公证保全证据活动在日趋深广的层面上介入了社会生活，给公证制度以至民事审判制度的运行带来了革命性的变化；公证保全证据活动的类型日趋多元化，涉及的纠纷几乎遍及所有民事纠纷领域；公证保全证据活动大多源于当事人的私力救济，涉及秘密取证、陷阱取证、单方"破锁"等多种超常规的私力救济方式，从而涉及一系列复杂的法律问题。

3. 从审判实践看公证保全活动的规范

毫无疑问，保全证据公证书最为主要的用途是民事诉讼活动，故本部分从保全证据公证书的司法价值、法官判断保全证据公证书的一般思维模式以及审判实践中涉及保全证据公证书的不同情形三个方面，对公证保全证据活动与审判实践的关系进行了深入探讨。随后，通过对一组实证调研数据的分析，从审判实践的角度解析了公证保全证据活动中的瑕疵带来的两个负面影响，即对于公证保全证据效力的损害及其对实体案件审理产生的消极影响。

4. 公证保全证据活动的司法监管

本部分以图表的形式对最高人民法院、司法部以及中国公证协会有关公证保全证据的司法解释、判例和规范性文件及公证行业自身形成的业务指导意见进行了全面系统的梳理，对公证的司法监管、行政监管和行业监管三种监管模式进行了区分，并着重对公证保全证据活动的司法监管模式进行了分析，明确了司法监管与公证保全证据活动之间的动态关系，并明确了本文的分析视角主要是从司法与公证的互动关系对公证保全证据活动展开加以讨论。

（二）司法观点与实务的展开

这一版块是本文的核心内容所在，主要侧重于从司法观点与审判实践及公证实务两个维度对公证保全证据活动需遵循的三项基本准则予以详尽解析，分为三个部分：从"如实"出发、保持客观、指向合法。

1. 从"如实"出发

所谓"如实"，是对公证保全证据活动的真实性的要求。本部分首先从司法解释有关"如实"的要求出发，分析了如实准则的确立及其内涵，并对公证保全证据活动中"隐名取证"的特殊情形与如实准则的关系进行分析，从而考量如实准则对于公证保全证据实践以至公证法律关系带来的影响。接着，先从法理的角度对如实准则予以展开，指出了如实准则对于确保公证保全证据活动公正、合法的作用，其后进入如实准则的实务展开，分别从六个层面对如实准则在公证保全证据实务中的具体适用予以详述，即公证保全证据活动的构成、如实实施保全、如实作成保全证据活动现场记录、如实出具保全证据公证书、摒弃简单化操作方式以及"如实"的证据基础，进而引申出如实准则所应体现的基本色彩——真实性与客观性并重。

2. 保持客观

所谓客观，是对公证人在公证保全证据活动中的职业立场及执业态度的要求。本部分首先对客观的内涵进行了辨析，区分了公证活动真实、合法的两个层面，即客观的真实、合法与主观的真实、合法，前者是指公证行为与公证程序的真实、合法，而后者是指公证人对公证证明对象是否真实、合法的认识与判断，继而明确了公证人在保全证据时需保持客观、中立。之后，通过比较公证主管机关和审判机关有关客观在公证保全证据活动中的地位的观点，指出公证人的客观、中立需秉持两项原则：事实判断原则与客观、真实相同步原则。随后，先从法理层面明确了客观准则之于公证保全证据活动的意义、作用以及实现的途径，再从实务的视角着眼，分析了客观准则在公证保全证据实务中的四个维度：客观准则应蕴含于公证人的办案思维之中；客观准则包含了三重特性：公证申请主体的开放性和平等性，公证人职业立场的中立性以及公证保全方式的纯客观性；客观准则在公证保全证据实务中会呈现出两种不同的形态——积极形态与消极形态；在公证保全证据活动中，客观准则对公证人提出了需履行特别提示义务的要求。

3. 指向合法

所谓合法，指公证保全证据活动中公证人无需对公证保全对象本身的合法性加以审查，而应指向公证程序合法、取证方式合法以及公证前提与后果合法三个层面。关于公证程序合法，本文除了论述公证活动中程序的价值以及公证保全证据活动中程序的类别之外，亦对非法启动公证程序及"程序空转"等公证人需避免的现象作了展开。关于取证合法，本文详细分析了隐名取证、陷阱取证、秘密取证以及单方"破锁"类公证证据保全等争议性现象与取证合法性的关系。关于公证保全前提与后果的合法，本文从公证人作为法律职业人与公证制度价值的双重视角加以展开。

综上所述，本文不仅尝试从实务和法理的结合上对公证保全证据活动中三项基本准则予以归纳和分析，更力图还原这三项准则在公证保全证据实务中的应然形态。通过实务与法理的双重展开，本文最终旨在呈现"如实"、"客观"与"合法"三项准则在公证保全证据活动中完美的融合，即：如实构成了公证保全证据活动的底线，客观排斥了公证人在保全证据活动中进行"自由心证"的可能性，而合法确立了公证保全证据活动运行的方向，正是这三足鼎立的准则，构筑起了公证保全证据活动稳固的根基，从而才有可能使公证保全证据活动起到促进司法公正的作用。

（三）不是结尾的"结尾"

这一版块之所以名为"不是结尾的'结尾'"，意在表明有关公证保全证据司法观点与实务和法理的互动及其探讨是一个富于开放性和革命性的论题，无论是公证人、法官或是律师，在这一领域回应新情况、解决新问题都将任重而道远。

二、波澜壮阔——公证保全证据活动在中国的兴起

（一）通向法治秩序"设备"的启动

当代中国社会转型时期[1]，公证保全证据活动的蓬勃兴起，成为一个全新的、具有特殊意义的法律现象，这一法律现象不仅在中国历史上堪称史无前例，而且就世界各国来说几乎也是独一无二的：

> 当代中国社会自进入转型时期以来，有一个特殊的社会现象十分值得关注，民众在日常的法律生活中，说得越来越多的有三句话，哪三句话呢？第一句话，找律师；找律师干什么？接下去就有了第二句话：打官司；但是，且慢，打官司前还需要做什么事呢？有一件事是必不可少的，那就是要准备证据，不少民事或行政诉讼案件的当事人都需要先找公证人进行证据保全，也就是公证保全证据在先，诉讼在后。于是就有了第三句话：办公证。因此，找律师、打官司、办公证这三句话，虽然只有短短九个字，却可以在某种程度上大致概括出当代中国社会转型时期民众法律生活的一个基本轮廓。[2]

公证保全证据活动涉及的对象相当广泛，在各类民事纠纷中，以侵权纠纷特别是知识产权领域的侵权纠纷为主，"几乎涵盖了

---

[1] 按照一些学者的理解，自 1949 年以来，当代中国先后发生过两次大的社会转型。第一次转型以中华人民共和国的建立为标志，以政治制度的转型为核心内容，第二次转型以改革开放基本国策的确立为标志，以经济、社会、文化制度的转型为主要内容，参见江国华：《转型中国的司法价值观》，载《法学研究》2014 年第 1 期。本文述及的当代中国社会转型时期指的是第二次转型。

[2] 薛凡著：《研究生公证法学讲义》，未刊稿。

所有知识产权案件类型"³，同时，还包括合同纠纷、劳动争议纠纷、工程纠纷、家事纠纷等，一些具有全国性影响甚至在国内外都产生了相当大影响的民事诉讼的名案大案，诸如中国首例涉美软件著作权纠纷案——美国微软公司与北京高立电脑公司计算机软件侵权案⁴，被称之为当代中国"陷阱取证第一案"的北京北大方正集团公司、北京红楼计算机科学技术研究所与北京高术天力科技有限公司、北京高术科技公司计算机著作权侵权纠纷案⁵，国内首起网络侵权案件——刘京胜与搜狐爱特信信息技术（北京）有限公司侵犯著作权纠纷案⁶，被一些人士誉为具有划时代意义判例的华盖创意（北京）图像技术有限公司与中国外运重庆有限公司著作权侵权纠纷案⁷，已故著名电影艺术家谢晋名誉权侵权纠纷案⁸，有上海"最贵民告官案"之称的刘光嘉等与上海市闵行区人民政府行政赔偿案⁹等，这些案件或在诉前或在诉讼进行过程中，都出现了公证人进行证据保全的身影。公证人以法律职业人的身份，通过保全证据的方式对各类纠纷案件的介入，特别是在众多维权事件中的介入，为纠纷的解决纳入司法流程创设了行之有效的前提。经公证人保全的证据对于包括上述案件在内的众多民事或行

3　浙江省高级人民法院课题组　徐杰：《关于知识产权民事诉讼中公证证据审查与采信的调研》，载《法律适用》2011年第1期。

4　参见《首例涉美软件著作权案涉及的几个问题——美国微软公司诉北京高立电脑公司计算机软件侵权案》，载宿迟主编：《知识产权名案评析》，人民法院出版社1996年版，第54页。

5　北京北大方正集团公司、北京红楼计算机科学技术研究所与北京高术天力科技有限公司、北京高术科技公司计算机著作权侵权纠纷案，最高人民法院（2006）民三提字第1号民事判决书，载《最高人民法院公报》2006年第11期。该案将在本文后面专门进行分析。

6　刘京胜与搜狐爱特信信息技术（北京）有限公司侵犯著作权纠纷案，北京市第二中级人民法院（2000）二中知初字第128号民事判决书，载《最高人民法院公报》2001年第5期。该案将在本文后面专门进行分析。

7　辛红：《最高院改判一涉外著作权纠纷，全球最大图像素材公司中国代理商转败为胜》，载《法制日报》2011年1月4日。

8　徐××与宋××、刘××名誉权侵权纠纷案，上海市第二中级人民法院（2010）沪二中民一（民）终字第190号民事判决书，上海市静安区人民法院（2009）静民一（民）初字第779号民事判决书。

9　袁玮：《上海"最贵民告官案"开庭》，载《新民晚报》2013年12月27日。

政诉讼案件的裁判取向和纠纷的顺利解决产生了重要的甚至是决定性的影响。如同远方海面上缓缓显露的桅杆,公证保全证据活动对于中国知识产权保护以至促进司法公正实现的意义正在日渐显现。诚然,这也对中国公证人的职业化、规范化以及公证与司法关系的重构提出了新的要求。

公证保全证据活动何以会在当代中国社会转型时期蓬勃兴起?对此,可以从多个角度加以考量,但是,就社会心理层面而论,人民权利意识的觉醒无疑是催生公证保全证据活动勃兴的肥沃土壤。许多年前,费孝通先生在他的经典名著《乡土中国》中曾经深刻论述道:

> 法治秩序的建立不能单靠制定若干法律条文和设立若干法庭,重要的还得看人民怎样去应用这些设备。[10]

显然,在当代中国社会转型时期,公证保全证据正是给人民提供了一种通往法治秩序的"设备",通过启动和应用这一"设备",人民得以寻求法律上有效的证据以维护自身正当合法的权利。

公证保全证据活动是指公证人[11]应当事人[12]的申请,对于日后可能灭失或者难以取得的证据,依法事先加以提取、收存、固定,以保持该证据的真实性和证明力的措施。在中国司法制度的框架中,公证保全证据与法院的诉前或诉讼保全[13]共同构成了整体意义上的证据保全制度。2005年,全国人民代表大会常务委员会讨论《公

---

10 费孝通著:《乡土中国·生育制度》,北京大学出版社1998年版,第58页。

11 在国内现有的公证理论探讨中,"公证人"往往同时包含了公证机构和公证员,但本文中的公证人更主要地是指公证员,这是由于公证保全证据活动事实上的承办主体是公证员,因而,除特别注明外,本文所称的"公证人"与"公证员"大致上是同义语。

12 《公证法》第27条使用了"申请办理公证的当事人"这一表述,其后各条均表述为"当事人"。

13 《民事诉讼法》第81条规定:"在证据可能灭失或者以后难以取得的情况下,当事人可以在诉讼过程中向人民法院申请保全证据,人民法院也可以主动采取保全措施。因情况紧急,在证据可能灭失或者以后难以取得的情况下,利害关系人可以在提起诉讼或者申请仲裁前向证据所在地、被申请人住所地或者对案件有管辖权的人民法院申请保全证据……"

证法》草案时，委员们对于保全证据可否作为公证事项一度有所争议。有委员认为，公证保全证据与法院的证据保全容易发生冲突，但是，大多数委员对于公证保全证据活动予以了肯定，认为公证实践已经表明，这项公证活动在维护申请人的合法权益方面发挥了重要的作用。因此，《公证法》保留了保全证据作为公证事项的规定。[14]

在当代中国所有的公证活动中，公证保全证据活动几乎是一个独一无二的"另类"，通常，公证活动都是静态的，所谓静态，是指公证活动有着相对固定甚至千篇一律的模式，这一模式一般表现为：当事人向公证人申请办理公证并提交证据材料，公证人受理后进行核查，再按规定的格式出具公证书[15]证明所公证的事项真实、合法，从而完成整个公证程序，但是，保全证据却是一种动态的公证活动，所谓动态表现在，不仅当事人申请公证保全的对象纷繁复杂、富于变化，并且，公证保全证据的程序一旦启动，无不需要伴以公证人亲力亲为的参与，无论是权利人购买涉嫌侵权的产品，或是债权人出于中断诉讼时效之需向债务人送达催款通知书，或是商贸交往中的任一方下载保存相对方所发的电子邮件等，各类公证保全证据活动均必须由公证人会同当事人实时实地全程参与才能完成。静态易致因循，动态易致变革，变革与创新的实践构成了公证保全证据活动的核心品格。从这个意义上讲，公证保全证据活动作为一种全新的法律实践，界定其应当恪守的行为准则，以确保公证人的保全行为规范、公正[16]，并且确保法官在作出裁判时准确判断经公证保全的证据，已经成为现实生活中一个紧要的课题，同时，这一课题的紧要性还体现在，公证保全证据活动正在给传统法学理论包括证据学理论、公证理论、民事

> ……变革与创新的实践构成了公证保全证据活动的核心品格。

14　参见王胜明、段正坤主编：《中华人民共和国公证法释义》，法律出版社2005年版，第37页。

15　依《公证法》，公证书应按司法部制定的格式出具，《公证法》第32条规定："公证书应当按照国务院司法行政部门规定的格式制作，由公证员签名或者加盖签名章并加盖公证机构印章。公证书自出具之日起生效。"

16　"公正"是中国一切公证活动应当遵循的基本原则之一，《公证法》第3条规定："公证机构办理公证，应当遵守法律，坚持客观、公正的原则。"

诉讼理论以至法理学的一些基本观念带来了诸多挑战，需要我们认真面对。

（二）公证保全证据与民事诉讼：两个相邻范畴的考察

在对公证保全证据活动展开具体的分析前，我们可以先从实证的角度了解一些基本数据，这些数据表明了两个相邻范畴，即公证保全证据活动与涉公证保全证据民事诉讼活动的增长：一是公证保全证据案件数量迅猛增长，一是民事诉讼中经公证保全的证据比重大幅增长。

1. 公证保全证据案件数量迅猛增长

先看一项宏观数据，仅2008年至2012年5年间的统计数据就表明，全国公证机构受理公证保全证据案件数量呈迅猛增长之势，据统计，在此5年间，公证保全证据案件数量的总和达到801834件，如果以2012年为界，回溯至10年前的2002年，全国公证机构办理公证保全证据案件的总量还只有5万余件[17]，而10年后的2012年却达到了186452件，不仅创下2008年至2012年5年间公证保全证据案件年办案数量最高的纪录（详见图表1：《全国公证机构办理公证保全证据案件数量（2008—2012年）》[18]），同时更创下了中国公证制度创建[19]以来该类公证案件年办理数量最高的历史纪录。

17　黄祎：《现实与前瞻——互联网时代背景下的中国公证》，载《浙江公证》2013年第4期。

18　该数据源自司法部律师公证工作指导司的统计。

19　这里的中国公证制度指"中国社会主义制度下的公证"，有学者将其划分为三个时期：创建时期（1946—1957年）、削弱和停顿时期（1957—1976年）、恢复与再发展时期（1976年以后），参见卓萍主编：《公证法学概论》，法律出版社1988年版，第28～36页。

图表1：全国公证机构办理公证保全证据案件数量（2008—2012年）

（图表显示数据：2008年 168401；2009年 148985；2010年 162472；2011年 135524；2012年 186452）

再从微观上看几组来自公证机构的数据。

据上海市东方公证处（原上海市公证处）同期所作的统计，2008年至2012年5年间，该处共受理公证保全证据案件14771件（详见图表2：《上海市东方公证处公证保全证据案件受理数量（2008—2012年）》[20]），案件受理数量呈不断上升之势，其中，2012年为5208件，创下5年间年案件受理数量最高的纪录，并且也创下了上海市东方公证处设立以来公证保全证据案件年受理数量最高的历史纪录。

图表2：上海市东方公证处公证保全证据案件受理数量（2008—2012年）

20　该统计数据由上海市东方公证处办公室提供。

司法视野中的公证保全证据

此前更早一些时候,根据北京市公证处(现北京市方圆公证处)对该处 1994 年至 2003 年 10 年间公证保全证据案件结案数量的统计,同样显示出公证保全证据案件直线上升的态势(详见图表 3:《北京市公证处公证保全证据案件结案数量(1994—2003 年)》):

> 根据我们北京市公证处 1994 年至 2003 年保全证据公证的结案统计,大家可以看到,1994 年我们处的保全证据案件结案的仅有 31 件,而到了 2003 年已经达到了 3700 件,递增了 139%,这个增长量是非常大的,其中,涉及知识产权侵权证据特别是网络证据的保全占到六成以上,其次为银行为中断失效、履行债权转移通知义务而申请的邮寄或送达证据保全公证。[21]

图表 3:北京市公证处公证保全证据案件结案数量[22](1994—2003 年)

年份	1994	1995	1996	1997	1998	1999	2000	2001	2002	2003
件数	31	41	53	59	98	236	443	956	1542	3700
递增 %		32.26	29.27	11.32	66.10	140.82	87.71	115.80	61.30	139.95

那么,公证保全证据案件迅猛增长与民事诉讼两者之间呈现出怎样的关系?换言之,经公证保全的证据在民事诉讼中占了多少比重?接下去,我们可以将分析视角由公证行业转向法院系统。

2.民事诉讼中经公证保全的证据比重大幅增长

这里,选取山东省、湖南省、浙江省、北京市等地法院系统的相关调研成果及统计数据加以分析。

2010 年山东省高级人民法院披露,该省 98% 的网络侵权案件当事人都借助于公证保全证据。2011 年湖南省高级人民法院的统计数据显示,2007 年到 2010 年,全省法院系统共受理涉及网络著

---

21 吴凤友:《谈谈保全证据与现场监督公证实务》,载《公证研讨》2004 年第 3 期。

22 吴凤友:《保全证据公证若干问题讨论》,未刊稿。

作权侵权纠纷案件274件,其中有273件涉及公证保全证据。[23] 浙江省、北京市两地法院系统对此所作的调研和统计更为详尽。

2010年来自浙江省高级人民法院的一项调研显示,在该省各级法院受理的知识产权诉讼中,"公证证据的绝对数量和所占比重均增长迅速","涉公证证据案件数量和比重的不断增加,说明公证取证方式在知识产权侵权纠纷案件中应用得越来越广泛。"[24]

据统计,2007年至2009年,浙江省各级法院共审结一审知识产权民事纠纷案件5583件,其中2007年1291件,2008年1694件,2009年2598件,总计5583件,而同期全省法院一审审结的涉公证证据的知识产权民事纠纷案件就有3656件,占全部案件总数的65.48%,其中2007年764件,2008年1007件,2009年1885件,分别占全年审结案件总数的59.18%、59.45%和72.56%,增长态势十分明显。

同时,涉案的公证证据数量也呈现迅猛增长的趋势。自2007年至2009年,浙江省各级法院审结的一审知识产权民事纠纷案件中,共涉及公证证据6055份,其中2007年996份,2008年1682份,同比增长68.88%,2009年3377份,同比增长100.77%,每个案件涉及公证证据的平均数逐年递增,其中2007年的平均数为1.30个,2008年为1.67个,2009年为1.79个。此外,由于互联网的迅速发展和不断普及,网络环境下的知识产权侵权行为日益增加,涉网络公证保全证据数量增长最为明显,2007年192件,2008年380件,同比增长97.92%,2009年933件,同比增长145.53%(详见图表4:《浙江省知识产权诉讼涉案公证证据数与公证证据案件数(2007—2009年)》)。

---

23 转引自黄祎:《现实与前瞻——互联网时代背景下的中国公证》,载《浙江公证》2013年第4期。

24 浙江省各级法院受理的知识产权诉讼中有关公证保全证据的数据和图表除另有注明外,均据浙江省高级人民法院课题组:《关于知识产权民事诉讼中公证证据审查与采信的调研》(讨论稿)。

图表4：浙江省知识产权诉讼涉案公证证据数与公证证据案件数（2007—2009年）

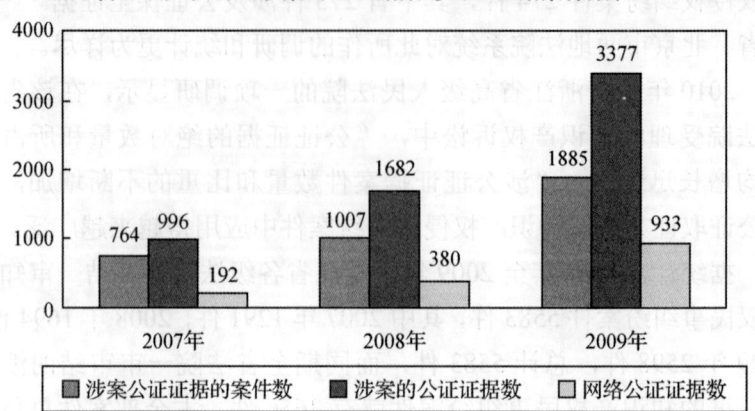

另据北京市第一、第二中级人民法院对2009—2011年审理的共计252件专利侵权诉讼案件为基础进行的统计[25]，公证保全证据的比重同样逐年上升，被人民法院采信的比率也逐年增高，其中，2009年共审理专利侵权案件126件，涉及公证证据的案件101件，占专利侵权案件总数的80.16%；2010年共审理专利侵权案件74件，涉及公证证据的案件61件，占专利侵权案件总数的82.43%；2011年共审理专利侵权案件50件，涉及公证证据的案件46件，占专利侵权案件总数的92.00%（详见图表5：《北京市专利侵权诉讼案件涉公证证据数量及比例（2009—2011年）》）。

图表5：北京市专利侵权诉讼案件涉公证证据数量及比例（2009—2011年）

年份	案件总数	涉及公证案件	所占比例
2009	126	101	80.16%
2010	74	61	82.43%
2011	50	46	92.00%

上述3年间的专利侵权案件中，未被人民法院采信公证保全证据的案件数量极低，2009年为4个，2010年、2011年各为1个，3年间公证证据未被人民法院采信的比率仅为2.86%。由此可见，

---

25 该统计资料及图表均据谭乃文：《打造完美证据链——基于专利侵权诉讼中公证证据的实证分析》，载北京市长安公证处《长安人》2013年第1期。

尽管北京市专利侵权案件数量在下降，但涉及公证证据的案件的比例却持续上升，且公证证据被人民法院采信率很高。根据法院的统计，涉案的公证保全证据类型多样，一是现场保全类公证，占全部公证保全证据的比重最大，主要包括购买侵权产品、寄送信函、送达文件、对现场现状进行拍照、摄像等；二是电子证据类保全公证，比重占第二位，主要涉及网页、电子邮件、即时通讯工具聊天记录、手机短信以及其他以电子数据形式为储存载体的证据保全；三是其他形式的公证保全证据，包括电话录音、证人证言等；四是对涉外当事人身份资质以及委托手续进行的公证认证，包括域外及港澳台地区当事人身份资质及委托代理关系的公证认证[26]。

再进行细分统计，上述3年间，2009年的126件专利侵权案件中，涉及购买侵权产品的现场保全公证案件91件，涉及网络等电子证据类保全案件17件，占专利侵权案件总数非别为72.22%、13.49%；2010年74件专利侵权案件中，涉及购买侵权产品的现场保全公证案件54件，涉及网络等电子证据类保全案件7件，占专利侵权案件总数分别为72.97%、9.46%。2011年50件专利侵权案件中，涉及购买侵权产品为主的现场保全公证案件18件，涉及网络等电子证据保全案件10件，占专利侵权案件总数分别为36.00%、20.00%（详见图表6：《北京市专利侵权诉讼案件涉公证证据类型及比例（2009—2011年）》）。

图表6：北京市专利侵权诉讼案件涉公证证据类型及比例（2009—2011年）

年份	2009年		2010年		2011年	
具体公证类型及比例	数量	比例	数量	比例	数量	比例
现场保全类	91	72.22%	54	72.97%	18	36.00%
电子证据保全类	17	13.49%	7	9.46%	10	20.00%
其他公证证据保全类	6	4.76%	5	6.76%	4	8.00%
涉外当事人身份类公证	8	6.35%	2	2.70%	1	2.00%

现在，再让我们回到宏观数据的层面作一个比较。如果以全国

---

26 此类涉外或涉港澳台公证认证并不属于公证保全证据活动的范畴。

各级人民法院 2008—2012 年 5 年间审理的知识产权案件数量与同期全国公证机构办理的公证保全证据案件数量[27]作一个对比，将会得出怎样的结论？先由图表来看全国法院系统的数据（详见图表 7：《全国各级人民法院审理知识产权案件数量（2008—2012 年）》[28]：

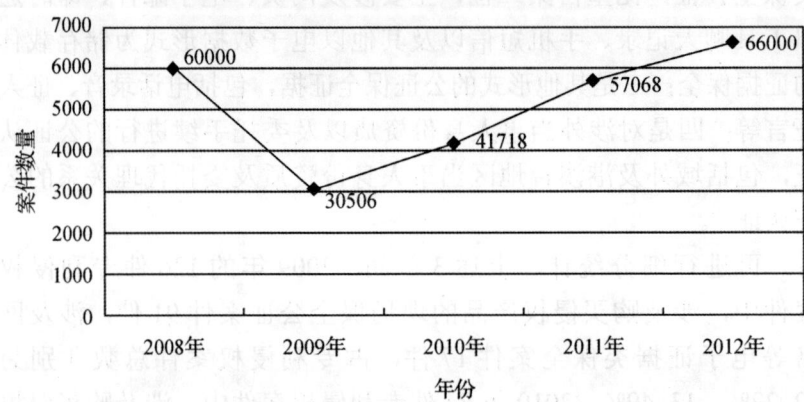

图表 7：全国各级人民法院审理知识产权案件数量（2008—2012 年）

  这里，仅以 2012 年为例，全国各级人民法院审理的知识产权案件数量为 66000 件，全国公证机构办理的公证保全证据案件数量为 186452 件，后者的数量高出前者约 2 倍以上，由此，我们大致可以推断出，经公证保全的证据的应用范围显然已经远远超出了知识产权诉讼领域，进而，我们需要对公证保全证据活动的某些基本特征加以探讨和归纳。

三、特征的初步归纳——作为一种全新法律现象的公证保全证据活动

  从公证保全证据活动在当代中国社会的现实运作来看，至少

---

27 参见本文图表 1：《全国公证机构办理公证保全证据案件数量（2008—2012 年）》。

28 本图表统计数据均源于最高人民法院 2009—2013 年间每一年度发布的《人民法院工作年度报告》，其中，公布的 2008 年的数据为 6 万余件，本图表取 6 万件。

呈现出三个方面的特征，简而言之，可以概括为三个"日趋"：公证保全证据活动对于社会生活的介入日趋深广、公证保全证据活动的类型日趋多元、公证保全证据活动涉及的法律问题日趋复杂。

（一）公证保全证据活动对于社会生活的介入日趋深广

当代中国社会转型时期，公证保全证据活动甫一亮相，就展现出和其他几乎所有的传统公证活动"与众不同"的一面，最为鲜明的特征，是公证保全证据活动不再止于"预防纠纷"，而必须直面各类纠纷、参与纠纷的解决。由此，不仅导致公证保全证据活动在更为深广的层面上介入了社会经济生活，也给公证制度以至民事或行政审判制度的运行带来了某些革命性的变化。

对于当代中国公证而言，公证保全证据活动带来的革命性变化是指它所具有的显而易见的重新塑造功能，这种重塑功能同时作用于制度和人两个层面，使公证制度和公证人都面临着重大转型，在公证制度的层面，引领着公证活动从预防纠纷转向预防与解决纠纷并重，提升了公证的职能和作用，使公证制度的价值焕然一新；在人的层面上，使公证人的职业思维和职业行为逐步发生了更为开阔的变化，促成公证人逐步实现"从单一的证明人向法律人转变"[29]。

1. 从预防纠纷到预防与解决纠纷并重——公证保全证据活动的制度价值

从公证职能和作用的演变来看，全球范围内，在司法制度框架内实行公证制度的所有国家和地区几乎都将公证视为一项预防性司法制度，对于公证职能和作用的认知普遍定位在"预防纠纷"的层面上，早在1965年，在墨西哥举行的第八届拉丁公证人国际大会[30]一致通过的一项议案就对公证人作出了这样的郑重告诫：

---

29 包文捷、谭志鹏：《"如果你停下来，世界不会等你"——全国优秀公证员薛凡访谈录》，载《中国公证》2007年第10期。

30 1948年，拉丁国际公证联盟成立，后改称国际公证联盟，2003年10月中国加入该联盟。

司法视野中的公证保全证据

> 请记住你的任务：避免人们之间的纷争。[31]

在中国公证制度的设计上，"预防纠纷"一直被视为公证近乎唯一的法定职能，《公证法》第 1 条和已废止的《公证暂行条例》[32]第 1 条对此都有明文规定，《公证法》第 1 条规定："为规范公证活动，保障公证机构和公证员依法履行职责，预防纠纷，保障自然人、法人或者其他组织的合法权益，制定本法。"《公证暂行条例》第 1 条规定："为健全国家公证制度，以维护社会主义法制，预防纠纷，减少诉讼，特制定本条例。"就此，曾有学者阐述道：

> 几十年来，我国在处理和解决社会矛盾与纠纷方面，已经形成了具有中国特色的完整体系，成效极为显著，这就是公证——诉讼外调解——仲裁——审判——执行。而公证是这个链条的第一个环节，是预防和解决民事经济纠纷的第一道"防线"，占有极为重要的地位。[33]

但是，随着当代中国社会的重大转型，从司法制度整体运行的层面上看，公证保全证据活动的风起云涌却使公证的职能和作用出现了惊人一跃，"预防纠纷"显然已不足以概括中国公证制度的现实价值，基于经公证保全的证据的法定效力[34]，公证保全证据活动日益成为当事人开启通往权利保护之门的钥匙，例如，来自北京市东方公证处的统计显示，2009 年该处共办理涉及网络信息的公证保全证据案件 4000 余件，其中以公证书作为直接证据的涉诉案件胜诉率接近 100%。[35] 人们也许可以发现，在更为积极的

---

[31]《公证人十诫》，张怡婷译，载台湾地区公证学会主办《公证法学》第 7 期。
[32] 1982 年 4 月 13 日，国务院颁布《中华人民共和国公证暂行条例》并于当日生效，2006 年 3 月 1 日起，《中华人民共和国公证法》施行。
[33] 杨荣新：《做好公证工作，为现代化建设和经济体制改革服务》，载司法部律师公证司编：《公证文章选辑》，1986 年印行。
[34]《民事诉讼法》第 69 条规定："经过法定程序公证证明的法律事实和文书，人民法院应当作为认定事实的根据，但有反证据足以推翻公证证明的除外。"
[35] 齐京凯：《数字时代侵权取证的严峻挑战》，载《北京公证》2010 年第 5 期。

意义上，公证人开始踏上了人民维护自身权利的通道，公证保全证据活动使公证制度对于人民权利的保障提升到了一个前所未有的更高的层面。由公证保全证据活动，人们开始越来越多地感受到公证对于司法公正乃至社会公正所特有的价值，如张卫平先生所论：

> 公证事项所涉及的民事领域越来越广泛，不仅涉及合同……等法律行为的公证，也涉及婚姻状况……等有意义的法律事实和文书，还涉及为了公正、高效率地解决纠纷的保全证据行为，在稳定社会秩序、经济秩序，预防纠纷的发生，公正、高效地解决纠纷方面发挥着越来越大的作用。[36]

同样，在公证行业内，以公证保全证据活动为显著标志的公证职能和作用所发生的重大转变也引起了许多公证人的关注：

> 保全证据公证潜在的争议性，不是指公证活动存在争议，也不是指保全的事实本身有争议，而是指保全证据公证的申请起因于一个争议或纠纷，保全证据公证的动机和目的是为了解决争议或者纠纷。这一特点，区别于其他公证事项。[37]

显然，公证主管机关也已充分注意到公证职能和作用正在发生的这一重大转变，2004年，在一份文件中，司法部表述了这样的观点：

> 由于公证具有较高的公信力，公证证明具有很强的证明力，通过对公民、法人及其他组织的重大法律行为、法律事件和法律文书进行公证，保证真实、合法，将有效预防纠纷，

---

36 张卫平：《公证证明效力研究》，载《法学研究》2011年第1期，此文全文版载《公证研讨》2011年第2期。

37 吴凤友：《保全证据公证》，载中国公证协会培训部编：《公证员任职前培训班授课提纲》，2013年印行。

减少诉讼。即使发生诉讼，公证证明也可以使纠纷的解决更简便、快捷。[38]

以公证保全证据活动的蓬勃兴起为契机，中国公证职能和作用的重大转变，必然对公证人提出相应的新的要求，公证人职业思维和职业行为的转型已箭在弦上。

2. 从证明人到法律人——公证保全证据活动对于公证人的价值

就中国公证行业现状而言，对于多少年来一直惯于面对传统的静态公证活动模式的公证人来说，公证保全证据新兴的、刚性强劲的社会需求几乎是在完全缺乏准备的情况下迅猛到来的。如前所论，在传统的静态性质的公证活动中，几乎每一类公证事项办理的过程都呈现出同一性，有着相对固定甚至千篇一律的模式可循，但是，公证保全证据活动却具有动态性质，富于个性甚至变幻无穷，对于公证人来说，犹如在一个陌生的战场进行一场陌生的战争：

> 保全证据公证纷繁复杂，大多数保全证据公证不可能坐堂办证，往往需要公证员亲临现场，参与取证的全过程，而且要求公证员要对取证的过程及取证的结果进行准确、客观、详尽的记录，公证书要求准确反映取证过程及取证结果的整个连贯性过程，力求反映证据载体与客观事实的真实一致性。稍有不慎，就会埋下执业风险的巨大隐患。因此与坐堂办证的常规性公证业务相比，其付出的劳动和潜在的执业风险形成天壤之别。[39]

诚然，面对公证保全证据这一新型的法律需求，相当一部分

---

[38] 司法部《关于物权法应当设立法定公证制度的建议》（司发函〈2004〉205号）。

[39] 孙晓龙：《办理保全证据公证 促进社会和谐稳定——徽元公证处开展保全证据公证业务的经验和做法》，载《安徽公证》2011年第2期。

公证人似乎还远未适应，致使从全国各地公证行业此项业务的分布来看，公证保全证据活动的开展尚不平衡：

> 据统计，2012年办理保全证据公证超过万件的只有4个省份，北京4万多件，广东2万多件，山东1万多件，浙江1万多件，还有6个省份保全证据公证不到1000件，最少的一个只有22件，可以说，保全证据公证在有些省份还没有开展起来。[40]

与此同时，作为公证保全证据活动实施主体的公证人由行政机关公务员向法律专业人员的转型才刚刚开始。中国公证制度恢复重建之初，《公证暂行条例》第3条规定："公证处是国家公证机关"，据此，公证员为公务员。2000年，经国务院批准，司法部印发了《关于深化公证工作改革的方案》（以下简称"《方案》"）[41]，该《方案》规定："现有行政体制的公证处要尽快改为事业体制。"同年，司法部又下发了《关于贯彻〈关于深化公证工作改革的方案〉的若干意见》[42]，明确要求"各地要按国务院对中介组织的要求，积极进行公证组织新形式的试点，……各省（区、市，不含西藏）至少要抓一个合作制公证处，直辖市和经济发达的省可以多搞一些试点。"此前，司法部律师公证工作指导司下发了《关于开展合作制公证处试点工作的通知》[43]。由此，全国各公证机构形成了合作组织、事业单位和行政机关三种体制并存的局面，其中，在事业单位特别是实行合作制的公证处，公

---

40 黄祎：《现实与前瞻——互联网时代背景下的中国公证》，载《浙江公证》2013年第4期。另据2013年上海市公证协会统计，2012年上海市各公证机构办理的公证保全证据案件超过1万件，故2012年办理公证保全证据案件超过万件的应为5个省、直辖市。

41 司法部《关于深化公证工作改革的方案》（国务院2000年7月31日批准，司法部2000年8月10日印发）。

42 司法部《关于贯彻〈关于深化公证工作改革的方案〉的若干意见》（2000年9月5日，司发通〈2000〉121号）。

43 司法部律师公证工作指导司《关于开展合作制公证处试点工作的通知》（2000年1月19日，〈2000〉司律公字第001号）。

证员不再是公务员。2001年，司法部下发了《关于从通过国家司法考试人员中录用公证员的通知》（以下简称"《通知》"）[44]，这一《通知》成为中国公证人由单一的证明人向法律人转变的历史性分水岭，2005年，《通知》确立的这一取向被《中华人民共和国公证法》所确认[45]。据此，公证员与律师、法官、检察官依法均为实行国家司法考试准入的法律职业。但是，法律赋予的中国公证人职业身份的这一重大转变，还需要经由包括公证保全证据活动在内的法律实践加以考验。转变伊始，新旧杂陈，相当一部分公证人的职业思维包括法律逻辑思维、证据思维可能还处在一个初级的起步阶段，人才支持不足，加之学理支持和制度支持不足[46]，导致公证人介入保全证据活动整体上属于仓促起步，甚至"个别地方出现了一些违规办证现象……产生了较大负面影响，损害了公证的公信力。"[47]所幸，不少公证人士对此有着足够清醒的认识：

> 很多公证员正是意识到了这一点，于是在保全证据中注重学习研究关联领域的专业知识，完善保全步骤、提示潜在风险，将取证的整个过程完整地记录下来，力求固定事实信息的全部证据节点，并形成完整的证据链，最终通过公证书呈现给司法裁判者和其他相关机构或人员，从而为司法裁判提供可靠的依据。[48]

---

44 司法部《关于从通过国家司法考试人员中录用公证员的通知》（2001年11月13日，司发通〈2001〉114号）。

45 《公证法》第18条规定："担任公证员，应当具备下列条件：（一）具有中华人民共和国国籍；（二）年龄二十五周岁以上六十五周岁以下；（三）公道正派，遵纪守法，品行良好；（四）通过国家司法考试；（五）在公证机构实习二年以上或者具有三年以上其他法律职业经历并在公证机构实习一年以上，经考核合格。"

46 2013年10月，在第二届中国互联网创新与知识产权保护高峰论坛上，时任司法部律师公证工作指导司公证业务指导处处长黄祎指出涉互联网公证保全证据"配套制度的缺失"，参见黄祎：《现实与前瞻——互联网时代背景下的中国公证》，载《浙江公证》2013年第4期。

47 司法部办公厅《关于进一步规范保全证据公证业务有关问题的通知》（2005年7月7日 司办通〈2005〉49号）。

48 杨和平：《实现证据的司法价值——保全证据公证书的基本意义》，载薛凡主编：《公证文书改革参考》，厦门大学出版社2012年版，第99页。

诚然，伴随着公证保全证据活动蓬勃兴起和发展的进程，中国公证人在自身经历从单一的证明人向法律人转变的同时，也将逐步实现使公证人和公证制度成为"保障民生、维护民主的中坚力量"。[49]

同样，公证保全证据活动还给民事审判制度的运行带来了某些革命性的变化，对此将在后面加以讨论。

（二）公证保全证据活动的类型日趋多元

实践表明，公证保全证据活动的类型日趋多元，不仅有一般意义上的保全书证、物证、视听资料、证人证言、当事人陈述、电子数据等，还出现了一些新型证据如行为过程和事实、手机短信等，其中，"行为过程和事实"作为公证保全对象，在现实生活中大量存在，中国公证协会《办理保全证据公证的指导意见》（修订）[50]也使用了这一表述，这一表述是否确切，"行为过程和事实"是否可视为一种独立的证据类型，在实务部门和法学界仍存在争议，有待深入探讨，但值得注意的是，在民事审判实践中，保全"行为过程和事实"的公证书已普遍被各级法院采信。

如果再从公证证据性质的层面加以细分，公证保全证据活动类型日趋多元的态势体现得更为明显，在以侵权证据为主的同时，还出现了权利证据、违约证据、索赔证据和程序性证据等。

1. 权利证据

权利证据的公证保全包括保全专利申请人的设计图纸、作家、艺术家的小说及电影或电视剧本原创手稿等。从案件受理数量来看，权利证据的公证保全尚属弱项，但是，从中国公证制度"预防纠纷"的价值预设来说，此类证据的保全理应成为公证保全证据实务发展的主要方向之一。

---

49 参见《公证人应成为保障民生、维护民主的中坚力量》（江平先生语录），载《公证研讨》2013年第2期"经典回声"栏目。

50 中国公证协会《办理保全证据公证的指导意见（修订）》（2004年8月18日中国公证员协会第四届理事会第三次会议通过，2008年11月25日中国公证协会第五届常务理事会第七次会议修订通过）。

2. 侵权证据

在公证保全证据活动中，侵权证据的保全是占比重最大的主干业务，如保全权利人购买假冒商标的商品、应权利人的申请保全网上盗版播放的电影或电视剧等：

> 产品合格的上海某品牌服装无缘无故被某网站说成该品牌服装甲醛超标，是不合格产品。但事实并非如此，这条不实消息在互联网上迅速传播，给该品牌服装造成了极大的负面影响，企业多次接到消费者及经销商的投诉，要求退货，严重损害了产品声誉。该服装企业的法律顾问王律师准备为企业用法律手段来挽回声誉，起诉该宣传不实消息的网站，但怕网站删除不实消息，无法取得侵权证据。王律师赶紧来到上海市东方公证处，希望公证员将侵权网页公证保全下来。在公证员及其助理的监督下，王律师在公证处电脑上打开了IE浏览器，输入了侵权网站地址，打开了侵权网页，王律师在公证处电脑上的所有操作均进行了实时打印，并利用"屏幕录像专家"软件录制了相关网页浏览过程中的实时电脑屏幕显示。随后，公证处出具了公证书。王律师拿到公证书觉得胜券在握了。他向法院起诉了这家网站。正是固定侵权证据的公证书，使得该服装企业打赢了官司，获得30万元的名誉侵权赔偿。[51]

3. 违约证据

从公证保全证据活动在当代中国社会兴起和发展的历史来看，违约证据保全的出现可能早于侵权证据的保全。1991年2月，上海市某副食品公司（下称"副食品公司"）向福建省某供销社订购的一批桔橙到达上海后，副食品公司发现桔橙的品种、质量、数量与合同的规定大相径庭，腐烂严重，影响销售。副食品公司

---

[51]《保全证据公证 打赢网络官司》，载上海市东方公证处编：《公证故事》（1），2013年印行。

为了避免损失扩大，必须及时处理这批桔橙，但恐日后在追究福建某供销社的违约责任时无物证根据，于是请求对这批桔橙质量进行公证保全。上海市某公证处接受申请后，结合有关部门对桔橙质量的鉴定，进行了证据保全，后副食品公司持保全证据公证书取得胜诉，挽回了经济损失。[52]

4．索赔证据

在公证保全涉及的各类证据中，索赔证据的保全相对而言较为复杂，其中既有涉及消费者认知度的保全，又有涉及损害现状的保全。

（1）消费者认知度的公证保全

所谓消费者认知度的公证保全，即对消费者关于某一商品认知度的状况进行保全，通常是以实物比对、问卷调查等方式就消费者是否误认某一涉嫌侵权产品为合法流通商品的状况加以保全形成公证证据。20世纪90年代，在上海电熨斗总厂诉上海某乡镇企业侵犯其老牌产品"红心"牌电熨斗产品外包装一案中，消费者认知度的公证保全对于权利人胜诉起到了关键作用：

> ……窥视"红心"产品的是一家坐落于上海市郊的乡镇小企业。这家厂生产的"江心"牌电熨斗质次价廉，然而产品外包装却与"红心"产品包装几乎一模一样。无奈之中，上海电熨斗总厂先后三次更换、启用重新设计的产品新包装，岂料"江心"牌产品紧追不舍，不断仿效，消费者自然难辨真伪。
> 蒙受重大经济损失的上海电熨斗总厂找到上海市虹口区公证处，申请办理证据保全公证。
> ……受理此案的虹口区公证处当即决定，由上海电熨斗总厂按拟定的程序到市场实地调查、询问消费者，用让消费者辨别"江心"产品外包装的办法收集证据，公证员作现场监督，并对消费者的证词和取证事实进行公证。

---

[52] 叶自强著：《现代公证制度应用研究》，中国民主法制出版社1996年版，第415页。

几天以后，由公证人任意选择，一家企业的35名职工接受了调查。在公证员的严格监督下，35名被调查者被依次暂时"隔离"，由上海电熨斗总厂法定代理人先后向他们分别出示"江心"牌产品的外包装盒让其辨认，辨认询问完毕后的被调查人则迅速离开现场，因为被调查人的任何交头接耳、互相提示的行为都将有损于证据的真实与合法。

询问调查进展得十分顺利。调查结果显示，35名被调查人中有28人将"江心"牌产品误认为"红心"牌；除两人表示难以辨清外，仅有5人将其辨认为"江心"牌。整个过程被全部摄像，公证员当即将录像带粘贴封条后交给上海电熨斗总厂。

有了保全证据公证书，胜券在握的上海电熨斗总厂一纸诉讼毅然将"江心"电熨斗厂推上了被告席。在法庭调查中，公证处保全的证据充分显示了其法定的证明力。"江心"牌产品以不正当竞争手段误导消费者的事实已一清二楚。

法律是公正的。上海市浦东新区人民法院迅速作出一审判决："江心"电熨斗厂立即停止其不正当竞争行为，销毁所有与"红心"产品近似的外包装盒；赔偿上海电熨斗总厂经济损失6万元人民币；1个月内在报纸上刊登启事，澄清事实，向上海电熨斗总厂公开赔礼道歉。[53]

（2）损害现状的公证保全

1995年，在辽宁省鞍山市中级人民法院审理的台安县739户农民诉该县某种子经销站、凌源市某农业服务站出售伪劣玉米种子一案中，原告提交了台安县公证处出具的739份保全证据公证书，此前，应全体购买种子的739户农民的申请，公证人来到各个受损农民的田间，对玉米长势、减产程度分别进行证据保全，保全证据公证书均被采信，739户农民胜诉，被告依判决赔偿原告经济

---

[53] 祝维君：《公证，为名牌产品"撑腰壮胆"》，载司法部公证司编：《公证案例选编》，法律出版社1999年版，第167页。

损失共计人民币 1199303.85 元。[54]

在一些自然或人为灾害事件中，对损害现状的公证保全成为受害人寻求法律救济不可或缺的保障：

  2012 年 6 月 14 日凌晨 4 时许，衡阳市珠晖区太平洋批发大市场四楼突发大火，该楼层的仓库多达几十个，以储存橡胶、电器、服装为主，火灾虽未造成人员伤亡，但给商户们带来了巨大的财产损失。

  6 月 16 日早晨，火灾现场解除封锁，商户们纷纷进入商场内清理自家门店和仓库，接到珠晖区政府的请求后，衡阳市衡州公证处唐立清主任带领全处人员第一时间进入现场对商户们的受损情况进行现场公证。当公证员进入现场时，浓烟并未散去，脚下的积水已漫过脚面，房顶仍不断滴水，一些商户一边擦着泪水，一边清理被损的商品，看到现场来了公证员时，商户们情绪非常激动，纷纷要求公证员到自家仓库记录受损情况。公证员们一方面安抚商户们的情绪，另一方面携带摄像机等设备分组分楼层对各仓库及门店内的受损情况进行逐一清点。据唐主任介绍，公证员们来不及戴上防毒设备和换上雨鞋就开始了现场办公，当浓烟呛得受不了时就到通风口缓一下，脚在污水里已经浸泡得变成了白色，不过没有一名公证员临阵退缩，都坚持在自己的岗位上。

  据悉，此次为商户们的损失进行现场的证据保全公证，能够为他们日后的理赔提供真实、有效的证据，能够尽最大可能为商户挽回损失。[55]

5. 程序性证据

实务中，程序性证据具有法律程序上的意义，产生程序法上

---

54 参见辽宁省台安县公证处：《假种子坑农民起事端，证据保全排忧难》，载司法部公证司：《公证案例选编》，法律出版社 1999 年版，第 185 页。

55 湖南省衡阳市司法局公律科：《公证为民暖人心——记衡州公证处第一时间进驻太平洋商场火灾现场》，载《湖南公证通讯》2012 年第 2 期。

的后果，常见的如债权人为中断诉讼时效申请公证保全其向债务人送达催款通知书的行为等。

（三）公证保全证据活动涉及的法律问题日趋复杂

如前所述，公证保全证据活动对于社会生活的介入日趋深广，相应也导致公证保全证据活动涉及的法律问题变得日趋复杂，2005年，司法部在一份有关公证保全证据业务的文件中就已指出："随着经济社会发展和诉讼证据规则的逐步完善，保全证据公证日趋复杂。"[56]

一般而论，公证保全证据活动往往源于当事人的私力救济，所谓私力救济，"指权利遭受侵害时，权利人迳以自己之腕力排除侵害，自行实现其权利。"[57] 依学者言，私力救济的首要特征是"没有第三方以中立名义介入纠纷解决"[58]，其过程表现为"非程序性"[59]，而一旦公证介入私力救济，就导致私力救济的性质发生了根本性的变化，这是因为，私力救济是相对于公力救济而言的，公证的介入，并不会导致私力救济直接转化为公力救济，而这又和公证权的属性有关，公证权不是私权，也不属于公权力，通观整部《公证法》，未出现"国家"一词或其他任何将公证活动定义为公权力性质的描述，"从法的类别上讲……《公证法》并不属于公法的范畴"[60]，故公证权宜视为一种社会公共权力：

……从新中国成立后公证制度的发展历程来看，公证制度恢复重建之初，公证机关曾为行政机关，公证权可以视为国家权力的一部分，这是我国公证制度一度所具有的特殊性所在，但是，从公证权的本质而言，公证权是由于中国改革

56　司法部办公厅《关于进一步规范保全证据公证业务有关问题的通知》（2005年7月7日　司办通〈2005〉49号）。

57　梁慧星著：《民法总论》（第2版），法律出版社2001年版，第258页。

58　徐昕著：《论私力救济》，中国政法大学出版社2005年版，第103页。

59　徐昕著：《论私力救济》，中国政法大学出版社2005年版，第104页。

60　薛凡／前方：《远航——〈公证文书改革参考〉出版答问》，载薛凡主编：《公证文书改革参考》，厦门大学出版社2012年版，第311页。

开放以来基于社会结构的变化而由国家让渡给社会的一种公共权力,因而,公证权应当定位在一种具有专业性、客观性、科学性的社会公共权力为宜。[61]

依此角度加以理解,一旦公证保全证据介入私力救济,实为私力救济演变为社会公共权力的救济,但是,深层次的问题在于,由于公证保全证据活动往往源于当事人的私力救济,需要公证人以至法官准确把握公证保全证据合法与否的尺度,如司法部、中国公证协会在《公证程序规则释义》中所提示的:

> 随着社会需求的增长,保全证据公证已成为公证制度恢复以来发展较快的公证业务之一,也随之出现了一些问题。一些当事人为尽快实现自己的权益,在采取私力救济的方式实现自己的权益之后,为避免缠诉,申请公证机构对私力救济后物品状况进行保全证据公证。当事人一方面希望通过对证据的保全,避免在因私力救济带来的诉讼中可能出现的损失负担,另一方面误以为只要公证机构以某种程度介入了私力救济,其行为就具有了所谓的合法性。[62]

进而稍加分析,公证保全证据活动可能涉及的当事人的私力救济方式有常规和超常规之分,常规的方式,有学者称之为法定的私力救济,一般不违背法律的禁止性规定,超常规的方式即学者所称的法外的私力救济,往往涉及法律的模糊地带,有的甚至与法相悖(见图表8:《私力救济的类型》[63]):

······一旦公证保全证据介入私力救济,实为私力救济演变为社会公共权力的救济,······

---

[61] 张宇衡:《社会结构演变对于公证权性质的影响——访孙笑侠教授》,载《公证研讨》2014年第1期。

[62] 司法部、中国公证协会编:《公证程序规则释义》,法律出版社2006年版,第150页。

[63] 徐昕著:《论私力救济》,著中此图表原题为"私力救济的类型之二",中国政法大学出版社2005年版,第121页。

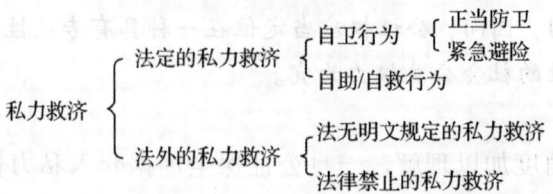

图表8：私力救济的类型

在实践中，公证保全证据活动涉及的超常规或称法外的私力救济方式包括秘密取证、陷阱取证等，还涉及房屋租赁关系中的"撬门破锁"、劳动关系中的"撬桌破锁"、保管关系中的"撬箱破锁"、婚姻法律关系中的婚外情调查等，此外，如手机短信、QQ聊天记录、电子邮箱中信件的保全，更涉及公民隐私权和通信自由权的保护，众多无论在法律上还是社会舆论上都属于敏感和富有争议的问题，几乎无一例外地集聚在公证保全证据活动中，带来了法理判断和法律适用的诸多难题，无论是公证人或是法官，都不得不直面这些难题。

四、问题的提出——从审判实践[64]看公证保全证据活动的规范

本文将要展开讨论的重点，是从公证保全证据活动难以替代的重要性出发，思考如何规范和提升公证保全证据活动的品质，换言之，也可以理解为如何避免和防范公证保全证据活动的瑕疵，但是，本文无意从公证行业自身的立场出发加以评判，而主要是从审判实践的视角加以考量，为此，有必要先明确公证保全证据活动与审判实践二者之间的关系。

（一）公证保全证据活动与审判实践的关系

公证保全证据活动的兴起，给法律职业群体带来了多重挑战，这种挑战首先及于公证人，同时也及于法官以至律师，大量经公证保全的证据在诉讼活动中涌现，不仅对规范和统一民事或行政

---

64 本文所述审判实践，主要是指民事审判实践，同时也涉及行政审判实践。

审判活动中法官对于公证证据的认知提出了新的要求，而且有可能在某种意义上重构公证与审判的关系，这主要是由公证保全证据活动的司法价值决定的。

1. 公证保全证据活动的司法价值

就公证保全证据活动的终极指向来说，最终形成的法律"产品"是保全证据公证书，究其性质而论，在诉讼活动中，包括保全证据公证书在内的任何公证书都只是一项证据，如同2006年上海市高级人民法院在一份司法文件中所定义的：

> 公证是对事实的证明。对诉讼而言，公证书仅仅是一项证明力较强的证据。法院受理民事纠纷，针对的是当事人之间民事权利义务产生的争议，而不是对争议涉及的某个证据进行裁判。[65]

显然，公证书在本质上属于证据这一观点也得到了最高立法机关的认同，全国人大法制工作委员会所编"中华人民共和国法律释义丛书"之一《中华人民共和国公证法释义》明确指出：

> 公证是对事实的证明，是一项证据，不是一个行政决定，……作为证明事实的一项证据而言，公证同其他证据在性质上是一样的，公证与其他证据的不同仅在于其证明力更强一些。法院在审理当事人争议的过程中当然会对公证这一证据进行审查，有相反证据推翻的即不采纳，没有相反证据的即采纳作为认定事实的依据。[66]

立法机关的这一论点，界定了司法活动或者说审判实践中法官判断包括保全证据公证书在内的各类公证书或称公证证据的一

---

[65] 上海市高级人民法院《关于印发〈关于涉及公证民事诉讼若干问题的解答〉的通知》（沪高法〈2006〉313号）。

[66] 王胜明、段正坤主编：《中华人民共和国公证法释义》，法律出版社2005年版，第154页。

般思维模式,易言之,界定了公证保全证据活动的基本司法价值。

2. 法官判断公证保全证据活动的一般思维模式

所谓法官判断公证保全证据活动,主要是指法官在民事或行政诉讼活动中针对保全证据公证书采信与否加以判断。一般而论,在诉讼活动中,法官对于包括保全证据公证书在内的各类公证证据的判断集中在两个不同的层面,即公证证据是否具有证据资格以及证明力的强弱:

> 人民法院应当依法行使独立审判权,对公证证据的真实性、合法性和关联性进行审查,对其是否具有证据资格以及证明力的强弱加以认定。[67]

从证据学的原理而言,证据资格是证明力的必备前提,因而,在民事诉讼活动中,法官判断公证证据的一般逻辑必然是,首先,确认某一个公证证据是否具备证据资格,即公证证据是否符合真实性、合法性和关联性的要求,在认定具备证据资格的前提下,再去判断公证证据证明力的强弱,即公证证据能够在多大程度上证明案件事实,如果证据资格被否定,证明力就根本无从谈起,浙江省高级人民法院民事审判第三庭《关于知识产权民事诉讼中公证证据的审查与认定的指导意见(试行)》明确提出:

> 以侵害他人合法权益或者违反法律禁止性规定的方法取得的公证证据材料,不能作为认定案件事实的依据。
>
> 对于虽不属于以侵害他人合法权益或者违反法律禁止性规定的方法取得,但取得程序存在瑕疵的公证证据材料,应当根据相关程序性规定的立法目的、瑕疵的严重程度是否影响公证证据的真实性等因素,判断其是否具有证据资格。[68]

---

67 浙江省高级人民法院民三庭《关于知识产权民事诉讼中公证证据的审查与认定的指导意见(试行)》(浙法民三〈2010〉5号)第1条。
68 浙江省高级人民法院民三庭《关于知识产权民事诉讼中公证证据的审查与认定的指导意见(试行)》(浙法民三〈2010〉5号)第3条。

3. 审判实践中涉及公证保全证据活动的若干不同情形

审判实践中涉及的公证保全证据活动存在多种不同情形，就最为基本的情形而言，当法官判断是否采信保全证据公证书或称公证证据时，往往会遇到以下三种情形：

（1）公证证据和未经公证的证据并存。

（2）仅存在公证证据，这种情形又可分为两种具体情况：

①公证证据指向的案件事实是唯一的

举例而言，某畅销小说的作者起诉某盗版商，该作者诉前经公证保全了盗版商印制、出售畅销小说的证据，在诉讼中盗版商未提出反证，该案中，此公证证据不仅是主要的、关键的证据，而且指向的案件事实是唯一的，即盗版商实施了侵犯畅销小说作者著作权的行为。

②公证证据对抗公证证据——不同的公证证据指向相反的案件事实

同一诉讼案件中，有时会出现两个或两个以上具有不同指向的公证证据，由此，构成了公证证据与公证证据的对抗。例如，2005年最高人民法院审理的信达公司石家庄办事处与中阿公司等借款担保合同纠纷案[69]、国内网络侵权第一案刘京胜与搜狐爱特信信息技术（北京）有限公司侵犯著作权纠纷案[70]、已故著名电影艺术家谢晋名誉权侵权案[71]等民事诉讼案件中，都出现了两个或两个以上经公证保全的证据，原被告双方各自提交的不同的保全证据公证书所指向的案件事实是完全相反的，有所差异的是，呈对抗性质的公证证据在有的案件中是由不同的公证机构出具的，有的案件中是由同一公证机构出具的。

---

69 信达公司石家庄办事处与中阿公司等借款担保合同纠纷案，最高人民法院（2005）民二终字第200号民事判决书，载《最高人民法院公报》2006年第3期。

70 刘京胜与搜狐爱特信信息技术（北京）有限公司侵犯著作权纠纷案，北京市第二中级人民法院（2000）二中知初字第128号民事判决书，载《最高人民法院公报》2001年第5期。

71 徐××与宋××、刘××名誉侵权纠纷案，上海市静安区人民法院（2009）静民一（民）初字第779号民事判决书、上海市第二中级人民法院（2010）沪二中民一（民）终字第190号民事判决书。

(3) 公证证据的自我否定

所谓公证证据的自我否定，是指公证保全证据活动存在重大瑕疵，致使公证证据丧失证据效力的情形。对此，本文将在后面通过案例进行详细分析。

（二）由审判实践看公证保全证据活动的瑕疵

浙江省高级人民法院、南京市中级人民法院、上海市黄浦区人民法院等分别所作的调研和统计表明，公证保全证据活动存在着多种不同情形的瑕疵。

2011年来自浙江省高级人民法院的调研显示，在该省各级法院受理的知识产权诉讼中，存在瑕疵的公证证据占有一定比例（见图表9：《浙江省知识产权案件中瑕疵及未被采信的公证证据（2007—2009年）》）[72]：

> 据统计，自2007年至2009年，全省涉公证证据的知识产权案件中共有502份公证证据存在着瑕疵，占公证证据总数的8.29%。其中，2007年的瑕疵公证证据占公证证据总数的9.84%，2008年占比7.97%，2009年占比8.00%。

图表9：浙江省知识产权案件中瑕疵及未被采信的公证证据（2007—2009年）

分类	2007年	2008年	2009年	合计
涉案的公证证据数	996	1682	3377	6055
瑕疵公证证据数	98	134	270	502
未被采信的公证证据数	13	19	60	92

2013年南京市中级人民法院民三庭披露的数据表明，"瑕疵公证书在侵权知识产权案件中比重很高，据估算可能接近80%。"[73]

---

[72] 浙江省高级人民法院课题组：《关于知识产权民事诉讼中公证证据审查与采信的调研》（讨论稿）。

[73] 江苏省司法厅公证管理处：《江苏省高级人民法院和江苏省司法厅侵犯知识产权保全证据公证工作座谈会纪实》，载《江苏公证》2013年第1期。

2011年来自上海市黄浦区人民法院一项专题调研[74]显示的结果似乎更为惊人，2007年至2010年4年间，该法院共审结涉网络公证保全证据的知识产权案件224件，其中，仅4件所涉公证证据不存在瑕疵，98.2%的保全证据公证书存在各类或公证程序或实体方面的瑕疵，虽然此类案件由于调撤率较高（如2009年调撤率为93.22%，2010年调撤率为86.67%）等因素使得最终未被法院采信的保全证据公证书仅11件，但是，公证程序或实体上的瑕疵对公证证据的证明力以至证据资格的负面影响是显而易见的（见图表10：《上海市黄浦区人民法院涉网络证据保全公证瑕疵（2007—2010年）》）：

图表10：上海市黄浦区人民法院涉网络公证保全证据瑕疵（2007—2010年）

网络证据保全公证（224件）			瑕疵数量（件）	所占比例（%）
证据资格层面	合法性	地域管辖	90	40.18
		申请主体	10	4.46
		网络连接	166	74.11
		硬盘清洁度	220	98.21
	真实性	公证地点	102	45.54
		所用电脑	120	53.57
		操作人员	148	66.07
证明力层面	完整性	保全步骤	8	3.57
		保全内容	84	37.50
	准确性	上网设备	14	6.25

公证保全证据活动瑕疵的存在，导致保全证据公证书竟然成为推翻自身效力的"反证"，产生了公证证据自我贬损以至自我否定的负面效应，其不利影响不仅及于审判活动或公证保全证据活动，更及于公证制度的价值，就此，2010年湖南省高级人民法院致湖南省司法厅的一份司法建议书指出：

---

74 凌崧、凌宗亮：《网络证据保全公证的现实困境与完善建议——以上海市黄浦区人民法院的知识产权审判实践为样本》，载《重庆邮电大学学报》（社会科学版）2012年第3期。

但在审判实践中,我们发现,网络电子证据公证保全行为不规范甚至违法,致使公证证据之合法性、真实性受到质疑的情形越来越多,这不仅给案件审理带来难度,也增加了当事人的诉讼成本,在一定程度上直接影响了公证机构的公信力。[75]

2010年山东省高级人民法院致山东省司法厅、省公证员协会的一份司法建议书也就公证保全证据活动中的瑕疵现象指出:

> 该类问题一方面影响了法院对该类案件的及时审理,不利于保护权利人与社会公众的合法权益;另一方面,也削弱了公证证据所特有的证明力优势,一定程度上损害了公证行为的权威性与公信力,应当引起足够的重视。[76]

因而,在充分注意到公证保全证据活动积极效应的同时,基于公证保全证据活动对于知识产权保护以至促进司法公正所具有的不同寻常的价值,确立它的行为准则以规范其品质、提升其水准,不仅是当务之急,更具有长远的价值。

五、规则的引领——以公证保全证据活动的司法监管为讨论中心

没有规矩,不成方圆。自公证保全证据活动兴起以来,各级司法机关特别是最高人民法院对其寄予了高度关注,通过司法解释、判例、司法文件、司法建议和会议纪要等各种形式形成了大量司法观点。据不完全统计,2002年至2011年间,仅最高人民法院有关公证保全证据司法观点的文献至少已有9项,包括司法解释1项、判例6个、司法文件2项(详见图表11:《最高人民法院公证有关公证保全证据司法观点要览(2002—2011年)》):

---

[75] 湖南省高级人民法院《司法建议书》(湘高法函〈2010〉103号)。

[76] 山东省高级人民法院《关于加强网络环境下公证保全证据工作的司法建议书》,载《第九届齐鲁公证论坛资料》,2011年印行。

图表 11：最高人民法院有关公证保全证据司法观点要览（2002—2011 年）

序号	类别	名称	主要内容
1	司法解释	最高人民法院《关于审理著作权民事纠纷案件具体适用法律若干问题的解释》（2002 年 10 月 12 日法释〔2002〕31 号公布，2002 年 10 月 15 日起施行）	公证人隐名进行保全证据的效力
2—7	判例	大连远东房屋开发有限公司与辽宁金利房屋实业公司、辽宁澳金利房地产开发有限公司国有土地使用权转让合同纠纷案[77]	公证保全送达的文书可否视为文书出具人真实意思表示
		中国工商银行银川市西城支行与宁夏大世界实业集团有限公司、宁夏共享集团有限责任公司、宁夏回族自治区二轻工业供销公司借款担保合同纠纷案[78]	
		信达公司石家庄办事处与中阿公司等借款担保合同纠纷案[79]	公证证据对抗公证证据情形的判断
		北京北大方正集团公司、北京红楼计算机科学技术研究所与北京高术天力科技有限公司、北京高术科技公司计算机著作权侵权纠纷案[80]	公证保全证据涉及"陷阱取证"的利益衡量
		新传在线（北京）信息技术有限公司与中国网络通信集团公司自贡分公司侵犯信息网络传播权纠纷申请再审案[81]	涉互联网公证保全证据的客观性
		华盖创意（北京）图像技术有限公司与中国外运重庆有限公司侵犯著作权纠纷再审案[82]	公证保全证据与权利确认的关系
8—9	司法文件	最高人民法院《知识产权案件年度报告》（2008）	涉互联网公证保全证据的客观性
		最高人民法院《关于印发〈关于审理证券行政处罚案件证据若干问题的座谈会纪要〉的通知》（法〔2011〕225 号）	确保公证保全的电子数据与原始载体的一致性、完整性

---

77 最高人民法院（2005）民一终字第 95 号民事裁定书，载《最高人民法院公报》2006 年第 12 期。

78 最高人民法院（2005）民二终字第 145 号判决书，载奚晓明主编、最高人民法院民事审判第二庭编：《最高人民法院商事审判指导案例——借款担保卷》，中国法制出版社 2011 年版。

79 最高人民法院（2005）民二终字第 200 号民事判决书，载《最高人民法院公报》2006 年第 3 期。

80 最高人民法院（2006）民三提字第 1 号民事判决书，载《最高人民法院公报》2006 年第 11 期。

81 最高人民法院（2008）民申字第 926 号民事裁定书。

82 最高人民法院（2010）民提字第 199 号民事判决书。

司法视野中的公证保全证据

最高人民法院有关公证保全证据的一系列司法观点中,以《关于审理著作权民事纠纷案件具体适用法律若干问题的解释》和"北京北大方正集团公司、北京红楼计算机科学技术研究所与北京高术天力科技有限公司、北京高术科技公司计算机著作权侵权纠纷案"的判例对于公证保全证据活动的影响最为卓著和深远,在基本的法理立论上,二者近乎一脉相承,对此本文后面将详加讨论。此外,浙江、江苏、湖南、山东等省的高级人民法院也以审判指导文件等多种形式提出了规范公证保全证据活动的意见和建议,例如,2010年8月17日,浙江省高级人民法院民三庭印发了《关于知识产权民事诉讼中公证证据的审查与认定的指导意见(试行)》[83],要求全省各级法院认真贯彻执行。此外,历年来各级法院产生了大量关乎公证保全证据的判决例,同时,相当一些法官结合审判心得,撰写了许多探讨公证保全证据活动的文章,提出了诸多富有价值的见解。这些司法观点不仅对于民事审判活动中法官判断公证证据具有参考意义,同时也意味着对于公证保全证据活动的司法监管正在逐步走向完善。

我国《公证法》实施前,《公证暂行条例》适用时期,在监管方式上,对于公证行业和公证活动实施的是单一的行政监管[84]。2006年3月1日《公证法》实施后,对于公证行业和公证活动的监管开始由单一的行政监管向三重监管[85]转变,即在继续保持原有行政监管的同时[86],新增了自律意义上的以各级公证协会为监管主体的行业监管[87],更为重要的是,根据《公证法》第40条、第43

---

[83] 浙江省高级人民法院民三庭《关于印发〈关于知识产权民事诉讼中公证证据的审查与认定的指导意见(试行)〉的通知》(浙法民三〈2010〉5号)。

[84] 《公证暂行条例》第6条规定:"公证处受司法行政机关领导。"

[85] 薛凡:《公证文书与公证实务》,载中国公证协会培训部编:《公证员任职前培训班授课提纲》,2013年印行。

[86] 《公证法》第5条规定:"司法行政部门依照本法规定对公证机构、公证员和公证协会进行监督、指导。"

[87] 《公证法》第4条第2款规定:"公证协会是公证业的自律性组织,依据章程开展活动,对公证机构、公证员的执业活动进行监督。"

条[88]的规定，由于经公证事项争议的最终解决以及公证活动是否具有过错需经由民事诉讼加以认定，自此，公证的司法监管制度开始形成[89]，意味着司法权对公证活动的结果进行实质性的监督。[90]

司法监管、行政监管、行业监管三者具有明显的不同之处，行政监管主要通过类似于"成文法"即各种行政规章或规范性文件的方式对公证活动实施监管，行业监管更多地类似于向公证人提供专家咨询意见，效力相对有限，相比之下，司法监管特别是最高人民法院通过司法解释、判例、司法文件等形式形成的司法观点不仅具备"判例法"的特点，同时又接近"成文法"的"造法"的功能，如学者所评价的：

> 中华人民共和国最高人民法院历来重视法律规范的解释和补充，以其卓越的法学造诣和忠于法律并且演进法律的使命感，积极制作司法意见。民事立法粗而不细和轻视体系的格局，把最高人民法院推上了形式上无权立法、实质上又不得不造法的境地。它的作为，势将在相当程度上塑造我国民事法的基本气质和性格，其影响是巨大的。[91]

在公证保全证据领域，作为一种动态的、活跃的、前瞻的监管，司法监管不仅确立了公证保全证据活动的基本边界，形成了公证保全证据活动应当遵循的一系列基本准则，包括如实、客观、合法等，而且对于规范和提升公证保全证据活动的品质形成了强有力的"倒逼"机制。进一步而言，司法监管所确立的这些基本

---

88 《公证法》第40条规定："当事人、公证事项的利害关系人对公证书的内容有争议的，可以就该争议向人民法院提起民事诉讼。"第43条第2款规定："当事人、公证事项的利害关系人与公证机构因赔偿发生争议的，可以向人民法院提起民事诉讼。"

89 但事实上，早在前《公证法》时期，对于公证保全证据活动的司法监管已经成为现实，例如，最高人民法院有关公证保全证据的多项司法观点都诞生于《公证法》施行之前。

90 薛凡：《程序四论——〈公证法〉有关公证程序规定的初步解读》，载《中国司法》2005年第11期。

91 张俊浩主编：《民法学原理》（修订第三版）上册，中国政法大学出版社2000年版，第53页。

准则不仅与《公证法》确立的公证活动基本原则[92]相一致，是公证活动基本原则的具体化，同时也与公证行业主管机关[93]所持的观点完全吻合。就公证保全证据活动的监管而言，在时间上，公证行业主管机关的行政监管早于司法监管，在内容上，通过对司法部相关规范与司法观点的比较，我们可以发现，在公证保全证据领域，司法监管与行政监管两者的基本取向是完全同一的（详见图表12：《司法部有关公证保全证据规范要览（1993—2013年）》）：

图表12：司法部有关公证保全证据规范要览（1993—2013年）

序号	类别	名称	主要内容
1—2	行政规章	《房屋拆迁证据保全公证细则》（1993年12月1日，司法部令第29号）	如题所示
		司法部《公证程序规则》第54条（2006年5月18日，司法部令第103号）	公证保全证据的特别程序
3—6	规范性文件	司法部公证司《关于发布〈公证书格式〉（试行）的通知》，第48式（1992年10月，〈92〉司公字15号）	保全证据公证书的具体要求
		司法部《关于保全证据等三类公证书试行要素式格式的通知》（2000年3月11日，司发通〈2000〉35号）	
		司法部、国家版权局《关于在查处著作权侵权案件中发挥公证作用的联合通知》（1994年8月26日，司发通〈1994〉70号）	公证保全证据应全面、客观反映真实情况
		司法部办公厅《关于进一步规范保全证据公证业务有关问题的通知》（2005年7月7日，司办通〈2005〉49号）	禁止无合法依据进行公证保全
7—8	批复	司法部公证司《关于为在华居住的奥地利公民参加奥大选办理有关公证书的通知》（1990年8月10日，〈90〉司公字第110号）	在华外国公民的选票公证宜适用保全证据方式
		司法部律师公证工作指导司《关于公证处办理证据保全公证中对物证能否采用封签进行封存的请示》的复函（1999年12月3日，〈99〉司律公函091号）	公证保全证据应具备连续性、客观性、真实性
9	其他	司法部律师公证工作指导司《司法部律公司简报》第9期（2013年4月9日）	进一步规范公证保全证据行为

92 《公证法》第3条规定："公证机构办理公证，应当遵守法律，坚持客观、公正的原则。"

93 根据《公证法》第4条、第5条，公证行业的主管机关是"国务院司法行政部门"。

此外，作为全国公证行业的自律性组织，中国公证协会也陆续就公证保全证据业务颁发了若干指导意见，以在行业自律的意义上对公证保全证据活动进行监管（见图表13：中国公证协会公证保全证据类指导意见要览（2004—2012年））：

图表13：中国公证协会公证保全证据类指导意见要览（2004—2012年）

序号	名称
1	《办理保全证据公证的指导意见》（修订） （2004年8月18日中国公证员协会第四届理事会第三次会议通过，2008年11月25日中国公证协会第五届常务理事会第七次会议修订通过）
2	《办理保全互联网电子证据公证的指导意见》 （2012年1月7日中国公证协会第六届常务理事会第七次会议通过）
3	《办理保全送达文书证据公证的指导意见》 （2012年8月28日中国公证协会第六届常务理事会第九次会议通过）

综上，从对公证保全证据活动的监管来看，包括司法监管、行政监管、行业监管在内的三位一体的全方位监管正在初步形成，但本文将以司法监管特别是各类司法观点为讨论中心，结合相关的公证实务与法理，重点论述公证保全证据活动应遵循的三项基本准则：如实、客观、合法。

第二部分 司法观点与实务的展开

六、从"如实"出发

(一)"如实"准则的确立

1. "如实"——公证保全证据司法解释的基本内容

所谓"如实",按照《现代汉语词典》所下的定义,是指"按照实际情况"。[94]最早提出应以"如实"作为公证保全证据活动行为准则的,是最高人民法院的一项司法解释。2002年10月,最高人民法院公布了《关于审理著作权民事纠纷案件具体适用法律若干问题的解释》[95](下称"《解释》"),《解释》第8条规定:

> 当事人自行或者委托他人以定购、现场交易等方式购买侵权复制品而取得的实物、发票等,可以作为证据。
> 公证人员在未向涉嫌侵权的一方当事人表明身份的情况下,如实对另一方当事人按照前款规定的方式取得的证据和取证过程出具的公证书,应当作为证据使用,但有相反证据的除外。

解读《解释》第8条的这一规定,包含了以下要义:

(1)公证保全证据活动过程中,不限制公证人员"未……表明身份",即公证人员可以隐名从事保全证据活动;

(2)用以证明当事人向另一方"取得的证据和取证过程"的

---

[94] 中国社会科学院语言研究所词典编辑室编:《汉英双语现代汉语词典》(2002年增补本),外语教学与研究出版社2002年版,第1635页。

[95] 最高人民法院《关于审理著作权民事纠纷案件具体适用法律若干问题的解释》(2002年10月12日法释〈2002〉31号公布,2002年10月15日起施行)。

保全证据公证书，应当"如实……出具"；

（3）人民法院在审理案件时，对于符合上述条件的保全证据公证书，除有相反证据外，应当作为证据使用；

（4）在著作权民事纠纷中，启动公证保全证据的前提是有涉嫌侵权事实的存在，即有"涉嫌侵权的一方当事人"。

2. 司法解释的价值取向

《解释》第 8 条的规定是最高人民法院有关公证保全证据活动的第一个也是迄今唯一一个司法解释，虽然当时作出这一司法解释的目的主要是为了解决著作权民事纠纷审理的法律适用问题，但是，它所确立的"如实"准则远已超越了著作权民事纠纷领域审判活动的范畴，对于法院在其他各类民事纠纷审判活动中准确把握保全证据公证书采信与否的尺度产生了决定性的影响。"如实"这一价值取向直指公证活动特别是公证保全证据活动的核心要害，即强调公证人应当忠于事实、"如实"进行保全并且对保全过程"如实"出具公证书，这一规定与公证制度的基础、公证人职业行为的特性是完全吻合的。公证制度的基础建立在对证明对象真实的追求之上[96]，而公证职业行为"如实"是追求真实不可或缺的前提。因此，《解释》第 8 条通过强调"如实"一统审判机关判断保全证据公证书采信与否的尺度，进而也对规范公证保全证据活动产生了实质性的作用。

（二）公证活动方式与公证法律关系的异同——"如实"准则对于公证运行的影响

1. 公开与"隐名"——公证人进行公证活动的两种不同方式

值得注意的是，《解释》第 8 条的规定强调"如实"主要是基于公证保全证据活动中的一种特定情形，即"公证人员在未向

---

[96] 真实是中国公证制度所追求的基本价值之一。《公证法》第 2 条规定："公证是公证机构根据自然人、法人或者其他组织的申请，依照法定程序对民事法律行为、有法律意义的事实和文书的真实性、合法性予以证明的活动。"

涉嫌侵权的一方当事人表明身份的情况下"参与的取证，这种特定情形俗称"隐名取证"，换言之，《解释》在强调"如实"的同时，也正式表示了对公证人参与"隐名取证"的认可。司法解释认可公证人参与"隐名取证"的重大意义在于将公证人进行公证活动的方式一分为二，一为公开，一为隐名，由此形成了公证人进行公证活动的两种截然不同的方式：

> 公证活动有两种基本形态：一为正常形态，一为特殊形态。在正常形态下，公证人进行公证活动有两种不同的方式，即对外公开或不公开，前者诸如面向社会公众的彩票开奖、建设工程招投标等事项的现场监督公证活动，后者诸如涉及当事人个人隐私的某些民事公证活动。在正常形态的公证活动中，公证人通常不应"隐名"，而应亮明或告知自己的身份，但是，在特殊形态的公证活动主要是公证保全证据活动中，公证人却可以隐名进行公证活动。需要强调说明的是，公证保全证据活动未必都以隐名取证的方式进行，它同样也存在两种不同的方式，即公开或不公开，前者诸如房屋拆迁公证保全证据活动，它很有可能是面向社会公众进行的，后者诸如公证保全权利人购买涉嫌侵权产品的活动。[97]

所谓"隐名公证"，又称"匿名取证"，按照审判机关的理解，"隐名取证……即公证员在证据保全公证中可以不向第三人表明身份"[98]。在公证保全证据活动中，向涉嫌侵权或涉嫌违约的一方进行取证时，无论是公证人还是权利人或其代理人可能都不得不选择隐名取证的方式，就如媒体所报道的，权利人"雇来打假的律师和公证人员必须以顾客身份出现"，[99]但是，如果立法或司法解释对此不加以确认，不仅有可能导致公证保全证据活动难以正

---

[97] 薛凡著：《研究生公证法学讲义》，未刊稿。
[98] 浙江省高级人民法院课题组：《关于知识产权民事诉讼中公证证据审查与采信的调研》（讨论稿）。
[99] 王猛、姚瑶、祝璐：《知识产权案件中的"维权镖客"》，载《民主与法制》2011年第16期。

常进行，还会在诉讼活动中引发无端的抗辩，一位法官曾经回忆说：

> 关于公证员匿名取证，以前我们办过一个案件，权利人在公证员的陪同下去买一个盗版的计算机软件，但在购买过程中公证员不便向店家暴露自己的身份，被告就主张公证员没有来公司买过产品。但我们觉得公证员如果表明身份，取证行为的实施可能会受到阻碍，法院裁定在公证人员依法进行取证的情况下，即使不暴露身份也确认公证的效力。后来最高人民法院在制定知识产权诉讼司法解释的时候，就把我们的这一意见吸收进去了，所以说公证员的匿名取证是具有法律效力的。[100]

显然，《解释》第8条在强调"如实"的同时对公证保全证据活动"隐名取证"的认可填补了公证立法的一项空白，在《公证法》以及《公证程序规则》中，公证人可否参与"隐名取证"，或者说隐名类公证保全证据活动是否有效并无定论，正因为如此，这一司法解释对于公证活动特别是公证保全证据活动的运行产生了至为深刻的影响。

需要一提的是，在法律实务和法学研究中，常有论者将公证人参与"隐名取证"这一概念混同于"陷阱取证"，虽然公证保全证据活动"隐名取证"有时候会比较接近于"陷阱取证"的某些方式，但是，"隐名取证"与"陷阱取证"并不完全等同，后者是一个有所特指的司法术语，由此，"隐名取证"又进一步引出了对于公证人参与"陷阱取证"的争议，"陷阱取证"的合法性以何为限？对此，在《解释》颁行之后，最高人民法院又以判例[101]的形式作了释明，我们将在后面加以讨论。

---

100 章彧甲、潘小烨、朱天昊整理：《保全证据公证的视角和方法——法官与公证员专题学术研讨实录》，载《公证研讨》2007年第1期。

101 即最高人民法院就北京北大方正集团公司、北京红楼计算机科学技术研究所与北京高术天力科技有限公司、北京高术科技公司计算机著作权侵权纠纷一案再审的判例，参见注5。

2. "隐名取证"与公证法律关系的不同形态

在强调恪守"如实"准则的前提下，如果对公证保全证据活动特别是"隐名取证"类公证保全证据活动这一特殊情形加以展开，我们将会发现，"隐名取证"类公证保全证据活动对于公证实务的运行带来了实质性的影响，导致了与一般公证活动全然不同的新型公证法律关系的产生，而不同的公证法律关系不仅导致了公证人履行义务的重大差异，也导致了公证活动价值的某种差异，特别是公证活动所追求的合法性价值的差异。

（1）公证法律关系的两种基本形态

通常而论，公证活动或者说公证程序因当事人的申请而启动，由此，在当事人与公证人之间形成了相应的公证法律关系，公证法律关系一旦形成后，在走向上却有可能趋于两极，呈现出两种不同的形态，一是单一的公证法律关系，一是复合的公证法律关系，这两种不同形态的公证法律关系是由公证活动参与主体不同所决定的。

①单一的公证法律关系

单一的公证法律关系存在于一般的公证活动中，由公证人和当事人共同构成，换言之，公证人所面对的只是公证活动的主动参与者即当事人，至于当事人是单一主体还是多重主体、当事人是亲自申请办理公证还是委托他人代为申请办理公证均在所不论，例如，一在美国留学的中国公民因在美定居所需委托其在国内的父母代为申请办理出生公证；又如，当事人甲欲将其个人拥有的一处住宅赠与当事人乙，赠与人和受赠人双方共同申请办理"房屋赠与合同"公证；再如，某公司向某银行借款若干，该公司董事长以其个人资产包括住房、股票等为公司还款提供抵押担保，债权人、债务人和抵押人三方订立"抵押贷款协议"并共同申请办理赋予该协议强制执行效力的公证等，这些情形均属于单一的公证法律关系。

②复合的公证法律关系

复合的公证法律关系主要存在于公证保全证据活动中，不仅包含了公证人和当事人，同时还包含了公证事项的利害关系人。

公证事项的利害关系人（下称"利害关系人"）是《公证法》创设的概念[102]，指公证申请人以外的与公证事项有利害关系的自然人、法人或者其他组织[103]。在公证保全证据活动中，公证人不仅要面对公证活动的主动参与者即当事人，同时还要面对公证活动的被动参与者即公证事项的利害关系人，所谓公证活动的被动参与者，特别是"隐名取证"类公证保全证据活动中的被动参与者，是指并未提出公证申请，甚至对公证活动的进行毫不知情，而是完全被动地进入公证法律关系之中的人，然而，公证的结果却与其具有直接的利害关系，例如，某部长篇小说的作者为提起侵权之诉，申请公证保全购买该长篇小说盗印本的过程。公证人与该作者一起来到某商场，当场购买了正在公开对外销售的该长篇小说盗印本共2册并开具了发票。此案例中，公证人和长篇小说作者都是以普通消费者的面目出现的，未向涉嫌侵权的商场表明各自的真实身份，而商场虽然对正在进行的公证保全证据活动一无所知，但是如果发生长篇小说作者和商场之间的侵权诉讼，上述公证证据是否被法官采信必然与该商场具有直接的利害关系，因此，该商场成为公证保全证据活动的被动参与者，也成为公证法律关系事实上的主体。

当然，公证保全证据活动并不都属于复合的公证法律关系，有时也属于单一的公证法律关系。复合的公证法律关系大多存在于当事人申请公证的目的主要是为了解决纠纷的保全证据活动之中，公证保全的客体种类繁多；而在单一的公证法律关系中，当事人申请公证保全证据的目的主要是为了预防纠纷，公证保全的客体主要是权利证据，如某编剧在将其个人独立创作完成的一部电视剧剧本提交给国内某电视台之前，申请对该剧本原稿进行公证保全，以防范对作品著作权可能发生的侵害。

（2）不同公证法律关系中公证人履行义务的差异

在公证保全证据活动中，如前所述，不同的公证法律关系导

102　参见《公证法》第39条、第40条、第44条。

103　王胜明、段正坤主编：《中华人民共和国公证法释义》，法律出版社2005年版，第146页。

致了公证人履行义务的重大差异,这种差异表现在三个方面,一是告知义务不同,二是出现了几乎是在公证保全证据活动中独有的公证人的特别提示义务,三是审查义务不同。这里先分析告知义务的不同,其他义务履行的不同将在后面另行分析。[104]

①告知义务——公证人的法定义务

在公证活动中,为保证公证程序得以履行和公证内容真实、合法,《公证法》、《公证程序规则》都规定了公证活动中公证人的告知义务。《公证法》第27条第2款规定:"公证机构受理公证申请后,应当告知当事人申请公证事项的法律意义和可能产生的法律后果,并将告知内容记录存档。"《公证程序规则》第21条对公证人的告知义务作了扩张和延伸,在重申《公证法》第27条第2款规定的同时,还进一步要求公证人向当事人"告知其在办理公证过程中享有的权利、承担的义务"。据此,告知义务成为公证人的一项法定义务。

公证人有向当事人告知的法定义务,不进行告知或告知不当意味着公证人违反了法定程序,同时这也是当事人知情权的体现,公证人违背告知义务,轻则会引起当事人对公证书效力的质疑,重则会引起当事人与当事人间、当事人与利害关系人间、当事人与公证机构间的纠纷,影响当事人的权益和公证机构的声誉。因此,公证人履行告知义务不仅是法律专业人员的义务,也是公证预防纠纷的直接体现,更是公证人维护公证文书的法律效力,避免责任风险的重要举措。[105]

但是,公证人这一法定义务的履行仅在单一的公证法律关系中成为必要,在复合的公证法律关系中,这一义务的履行并不及于公证法律关系的被动参与者即被取证对象,例如涉嫌侵权的一方,但是,这一做法是否会和《公证法》、《公证程序规则》有关告知义务的要求产生冲突?由此就需要讨论公证活动中公证人

---

104 公证人特殊的提示义务将在本文"七、保持客观"中加以讨论,公证审查义务的不同将在本文"八、指向合法"中加以讨论。

105 王胜明、段正坤主编:《中华人民共和国公证法释义》,法律出版社2005年版,第103页。

告知义务的两种不同情形,即正常情形和例外情形。

②公证人告知义务的两种不同情形

无疑,《公证法》所确立的公证人的告知义务主要存在于一般的公证活动中,我们也可以将其称之为公证人告知义务的正常情形,而在公证保全证据活动中,公证人的告知义务应属例外情形,这种例外情形主要发生在隐名取证类公证保全证据活动中,审判机关的观点认为,从公证保全证据活动的现实需求出发,有必要对公证人履行告知义务加以"适当的变通":

> 公证机构的……告知义务是法定义务,是公证程序的合法性要求。一般情形下,公证机构的告知义务对保证公证内容的真实性和合法性非常必要。然而,在严格程序的前提下,为保护合法权益、减轻权利人的举证困难、制止侵权行为,有时需要进行适当的变通。
>
> 知识产权保护中,受权利客体的无形性、侵权手段的高科技化、高隐蔽性、侵权人的高警惕性、获取证据的高难度、高成本等诸多因素的制约,若一律要求公证取证履行告知义务,势必无法获取侵权证据,有时甚至会置权利人及公证人员的人身、财产安全于危险境地。[106]

因此,在复合的公证法律关系中,特别是在隐名取证类公证保全证据活动中,公证人的告知义务仅及于当事人即公证申请人,而对于涉嫌侵权人即取证对象可以免除公证人告知义务的履行。

……在隐名取证类公证保全证据活动中,公证人的告知义务仅及于当事人即公证申请人,而对于涉嫌侵权人即取证对象可以免除公证人告知义务的履行。

(三)"如实"准则的法理辨析

1. "如实"决定着公证保全证据活动的公正性

一如司法活动必须以公正为指向,包括公证保全证据活动在

---

[106] 魏大海:《知识产权侵权之诉中公证书的采信——湖北武汉中院判决安庆帝伯格茨活塞环有限公司诉任海兵侵犯商标专用权纠纷案》,载《人民法院报》2010年9月9日。

内,一切公证活动都不能背离公正性的要求,这是《公证法》[107]明文规定的公证活动的一项基本原则,而能否实现公正,首先取决于能否做到"如实"。所谓如实,意味着忠于事实,它直接关系到公证保全证据活动的公正性能否以及在多大程度上可以得到实现。公证保全证据活动的公正性是由公证人目击并确认的事实真相和程序正义共同构成的,二者缺一不可。这里所说的事实真相,也就是《公证法》所要求的公证活动的真实。虽然,"如实"未必完全等同于"真实",只是最大限度地接近真实,因为对于真实的理解,通常是指"跟客观事物相符合,跟'假'相对"[108],但是,"如实"是通向真实的必备前提,所谓"如实"是就公证人的执业行为而言的,真实是就公证活动最终应当达到的效果而言的,即真实是公证制度追求的基本价值之一。如果公证人在保全证据活动中未能如实行事,公证证据的真实性就荡然无存,一旦公证证据不具备真实性,势必就远离了公正。从这个意义上说,"如实"准则犹如一项皇冠,高居于公证保全证据活动应遵循的各项行为准则之首,我们完全有理由将其视为公证保全证据活动的第一行为准则。

2."如实"体现了公证保全证据活动客观性的要求

"如实"与公证证据的客观性之间存在着紧密的关联,对此我们还将在后面展开分析。

3."如实"构成了公证保全证据活动合法性的前提

毫无疑问,一切公证活动均应合法,公证保全证据活动也不例外,但是,诚如有的法官所言,包括公证保全证据活动在内,所有的公证活动主要是围绕着追求被证明事项的真实性而展开的:

> 从理论上说,公证的基本任务是证明事实确如自己所见所闻,对于公证人而言,在法律问题和事实问题之间,主要

---

107 《公证法》第3条明文规定:"公证机构办理公证,应当遵守法律,坚持客观、公正的原则。"

108 《新华字典》(第10版),商务印书馆2004年版,第618页。

应该关注的是事实问题……[109]

由于公证活动包括公证保全证据活动既是一种证明活动，同时也是一种法律事务，它的基本任务并不如同裁判活动需要作出合法与否的终极判断，而仅在于固定并证明某一事实，所谓证明，是通过公证人如实行事来完成的，因此，"如实"构成了一切公证保全证据活动合法性的基本前提。

4."如实"是公证人独立行使公证权的保障

在包括保全证据活动在内的所有公证活动中，公证人唯有如实行事才有可能确保公证权依法独立行使，使公证权不至于沦为强权或金钱的附庸或成为利益相对的任一方当事人的工具。

5."如实"是公证保全证据活动操作层面的要求，不属于公证人主观判断的范畴

"如实"意味着公证人在保全证据活动中将目击的事实无一遗漏地记录下来加以固定并作出公证证明，而不是对所保全的对象是否真实、合法加以判断，因此，"如实"属于公证保全活动操作层面的要求，不属于公证人主观判断的范畴。

在对"如实"准则蕴含的法理加以辨析后，接下去，我们将在实务层面上进一步展开对"如实"准则的讨论。

（四）公证保全证据活动的基本构成——"如实"的实务展开之一

对公证保全证据实务加以讨论，首先需要明确公证保全证据活动的构成即基本要素。通常而论，公证保全证据活动同时包含着三个既独立又互为联系的要素，一是证据本身，又可称为取证对象，一是当事人即公证申请人的取证行为，一是公证人对于当事人取证行为所作的现场监督，即公证人实施的保全行为，三者之和构成了完整意义上的公证保全证据活动，如同有的法官所论：

109　薛文成：《民商公证与审判实务中的若干问题》，载《公证研讨》2011 年第 3 期。

在保全证据的过程中，存在着三个相互联系又相互区别的环节作为其基础和前提：首先是证据事实本身的形成过程，其次是公证申请人的取证过程，最后是公证机构对公证申请人取证过程进行保全的过程。这其中，证据事实本身的形成是产生保全证据公证的前提条件，侵害事实通常在保全证据公证前形成，而如果是公证申请人履行义务的过程，则当然与其取得证据过程是一致的。公证申请人取证的过程和公证机构进行保全的过程是同步进行的。在公证申请人取证的过程中，公证机构的保全方式有录音、拍照、摄像、现场记录等，保全的内容包括公证申请人的取证过程和取证结果两部分。[110]

但是，现实生活中，公证保全证据活动纷繁复杂，在某些特定的情形下，它的构成要素也有可能会发生变化。

先以证据本身即取证对象而论，大体存在着两种不同的情形，一是在公证保全证据活动开展前证据已经存在，例如某当事人发现未经其同意网上或某照相店陈列橱窗里出现其照片用于商业宣传，申请对该状况进行公证保全；一是在公证保全证据活动开展前证据并不存在，需在公证保全证据程序启动后，当事人进行取证及公证人进行保全时证据才会形成，最为典型的就是送达行为的公证保全。

再以当事人的取证行为和公证人实施的保全行为为例，在本文后面将要展开讨论的涉及网络的公证保全证据活动中，既有当事人上网进行操作取证而公证人在现场进行监督，也有公证人亲自进行取证，即公证人直接上网进行操作；又如，在公证保全证人证言或当事人陈述时，一般会有第三方如律师等对证人或当事人进行询问，公证人旁站实施监督，但是，有时并不存在第三方询问人即进行取证的人员，而直接由证人或当事人在公证人面前以讲述或亲笔书写并同步录音录像的方式完成证人证言或当事人

---

110 逯遥：《知识产权民事诉讼中的保全证据公证》，载《北京公证》2010年第4期。

陈述的保全。

故概而言之，公证保全证据活动虽有其基本构成要素，但这些要素并不会一成不变，而会随着公证保全证据个案的不同呈现出多元化的形态。

在进行了上述讨论以后，进而我们可以讨论"如实"在公证保全证据实务操作中的体现。从公证保全证据实务操作的角度来讲，"如实"主要包含了三个步骤：如实实施保全、如实作成保全证据活动的现场记录、如实出具保全证据公证书，这三个步骤前后相承、环环相扣、缺一不可，试分别解析之。

（五）如实实施保全——"如实"的实务展开之二

如实实施保全是指公证人应实时、实地、全程参与整个保全过程，包括应在现场监督当事人取证、取证完毕后及时对证据进行封存，公证人应注重保全内容和步骤的完整性，当同一案件中存在多个保全对象的情况下，还应注重保全过程的连续性。

1. 公证保全内容和步骤的完整性

公证保全内容和步骤两者的完整性是互为关联的，也是公证人如实实施保全的基本标志之一，其中，保全内容涉及保全的客体，保全步骤涉及取证步骤。在北京市第一中级人民法院审理的一起专利侵权案件中，原告在庭审的举证环节中出示了一份含有视频光盘的保全证据公证书，并当庭播放了该视频。视频中展示的内容为原告与公证人一起去被告厂房进行考察的过程，画面中展现了被告的生产线，原告指称该生产线中的某个核心设备与原告拥有的专利完全一致。然而，这份公证证据展示之后，被告抗辩称：视频从始至终未体现出被告的名称，否认画面中的生产线是其厂房及设备。最终，此案由于公证保全内容与步骤缺乏完整性，致使公证证据与待证事实间没有建立起对应关系，原告在无奈之下只能撤诉。[111] 此案和其他一些法院对诉讼案件涉及的公证保全证据

---

111 参见谭乃文：《打造完美证据链——基于专利侵权诉讼中公证证据的实证分析》，载北京市长安公证处《长安人》2013年第1期。

所作的调研[112]表明，公证保全证据活动应十分注重两个方面的完整性，即内容的完整性与步骤的完整性。

(1) 公证保全内容的完整性

审判实践表明，在保全客体容量巨大或者数目繁多的情形下，公证人特别需要防止保全内容不完整的情况发生：

> 比如在网络著作权侵权案件中，所涉侵权视频可能有几十集甚至几百集，公证员为节省时间和精力，往往仅选取其中的一部分进行下载、播放或打印。在……涉及电视剧《别活得太累》（共22集）的案件中，公证员就仅选取了2个侵权视频进行点播。……此外，保全内容不完整还体现为对公证地点记录不明确，如杭州中艺实业有限公司诉安吉康德赛家具有限公司侵犯外观设计专利权纠纷案件中，涉案公证书仅记载了公证保全地点为"康德赛家具有限公司"，不仅未记载该公司所在的行政区域和街道名称，而且也未在所附厂房和产品的照片中显示被告企业的全称。对此，被告以公证人员作出公证的地点并非其公司为由提出异议。[113]

(2) 公证保全步骤的完整性

审判实践同时还表明，在取证步骤较为复杂的情形下，公证人特别需要防止公证保全步骤不完整的情况发生：

> 如在沈志军诉东阳市时潮喜庆用品有限公司等侵犯外观设计专利权纠纷一案中，涉案公证书虽然附有公证保全的实物，但从其内容来看，仅记载了原告订购产品的内容，对于货物是否系当场交付并未载明。经人民法院向相关公证员询问后，才查明公证购买的货物没有当场交付，而是公证日后

---

[112] 浙江省高级人民法院课题组　徐杰：《关于知识产权民事诉讼中公证证据审查与采信的调研》，载《法律适用》2011年第1期。

[113] 浙江省高级人民法院课题组　徐杰：《关于知识产权民事诉讼中公证证据审查与采信的调研》，载《法律适用》2011年第1期。

在货运站收到的货物。显然,在这种情况下,该货物是否就是被告销售的产品无法通过公证书进行认定。此外,在涉及网络邮购产品的公证中,如果仅对邮寄来的产品进行公证保全,既无法反映邮寄前买卖双方达成交易的过程,也无法证明该产品确系邮寄单上的寄件人寄发。[114]

2. 公证保全过程的连续性

如果说,在公证保全客体单一的情况下需要注意保全内容和步骤的完整性,那么,当同一个公证保全案件中存在多个保全客体或称取证对象的前提下,在注意保全内容和步骤的完整性的同时,注重保全过程的连续性就显得特别重要。作为公证保全证据活动的基本要求之一,1999年,司法部在一份文件中曾明确指出,公证保全证据过程中,公证人实施保全的行为应具有"连续性、客观性和真实性"[115],以保证公证证据的证明力。

2011年,在北京市第一中级人民法院审理的原告某药物制品有限公司与被告J公司等侵犯发明专利权纠纷一案中,原告诉称:该公司涉诉的药物产品K软膏于1998年被原中华人民共和国专利局(现改为国家知识产权局)授予中国发明专利权。2010年,原告发现市场上出现侵犯上述专利权的K软膏,认为被告J公司等未经原告许可,以生产经营为目的,进口、销售、许诺销售属于原告专利权保护范围的K软膏,侵犯了原告专利权。原告委托代理人指派其工作人员将购买的上述K软膏向中国科学院化学研究所送检。北京市某公证处对上述购买及送检的事实进行公证保全并出具了公证书。随后,中国科学院化学研究所出具报告,对于之前送检的样品进行了分析。与此同时,南开大学物理科学学院亦出具实验报告,其检测结论同样经该公证处公证。对于原告提

---

114 浙江省高级人民法院课题组　徐杰:《关于知识产权民事诉讼中公证证据审查与采信的调研》,载《法律适用》2011年第1期。

115 司法部律师公证工作指导司《关于〈关于公证处办理证据保全公证中对物证能否采用封签进行封存的请示〉的复函》(1999年12月3日〈99〉司律公函091号)。

供的中国科学院化学研究所的报告、南开大学物理科学学院实验报告等公证证据，法院审理认为，上述公证证据并未证明购买和检验的对象是否同一，故对上述公证证据不予采信。在本案中，原告意图通过公证方式保全被告侵权行为之事实，然而，这一公证个案的重要失误在于虽然公证保全了购买过程，也公证了药物检测过程，却没有通过公证保全证明购买和检测的对象是否同一，换言之，针对同一事项的公证保全过程不具备连续性，进而发生证据链断裂，无法有效证明被告产品侵权的事实。[116] 与此可以形成对照的是，在另外一起相类似的公证保全证据个案中，由于公证人注重保全过程的连续性，同时注重保全过程中各个操作细节的完善，使得公证证据体现了最佳证据价值：

　　A公司研发生产了一种产品，在京销售期间发现B公司在未经授权的情况下也在销售。于是A公司向我处申请办理保全证据公证，保全的内容就是到B公司的销售店进行购买的行为。在了解相关情况后，笔者询问当事人是如何获取B公司的销售地点的，当事人称B公司不但公开销售产品，而且还有自己的网站，在网站上大肆宣传并留有联系地址和联系电话。

　　当事人多数没有法律基础，对于"证据链"这个概念更是一知半解。在诉讼过程中，各种证据形成的证据链才是诉讼输赢的关键。笔者认为作为法律人在此时应当给当事人一些建议。于是，笔者建议当事人首先对B公司的网站进行保全。对网站中宣传该产品的网页进行截屏打印，并通过信息产业部ICP/IP地址信息备案管理系统对该网站的备案信息进行查询；然后通过网站上公示的电话联系对方，确定销售地点；最后到B公司的销售店进行购买。A公司采纳了笔者的建议，并且还要求对联系对方、确定销售地点的通话也进行保全。

　　在网页保全前，笔者首先告知当事人：1. 当事人须对提

---

[116] 参见谭乃文：《打造完美证据链——基于专利侵权诉讼中公证证据的实证分析》，载北京市长安公证处《长安人》2013年第1期。

供的网址负责,如网址有误须由当事人自己承担责任。现在网络飞速发展,很多域名可能只有一两个字母的区别,但就是这一两个字母的不同,网站内容就差别很大。2.公证机构只是对浏览和下载网页的过程进行证明,对方是否侵犯当事人的合法权利并不在公证范围内。而且公证文书只是证据之一,如果法院需要当事人提供其他证据而当事人未能提供也可能导致败诉。公证书具有证据力,但是却没有裁判力。3.公证书只能用于合法用途,不得用于非法用途。有些当事人拿到公证书后并不通过合法途径解决问题,例如:诉讼、调解,而是意图威胁、恐吓对方,这样是不可行的。在操作方式上,对于网页可以实时打印,可以截屏打印,还可以在word文档里刻录成光盘。相对来讲,实时打印更适合保全邮件附件中的各种文档,或是一些比较简单的网页,一些大型网站可能会屏蔽一些内容,实时打印无法打印完整。而电脑台式机的键盘上都有一个"PrtSc SysRq"键,按下此键可以像照相机一样,将网页"拍照"后粘贴在"Microsoft Word"文档里面,然后打印,相对来讲截图会比较完整,但是截屏打印的操作步骤要繁琐一些,不如实时打印简单;保存在Word文档里刻录成光盘不如打印出来直观,法院需要将光盘中的内容打开才能看到,如果法院的电脑中没有相应的播放软件而导致不能打开文件会比较麻烦。将以上方式告知当事人后,当事人认为截屏打印的效果更好、更清晰,于是选择了截屏打印的方式。

在对通话过程进行保全前,笔者建议当事人使用公证机构的电话。当事人采纳后对通话过程进行了摄像。根据网站上和通话中获取的信息,公证人员和当事人来到B公司的销售地,购买了相关产品,索要了发票,并获取了B公司的宣传材料。回到公证处后,笔者对产品、宣传资料进行了拍照、封存,并对封存后的状况再次进行了拍照。最后将宣传材料、发票的复印件和照片附在保全购买行为的公证书后。当事人领取公证书后很满意……并对公证人员的专业性给予了很高的评价。[117]

3. 实物证据的完备封存

公证人如实实施保全，需要以一个圆满的句号作为结尾，这一圆满的句号是指在现场保全活动终结之时，保全如涉及实物证据的，公证人应当场对实物证据进行封存，封存应以完备、全面为标准，同时，对于经封存的公证证据如何拆封使用，公证人也应尽到作为法律专家的告知义务：

> ……
> 5. 证据以封条加封或以其他方式加以固定，应注意：
> （1）在不同地点就同一事项进行的保全（如根据同一当事人的申请在多家商店分别购买涉嫌盗版的光盘），所获取的证据应分别予以封存。
> （2）对证物进行固定应注意全面进行密封（如以纸盒、木箱等安放证物应注意密封后不留任何开口），以使保全的证物能保持其最原始的状态。
> 6. 为了确保公证证据的效力，承办公证人员应在笔录中明确告知当事人，对于经本处加封或以其他方式固定的证据，当事人不应私自进行拆封，而应在提交法庭质证或提交其他处理争议的机关时当场进行拆封。
> ……[118]

重庆市某法院在一份《司法建议书》中就公证保全证据活动中实物证据的完备封存提示道：

> 公证文书中若涉及实物证据，则应采取粘贴性封签的方

---

[117] 张平：《充分发挥证明效力　做好保全证据公证》，载北京市中信公证处《中信公证》2010年第1期。

[118] 上海市东方公证处业务指导委员会编：《公证业务指导意见汇编》（2004年1月—2008年7月）。

式，对实物证据依法进行封存，以保证封存行为的客观性和真实性。但审理中发现，部分案件中出现公证机构对公证实物的封存未使用一次性封签的现象，直接影响封存行为的效力，难以达到公证的目的。[119]

（六）如实作成保全证据活动现场记录——"如实"的实务展开之三

公证人是否如实实施保全，需以现场记录为证，公证保全证据活动的现场记录又称现场工作记录或工作记录。综观境内外多个国家和地区公证实务的运作，在相当一些公证活动中，公证人都需要如实进行现场记录，对此，一些国家和地区的公证法都有明确的规定，如日本《公证人法》第35条规定："公证人制作公证书必须记录其所听取的陈述，其所见到的状况以及其亲身考察到的事实，并应记明其考察的方法。"[120] 韩国《公证人法》第34条也作了相似的规定。[121] 在公证保全证据活动中，公证人制作现场记录是一个必不可少的重要环节，司法部《房屋拆迁证据保全公证细则》第10条规定："办理房屋拆迁证据保全公证，公证员应当客观、全面地记录被拆迁房屋的现场状况……"[122] 中国公证协会《办理保全证据公证的指导意见（修订）》[123]第10条强调："公

---

[119] 重庆市渝中区人民法院《司法建议书》（中区法建〈2012〉10号），载《人民法院报》2013年2月7日。

[120] 日本《公证人法》（1908年4月14日第53号法律颁布，同年8月6日施行，1935年至1983年经过8次修改），日本公证人联合会译，载司法部律师公证工作指导司编：《中外公证法律制度资料汇编》，法律出版社2004年版，第718页。

[121] 韩国《公证人法》（1962年11月12日），吴允译，张维谦校，载司法部律师公证工作指导司编：《中外公证法律制度资料汇编》，法律出版社2004年版，第949页。

[122] 司法部《房屋拆迁证据保全公证细则》（1993年12月1日司法部第29号令）。

[123] 中国公证协会《办理保全证据公证的指导意见（修订）》（2004年8月18日中国公证员协会第四届理事会第三次会议通过，2008年11月25日中国公证协会第五届常务理事会第七次会议修订通过）。

证机构办理保全证据公证,……并制作详细的工作记录。"

1. 现场记录的性质

公证人制作现场记录是公证保全证据活动特有的必不可少的操作规程,是公证人对于现场所见所闻的如实记载,它所记录的是保全证据现场的脉络和过程、保全的方法和内容,体现的是公证人的参与和监督:[124]

> 事实上,保全证据公证的一大特点就是对正在发生的事实或者说对证据的固定,这种固定的方式必须由现场作成的笔录予以固定。对公证人员来说,笔录就是一种笔记,即把一些物质、行为的状态转变为一种书证状态的过程。有的公证员在办理此类公证时没有任何笔录,那么最终结论又是如何得出的呢?保全证据公证的定义就是对于存在灭失可能的或者以后难以取得的证据的固定,也就是说是以现场固定的方式来实现证据的保全,那么就一定要有现场笔录来对固定的过程进行详尽的记录。[125]

2. 现场记录的作用

作为公证保全证据活动特有的操作规程,公证人所作的现场记录具有承前启后的功能,所谓承前启后,是指现场记录从公证人的视角出发,既当场固定了保全证据的整个过程,又为此后出具保全证据公证书提供了翔实可靠的事实依据,其作用不容轻视:

> 按照保全证据公证办理的程序,公证员应当先将提取和保全的流程形成规范的现场工作记录,然后在此基础上出具公证书。但在公证业务开展过程中,一些公证员往往借口"业务繁忙",现场工作记录过于简单、概括,甚至颠倒程序,

---

[124] 参见王艳凤:《对制作〈现场工作记录〉的探讨与研究》,载《中国公证》2012年第12期。

[125] 段伟:《保全证据公证的若干问题》,载《公证研讨》2005年第2期。

先将现场工作记录留白,待出具完公证书之后,再另行补作,由此导致工作记录上内容的详尽程度甚至不如公证书的证词,这样的情况是不应当发生的。

保全证据公证的现场工作记录,应当尽量做到完整细致,同时也要注意用词的准确性,能够反映保全过程的连贯性、所保全的证据的完整性、操作的有序性和合理性……,为公证书的出具提供佐证。[126]

审判实践中,不少法官在判断审核经公证保全的证据时,都很关注公证人所作的现场记录:

现在是不是有一种倾向,保全证据公证的办理过于依赖技术手段?一些公证员会不会忽视了以前很多传统的好的做法,以前我在审理民事案件的时候也调取过公证案卷,里面都附有详细的公证笔录,现在技术先进了,是不是原先最基本的那些公证手段都被遗忘了?对证据固定步骤的记录,除了录音录像之外,公证员是不是再作一个现场笔录,对现场的情况进行完整客观的记录。因为我们法官在办案过程中遇到有情况不明时,会到公证处去查阅公证案卷,希望能在案卷里面看到比公证文书更为详细具体的记载。[127]

3. 现场记录的基本要素

公证保全证据活动现场记录的基本要素可以从它的作成、内容和用途三个方面加以把握。

(1) 现场记录的作成

顾名思义,现场记录应在公证保全证据活动现场由公证人员实时作成,无论使用电脑打字还是手写,最终均应形成纸面文件,

126　上海市东方公证处《公证质量通报》2012 年第 4 期"特别提示"栏目。
127　沈一韬、彭建波、朱天昊整理:《保全证据公证及其司法裁量——法官、律师与公证员专题学术沙龙实录》,载《公证研讨》2010 年第 3 期。

司法视野中的公证保全证据

并由公证人员和取证活动的其他参与人员共同签字确认。但是，随着社会经济的发展、科学技术的更新和当事人取证需求的个性化、多样化，公证保全证据活动日益呈现出复杂性和多元性，为了应对这种复杂性和多元性，公证人在制作现场记录时，除了依靠传统的书写方式以及使用电脑打印以外，还应根据不同个案的具体情况，注重依靠现代的记录工具，选择现场记录最为合适的载体和方法：

> 现代的记录工具一应俱用，照相机、录像机、针孔摄像机等等……选择最好的表达方式，多种方式不但能强化证据的证明力，而且在发生证据质疑时，起到证明取证过程、保护公证员的作用。邮寄送达是一种法定的送达方式，但现在办公证也很多。……作为公证员来讲，这种公证事项也简单，只要看到申请人把文件封入信封，取回邮局回执，公证送达就做完了。如果是直接送达，情形就不一样了。被送达人可能拒收文件，传统的送达方式是把文件留置后记入现场记录。整个活动过程就只有申请人一方，只有一方的记录，如果相对人对公证的程序提出质疑，公证书就危险了。这就提出一个问题，公证送达现场记载的方式单一，或者直言，现场记载方式片面，公证书才会被质疑。应当增加新的证明元素，录音录像就被运用到办理公证中。考虑到被送达方拒绝录像，录音笔就成了一个非常好的工具。现在，录音笔越来越小，方便携带，功能越来越强。办理公告保全公证，照相机就可以了，把公告张贴的位置照下来，证明张贴行为发生了。但拍摄电视上播放的广告就不行了。《黑冰》刚放映时，某省级电视台发现某县级电视台在转播电视剧时，没有按约定转播省级电视台插播的广告，而是插播了部分县级电视台的广告，为了谈判的需要，当事人申请办理证据保全公证。《黑冰》放映时，公证人员发现现场记录来不及做，照相机来不及照，只好改为摄像。摄像机可以同步记录下所有的广告，每一个广告的播放时间……

除了现代化的工具外,传统的方式也要创新。一家路灯生产企业认为另一家路灯生产企业侵犯其知识产权,在一条新建的道路上找到了侵权产品。公证人员对侵权产品进行了照相、摄像,可是问题出现了,这是一条新路……没有路名……好在相邻的两条路有路名,于是,公证员就画了一张新路平面图,在图上标注新路的走向,与相邻道路的距离,新路的长度,路灯之间的距离也标注了。在全面反映保全物所在现场位置方面,图示是一种很好的方式。[128]

(2)现场记录的内容

现场记录应如实完整地载明公证保全证据活动的全过程,对此,一些公证人有深切感悟:

> 在制作工作记录的过程中,我们一定要非常注意工作记录内容(诸如时间、地点、人物称谓、工作内容细节、电话号码等)的准确性、完整性,一定要记录整个工作的全过程,不要含糊其辞也不要笼统概括,同时必须避免工作记录制作出现错误,产生不必要的麻烦。[129]

一旦现场记录缺乏完整性,就有可能导致保全证据公证书产生瑕疵以至不被采信。在一起民事诉讼中,当事人提交了一公证处涉及某苗圃林木现场的保全证据公证书,该案公证保全过程中,现场使用的录像机和照相机均因电池不足在中间耽误了一段时间,公证人员在《公证现场工作记录》中只简单记载了由某某录像、某某照相、数量多少。因视听资料不全,诉讼时对方当事人对清点过程、清点方法、品种、数量等提出质疑。由于现场记录不够翔实,该公证书未得到法院采用。[130]

---

128 谈者:《如何办理好证据保全公证》,载《南京公证》2010年第2期。
129 谢斌:《略谈公证实务中的"预防性证据保全"》,载北京市中信公证处主办《中信公证》2010年第1期。
130 王艳凤:《对制作〈现场工作记录〉的探讨与研究》,载《中国公证》2012年第12期。

司法视野中的公证保全证据

从现场记录的基本内容来看，司法部或中国公证协会并未作出统一规定，为了应对实务需求，相当一些公证机构对于公证人如何制作保全证据活动的现场记录有比较具体的要求和提示：

> 办理保全证据公证，应制作现场工作记录，主要内容包括：
> （一）申请人；
> （二）被保全的证据种类；
> （三）与保全证据相关的人员：
> 1．实施保全证据的公证人员；
> 2．参与保全证据的其他人员，包括翻译、鉴定、勘验、录音、摄影、摄像、电脑操作、统计等人员，并应提交上述人员的身份证件、专业资格证书。
> （四）保全证据实施的时间、地点。
> 涉及视听资料、软件或法律事实（含事件与行为）的保全，应以时、分为计时单位。
> （五）保全证据实施过程和保全方式：
> 1．按时间顺序列明：实施人员、实施方法、实施步骤、使用器材，通过该方法、步骤、器材获得的结果和获取的凭据。
> 2．对购物过程及结果实施保全的，还需列明所购物品的名称（包括该物品外包装载明的所有语种的名称）、数量、规格、型号、单价、价款及对该物品的保全情况和保存方式、地点。
> 3．办理网上保全证据的，应使用专业术语，详尽记录保全过程。该现场记录应使其他操作人员据此重复操作后能获得相同结果。
> （六）承办公证员认为应予以记录的其他情况。[131]

（3）现场记录的用途

现场记录的用途一般有两种，一是存档，一是作为保全证据公证书的组成部分。所谓存档，是指当公证保全证据活动结案后，

---

[131] 上海市东方公证处《办理保全证据公证的若干规定》，载《上海市东方公证处规章制度总汇》，2009年印行，第107页。

现场记录应存入公证案卷，但是，如有必要，现场记录也可以成为公证书内容的组成部分，包括直接写进公证书或列为公证书的附件。在著名的北京北大方正集团公司、北京红楼计算机科学技术研究所与北京高术天力科技有限公司、北京高术科技公司计算机著作权侵权纠纷案中，涉案保全证据公证书及所附公证人作的现场记录被最高人民法院采信并被生效裁判文书直接引用：

另查明，北大方正公司、红楼研究所提交的公证书所载五份现场记录证明下列事实：1. 2001年7月6日的《现场记录（二）》记录，高术天力公司的员工陈述："我们这儿卖过不少台，兼容的，没问题，跟正版的一模一样。你看，这个实际就是个兼容RIP。" 2. 2001年7月20日所作《现场记录（三）》记录，高术天力公司的员工陈述：同时期向"后浪公司"销售了一台激光照排机，用的软件是"兼容的"；向"宝蕾元"（北京宝蕾元科技发展有限责任公司，以下简称宝蕾元公司）进行过同样的销售。3. 2001年7月23日所作《现场记录（四）》记录，北大方正公司的员工和公证员现场观看了高术天力公司的员工为后浪公司安装、调试激光照排机的情况。根据高术天力公司的员工陈述，该激光照排机安装的也是方正RIP软件，也是"兼容的"。其后，高术天力公司的员工向北大方正公司的员工提供了购买同样激光照排机的一份客户名单，其中记录了"宝蕾元制作中心"（即宝蕾元公司）、"彩虹印务"、"尚品"、"中堂（唐）彩印"（即后浪公司）、"路局印厂"等客户的名称、联系电话及联系人等。4. 2001年8月22日所作《现场记录（五）》记录，高术天力公司又卖了一台与本案一样的激光照排机给"海乐思（音）"。并且，根据该记录的记载，高术天力公司、高术公司在北京、上海、广州、廊坊、山西、沈阳等地进行激光照排机的销售，"除了西藏、青海之外，哪儿都卖"，对软件"买正版的少，只是启动盘替换了，其他的都一样"。[132]

从上述现场记录中我们可以发现，与公证书要求使用法律文书的规范用语相比，现场记录对于公证保全证据活动的记载往往更为直白，更接近取证和保全过程的"原生态"，从而最大限度地还证据以本来面目。

4. 防止现场记录出现瑕疵

如前所述，在公证保全证据活动中，现场记录具有承前启后的作用，因此，公证人所作现场记录是否"如实"直接决定着保全证据公证书的内容是否"如实"，换言之，公证书所证明的保全证据活动的内容几乎完全取决于公证人制作的现场记录所记载的内容，所以，应特别注意防止现场记录出现瑕疵：

> 现场记录常常存在一些因粗心造成的瑕疵，这种瑕疵会招致质疑。比如邮寄送达，只记录邮寄的过程和公证员收取文件的行为，缺少公证人员将文件进行比对的记录。这是一个重要的环节，做了，却没有记载。比如隐名购买……记录了购买过程和封存过程，在这两个过程中谁在保管购买物呢？购买物应当在公证人员的控制下，但在现场记录中却没有记载。同样的，现场照相由谁冲洗出照片的过程也没有记载，照相机应当在公证人员的控制下并由公证人员完成冲洗照片的工作。摄像也有不全面的地方，比如，录像中没有公证人员参与取证的影像。公证书中说公证人员监督了全过程，公证人员在哪里呢？摄影、摄像人员应当录制公证人员在现场的影像资料，这样就更有证明力。[133]

在技术上，公证人制作保全证据活动的现场记录还应注重细节的准确，避免产生不确定性：

---

132 最高人民法院（2006）民三提字第1号民事判决书，参见注5。
133 谈者：《如何办理好证据保全公证》，载《南京公证》2010年第2期。

在《公证现场工作记录》的制作中，切忌使用不确定的词语，如"很多"、"很大"、"可能"、"也许"等之类的形容词，同时也不宜使用常人很少接触且艰涩难懂的专业化术语，如生化反应、物理现象、PH数值等。要使《公证现场工作记录》浅显易懂，同时又不失真实性确实是要下一番功夫的。[134]

6.几种特殊类型公证保全证据活动现场记录的制作要求

（1）侵权物证保全

中国公证协会《办理保全证据公证的指导意见（修订）》第14条第2款规定："办理侵权物证保全时……现场记录应当载明取证的时间、地点、证据名称、数量等，并交由申请人或在场人签名。"[135]

（2）文书送达保全

公证保全文书送达属于行为过程和事实的保全，是指公证人亲临送达现场，依据客观、公正的原则，证明当事人以直接送达、邮寄送达、发送数据电文等方式送达文书的行为和过程的活动。[136]中国公证协会《办理保全送达文书证据公证的指导意见》就公证保全送达文书现场记录的制作提出了比较详尽的要求，该《指导意见》第9条规定：

> 公证人员在送达现场不便制作工作记录的，应当在离开送达现场后及时补作。工作记录应当包括下列主要内容：
>
> （一）制作记录的时间、地点；

---

[134] 王艳凤：《对制作〈现场工作记录〉的探讨与研究》，载《中国公证》2012年第12期。

[135] 中国公证协会《办理保全证据公证的指导意见（修订）》（2004年8月18日中国公证员协会第四届理事会第三次会议通过，2008年11月25日中国公证协会第五届常务理事会第七次会议修订通过）。

[136] 中国公证协会《办理保全送达文书证据公证的指导意见》（2012年8月28日中国公证协会第六届常务理事会第九次会议通过）。

（二）当事人的姓名、性别、出生日期、职务、身份证件号码；

（三）送达文书的名称和份数；

（四）送达的时间、地点；

（五）送达的方式；

（六）对送达现场情形的客观记录；

（七）在送达现场收集相关照片、票据等其他证据的情况。

以直接送达方式送达的，工作记录酌情增加下列内容：

（一）当事人指认的受送达人的姓名或者受送达人（代收人）自称的姓名；

（二）受送达人（代收人）的性别、身高、衣着、发型、口音等特征。

工作记录制作完毕后，应当由参与送达的当事人和在送达现场的公证人员签字。[137]

《办理保全送达文书证据公证的指导意见》颁布前提交中国公证协会常务理事会审议时，负责起草该《指导意见》的中国公证协会业务规则委员会在《关于〈办理保全送达文书证据公证的指导意见〉（送审稿）的说明》中阐述道：

在办理保全送达文书证据公证中，工作记录是公证机构提取证据最重要的方法，甚至是唯一的方法，故工作记录是否准确、客观至关重要。在实务中发生的一些投诉也主要是针对工作记录的内容不全、不当。为此，本《指导意见》作了较为详细的规定。特别是在以直接送达方式送达中，如果当事人未要求受送达人出示身份证件配合公证员核实其身份的，工作记录中对接收送达文书人的姓名、身份不应当依照推理作出记载，例如，不能记载为"送交给法定代表人×××"，而应当客观地记载为"送交给一个自称是×××

---

[137] 中国公证协会《办理保全送达文书证据公证的指导意见》（2012年8月28日中国公证协会第六届常务理事会第九次会议通过）。

的人"或者"送交给一个送达人指认为是法定代表人×××的人"。[138]

据此，该《指导意见》第12条进一步要求：

当事人以直接送达方式送达的，公证人员在制作工作记录时，措辞应当准确、客观、详细：

（一）对时间、地点、送达文书名称的记载应当准确。对地点的记载可以描述建筑物的外观特征和内部房间的具体位置；

（二）对受送达人（代收人）的记载应当客观。当事人未要求受送达人出示身份证件配合公证员核实其身份的，工作记录中对接收送达文书的人的姓名、身份不应当依照推理作出记载；

（三）对送达结果的记载应当详细。对出现诸如"受送达人（代收人）接收但拒绝在回执上签字"等各种送达结果应当详细记载。[139]

在公证保全送达文书特别是保全现场送达行为的实务中，送达结果究竟如何往往存在着极大的不确定性，有鉴于此，公证人作现场记录应视不同情况据实进行描述和记载：

办理保全送达证据公证现场记录（提纲）[140]

送达时间：　　年　　月　　日　　时　　分至　　时　　分。
送达地点：

---

[138] 中国公证协会业务规则委员会《关于〈办理保全送达文书证据公证的指导意见〉（送审稿）的说明》，载中国公证协会编：《中国公证协会公证业务规范汇编》，法律出版社2012年版，第96页。

[139] 中国公证协会《办理保全送达文书证据公证的指导意见》（2012年8月28日中国公证协会第六届常务理事会第九次会议通过）。

[140] 《办理保全送达证据公证现场记录》（提纲），载山东省公证协会编：《公证机构常用询问提纲和告知书参考格式》，2008年印行。

送达人：

公证机构指派人员：

记录人：

送达文书的名称：

送达过程记录：

　　送达人_____单位的委托代理人_____于____年____月____日____时____分来到____市____路____号（对送达地点建筑物和楼层、房间的具体描述）。送达人_____将《×××》交给一位自称为×××的男士／女士（对接收人的具体描述）。该男士／女士：

　　1. 收下《×××》)，表示将该函件转交×××，并在《送达回执》上签字；

　　2. 收下《×××》，表示将该函件转交×××，但拒绝在《送达回执》上签字；

　　3. 拒绝收下《×××》，送达人将《×××》放置在该房间的办公桌上，然后离开；

　　4. 拒绝收下《×××》，送达人将《×××》放置在该房间的办公桌上，该男士／女士又将《×××》扔出门外，送达人然后离开；

　　5. 该房间无人，送达人将《×××》从门缝中塞进该房间。

送达参加人（签名）：

公证机构指派人员（签名）：

（3）涉及互联网的电子证据保全

　　按照中国公证协会《办理保全互联网电子证据公证的指导意见》第11条、第12条的规定，制作保全互联网电子证据现场记录根据保全地点的不同分为两种情形，一是在公证机构实施保全，一是在网吧、会所等公共场所实施保全，依情形的不同，对于公证人作现场记录的要求也有所不同：

第十一条 公证机构办理保全互联网电子证据公证,应当制作现场记录。现场记录应当记录接入互联网的全部操作步骤及下列内容:

(一)操作人员和记录人员;

(二)保全的时间和地点;

(三)接入互联网的设备和接口,保全所使用的计算机以及移动存储介质在接入互联网之前的控制人;

(四)未使用公证机构的网络接口、计算机及移动存储介质的原因以及进行清洁性检查的情况;

(五)计算机所使用的操作系统、浏览器及其他相关软件的名称、版本;

(六)下载、安装、启动截屏软件或者屏幕录像软件等特殊软件的过程以及软件的名称、版本;

(七)接入互联网以及接入后的全部操作步骤,包括输入的指令、打开浏览器、对话框的名称和所在位置、回车、空格、拖拉滚动条、下载、截屏、同步录像、保存、实时打印、存储打印、关闭浏览器、断开互联网、重启等;

(八)存储所提取证据的操作过程和移动存储介质的保管过程;

(九)复制所提取证据的操作过程,存储复制证据的介质的提供者,所提取证据的复制品的数量和保管者;

(十)登录收费网站、会员网站提取、固定证据的,应当记录登录的账号(账户名、用户名)。

第十二条 公证机构办理保全互联网电子证据公证,需要到网吧、会所等公共场所(下称保全地点)保全证据的,现场记录除载明本《指导意见》第十一条规定的内容外,还应当载明下列内容:

(一)保全地点的详细地址,必要时可以对保全地点的外观进行拍照;

(二)进入、离开保全地点的时间;

(三)公证人员随机挑选计算机的过程;

（四）对计算机进行清洁性检查的过程；

（五）使用当事人提供的移动存储介质的，对移动存储介质进行清洁性检查的过程；

（六）在保全地点通过网络传输将提取、固定的证据发回公证机构控制的电子邮箱的，应当载明电子邮件传输的操作过程和公证人员回到公证机构下载电子邮件的过程。[141]

（七）如实出具保全证据公证书——"如实"的实务展开之四

1. 公证文书[142]的基本价值

如同裁判文书是法官行使司法裁量权的体现，公证文书是公证人行使公证权的体现[143]，公证的效力具体体现为公证文书的效力，确保公证效力在于确保公证文书的质量：

> ……公证处作为一个出具公证文书的法律服务部门，它的核心价值就是——确保质量，也就是说我们的一切工作都是要围绕着如何确保公证文书的质量来展开。[144]

作为公证活动包括公证保全证据活动的终极法律"产品"，公证文书体现着公证制度所蕴含的基本价值：

> 公证书是公证的结论、成果的载体。社会公众了解、认知公证最直接的手段就是阅读、使用公证书。将公证书撰写

---

141 中国公证协会《办理保全送达文书证据公证的指导意见》（2012年8月28日中国公证协会第六届常务理事会第九次会议通过）。

142 本文中，"公证书"与"公证文书"为通用语。

143 薛凡：《公证文书改革的理念与方法》，载施汉生主编/司法部司法行政学院组织编写：《公证法律理论与实务名家讲座》，中国青年出版社2012年版，第60页。

144 王士刚：《审视核心价值，提升处内文化》，载北京市方正公证处《思考》2012年第2期。

得清楚、完善应是公证员起码的职业要求。就保全证据公证而言,公证书一旦出具,其受众就有权主张其证明的全部内容仅以公证书内容为准,而不必接受其他的证明方式。

公证书的证据力为法律所认可,但公证保全证据的证明力却依赖于公证书的完整性、可信性。往长远了说,保全证据公证事项的生命力最终根植于社会对公证的认可,根植于这项公证对社会公平、正义、和谐所起的积极作用。如果我们的公证书经常被质疑,经常需要事后被动地补正,经常给公证书的使用人一种不确定感,经常出现不能强有力地说服相关关系人的情形,我们的生存、发展势必会受到挑战。换一个角度说,我们不能总是强调公证法定的证据力,而忽视公证书内容对普通公众的说服力,不能轻易采取补正等措施而损害公证书本身的严肃性。[145]

2. 保全证据公证书的基本要求

公证人出具的保全证据公证书应达到完整、详尽、清晰、精准和逻辑统一的标准,同时,应特别注意防止公证书"自证其伪"。

(1) 完整、详尽

完整、详尽是一份合格的保全证据公证书记载和证明保全事实应该达到的最为基本的要求。在保全证据公证书中,"有一个'详记主义'的概念,也就是要非常详细地进行记述,对于何人要送达、何人在场以及做了何事等都要详细客观地记录。"[146] 随着民事诉讼案件审理难度的增加,审判机关对于保全证据公证书的要求也在不断提高,一位法官表示:

> 结合审判工作的实践,我希望公证书对于保全证据的过程和相关细节作更加客观、详细和完整的记载,以利于法庭

---

[145] 杨和平:《秀水事件引起我对保全证据公证的一些思考》,载北京市方正公证处《思考·2009 保全证据专刊》。

[146] 段伟:《保全证据公证的若干问题》,载《公证研讨》2005 年第 2 期。

查明案件事实。[147]

公证书中完整、详尽地记载和证明保全事实，首先需要公证人审慎尽责，如同有的法官强调的：

> 公证机构在制作公证书时应当更加审慎……特别是对于在公证过程中发现的购物发票或网上订单等记载的交易内容与所购实物是否一致，以及封存、拆封甄别或者取样送检、再次封存的过程等情况，都应在公证书中加以详细明确的说明，以防止在诉讼中各方当事人因上述内容记载不明或者没有记载而对公证书采信与否产生重大争议，导致侵权事实认定困难。[148]

以商标侵权案件的保全证据公证书为例，来自审判机关的观点认为：

> 法院现在碰到了越来越多的商标侵权案件，其中经常涉及对购买侵权商品的过程进行保全，如果告的是商品的直接销售者，只要证明购买商品的地点就可以了，详细的过程意义并不大，但如果某一个商场里有某一个承租的柜台在卖假货，权利人同时还要追究商场的间接侵权责任的话，购物保全过程的记载包括对商场环境的记载就要尽可能详细。在公证员进行购物取证的时候，最好在开始询价时就一步步开始记载，取证的基本步骤要在公证书中记载清楚，举一个具体例子来说，如果对方是偷偷摸摸在卖的，只是在有人来询价时才将有关商品拿出来，这和对方明目张胆地在商场里卖的

---

147 参见江苏省司法厅公证管理处：《江苏省高级人民法院和江苏省司法厅侵犯知识产权保全证据公证工作座谈会纪实》，载《江苏公证》2013年第1期。

148 参见江苏省司法厅公证管理处：《江苏省高级人民法院和江苏省司法厅侵犯知识产权保全证据公证工作座谈会纪实》，载《江苏公证》2013年第1期。

情况是有所不同的，这种不同应该在公证书里体现出来。[149]

对于审判机关的此种要求，公证实务部门许多人士给予了积极回应：

> 保全证据公证是将普通的民事证据的取得、固定交由公证员实施或置于公证员的监督下实施，而公证员是专门的法律人才，其对证据陈述完整性的注意应非同一般，侵权产品被摆放在货架上公开销售与带有隐藏性的私下销售，其性质自然不同……摆放在货架上进行销售，是否还可能被用来证明市场管理者的相关责任亦未可知。如此重要的细节不在公证书中直接陈述，是否已超出了表述不当的限度呢？[150]

在一起公证保全购物行为的个案中，权利人牛××称其拥有的对××美术作品的独家经营权受到他人侵害，为维护其权利，牛××委托律师A代为申请对其向涉嫌侵权的商家购买××美术作品的行为进行公证保全，本案公证文书对于整个保全证据过程所作的证明显然达到了完整、详尽的要求：

> 根据《中华人民共和国公证法》第十一条第（九）项的规定，本公证员和公证人员蒋××及申请人的委托代理人A于××年××月××日下午15：20来到位于××市××路××号坐北朝南的一家商店，该店的门头上悬挂着"××画业"字样的广告牌。本公证员和公证人员蒋××及申请人的委托代理人A一行三人进入该商店，该商店面积约有五十平方米，隔为可以连通的两间房屋，房间内均挂有风格、款式不同的许多画。商店西北角放有一张办公桌，办公桌后有

---

[149] 沈一韬、彭建波、朱天昊整理：《保全证据公证及其司法裁量——法官、律师与公证员专题学术沙龙实录》，载《公证研讨》2010年第3期。

[150] 杨和平：《秀水事件引起我对保全证据公证的一些思考》，载北京市方正公证处《思考·2009保全证据专刊》。

司法视野中的公证保全证据

一位女店员（该女店员自称姓张，年龄约有二十来岁，身材略胖，身高约1.60米，穿深红色羽绒服），A问其该店内是否有云草画，女店员说有，但不在楼下的店里，在楼上的展示厅里。随后领着我们一行三人出门向东，来到隔壁的××宾馆，进入宾馆后上楼梯至二楼，二楼中间是一过道，向右在过道的西首，来到一扇透明玻璃门前，玻璃门上写着"××画室展示厅"字样。进入该展示厅，两边有若干个小房间，房间的墙壁上均悬挂着若干幅画，该女店员指着其中几幅介绍说这都是云草画，而且是××的云草画。申请人牛××的委托代理人A以普通消费者的身份花费人民币××元购买了其中一幅（该画名为：春来××），并从该店索取了《××省货物销售统一发票》（发票号码：××）一张，发票上的品名标注为：云草画（××）春来××。申请人牛××的委托代理人A的整个购买过程由本公证员和公证人员蒋××现场见证。购买行为结束后对购买的该画进行了拍照，得到照片两张，该购买的画现在××公证处封存、保管。[151]

（2）清晰、精准

在完整、详尽的同时，一份合格的保全证据公证书的表述还应清晰、精准。

在一起侵权诉讼案件中，原告提交给法庭的保全证据公证书仅仅因为一个词语的含义不清未被采信。本案中，原告申请对从被告处取得销售的侵权商品进行公证保全，公证书记载为原告从被告营业点"取得"了涉案商品，但法官认为，公证书记载的"取得"没有明确原告是以购买的方式还是以受赠或其他方式获得该物品，不能证明被告有销售行为，基于该词汇对案件的决定性影响，法院没有认可原告关于该词汇系公证书笔误的主张，裁定原告败诉。[152]

---

[151] 戴辉利：《证据保全成铁证 合法权益得保障》，载薛凡主编：《公证文书改革参考》，厦门大学出版社2012年版，第90页。

[152] 缪国平、王尚虎：《通过判例看网络证据保全公证应注意的几个问题》，载《江苏公证》2011年第1期。

一些保全证据公证书对公证保全过程的叙述跳跃、不连贯、不完整，公证书用词不通顺、不严谨，有的表述模糊不清、前后矛盾或先后顺序颠倒，有的甚至遗漏重要情节，[153] 仅举一例，一份保全购物行为的公证书中出现了这样的叙述：

> 申请人××的购物过程由公证员××和公证员助理××监督，同时对商店状况进行拍照由某照相馆冲印，发票收到后对所购物品密封后带走。

上述保全证据公证书中的这段证词将现场监督、拍照、冲印照片、开具发票、对所购物品的密封、带走物品和发票的原件等多种行为并列在一起表述，并且没有交代清楚行为的实施者，因此，使公证书表述的意思含混不清，原句可修改为：

> 本公证员和公证员助理××监督了申请人××的上述购物过程，并对该购物商店的状况拍照××张，送到某照相馆冲印，取得了照片××和编号为××的发票一张，然后对申请人所购物品进行了密封，交给申请人保存。[154]

（3）逻辑统一

保全证据公证书应保持逻辑的统一，避免出现内在矛盾，所谓内在矛盾，主要是指公证书记载的内容之间、公证保全的实物与公证书记载的内容之间存在矛盾，同时还可能涉及公证保全的实物之间的矛盾：

> ……但有时保全的实物之间、公证书记载内容之间、公证书的记载与保全的实物并不相符，表现在：1.销售凭证上

153　何思明：《公证文书与公证公信力——以保全证据类公证书为视角》，载《广东公证》2013年第2期。

154　该公证书的相关内容引自林万钟：《公证书常见语法错误辨析》，载薛凡主编：《公证文书改革参考》，厦门大学出版社2012年版，第292页。

的产品名称与公证书正文记载的产品名称不一致；2. 销售凭证中的产品名称或型号与公证保全的实物不一致；3. 出具销售凭证的日期与公证日期不相一致；4. 送货单日期早于公证日期；5. 不同公证书的内容显示，同一公证人员在同一时间的不同地点进行公证等。之所以会出现上述矛盾，原因既有公证人员疏忽所致，也有销售者经营行为不规范所致，比如收据上的产品型号因销售者书写或打印错误而无法与所购产品相对应。……[155]

一位法官在论及一起专利侵权诉讼案涉及的公证证据时曾谈到：

> 有一起温控开关案，庭上提交的证物即公证保全的开关已被锯开，而公证书上并未体现被锯开的事实，最后公证处出具补正公证书证明是在公证员面前锯开的，从而法院认定了该证据。[156]

浙江省高级人民法院民三庭《关于知识产权民事诉讼中公证证据审查与认定的指导意见（试行）》明确提出：

> 公证实物之间、公证书记载内容之间、公证实物与公证书记载内容之间存在矛盾的公证证据，人民法院对其真实性不予认定，除非存在正当理由且有相应证据予以证明，例如在公证保全过程中，购买者当场对不规范的销售凭证提出异议，销售者拒不更正，而公证人员将此情形在公证书中予以如实记载的。[157]

---

[155] 浙江省高级人民法院课题组　徐杰：《关于知识产权民事诉讼中公证证据审查与采信的调研》，载《法律适用》2011年第1期。

[156] 沈一韬、彭建波、朱天昊整理：《保全证据公证及其司法裁量——法官、律师与公证员专题学术沙龙实录》，载《公证研究》2010年第3期。

[157] 浙江省高级人民法院民三庭《关于知识产权民事诉讼中公证证据的审查与认定的指导意见（试行）》（浙法民三〈2010〉5号）第7条。

3. 防止保全证据公证书"自证其伪"

所谓"自证其伪",意味着保全证据公证书由于自身的原因而丧失证据资格,从而丧失证据力。有关公证书的证据力,一位法国公证人曾深刻地阐述道:

> 证据力……的基础在于,我们应该相信公证人这一优先证人的证明;这就理所当然地要求受理文书时公证人在场,即,仅当公证人亲自见证并有权见证之事实才有证据力。[158]

台湾地区有的公证人认为,公证人基于实际体验之方法,记载于公证书内亲自所见之状况,应认有实质之证据力,反之,公证人对于未经实际体验之事项以之为已经体验而记载于公证书内,则构成公证证据的"反证"[159],此反证即所谓公证书"自证其伪"。

公证保全证据活动中,公证书"自证其伪"必然表现在公证书记载的内容与"如实"准则背道而驰,在实务中,甚至出现了个别公证人出具的保全证据公证书自我否定实施了公证保全的职业笑话,广东省佛山市某法院在审理一起涉及原告提供的保全证据公证书的案件时曾指出,被告对公证书提出的抗辩理由是,公证书中记载公证人员在半个小时内从公证处赶到现场取证,半个小时不用说实施公证保全行为,单是赶路都不可能到达,导致公证证据不被采信[160],山东省高级人民法院的一份司法建议书也列举了此类因明显违背常理而"自证其伪"的公证保全个案:

> ……如对于公证时间记载出现明显不符合客观规律的情况,致使形成的证据证明力受到质疑。如在(200×)昌×

---

158 [法]贝尔纳·莫甘:《委托》,载上海中法公证法律交流培训中心《通讯》2013年第3期。
159 郑云鹏著:《公证法新论》(第3版),元照出版公司2005年版,第251页。
160 石海妹:《知识产权领域保全证据公证办理与运用初探》,载《广东公证》2010年第4期。

证民字第291号公证书和（200×）昌×证民字第250号公证书中，两份公证书载明同一公证人员同一天在淄博市博山区和沂源县两地公证购买过程，一份记载时间为九时二十分，一份记载时间为九时二十五分。因博山区和沂源县相距近80公里，取证时间相隔五分钟在现实生活中不可能存在，致使公证证据未被采纳。[161]

浙江省高级人民法院民三庭《关于知识产权民事诉讼中公证证据审查与认定的指导意见（试行）》第9条由此形成的结论性意见是：

> 不同公证书内容显示同一公证员在同一时间进行了多项公证保全，但是不同公证取证地点明显违背常理的，人民法院对其真实性不予认定，除非有证据能够证明该瑕疵系公证人笔误等原因所致。[162]

对此，公证人始终不应掉以轻心。

（八）摒弃简单化操作方式——"如实"的实务展开之五

需要注意的是，"如实"准则还要求公证人在保全证据活动中应当防止简单化的操作方式，公证保全证据活动如此，法院的保全证据活动同样如此，在一起诉讼保全个案中，某法院两位到国内某企业实施保全的承办人谈到了一段办案经历，从中可以发现，该案的保全如果以简单化的方式进行操作就只是封上仓库门而已，但是，承办人最终却没有选择简单化的保全方式：

> 工厂终于映入眼帘……。一位中年人迎了上来，他是工厂的厂长。我们表明了来意，要查封机器设备。他说，工厂

---

[161] 山东省高级人民法院《关于加强网络环境下公证保全证据工作的司法建议书》，载《第九届齐鲁公证论坛资料》，2011年印行。

[162] 浙江省高级人民法院民三庭《关于知识产权民事诉讼中公证证据的审查与认定的指导意见（试行）》（浙法民三〈2010〉5号）第9条。

好几个月没生产了，机器都在仓库里，钥匙在仓库保管员处。其实，我们封封仓库门即可，但一来没法确定具体查封的机器类别、数量，二来他们开仓库门肯定会毁坏封条，也没法正常生产了。我们在仓库外转悠了一圈……翻进了厂房……开始清点机器设备……把数量记录下来形成一份物品清单，随后我们耐心地给机器设备贴上封条。一切处理完毕，我们又再次翻出厂房，给厂长简单做了笔录。[163]

相反，在一起公证案例中，某公司申请对一位已失去联系的离职员工遗留在公司办公室内的物品进行公证保全，承办公证员为求"速战速决"，将所有涉案物品装进一只大纸箱，对纸箱进行封存后即表示保全完毕，而未要求公证申请人对所保全的物品进行清点造册并同时进行现场监督，诸如此类的简单化操作方式显然未勤勉尽责，甚至可能因保全结果含混不明引发争议。在公证保全证据活动中，作为法律职业人，公证人负有呈现所保全的证据之原始全貌的义务。简单化的操作方式不仅未尽到此种义务，可以视为是一种不负责任的行为，也与公证活动预防纠纷的宗旨不符，对此，一些法官明确表示：

> 作为法官，我们希望公证书记载的内容应尽可能翔实、具体，因为我们无法预知另一方当事人会提出怎样的抗辩，内容不够具体、翔实的公证书很可能被对方找出漏洞。[164]

这里，我们试以北京秀水街市场公证保全案[165]为分析样本，探

---

163 朱旻、柯菲菲：《一路风尘一路歌——两位女法官东北保全纪行》，载《人民法院报》2013 年 10 月 16 日、25 日。

164 沈一韬、彭建波、朱天昊整理：《保全证据公证及其司法裁量——法官、律师与公证员专题学术沙龙实录》，载《公证研讨》2010 年第 3 期。

165 有关北京秀水街市场保全证据公证案的资料，除另有注明外，均据 2009 年 2—3 月间相关媒体刊登的有关该案的报道及以下文章综合整理：左燕芹、王京：《"秀水事件"中的公证书案例写作分析及反思》，载北京市公证协会《办证参考》2009 年第 1 期；《专题：秀水"封摊"事件考验保全证据公证》，载北京市方正公证处《思考·2009 保全证据专刊》。

司法视野中的公证保全证据

讨公证保全证据活动中简单化操作方式的危害性以及如何加以防止，以使"如实"准则在公证保全证据实务中得到最优化的体现。

1. 秀水街市场公证保全案概要

2009年，北京秀水街市场依据北京市几家公证处为相关权利人出具的保全证据公证书对部分涉嫌售假的商户实行停业整顿，在众多商户中一度引发强烈反弹，商户的质疑主要是"打假"的公证书内容过于简单，证据指向不明。

本案起因于五家境外知名品牌公司共同委托国内一知识产权代理公司（下称"代理公司"）就秀水街市场部分商户涉嫌售假、对其知名品牌造成侵权一事进行取证和诉讼。代理公司取证方式之一是派员以一般消费者身份在秀水街市场内的不同摊位购物，对购物过程及购得的商品进行公证保全。其后，代理公司持公证书数次将秀水街市场告上法庭要求赔偿，2008年底，经法院主持调解，代理公司与秀水街市场达成协议，只要代理公司持公证书来举报，秀水街市场就需对公证书中指明的商户停业整顿7天。2009年春节前，代理公司提交了一份由北京市某公证处出具的保全证据公证书，称在秀水街市场里发现共30家商户在销售假冒的LV、CHANEL、GUCCI、PRADA、BURBERRY等5个世界知名品牌的箱包、鞋袜等商品，根据协议，这些商户将被分4批停业整顿，每批均持续7天。

但是，对于公证保全证据的质疑很快就产生了，一些商户表示，代理公司提供的保全证据公证书只能证明其所买的东西是照片上的东西，并不能证明一定是在特定商户的摊位上所买。"公证书上就一张钱包的实物照片，既没有发票，也没有信誉卡，就连销售凭证都没有，这个钱包是在什么场景、由何人销售等具体过程也只字未提，怎么能够证明就是我们商户在售假。"一位被要求停业整顿的商户向记者表示，公证书上记载其摊位曾销售过价值仅人民币几十元的GUCCI钱包，而除了商品情况和摊位号外，根本没有相应的发票或信誉卡之类的证据能够证明侵权商品确实出自其摊位，仅凭一纸公证书令其难以接受停业整顿的决定。有商户认为,公证"打假"的证据过于简单,没有对售假个人的具体描述,公证书所附的商品照片是商品交易后摆放在桌上拍摄的,这样的公证证据令人生疑。

从本案中一些公证人最初出具的保全证据公证书的内容来看,对于当事人在秀水街市场购物行为的保全基本上都采用简单的结果式描述:

> ××于××年××月××日××时,在秀水市场地下××层××摊位购买了"××"牌女士钱包(或皮带、手表等)一个,价格××元,并在该摊位(或向该摊主)索要信誉卡(或名片)一张。

对于诸如此类简单化的保全证据公证书,秀水街市场管理方也认为,代理公司提供的公证书确实存在说服力不够的问题,应该更为详尽,最好采取同步录音录像的方法,才能令涉嫌侵权的商户心服口服。一些商户甚至聚众围堵承办保全证据案件的公证处,使本案公证保全证据活动一度成为社会热点。

2. 反思与改进

秀水街市场公证保全案以及类似案例向公证人提出了一个深刻的反思课题,即如何防止和克服公证保全证据活动中简单化的操作方式,从实务层面而论,需要在两个方面一并加以完善和改进,一是完善和改进公证保全证据技能,一是完善和改进公证保全证据的法律产品。

(1)完善和改进公证保全证据技能

秀水街市场公证保全案初起波澜,主要原因之一在于公证人面对新型多变的保全证据实务缺乏有效的应对技能,对此,一些公证人从以下多个方面进行了深入反思:[166]

---

166 左燕芹、王京:《"秀水事件"中的公证书案例写作分析及反思》,载北京市公证协会《办证参考》2009年第1期。

司法视野中的公证保全证据

1. 公证员监督购物的基本情况表述不清。

有的公证书是这样表述的:"根据《中华人民共和国公证法》的规定,本公证员和公证人员徐某某、公证员张某及公证人员张某及申请人委派的购买人员刘某某、高某于二〇〇八年十二月××日来到位于北京市朝阳区秀水东街8号秀水街市场,申请人委派的购买人员杨某某、刘某、王某、尤某某分别在该市场购买了下列物品:……。"

这段公证证词是想说明公证员来秀水市场监督购买人员的购买过程,但没有交代清楚几个基本的事实:(1)没交代清楚公证员来秀水街市场做什么?对购买过程是否全程监督、如何跟进没有表述;(2)实际购买人是4人还是6人不清楚;(3)购买分3次进行,4名公证员和6名购买人在3次购买行为中到底是什么情况不清楚。公证员也许自己心里很清楚当时是怎么分组监督的,又或者在公证卷宗的工作记录中对如何分别监督有所记录,但在公证书中没有交代清楚。

2. 公证员监督在何摊位购买何物品表述不清。

有的公证书是这么表述的:"在第××号摊位南侧的相邻摊位(该摊位的摊位号被遮挡)购买了标识为"PRADA"的钱包二个,花费人民币共一百元;……"

"在第××号摊位南侧的相邻摊位"是一个什么概念?摊位所对应的摊位号是唯一的,所以用唯一性代号来指示是明确的,不会产生歧义,而用某摊位南侧相邻这样的表述,对于没有来过现场的人来讲,就是不可理解和想象的——一个摊位的"南侧"是这个摊位的背面还是对面?"相邻"是左边的还是右边的?非常不确定,也容易引起歧义。

另外,秀水街购买活动具有"多家"、"多次"、"多种"的特点,如果我们只监督一次购买活动,公证书写明在某摊位购买了某物尚可,但要在一份公证书中写明在很短的时间内在几十个摊位分别购买了上百种商品时,我们自己都不禁要问,公证员当时是采取什么方法将在不同摊位购买的上百种物品监督和辨认出来的,各自的商品价格是如何被对应记住的，尤其是没有索要购物凭证的，现场显然又无法记录。这些疑问在留存的公证卷宗中也几乎没有得到解决，卷宗中存放的现场工作记录几乎是与公证书内容一样的购物结论，没有任何关于公证实施监督活动的过程描述。后来我们找到承办公证员询问才弄清了有购物凭证的购买活动中公证监督的基本方法：当时每购一个物品，公证员都要求将物品与购物凭据共同放入一个购物袋，转交公证员保管，回到公证处后公证员从袋中一一拿出商品和凭据核对，无误后确认并逐一拍照。这个监督过程公证书没有任何反映，面对公证书，商家和我们提出的质疑是相同的。

3. 购物后，证物的固定、带回和拍照的过程缺乏公证监督。

监督买到了相关物品获得了相关证据，公证活动刚刚完成了一半，对物品和相关证据的保全是连续的公证活动，不能中断，而有的公证书则只把监督的关注点放到了购买这一个活动上，对后面证物的取回、固定、交付监督未予足够的重视。比如在证物的送回方面，有的公证书是这样表述的："随后，申请人的委托代理人将上述物品带回我处。由申请人的委托代理人×某对3次购买的物品进行了拍照，取得照片8张。"这一表述不得不令人质疑：公证员哪里去了？证物是由购买人一人带回公证处的，中途没有人监督，物品有调换的可能性。公证的监督难道不是全程的？当事人给证物拍照时，公证员又哪里去了？整个购买过程到某一拍照行为完毕后戛然而止，公证员做了哪些工作没有交代。拍照后的物品公证员是如何加以固定的？是否对固定状态进行了拍照？物品的保管有无交接手续？公证书给人的感觉似乎是，公证员的工作只是去了一下购买现场，此外，公证员什么也没做，这也导致了对公证证明结论提出疑义。

4. 证物封存，交接作为证据保全的重要环节公证未予监督，且公证书中欠缺应有的反映。

公证实践中，当事人在公证人监督下提取的证物有的是由公证机构留下保管，多数则是在封存后交付当事人，公证机构在对证据保全后不再承担对证物的保管责任。无论证物最后由谁保管，对证物的封存、交接都是重要的保全程序，公证书应对证物封存与交接的情况给予具体描述。较完善的保全方法是对证物封存状况进行拍照，将相关照片和交接清单附在公证书后一并证明，以便于公证书使用人确定证物。

秀水街购物保全公证在办理中大多是将购买的物品拍照后统一封存在几个包装箱内，并交申请人保管，但基本都没有将证物的封存、交接程序在公证书正文中予以描述，也没有提取相关证据予以证明，保全程序基本上是在对证物拍照后即完结，只是在公证书结论部分以"所购物品经我处加封后交申请人自行保管"一句给予简单交代，这一方面模糊了公证书正文进行过程描述与公证结论对相关证据进行证明的区别，另一方面也使得公证保全活动不完整，在证物脱离了公证处监管后要凭着公证书去找到原物没有了可直观对照的证据。

或许对于整个公证行业来说，秀水街市场公证保全案都不失为一次保全证据活动难得的"实战演练"，通过总结经验教训，公证保全证据活动的改进之策被提上了许多公证人的议事日程：

第一，在办理证据保全公证时，公证员必须做到实时监督，要确保购买人和出卖人始终不离开自己的视线。切忌与多个申请人的代理人同时购买，否则就失去了公证的意义。

第二，现场购买所得的物品应该一直由公证员保管，直到物品被封，以防止中间被申请人调换。

第三，保全证据公证要求公证员要制作现场工作记录，该记录要详细、准确、完整，并与公证书中的内容保持一致，如果公证书中的内容大于现场工作记录，就可能会引起相对方的质疑，从而使公证书的效力大打折扣。

第四，公证书中应该尽量多些对店面及取得方式的详细描述，例如货物在何处摆放，从店面取得还是从抽屉中取得，是否由店主亲自交予购买人等等。

第五，公证员在购买过程中应多注意细节，例如出卖人是否穿工作服、是否佩戴胸牌，结账方式是现金还是刷卡，是否索要发票等等，并将这些细节记录在案。

不仅是公证证词，公证人员的监督行为也应根据情况随时调整、改进。例如，目前出售人对于三人同时出现购买的现象已经十分熟悉，两位公证人员同时紧跟购买人买得相关商品的可能性极小，为此，公证人员常采取一人跟随，另一人相隔一段距离进行观察、监督的方式。但这种方式使得另一人不易进入现场摄像头的拍摄范围。为解决这个问题，公证人员应设法延长停留在现场的时间，以便摄像头抓取画面，确保我们公证人员在摄像范围之内，为自己取得更充分、有利的佐证。[167]

（2）完善和改进公证保全证据的法律产品

公证保全证据活动形成的最终法律产品是保全证据公证书。在总结秀水街市场公证保全案经验教训的基础上，一些公证人设计了经过全面改进的保全购物行为的公证书参考样式，正文如下：

北京××有限公司于二〇××年××月××日向我处提出申请，称因××需要（受××公司的委托），申请对该公司在某处购买的物品进行证据保全。根据《中华人民共和国公证法》、《公证程序规则》的规定，我处受理了上述公证申请并指派本公证员具体承办。

本公证员与公证人员××于二〇××年××月××日十五时至十八时二十分，在位于北京市××区××大街××号的××市场，监督该公司工作人员刘××、江×以普通消费者身份分别购买了以下物品：

（1）从××摊位购买了悬挂展示并销售的标有"××"

---

[167]《专题：秀水"封摊"事件考验保全证据公证》，载北京市方正公证处《思考·2009保全证据专刊》。

的牛仔裤一条，单价××元，并收取信誉卡、名片各一张。所购牛仔裤与信誉卡、名片被一并装入该摊位提供的购物袋中交予本公证员保管；

（2）从××摊位购买了悬挂展示并销售的标有"××"牛仔裙一条，单价××元，并收取信誉卡、名片各一张。所购牛仔裙与信誉卡、名片被一并装入该摊位提供的购物袋中交予本公证员保管。

本公证员与公证人员××监督刘××在市场服务台依上述购物所得信誉卡开具了编号为××××的发票一张，尔后将上述保管的物品带回本公证处。本公证员从各购物袋中取出物品和所对应的信誉卡、名片，监督江×在本处用我处提供的××型号的数码相机对物品及信誉卡、名片的对应情况进行了拍照，共取得照片××张，相机存储卡交由我处工作人员现场刻录成光盘一张，此后本公证员对相关信誉卡、名片进行了复印。在完成上述保全程序后，本公证员与公证人员××、申请人的工作人员刘××共同将上述购买物品封存入一个纸箱内，并在该纸箱上加贴了我处封条，封条上加盖了"××号保全专用章"。本公证员监督江×对封存后的包装箱外观进行了拍照，共取得照片××张，封存物品的包装箱一个、所有信誉卡、名片原件均交江×保管，江×当场签署了证物交接单。

兹证明与本公证书相粘连的××张物品照片为申请人的工作人员江×在本处现场拍照所得，内容与刘××、江×在本公证员和公证人员××监督下、在××市场所购的物品相符；与本公证书相粘连的××张封存物品的包装箱照片与交付给江某保管的原物包装箱外观相符；本公证书所附的××张信誉卡、××张名片影印件与该公司工作人员在××市场购物现场取得的信誉卡、名片原件相符。[168]

168　左燕芹、王京：《"秀水事件"中的公证书案例写作分析及反思》，载北京市公证协会《办证参考》2009年第1期。

这一新的保全该类购物行为的公证书摒弃了以往某些同类公证书存在的公证保全内容和步骤的记载过于简单、证据指向不明的弊端，受到社会公众认可，秀水街市场涉嫌侵权的商户对于新出具的保全证据公证书也不再提出异议。更为重要的是，在完善与改进公证执业技能和公证保全证据法律产品的同时，公证人作为法律职业人的价值也开始得以体现。

（九）"如实"的证据基础——"如实"的实务展开之六

在公证技术的层面上，公证保全证据活动之"如实"，还要求公证保全证据活动本身需具备证据基础，所谓公证保全证据活动本身需具备证据基础，不仅仅是公证人自称或公证人通过保全证据公证书的记载表明，并且还应以充分的证据证明公证人确如公证书所述如实进行了公证保全证据活动，有论者形象地喻为"保全过程的保全"[169]，详言之，不仅公证书中应载明公证保全的过程，而且在公证书的附件如照片、音像资料等和公证案卷中的现场记录以及其他材料中均应有公证人确如公证书所述进行了保全的证据，换言之，公证保全证据这一特殊的公证活动不仅要求提供公证活动的终端法律产品——保全证据公证书，而且需要有公证书这一产品"生产"过程的确切记载，对于公证保全证据活动的这一特殊要求，就其法源来讲，是基于《公证法》有关公证证据充分性的要求。

1.《公证法》有关公证证据充分性的要求

《公证法》第28条、第30条均规定，在任何公证活动中，对于当事人提交的证据材料，公证机构应审核是否已经"充分"[170]，

---

[169] 王士刚：《网络证据保全公证操作中应当注意的问题》，载中国公证协会培训部组编：《保全电子信息证据公证培训班学习资料》，2011年印行。

[170] 《公证法》第28条规定："公证机构办理公证，应当根据不同公证事项的办证规则，分别审查下列事项：……（三）提供的证明材料是否真实、合法、充分；……。"第30条规定："公证机构经审查，认为申请提供的证明材料真实、合法、充分，申请公证的事项真实、合法的，应当自受理公证申请之日起十五个工作日内向当事人出具公证书。"

……其实，公证证据并不是一个单一的概念，因参与公证活动和形成证据主体的不同而有所不同，公证证据基本上可以分为两大类型，一是公证人证明的证据，一是公证人亲身参与形成并加以证明的证据，前一种公证证据产生于一般的公证活动中，后一种公证证据以经公证保全的证据最为典型。对于前一种公证证据的形成，公证人"置身事外"，而对于后一种公证证据的形成，公证人却无法"置身事外"。

显然，充分性可以理解为公证证据的一项基本标准，在一般的公证活动中，这一公证证据标准仅适用于当事人，而在公证保全证据活动中，这一公证证据标准在适用于当事人的同时，也理所当然适用于公证人自身，对此深入加以分析，就会涉及不同类型公证证据的区分。

2. 不同类型公证证据的区分及其意义

公证证据是单一的类型还是存在不同的类型？如果存在不同的类型，那么，区分的依据是什么？

在现有的公证理论和公证实务中，对于公证证据的基本种类很少进行区分，其实，公证证据并不是一个单一的概念，因参与公证活动和形成证据主体的不同而有所不同，公证证据基本上可以分为两大类型，一是公证人证明的证据，一是公证人亲身参与形成并加以证明的证据，前一种公证证据产生于一般的公证活动中，后一种公证证据以经公证保全的证据最为典型。对于前一种公证证据的形成，公证人"置身事外"，而对于后一种公证证据的形成，公证人却无法"置身事外"。[171]

（1）公证人证明的证据

显然，公证人证明的证据是公证证据的主流形态，其中又可以区分为两种情形，一是公证证明的某一法律事实在当事人申请公证前已形成，常见的如出生公证、学历学位公证、婚姻状况公证等；一是当事人申请公证前某一法律事实尚未完全形成，需在公证人面前完成，如委托人在公证人面前签署委托书，并在委托书中确认委托行为自委托书签署或经公证之日起生效，但是，无论其中哪一种情形，公证人都"置身事外"，证明的是他人的、与己无关的事实。

（2）公证人亲身参与形成并加以证明的证据

在公证保全证据活动中，公证人亲身参与形成并加以证明的

171　薛凡著：《研究生公证法学讲义》，未刊稿。

证据可以区分为两种情形，一是公证人的保全行为与当事人的取证行为同步进行，这是公证保全证据活动现实运作中最为基本的模式；一是在某些特定情形下，公证人亲自取证并保全，例如，涉及互联网电子证据的保全，一些公证人亲自上网操作，公证人替代当事人取证的行为、公证人的保全行为合二为一，对此，有的法官认为应予以倡导：

> ……公证处对于保全证据的界定是这样的：对当事人的取证行为和结果进行保全。从这个概念出发，我觉得这就是公证处的一个态度，更多的强调是由当事人进行操作，而公证处相应来说是处于一个旁观者的位置。从我们法官的角度，……保全证据公证是指公证机关根据当事人申请，对于申请人权益有关的最后可能灭失或者难以取得的证据采取一定的措施进行收集和固定并进行保管，以保存其真实性和证明力的行为。从这个概念和角度出发的话，它更多的强调的是公证机关是行为的主体，包括对保全互联网电子证据这个行为的界定：公证机关利用计算机设备通过接入互联网提取电子证据的活动。这个行为的主体是公证机关，行为的内容是保全证据，行为的目的是对这个行为的真实性加以证明。从这个法律视角来考虑问题的话，公证这个职业本身就具有客观性和真实性，所以，从法官审理案件的角度来说，还是提倡应该由公证员来实施相关的保全行为。[172]

需要明确的是，以上观点可能仅代表了某些法官的个人见解，未必是主流的司法观点，依照《公证法》确立的公证活动的客观原则[173]和公证人职业的特性，公证人监督当事人取证应为公证保全证据活动普遍和基本的模式，公证人亲自取证实施保全应为公证保全证据活动的例外情形：

---

[172] 《进一步完善网络证据保全公证——第八期青年公证人沙龙活动侧记》，载《上海公证》2012年第2期。

[173] 对此后文还将详尽阐析。

司法视野中的公证保全证据

在公证保全证据活动中，需要严格限制公证人亲自取证的范围。通常，公证保全证据活动中，参与者包括取证的行为人和在旁进行现场监督的公证人，取证行为和保全行为既同步又各自独立，而一旦公证人亲自取证，意味着公证人取代了本应由当事人进行的取证行为，由此，是否意味着公证人自己在证明自己的行为？是否越过了《公证法》确立的客观原则这一条红线？是否有可能导致公证保全证据的结果缺乏客观性而有失公正？[174]

值得关注的是，对于公证人如何把握亲自取证行为的限度，审判机关提出了较为公允的见解，其中特别强调指出，如果公证人亲自取证，应为"适度参与"：

> ……公证人员一般不应参与被保全行为，因为公证人员的主要任务是监督和记录整个行为过程，如果自己也参与其中，势必导致公证人员的行为和申请人的行为相互混杂，不但影响行为的单一性，而且可能导致行为后果的改变，但涉及网络公证的，公证人员则必须进行网络清洁检查，可以适度参与被保全行为……[175]

但是，就公证保全证据活动而言，无论属于上述哪一种情形，都属于"公证人亲身参与形成并加以证明的证据"，公证人不仅证明当事人的行为，同时也需要"自证"即证明自身的行为。正因为如此，在公证保全证据活动中，前述《公证法》所规定的公证证据"充分性"要求在及于当事人的同时，必然也及于公证人，故公证人需要特别注意保存自身履行了保全职责的证据。

174　薛凡著：《研究生公证法学讲义》，未刊稿。
175　浙江省高级人民法院课题组　徐杰：《关于知识产权民事诉讼中公证证据审查与采信的调研》，载《法律适用》2011年第1期。此处引文中的"被保全"与"取证"应为同义语——本文作者注。

3.相关司法观点和判决例的阐析

对于公证保全之证据需具备证据基础，相关司法观点以及判决例都有所阐析。

（1）相关司法观点

相关司法观点认为，为确保经公证保全的证据具有较强的证明力，在保全证据实务操作中，公证人应注意保存相关证据，以"尽可能地再现被保全事项的全部客观状况"：

> （1）公证人员应针对不同情况，采用文字记录、打印、拍照、录像及现场人员陈述等多种方式适当地保全证据，尽可能地再现被保全事项的全部客观状态；（2）对于邮购产品的公证，不但要对邮寄到的产品进行保全，还应尽可能完整地反映双方交易的过程，比如在邮寄前保全申请人的网购行为，在邮寄后保全申请人向销售者确认货物寄送情况的电话录音等；（3）在网络保全公证中，应详细记录开机前、开机后、上网前、上网中、下载前、下载后、证据封存等各个步骤，保全网页证据时还应有实时打印件，特别要注意的是，对某个步骤遗漏实时打印时，由于返回去单独打印该页面可能导致时间次序的改变，因此最好重新操作所有步骤；（4）如果涉嫌网络侵权的影视作品集数较多，公证人员可以在公证书中做如下记录："公证人员对所有作品逐集播放，并随机选取第××集进行截图，相关截图详见附件，其他未进行截图的影视作品不再一一打印。"[176]

相关司法观点还认为，在涉及互联网电子证据的公证保全证据活动中，由于被保全对象大多为动态的影音或数字文件，因此，公证人监督当事人录制或亲自录制被保全的影音或数字文件是不可或缺的一个环节：

---

[176] 浙江省高级人民法院课题组　徐杰：《关于知识产权民事诉讼中公证证据审查与采信的调研》，载《法律适用》2011年第1期。

通常而言，对于文字、物证等静态的保全对象，采用文字加照片的记录方式已经足够；但对于行为或事件，则往往需要辅以录像手段才能记录整个过程。由于知识产权民事诉讼中的网络公证涉及的多数被保全对象都是动态的影音文件，因此对方当事人就被控侵权的影音文件未录像，并据此对公证书提出质疑的情况较为突出。如在北京广电伟业影视文化中心诉杭州德昌隆信息技术有限公司侵犯《别活得太累》著作财产权纠纷案件中，原告提供的公证书中仅附有侵权视频截图的实时打印件，被告辩称该公证书既不能证明上述网页打印件显示的视频能正常播放，也不能证明该视频与原告主张权利的电视剧《别活得太累》为同一作品。[177]

(2) 相关判决例

为了进一步说明问题，我们可以再看两个民事或行政诉讼案例，一为山西化工机械厂（下称"山化厂"）与山西省第二公证处（下称"公证处"）撤销保全证据公证书纠纷案、一为毕淑敏与淮北市实验高级中学（下称"实验中学"）侵犯著作权纠纷案。

① 山西化工机械厂与山西省第二公证处撤销保全证据公证书纠纷案[178]

2005年4月，山西省太原市迎泽区人民法院开庭审理了一起

---

[177] 浙江省高级人民法院课题组　徐杰：《关于知识产权民事诉讼中公证证据审查与采信的调研》，载《法律适用》2011年第1期。

[178] 本案材料引自太原市迎泽区人民法院（2005）迎行初字第3号行政判决书；康景林：《不符公证程序　山西省某证据保全公证无效》，载《山西晚报》2005年6月10日。

特殊的行政诉讼案件,[179]即山化厂诉公证处要求撤销保全证据公证书纠纷案,山化厂因不满公证处隐蔽取证的做法,将公证处诉至法院,经太原市中级人民法院指定,本案由迎泽区人民法院受理。

此前,1991年,太原钢铁(集团)有限公司(下称"太钢")与山化厂之间有债权债务关系。历经十几年,太钢讨债未果。2003年,太钢向涉案公证处提出申请,请求该公证处以隐蔽取证的方式,录制太钢工作人员即将与山化厂负责人谈话的内容,并对双方所谈内容进行公证保全,公证处接受了申请,在双方就债权债务问题进行交涉时,公证人对双方谈话的过程进行了隐蔽录音,并复制成录音光盘。2004年,太钢为了追偿债务,将山化厂告上法庭,同时出示了这一公证证据。

2005年6月2日,迎泽区人民法院依据最高人民法院有关规定,认定涉案公证处的公证保全行为所形成的证据可以作为证据使用,但是,采信该公证证据却遇到了一个关键障碍,公证处自身没有任何证据可以证明公证员履行了公证保全证据的职责,法院的判决书确认:

> ……被告提交法庭的证据不能证明指派公证人员到现场的事实,缺乏必要的记录和相关事实证据。[180]

---

179 自《公证法》于2006年3月1日实施后,依该法第43条之规定:"当事人、公证事项的利害关系人与公证机构因赔偿发生争议时,可以向人民法院提起民事诉讼。"又依该法第40条之规定:"当事人、公证事项的利害关系人对公证书的内容有争议的,可以就该争议向人民法院提起民事诉讼。"审判机关自此已经不再受理主张撤销公证书的行政诉讼。另依《公证法》第39条之规定:"当事人、公证事项的利害关系人认为公证书有错误的,可以向出具该公证书的公证机构提出复查。公证书的内容违法或者与事实不符的,公证机构应当撤销该公证书并予以公告,该公证书自始无效;公证书有其他错误的,公证机构应当予以更正。"有权作出是否撤销公证书决定的唯一主体,是出具该公证书的公证机构。但是,在《公证法》实施前相当一些有关撤销公证书的行政诉讼案件中,审判机关对于包括公证保全证据活动在内的公证活动提出的一系列司法观点仍然富于启示和指导意义。

180 山西化工机械厂与山西省第二公证处撤销保全证据公证书纠纷案,太原市迎泽区人民法院(2005)迎行初字第3号行政判决书。

据此，法院判决被告山西省第二公证处的公证保全证据行为无效。

②毕淑敏与淮北市实验高级中学侵犯著作权纠纷案

2008年，在作家毕淑敏诉实验中学侵犯著作权纠纷一案中，原告作为《红处方》一书的著作权人，于2008年4月16日委托代理人，在北京市求是公证处公证人员监督下，对从实验中学网站上阅读、下载《红处方》的过程进行了公证保全，但是，淮北市中级人民法院在一审中未采信保全证据公证书，理由是该公证处未打印、留存公证保全证据活动所指向的核心证据：

> 原审法院认为：毕淑敏是《红处方》的著作权人，其权利应受法律保护。毕淑敏提交的公证书所附《现场记录》中，关于实验中学网站《红处方》阅读、下载操作的核心页面（即显示"目标另存为"的页面），公证处没有打印留存，不能与公证书所附《现场记录》的操作过程一一对应，无法显示从实验中学网站上阅读、下载《红处方》的完整过程。……在上述核心页面缺失的情况下，公证书并不能证明下载《红处方》的客观过程。[181]

4. 公证行业的认知

随着公证保全证据活动日益频繁和丰富多元，公证行业自身也开始注意到了公证保全证据活动证据基础的重要性，一位公证人如此谈到保全购买涉嫌侵权产品过程的办案心得：

> ……在购物保全过程中，我开始自发地收集一些现场的情况，围绕当事人购物环节之外的工作日益增加，包括适时观察、留意店内的营业执照，在店内使用各种手段、设备拍摄照片、视频。直至今日……办理的购物保全的卷宗里还秘

---

181 毕淑敏与淮北市实验高级中学侵犯著作权纠纷案，安徽省高级人民法院（2009）皖民终字第0014号民事判决书。

密保存着当时店内偷偷拍摄的照片和视频。三年前，一位店老板拿着公证书到办公室找我，企图试探我是否到场，就因为看了我保存的这些照片而黯然离去。……[182]

对此，中国公证协会在制定《办理保全送达文书证据公证的指导意见》的过程中也作出了回应，该《指导意见》第 15 条规定：

> 公证人员在办理保全送达文书证据公证中，应当收集签收的回执或者邮政及快递企业收件的证明文件等证据，同时可以酌情收集与送达有关的其他证据。[183]

负责起草该《指导意见》的中国公证协会业务规则委员会就此阐释道：

> 在办理保全送达文书证据公证中，公证人员提取证据的方法单一，常常仅有一个工作记录，容易导致民事诉讼中对方当事人对送达行为的真实性产生疑义。因此，本《指导意见》规定："公证人员在办理保全送达文书证据公证中，应当收集签收的回执或者邮政及快递企业收件的证明文件等证据，同时可以酌情收集与送达有关的其他证据。"
>
> 业务规则委员会认为，"其他证据"是指一些能够证明其抵达送达现场的旁证，例如，邮资单据、乘车车票、停车收据等。除此之外，还可以采用在送达地点门外或者在送达现场拍照、录像、录音等方式收集旁证，至于拍照、录像、录音的主体应当是公证人员还是当事人，公证机构可视本地

182　庄建庭：《在行进中记录——对公证购买的新认识》，载《中国公证》2013 年第 5 期。

183　中国公证协会《办理保全送达文书证据公证的指导意见》（2012 年 8 月 28 日中国公证协会第六届常务理事会第九次会议通过）。

诉讼中证据采信实际情况而定。[184]

一些公证机构从公证保全证据实务出发，在这一方面形成了详尽的操作要求：

  1. 在各类证据保全公证中，为证明证据的来源，应十分注重原始证据的存证，例如用照相机、摄像机拍摄、录制所保全证据的，应将胶卷／存储卡、录像带／光盘附卷存档。

  2. 保全过程中，应通过拍照或录像留存两名以上公证人员在现场实施保全的工作状况，并将照片附卷或将录像刻盘存档。

  3. 对购买涉嫌侵权的产品等物证进行保全，除对物证（包括加贴本处封条前后）进行拍照外，应将物证的发票复印件与该照片一并列为公证书附件。

  …………

  7. 所保全的证据需使用彩色图像才能反映证据原貌的（如商标图案、外观设计、网上公布的商品图片等），应使用彩色打印机下载打印或拍摄成彩色照片。

  8. 保全网上证据时，如被保全的文件内容浩繁，需注意以下事项：

  （1）将关键的内容予以保全，无关的内容可以不予涉及，即可以仅下载打印被保全文件的部分关键内容，同时应反映出被保全文件的全貌（如下载打印一部电影，应打印片头、片中的部分画面和片尾）；

  （2）被保全的文件还应完整下载刻录成光盘；

  （3）上述打印件和刻录的光盘一并列为公证书的附件。

  9. 保全网上证据时，公证当事人不具备操作电脑的能力，由本处公证人员代为操作的，除笔录中由当事人讲明不懂电脑，并要求公证人员操作外，在公证证词中也应客观如实反

---

[184] 中国公证协会业务规则委员会《关于〈办理保全送达文书证据公证的指导意见〉（送审稿）的说明》，载中国公证协会编：《中国公证协会公证业务规范汇编》，法律出版社2012年版，第96页。

映公证人员直接实施了电脑操作。此类情况下保全证据应全程予以录像。

……………

11. 关于保全证据公证文书的附件

（1）办理保全证据公证，对保全的标的物及保全过程等拍摄形成的照片打印件现一般均作为公证文书附件，并在公证证词正文后写明附件序号及张数。为提高公证证据的证明力，提倡对所附照片内容在附件栏作出具体说明，如："第1页照片：证物箱启封前外观状况；第2页：启封前的一卷材料和启封后剪下的两条片断状况；第3页：现场予以封存后三个箱子的外观状况。"

（2）若保全的照片、网页、邮件等信息容量特别大，不便下载成纸质文件装订在公证书内的，可将所有内容刻录成光盘，加封后作为公证书附件发给当事人。[185]

（十）从"如实"到真实、客观并重

在对"如实"准则作了尽可能全面的讨论后，接下去又有一个新的问题需要提出来加以讨论，在公证保全证据活动中，公证人是否只需要做到如实就可以了？我们可以先来看一个公证保全证据案例。

2006年，在司法部举行的建国以来第一次全国公证岗位培训活动中，为了使公证人员加深对于如实出具保全证据公证书的理解，此次活动进行考试时出具了一道公证保全证据实务案例考题[186]，在公证保全证据实务中，类似个案大量存在：

［案例］

二〇〇一年十二月，贷款人A银行与借款人B公司、保

185　上海市东方公证处业务指导委员会编：《公证业务指导意见汇编》（2004年1月—2008年7月）。

186　薛凡：《让我们的职业思维走向更为广阔的方向——全国公证岗位培训考试案例题评析》，载《中国公证》2007年第1期。

证人C公司订立了一份《借款担保合同》,合同各方约定:借款金额为人民币300万元,为期1年,C公司承诺负连带担保责任。借款到期后,借款人因资金匮乏,无力偿还。为此A银行向C公司进行了催收。二〇〇三年十一月七日,根据A银行的保全证据公证申请,某公证机构指派2名公证员王某、张某,与A银行委托代理人、该行法务部工作人员田某一起来到坐落于××市天安路3号"前进大厦"715室送达《催收通知书》,在715室门上印有"C公司办公室"的字样。应田某之邀,"前进大厦"物业管理人员钱某送达时也在场。715室的接待人是一戴有"办公室主任"胸牌的中年男子李某。当田某要求李某在该《通知书》上签字、盖章时,李某态度强硬地加以拒绝,致使该《通知书》送达未果。公证员王某、张某对整个过程进行了录像并作了现场工作记录。试回答以下问题:

……

(二)根据本案的案情,试拟写一份要素式保全证据公证书。

[参考答案]

公证书

(2006)××证字第××号

申请人:A银行,营业执照号码:××

法定代表人/负责人:××

委托代理人:田某,A银行法务部工作人员

公证事项:保全行为

申请人A银行于二〇〇三年十一月七日向本处申请对该行向C公司送达《催收通知书》的行为办理保全证据公证。本处依法于当日受理了上述公证申请。

二〇〇三年十一月七日,在本公证员及公证员王某(或张某)的现场监督下,A银行的委托代理人田某来到坐落于××市天安路3号"前进大厦"715室,该室门上印有"C公司办公室"的字样,田某向一戴有"C公司办公室主任李某"胸牌的中年男子送达《催收通知书》,要求其在该《通知书》

上签字、盖章，均遭拒绝。上述送达过程中，"前进大厦"物业管理人员钱某在场；本公证员与公证员王某（或张某）制作现场工作记录一份。据此，兹证明上述送达行为属实。

××公证处
公证员：王某（或张某）
二〇〇三年十一月×日

附件：
一、A银行《催收通知书》一份。
二、本处现场工作记录一份。

仔细分析这一公证保全证据案例及其公证书，我们可以发现，公证书中对于公证人现场监督A银行向相对方送达《催收通知书》行为的整个过程进行了如实的记载和证明，同时，我们还可以发现，在这份保全证据公证书中，公证人对保全证据活动的如实记载没有使用任何主观判断或确认性的语言，而是以一种冷静、谨慎、不越雷池一步的风格加以描述，仅以一个细节为例，公证书中在写到被送达对象时，使用的句子是"一戴有'C公司办公室主任李某胸牌'的中年男子"，而不是直接表述为"C公司办公室主任李某"，如果表述为后者，是否真正符合"如实"的要求？这也就是我们下面接着要讨论的公证保全证据活动中由"如实"准则进一步引申出的一个新的问题，即"如实"与客观的关系问题。

显然，在公证保全证据活动中，如果公证人只需要做到"如实"，不需要考虑"如实"的边界，那么，很可能公证人就和一个民间证人、一个一般的事件目击者和记录者无异了，于是，在强调"如实"、强调公证保全证据活动真实性的同时，客观性要求被十分醒目地提了出来，相关司法观点认为：

> 真实性是我们公证的一个生命力，如果公证缺乏真实性的话，那么它的大前提就没有了。所谓真实性就是……要提

倡两个原则，一个是客观性原则，一个是完整性原则。[187]

所谓客观，有两个层面的含义[188]，一是离开意识独立存在的，跟"主观"相对；一是依据外界事物而作观察的，没有成见的。在公证活动中，特别是在公证保全证据活动中，对于真实性和客观性的要求往往难以截然分开，倘若公证证据不具备客观性，那么，真实性很可能难以成立，而如果更进一步从公证制度的基础来论，真实、客观无疑是二位一体的关系，2005年，《公证法（草案）》提交全国人大常委会审议之际，时任司法部部长张福森在作《公证法》立法说明时谈了有关公证立法的五个问题，其中之一是"关于保证公证行为的客观、真实"，他言简意赅地指出：

> 公证的客观、真实是公证制度存在的基本条件。[189]

值得注意的是，从司法部对《公证法》的立法说明来看，客观、真实属于并列关系，这也体现了《公证法》的立法本意。在公证保全证据活动中，是否存在虽然公证人"如实"保全但却未必客观的情况？对此确实值得引起关注，例如，在公证保全索赔证据的活动中，对于消费者认知度的保全，取证时间、地点不应由当事人预设，而宜由公证人即时选定，以表明公证人对于公证证据的客观、真实尽到了足够的注意义务，如果不是如此，而任由当事人事先既设定取证时间又设定取证地点，那么，在公证人进行证据保全时，可能接受调查的"证人"并不是正常经过取证地点的消费者或路人，而是当事人事先安排好的"演员"，如此形成的公证证据虽貌似"真实"却并不具备客观性，而一旦不具备客观性，真实性本身也将难以成立，真正意义上的"如实"就无从

---

187 《进一步完善网络证据保全公证——第八期青年公证人沙龙活动侧记》，载《上海公证》2012年第2期。

188 《新华字典》（第10版）对"客观"的释义，商务印书馆2004年版，第262页。

189 张福森：《关于〈中华人民共和国公证法〉（草案）的说明》，全国人大常委会法制工作委员会办公室2004年印行。

谈起。

更深入一层分析，对于公证人而言，在前网络时代，传统的公证保全证据活动中的"如实"注重的是"眼见为实"，而在网络时代，在公证保全涉及互联网的证据时，需要注重的是更为全面意义上的"眼见为实"，即在公证保全的技术与方法上应尽可能杜绝由当事人掌控的"眼见为实"，相当一些司法判例和判决例清晰地表明了这一观点，例如，本文后面将要分析的 2008 年最高人民法院对新传在线（北京）信息技术有限公司与中国网络通信集团公司自贡分公司侵犯信息网络传播权纠纷案再审所作的裁定和其后最高人民法院发布的《知识产权案件年度报告（2008）》提出的观点就明确秉承了这一立场。

于是，接下来我们将围绕公证保全证据活动的客观性展开讨论。

七、保持客观

（一）在主观与客观之间——公证活动真实、合法的两个层面

前已述及，公证活动所追求的价值目标是真实、合法，但是，作为公证活动追求的价值目标之真实、合法，需要区分为两个不同的层面，一是客观的真实、合法，一是主观的真实、合法。所谓客观的真实、合法，主要是指公证活动程序合法、公证人亲身目击了公证证明对象并且如实地加以证明，此种真实、合法主要体现在公证保全证据活动中；所谓主观的真实、合法，不仅是指公证活动程序合法，而且要求公证人在主观上对公证证明对象本身是否真实、合法作出自己的判断和确认，此种真实、合法体现在一般的公证活动中，仅以办理自然人的出生公证为例，公证人除了审核当事人及其生父母提交的用以证明当事人出生事实的证据材料如当事人的《出生证》、生父母的《结婚证》、当事人及其生父母的身份和户籍证件以外，如果公证人认为当事人及其生

父母提交的证据材料尚不足以充分证明当事人出生的事实，还可以进行核查，包括向当事人出生的医院以及知情证人或存有当事人出生档案的机关进行调查，在判断上述证据材料构成足以证明当事人出生事实的完整的证据链以后，公证人才可为当事人出具出生公证书，证明当事人的姓名、性别、出生日期和地点以及生父母为何人。在一般的公证活动中，这种主观上的判断是公证人作出公证证明的必要前提，也是《公证法》赋予公证人的职责和义务，据此形成了公证人主观上的判断权。

1. 公证人主观上的判断权

在一般的公证活动中，《公证法》赋予了公证人主观上的判断权，为了强调这种主观上的判断权，在立法术语上，《公证法》特别使用了"认为"这一表述，按照《现代汉语词典》的释义，"认为"一词是指对人或事物确定某种看法，做出某种判断[190]。《公证法》第30条规定："公证机构经审查，认为申请提供的证明材料真实、合法、充分，申请公证的事项真实、合法的，应当自受理公证申请之日起十五个工作日内向当事人出具公证书。"解读这一条文，公证人依法享有的主观上的判断权同时作用于两个层面，一是当事人用于申办公证所提供的证据材料是否真实、合法、充分，一是申请公证的事项即公证证明对象是否真实、合法。因而，在一般的公证活动中，公证人对公证证明对象真实、合法与否负有判断进而确认的义务，如一首诗所称颂的：

> 公证员！
> 你行走在真实与虚假之间。
> 公信力要求你常走河边不能"湿鞋"。
> 确认合法的真实，剔除乔装打扮的虚假是你的职责所在。[191]

---

[190] 中国社会科学院语言研究所词典编辑室编：《汉英双语现代汉语词典（2002年增补本）》，外语教学与研究出版社2002年版，第1624页。

[191] 袁世祥：《你行走在真实与虚假之间》，载杭州市国立公证处《公证苑》2009年第3期。

曾有公证人对自己在执业中承担的义务有感而发，写下了这样的心得：

> 判断真假，辨识真伪，是我工作的重心。
> 然而，我依旧逃脱不了去面对这个世界上最难的事情——判断是非。
> 比较常见的情况，是去判断合法与否。
> "是非"有时是一种法律判断。
> 判断某种事物在行为和结果上是否合法正义，
> 这种判断以法律为标杆，标准清晰而明确，
> 合法即"是"，非法即"非"，
> 此种判断，本就是公证人最基本也是最普遍的义务。[192]

然而，几乎任何事物无不存有例外，在公证保全证据活动中，是否同样需要强调公证人主观上的判断权呢？

2. 客观——公证人在保全证据活动中的职业定位

显然，在公证保全证据活动中，公证人主观上的判断权受到了限制，保全证据活动的基本特性决定了公证人所追求的真实、合法不能游离于客观之外，通俗言之，未必需要公证人主观上"认为"保全对象是否真实、合法，而是要求公证人在公证保全证据活动整个过程中始终严格保持客观的立场，全国人大法制工作委员会所编"中华人民共和国法律释义丛书"之一《中华人民共和国公证法释义》对此所作的解读是：

> 客观原则是公信力的必然要求。所谓客观，就是指公证机构及其公证员在办证过程中，必须忠于客观事实，不能凭

---

[192] 陈勇：《我能否相信自己——写在初任公证员之际》，载《公证研讨》2009 年第 3—4 期。

借主观想象、猜测来办证。[193]

同样，司法部、中国公证协会编的《公证程序规则释义》也郑重强调：

> 客观原则是公证机构办证的基本要求，集中体现了公证的公信力。具体而言，客观原则指公证所证明的民事法律行为、有法律意义的文书和事实的内容，是客观存在的或者是有充分证据证实其客观存在的，而非虚假或伪造的事实。这一原则要求公证所证明的内容与事实应当相符，非客观存在的事实不得成为公证证明的对象。即使公证文书由于种种原因证明了客观以外的内容，也不产生法律效力。[194]

因而，与一般公证活动中公证人享有的主观上的判断权有所不同的是，在公证保全证据活动中，客观准则要求公证人对自身的职业定位加以合理限制，理解此种限制可以引用一位学者所言：

> 当我们说一项判断是客观的，实际上是说它超越了判断主体的主观性。[195]

（二）"客观"准则在公证保全证据活动中的基本价值
——公证主管机关与审判机关观点之比较

如学者所论，公证制度运作中诸多现实问题的衡量，需要"顾

---

[193] 王胜明、段正坤主编：《中华人民共和国公证法释义》，法律出版社2005年版，第12页。

[194] 司法部、中国公证协会编：《公证程序规则释义》，法律出版社2006年版，第11页。

[195] [美]杰拉尔德·J.鲍斯特玛：《适于法律的客观性》，杜红波译，载[美]布赖恩·莱特编：《法律和道德领域的客观性》，高中等译，中国政法大学出版社2007年版，第113页。

及司法审查与公证行业管理的相互关系"[196],从公证主管机关[197]和司法审判机关各自倡导的价值取向来看,对于公证保全证据活动应保持客观,两者在基本认同上堪称完全一致。

1. 保持客观、保持中立——公证主管机关的观点

(1) 客观、中立与公平、公正

1993年,司法部颁布了《房屋拆迁证据保全公证细则》(下称"《细则》"),作为公证保全证据活动的第一个行政规章,《细则》明确提出了公证保全证据活动的客观准则,《细则》第10条规定:"办理房屋拆迁证据保全公证,公证员应当客观、全面地记录被拆迁房屋的现场状况,收集、提取有关证据。"[198] 1994年,司法部会同国家版权局发布了《关于在查处著作权侵权案件中发挥公证作用的联合通知》,同样要求"公证机构在办理著作权证据保全公证时……全面、客观地反映真实情况。"[199] 2000年,司法部颁行了要素式保全证据公证书格式,其中再次明确要求:"公证人员对行为时间、地点、方式、关键过程及行为结果客观记述"。[200]

2006年,司法部举行了建国以来第一次全国公证岗位培训活动,编发了《2006年全国公证岗位培训大纲》,该《大纲》在阐述公证执业技能时特别重申了公证人在保全证据活动中应"保持客观"、"保持中立",《大纲》论述道:

> 客观是《公证法》所确立的公证活动的一项原则,保持客观是公证员这一法律职业的基本特征,这一特征使公证员

---

[196] 张卫平:《公证证明效力研究》,载《法学研究》2011年第1期,此文全文版载《公证研讨》2011年第2期。

[197] 这里的公证主管机关,即《公证法》第4条所指的国务院司法行政部门,以下皆同。

[198] 司法部《房屋拆迁证据保全公证细则》(1993年12月1日司法部第29号令)

[199] 司法部、国家版权局《关于在查处著作权侵权案件中发挥公证作用的联合通知》(1994年8月26日 司发通〈1994〉070号)。

[200] 《保全行为公证书》,司法部律师公证工作指导司编:《公证书格式》(2011年版),法律出版社2011年版,第94页。

司法视野中的公证保全证据

与法律职业群体的其他成员如律师、法官、检察官的职业特征产生了鲜明的区分。保持客观是追求真实的前提,它意味着公证员在公证活动的过程中,不应受到个人主观倾向的左右,而应力求忠实于事物的本来面目,既不夸大,也不缩小;既不盲从轻信,也不无端生疑,从而最大限度地接近以至还原真实。[201]

保持客观的前提是保持中立,在公证保全证据活动中,公证人尤应如此:

> 公证员特别是大陆法系国家的公证人俗称"中人"、"中立第三人"或"旁站者",这些称谓表明,公证员在公证活动中应坚守执业的独立性,采取不偏不倚的立场,如同国外有句谚语所说,"只有旁观者才能综观全局",从而防止自己角色错位,成为当事人、利害关系人的化身,或受当事人、利害关系人的影响而有失公道、公正。……在办理保全证据公证时,公证员不宜亲自购买涉嫌侵权的产品,也不应接受民事诉讼案原告或被告任何一方的委托亲自负责询问证人后作成证人证言,而均应通过旁站、实录的方式实施保全。[202]

中立,即居中而立,它势必要求公证人以公平、公正为价值取向,2002年5月21日,时任司法部部长张福森在一次讲话中也曾强调公证人执业时应公平、公正:

> 随着依法治国的推进和全民素质的提高,人们会更多地自觉求助于公证,社会对公证的期望值也会大大增加,不但

---

[201] 司法部律师公证工作指导司编:《2006年全国公证岗位培训大纲》,法律出版社2006年版,第138页。

[202] 司法部律师公证工作指导司编:《2006年全国公证岗位培训大纲》,法律出版社2006年版,第138页。

要求公证能够确保真实、合法，而且还要公平和公正……。[203]

公证主管机关一再强调公证人应当保持客观、中立以寻求公平、公正，基本理由在于设立公证制度的本义在于保障法律安全：

> ……公证主体无权将自己的意志强加于当事人……。公证机构及其公证员通过履行咨询义务来实现公证的公正价值，咨询义务要求公证人负有公正的义务，即公证人不是一方当事人的代理人，他应当公正地评价双方的利益，从法律角度保护弱者，对当事各方提示法律风险，供当事人决策时参考。如果所办理公证事项违法或者不公平，他有权拒绝出具公证书。在这里，公证人不是单纯为任何一方当事人的利益服务，而是为公证各方当事人乃至整个社会的利益服务，其承担的责任也不是单纯为任何一方当事人甚至双方当事人，而是为公共利益而承担。如果公证主体不能公正地平衡公证各方当事人的利益……以此保障法律安全，则公证制度就应该被否定。[204]

诚然，公证保全证据活动也必须服务于保障法律安全这一宗旨，但是，公证人在公证保全证据活动中保持客观、中立，并不是"保持被动"、完全无为而治，相反，"公证员不应当完全被动地跟着当事人的申请走"[205]，之所以如此，从根本上讲，是基于对公证证据客观性的追求：

> 公证虽然是一项依当事人申请而发起的法律活动，公证活动一旦发起，公证员的主导地位也随之建立起来，公证员

---

[203]《加快我国公证事业改革发展的步伐——张福森同志在中国公证员协会第四次代表大会上的讲话》（摘要），载《中国公证》2002年第3期。

[204] 王胜明、段正坤主编：《中华人民共和国公证法释义》，法律出版社2005年版，第13页。

[205] 刘疆：《制订〈办理保全电子证据公证的指导意见〉中的争议问题》，载中国公证协会培训部组编：《保全电子信息公证培训班学习资料》，2011年印行。

并非一方当事人的代理人,而是独立的第三方,其立场应当是中立的,其对证据的认识应当时刻保有客观性。在坚持中立立场的基础上,公证员不应毫无作为地见证证据的获取,而应在证据保全的各个步骤中主动提出自己的合理建议,主动排除影响证据客观性的因素,主动告知当事人在取证过程中可能存在的风险,等等。[206]

(2) 公证文书视角的差异——以保全证据公证书和合同(协议)公证书格式的比较为例

一切公证活动的最终结果都体现在公证书中,按照《公证法》第32条的规定,"公证书应当按照国务院司法行政部门规定的格式制作……。"2000年,司法部正式启动公证文书改革,颁布了全新的要素式保全证据公证书格式,分别涉及四类不同的公证保全证据活动,包括:保全证人证言或当事人陈述,保全物证书证,保全视听资料、软件,保全行为。这里,试对司法部同时颁布的保全行为公证书格式和合同(协议)公证书通用格式作一个比较,以从公证文书的视角理解公证人在不同的公证活动中应当如何把握职业判断的不同标准,先看合同(协议)公证书通用格式[207]:

公证书

(　)××字第××号

申请人:甲(基本情况)

乙(基本情况)

丙(基本情况)

公证事项:××合同(协议)

证词内容

---

[206] 杨和平:《实现证据的司法价值——保全证据公证书的基本意义》,载薛凡主编:《公证文书改革参考》,厦门大学出版社2012年版,第99页。

[207] 《保全行为公证书》,载司法部律师公证工作指导司编:《公证书格式》(2011年版),法律出版社2011年版,第115页。

一、必备要素

1. 申请人全称或姓名、申请日期及申请事项。

2. 公证处审查（查明）的事实。包括：

（1）当事人的身份、资格及签订合同的民事权利能力和行为能力；

（2）代理人的身份及代理权限；

（3）担保人的身份、资格及担保能力；

（4）当事人签订合同的意思表示是否真实，是否对合同的主要条款取得了一致意见；

（5）合同条款是否完备，内容是否明确、具体；

（6）是否履行了法律规定的批准或许可手续。

3. 公证结论：

（1）当事人签订合同的日期、地点、方式等；

（2）当事人签订合同（协议）行为的合法性；

（3）合同（协议）内容的合法性。

（4）当事人在合同（协议）上的签字、盖章的真实性。

二、选择要素

1. 合同标的物的权属情况及相关权利人的意思表示。

2. 当事人对合同内容的重要解释或说明。

3. 当事人是否了解了合同的全部内容。

4. 合同生效日及条件等。

5. 公证员认为需要说明的其他事实或情节。

6. 附件。

中华人民共和国××省××（县）公证处

公证员：（签名或签名章）

××××年××月××日

接下去，我们再来看保全行为公证书格式[208]：

---

[208]《保全行为公证书》，载司法部律师公证工作指导司编：《公证书格式》（2011年版），法律出版社2011年版，第94页。

公证书

（　）××字第××号

申请人：甲（基本情况）

关系人：乙（基本情况）

公证事项：保全行为

证词内容

一、必备要素

1. 申请人姓名或全称、申请日期及申请事项。

2. 保全标的的基本状况。包括：活动的名称、参与人的数量、姓名（名称），活动的起止时间、地点及内容等。

3. 保全的时间、地点。

4. 保全的方式方法。包括：现场记录、照相录像等。

5. 保全证据的关键过程：

（1）保全时的在场人员。包括：承办公证员及在场的相关人员的人数、姓名。

（2）公证人员对行为时间、地点、方式、关键过程及行为结果客观记述。

（3）取得的证据数量、种类、形式、存放处所等。行为当事人对取得的证据予以确认的方式和过程。

6. 公证员结论。应包括以下内容：

行为人的资格及行为能力，行为的内容和结果是否真实，取得证据的数量、种类、日期，取得证据的存放方式及存放地点，保全证据的方式、方法、程序是否真实、合法。

二、选择要素

1. 申请保全证据的原因、用途及目的。

2. 办理该项公证的法律依据（公证法规或有关规章等）。

3. 行为的性质及法律意义。

4. 有书证、物证能够证明行为根据的，应写明书证、物证的名称。

5. 公证书的正本和副本。

6. 附件。

中华人民共和国××省××市（县）公证处
公证员（签名或签名章）
××××年××月××日

对公证主管机关颁布的上述两类不同的公证活动各自适用的公证书格式加以比较，我们可以发现，二者存在着相当明显的差异，前者更多地强调公证活动中公证人的主观判断义务，后者更多地关注公证活动的客观性。

2. 事实判断与客观、真实同步——审判机关的观点

与公证主管机关倡导的价值取向相一致，在大量涉及公证保全证据活动的民事或行政案件的判例和判决例中，公证证据是否具备客观性成为审判机关对公证证据采信与否的一项极为重要的判断标准，总体而言，围绕公证保全证据活动的客观性，司法观点提出了公证人需秉承的两项原则，一为事实判断原则，一为客观、真实同步原则，我们可以将此理解为，在公证保全证据活动的基本准则之一客观准则之下，派生出了这两个次级原则。

（1）事实判断原则

相关司法观点认为，在公证保全证据活动中，公证人需恪守事实判断原则：

> 所谓事实判断，是和法院裁判中的法律判断相对应的概念。事实判断是指判断主体完全客观地将其所见、所听、所感进行完整和准确的描述，其内容在于何人在何地做了何事；而法律判断则是指判断主体根据现行法律规定，对某一已经认定的事实或行为进行法律意义上的判断。保全证据公证是对公证对象依法进行的事实判断而非法律判断。事实判断与法律判断的主要区别，在于事实判断不应对所陈述的事实和行为内容作出权利和义务的抽象概括，即不对该事实和行为

所产生的法律效果作出评价。[209]

注重事实判断,也就是要求公证人如实、客观地进行公证保全证据活动,旨在使经公证保全的证据尽可能"与客观真实相符":

> 为保证公证书的真实性,公证人员在进行公证时应努力做到……在对证据加以固定、提取和保存时,要尽可能使其与客观真实相符,不能对之有任何的增减,也不应对被保全事项进行主观判断……[210]

这里,以两起侵权纠纷案的裁判结果对公证证据的不同认定为例,对事实判断原则作进一步的讨论。

①北京时代宏雅家具有限公司与陈某及其公司擅自使用他人企业名称纠纷案

2009年,在北京市第一中级人民法院审理的北京时代宏雅家具有限公司(下称"宏雅公司")与陈某及其公司擅自使用他人企业名称纠纷一案中,宏雅公司指控陈某擅自在其注册的网站http://www.hyhya.com 上使用宏雅公司的企业名称进行商业活动,侵犯了其企业名称权,为证明其诉讼请求,2008年,宏雅公司向北京市志诚公证处申请对 http://www.hyhya.com 网站上的网页进行证据保全,该公证处出具的保全证据公证书所附网页上有宏雅公司的简介,在"联系我们"的页面内容中载明业务联系人为陈先生,并载有手机号码两个。本案开庭审理时,被告陈某辩称,被保全网页上"联系我们"栏目中的"陈先生"并非陈某本人,但法院认为,被告陈某为 http://www.hyhya.com 网站的注册者和使用者,且公证书显示该网站的确存在冒用宏雅公司企业名称的行为,故判定陈某承担侵权责任,本案所涉公证保全证

---

[209] 逯遥:《知识产权民事诉讼中的保全证据公证》,载《北京公证》2010年第4期。
[210] 浙江省高级人民法院课题组 徐杰:《关于知识产权民事诉讼中公证证据审查与采信的调研》,载《法律适用》2011年第1期。

据活动即坚持了事实判断原则。[211]

需要进一步予以讨论的是，无论在公证保全证据活动还是审判活动中，公证人和法官都无法避免事实判断，问题是，同样是事实判断，二者之间是否存在差异？就此，一位法官坦言：

> 在保全证据公证活动中，公证人只需要证明某一个客观的过程就行了，至于当事人之间存在什么样的关系，或可能存在什么猫腻，这并非公证员应该关注的问题。一般而言，只要能对取证过程进行客观、完整的记录，相应的公证证据就会被采纳。[212]

依法理而论，同样是事实判断，公证人在保全证据中所为和法官在裁判中所为着眼点各不相同。在公证保全证据活动中，公证人之事实判断是指公证人亲身目击了相关事件并如实、客观地加以证明，如上述个案中，公证人之事实判断即公证人亲眼所见、记录和固定并在保全证据公证书中证明某网站确有宏雅公司简介及"陈先生"的相关信息，至于公证书中的这些内容与该民事诉讼案件的基本事实是否具有关联性，是否可以据此认定"陈先生"即为被告陈某，陈某是否构成侵权，则需要由法官在审判活动中全面综合包括公证证据在内的所有涉案证据，以得出更为全面的事实判断，进而再形成法律判断，审判机关的倾向性观点认为：

> 公证员所要做的，应该是原原本本地"记录"那些也许"合法"也许"非法"的事件的真实状况，而非判断这些事件本身是"合法"还是"非法"——这一特点在保全证据公证活动中表现得最为明显，后者的判断是审判机关的权力和

---

211 北京时代宏雅家具有限公司与陈某及其公司擅自使用他人企业名称纠纷案，参见北京市第一中级人民法院（2009）一中民初字第575号民事判决书；逯遥：《知识产权民事诉讼中的保全证据公证》，载《北京公证》2010年第4期。

212 沈一韬、彭建波、朱天昊整理：《保全证据公证及其司法裁量——法官、律师与公证员专题学术沙龙实录》，载《公证研讨》2010年第3期。

职责。[213]

②安庆帝伯格茨活塞环有限公司与任海兵侵犯商标专用权纠纷案

再来看一起与前述个案所涉公证证据采信结果相反的案例。2010年，在武汉市中级人民法院审理的安庆帝伯格茨活塞环有限公司与任海兵侵犯商标专用权纠纷案[214]中，法官以原告提交的保全证据公证书"不具备客观性"为由未予采信，该案裁判文书在论及公证保全证据活动的基本边界时有这样一段重要阐述：

……本院认为，虽然在侵犯知识产权案件中，法律允许公证人员在未向涉嫌侵权的一方当事人表明身份的情况下，如实对另一方当事人现场购买的方式取得证据的过程出具公证书，但因此类公证取证行为具有单方取证性质，法院需要对此类公证书进行严格审查，同时公证人员在取证过程中必须保持客观、中立，并遵守《公证程序规则》的规定。[215]

显然，这段阐述代表了主流司法观点的见解，为了更好地加以理解，我们不妨结合该案涉及的公证保全证据活动的具体案情，全面重温一下该案裁判文书[216]对公证人在公证保全证据活动中"必须保持客观、中立"从而正确进行事实判断所作的精准释明：

……

经审理查明：

213　薛文成：《民商公证与审判实务中的若干问题》，载《公证研讨》2011年第3期。

214　本文涉及的有关该案的资料除另有注明外，均参见魏大海：《知识产权侵权之诉中公证书的采信——湖北武汉中院判决安庆帝伯格茨活塞环有限公司诉任海兵侵犯商标专用权纠纷案》，载《人民法院报》2010年9月9日。

215　安庆帝伯格茨活塞环有限公司与任海兵侵犯商标专用权纠纷案，武汉市中级人民法院（2010）武知初字第135号民事判决书。

216　安庆帝伯格茨活塞环有限公司与任海兵侵犯商标专用权纠纷案，武汉市中级人民法院（2010）武知初字第135号民事判决书。

原告安庆帝伯格茨活塞环有限公司系由股东日本国帝国活塞环株式会社、美国Federal—Mogul（T & N）Hong Kong Limited、安徽省安庆市环新集团有限公司于1996年3月28日发起设立的中外合资经营企业，经营范围为生产和销售活塞环及内燃机配件，从事相关业务。1997年9月1日，经国家工商行政管理总局商标局核准，该公司获得第1095905号（指定颜色）注册商标专用权，核定使用的商品为第7类活塞环、内燃机配件。该注册商标经续展，有效期至2017年9月6日。

……

2009年10月30日，原告安庆帝伯格茨活塞环有限公司认为有关单位涉嫌侵犯其注册商标专用权，向湖北省武汉市楚信公证处申请证据保全公证。该公证处于2009年12月24日对公证过程作出了起诉时提交的（2009）鄂楚信证字第30317号公证书，该公证书主文载明："根据《中华人民共和国公证法》和《公证程序规则》的规定，本公证员和本处公证员黎勇及申请人的代理人陈长龙于2009年11月2日来到位于武汉市解放大道万国汽配城A区5—6号门店，陈长龙以普通消费者身份购买了外包装盒上标识为ATG的活塞环一盒，并从该门店取得销货单、名片各一张（内容见附件一），随后本公证员将陈长龙所购的活塞环及取得的销货单、名片带回本处保存。二〇〇九年十一月四日，拍摄人员舒本意（身份证号码：420106197408090446）在本处对购买后保存在本处的活塞环及销货单、名片进行了拍照，获得照片二张（见附件二）。陈长龙的购物过程及拍摄人员的拍照过程均由本公证员及本处公证员黎勇在现场监督。购买、拍照行为结束后，本处对所购活塞环及取得销货单、名片予以封存并交付申请人留存。"

……

再查明，2010年5月20日本院开庭时，原告安庆帝伯格茨活塞环有限公司的委托代理人当庭提交另一份（2009）鄂楚信证字第30317号公证书，该公证书与其起诉时提交的公证书编号相同，出具时间相同，仅对封存时间的表述不同，起诉时提交的公证书对此载明：购买、拍照行为结束后，本处对所购活塞环及取得的销货单、名片予以封存并交付申请人留存。庭审时提交的公证书则载明：安庆帝伯格茨活塞环有限公司的工作人员对所购活塞环进行鉴定后，本处对所购活塞环及取得的销货单、名片予以封存并交付申请人留存。

本案的争议焦点是：被告任海兵是否实施了侵犯原告安庆帝伯格茨活塞环有限公司注册商标专用权的行为。

本院认为：

本案中，原告安庆帝伯格茨活塞环有限公司指控被控侵权行为存在的主要证据为两份侵权公证书和产品鉴定书。原告安庆帝伯格茨活塞环有限公司在起诉时提交本院的侵权公证书未提及鉴定事宜，对封存的情况记载如下："二〇〇九年十一月四日，拍摄人员舒本意（身份证号码：420106197408090446）在本处对购买后保存在本处的活塞环及销货单、名片进行了拍照，获得照片二张（见附件二）。陈长龙的购物过程及拍摄人员的拍照过程均由本公证员及本处公证员黎勇在现场监督。购买、拍照行为结束后，本处对所购活塞环及取得的销货单、名片予以封存并交付申请人留存。"证据12产品鉴定书载明："2009年11月13日，我公司对以下单位销售的ATG牌（活塞环）产品进行了鉴定"。根据起诉时提交的公证书对封存情况的记载，按照常理，如果封存在后，那么鉴定时间应该是在2009年11月4日前。该公证书的记载明显与产品鉴定书冲突。在无法合理解释上述冲突后，合议庭进行了释明，要求原告安庆帝伯格茨活塞环有限公司予以说明，但原告安庆帝伯格茨活塞环有限公司于庭审时又提交了一份公证书，该公证书的编号、落款时间与第一次提交的完全相同，差别仅在于将第一份公证书中"购买、拍照行为结束后"更改为"安庆帝伯格茨活塞环有限公司的工作人员对所购活塞环进行鉴定后"。根据中华人民共和国司法部《公证程序规则》第六十三条第一款第（四）项的规定：

公证书的部分内容违法或者与事实不符的，可以出具补正公证书，撤销对违法或者与事实不符部分的证明内容；也可以收回公证书，对违法或者与事实不符的部分进行删除、更正后，重新发给当事人。本案中，原告安庆帝伯格茨活塞环有限公司未按照合议庭的释明要求及《公证程序规则》的规定申请公证处对第一份公证书进行撤销，而是向法院提交了一份编号、落款时间与第一份公证书完全相同的公证书。从公证书的内容看，庭审时提交的公证书增加了鉴定环节新的事实内容，并非对与事实不符的部分进行的删除、更正，用同一文号的公证书增加新的事实，既欠缺法律依据，也不具客观性，据此，对庭审提交的第二份公证书，本院依法不予确认。对第一份公证书，从其记载的内容可以看出，在2009年11月4日拍照行为完成后即进行了封存并交付申请人留存。对被控侵权产品是否进行了鉴定，鉴定是否在公证人员监督的情况下完成，公证书均未予提及。在质证和庭审过程中，原告安庆帝伯格茨活塞环有限公司一再陈述自己公司技术人员对购买的被控侵权产品进行了鉴定。且根据证据12产品鉴定书的记载，鉴定时间为2009年11月13日。从时间上看，鉴定时间显然在公证书载明的封存时间之后，由此也可进一步判定该鉴定行为是在封存之后所做。按照日常生活经验和基本的逻辑，要进行该鉴定，必然需要对封存的被控侵权产品进行拆封，而公证书对这一内容未予任何记载，而且从封存袋封口未予载明封存的时间看，对原告安庆帝伯格茨活塞环有限公司在脱离公证人员监督下私自拆封被控侵权产品进行鉴定也存在合理怀疑。在是否进行过鉴定、鉴定过程是否在公证人员监督下完成、是否存在调换被控侵权产品的可能等均不得而知的情况下，该份公证书不足以证明安庆帝伯格茨活塞环有限公司向法院提交的被控侵权产品为被告任海兵所售。而且公证书附件中的销货单上也显示，销货单品为STN活塞环（副厂），非正牌活塞环。在此情形下，本院认为，虽然在侵犯知识产权案件中，法律允许公证人员在未向涉嫌侵权的一方当事人表明身份的情况下，如实对另一方当事人现场购买的方式取得证据的过程出具公证书，但因此类公证取证行为具有单方取证性质，法院需要对此类公证书进行严格审查，同时公证人员在取证过程中必须保持客观、中立，并遵守《公证程序规则》的规定。在第一份公证书出现疑点后，公证处未采取补正方式，却按原告安庆帝伯格茨活塞环有限公司的要求出具一份相同编号、相同落款时间、内容却不尽相同的公证书，其公证时的客观、公正性本院存在合理怀疑，对于公证书中未载明的事项或被控侵权物可能脱离公证员范围的疑点证物，不宜简单推定采信。

综上，本案中，原告安庆帝伯格茨活塞环有限公司未能举证使本院确信被告任海兵实施了被控侵权行为，根据《最高人民法院关于民事诉讼证据的若干规定》第二条之规定，原告安庆帝伯格茨活塞环有限公司应承担举证不能的法律后果，其诉讼请求，本院不予支持。

本案一审判决后，原、被告均未上诉，该判决已生效。解读本案以及类似案例中法官判断公证证据的视角，正如一些公证人所理解和感悟的：

"客观"是保全证据公证的生命线，是证据能否被法院采用的关键。[217]

对于公证保全证据活动应当恪守事实判断原则以保持客观，律师界比较有代表性的观点也持肯定意见：

公证机构并不是终局裁判者，不可能起到对是非曲直作评判的作用，它能做的只是利用现有的技术条件，以客观、公正的态度到现场对整个过程进行客观记录和证明，至于这

---

217 邹佳璇：《关于证据保全的看法》，载昆明市明信公证处《拉丁鹰》2008年第2期。

些所记录和证明的事实能在多大程度上影响法官的判断,能对整个案件的定性产生多大的影响,都在所不论。基于公证员的特殊身份,经公证固定的证据比未经公证的普通证据效力要强得多,在诉讼中最后据以作出裁判的事实可能并非一定是公证证据,但是由于整个过程被公证员客观地记录下来,法官在对事实进行最终判断时,或多或少会受公证证据的影响。

在办理保全证据公证时,公证员首先应当公正全面地记载客观事实,同时应当明确告知公证申请人,如果存在诱导行为,可能会导致公证书无效,对此公证处不承担任何责任。从当事人的角度来说,都希望公证书中只记载对其有利的事实,但公证员的职责只能是全面客观地去记载事实,帮助法院作出正确的判断,只要公证员正确地履行了职责,那么由此产生的证据的风险应由当事人来承担。[218]

进而言之,事实判断原则要求公证人在保全证据活动中不仅需要保持客观,而且应持"纯客观的态度",所谓纯客观,形象地讲,"公证人的眼睛就是摄像机和照相机的镜头,不带任何感情色彩",公证人所作的现场记录和公证文书也只能"纯客观地描述"[219],力求达到真正和完全意义上的客观,而不是部分客观、部分不客观,即使大部分内容客观、一小部分内容不客观,也不是纯客观。在一起某酒店即出租人申请公证保全承租人不辞而别遗留于酒店内部的物品及装修现状的案例中,公证人原本在公证书草稿中写道:

……酒店内有一股刺鼻的臭味,令人觉得呼吸困难。

……公证人在保全证据活动中不仅需要保持客观,而且应持"纯客观的态度",所谓纯客观,形象地讲,"公证人的眼睛就是摄像机和照相机的镜头,不带任何感情色彩",公证人所作的现场记录和公证文书也只能"纯客观地描述"……

---

218 沈一韬、彭建波、朱天昊整理:《保全证据公证及其司法裁量——法官、律师与公证员专题学术沙龙实录》,载《公证研讨》2010年第3期。

219 本段中的引文均引自《薛凡主任在要素式公证书培训班授课内容摘要》(2002年12月21日),载《南京公证通讯》2003年第1期。

经公证人反复斟酌，正式出具的保全证据公证书只保留了前半句，删去了后半句，因为前半句是公证人对酒店现场状况亲历、亲闻的客观记录，后半句属于公证人的主观感受，不宜写进公证书，否则可能有违事实判断原则，有损公证证据的客观性。

（2）客观、真实同步原则——以新传在线与自贡网通案为例

显然，与事实判断原则相比，客观、真实同步原则更进了一步，就公证保全证据活动的有效性而言，这一原则无论对于公证人、法官所从事的与保全证据有关的法律实践还是既有法学理论可能都提出了挑战，明确提出这一原则的是最高人民法院的一起著名判例，即新传在线（北京）信息技术有限公司（下称"新传在线"）与中国网络通信集团公司自贡分公司（下称"自贡网通"）侵犯信息网络传播权一案[220]。鉴于此案对于公证保全证据活动所具有的特殊价值，本文将从其裁判要旨和基本价值两个方面进行比较详尽的讨论。

①新传在线与自贡网通案裁判要旨

2009年，最高人民法院首次公开发布了《知识产权案件年度报告》（2008），集中公布了上一年度即2008年包括最高人民法院在内的各级人民法院审理的23起新型知识产权案件的判理摘要，以统一知识产权审判活动中法律适用的标准，规范裁判权的行使，其中，新传在线与自贡网通案涉及该案以至同类案件公证保全证据的客观性是否应与真实性同步的问题，最高人民法院在此明确提出了客观、真实同步的观点。

2007年5月23日，新传在线以自贡网通侵犯其信息网络传播权纠纷为由向四川省自贡市中级人民法院提起诉讼。原审法院查明：电影《疯狂的石头》由四方源创国际影视文化传播（北京）有限公司（简称"四方源创公司"）、中影华纳横店影视有限公司（简称"中影华纳公司"）、映艺娱乐有限公司于2006年联合出品，2006年6月2日，国家广播电影电视总局电影管理局颁发了电审数字（2006）第042号《电影片公映许可证》。2006年10

---

220 本案材料除另有注明外均据最高人民法院（2008）民申字第926号民事裁定书；四川省高级人民法院（2008）川民终字第185号民事判决书。

月，映艺娱乐有限公司出具权利确认书，确认电影《疯狂的石头》在中国大陆地区的网络视频点播权由中影华纳公司拥有；2006年11月，四方源创公司出具证明，确认中影华纳公司拥有电影《疯狂的石头》在中国大陆地区的网络视频点播权。2006年7月11日，中影华纳公司出具授权书，将电影《疯狂的石头》在中国大陆地区的信息网络传播权授予新传在线，时间为3年，自即日起算。2006年12月12日，新传在线的委托代理人李研向四川省成都市蜀都公证处申请进行公证保全证据，该公证处于2007年2月10日作出第22931号公证书载明：2006年12月14日，李研在该公证处公证员面前打开自己携带的电脑，依次进行了相关操作：1. 点击桌面"屏幕录像专家"，点击开始录制的相应按钮；2. 点击桌面的IE浏览器，在"信息产业部ICPIP地址信息备案管理系统"网站查询输入www.zgcnc.net，显示相应的ICP单位全称为"中国网通集团自贡市分公司"；3. 在IE地址栏输入www.zgcnc.net，进入"自贡宽频网"网站首页，点击页面上方的"天天影视"按钮，进入"自贡电影网"页面，地址栏显示为http：www.zgcnc.netmovie；4. 在"自贡电影网"页面左侧"分类搜索"栏输入"疯狂的石头"进行搜索，点击"疯狂的石头"图标，进入影片简介页面，点击页面的"第1集"按钮开始播放影片直至播放完毕，李研将录像所得命名为"录像2"，保存在移动硬盘的"自贡网通：石头"文件夹。该公证书还记录了李研在www.zgcnc.net网站"自贡宽频网"栏目中查找并播放电影"龙凤斗"等影片的过程。李研将上述录像所得均保存在移动硬盘中后，移动硬盘交由公证员保管。另查明，自贡网通是网站"自贡宽频网"（网址为www.zgcnc.net）的开办者和经营者。原告提起诉讼后，再次经同一公证处进行了公证保全证据。第110182号公证书载明：2007年7月3日，李研与工作人员来到位于自贡市大安区安大商厦底楼大安九鼎超市旁的"中国网通大安合作营业厅"，李研向营业厅工作人员咨询有关宽带的问题，其间，李研问自贡网通网站上是否有《疯狂的石头》，该工作人员称有并看过。

  自贡市中级人民法院经审理认为，中影华纳公司在中国大陆地区对电影《疯狂的石头》享有信息网络传播权。中影华纳公司将该片在中国大陆地区的信息网络传播权授予新传在线,故新传在线就电影《疯狂的石头》在中国大陆地区享有信息网络传播权。新传在线主张自贡网通在其网站上实施了提供电影《疯狂的石头》在线播放服务,侵犯了其对电影《疯狂的石头》所享有的信息网络传播权,其主要依据是第22931号和第110182号公证书。根据第22931号公证书载明的情况表明,新传在线的委托代理人是使用自己控制的电脑进行上网操作,该电脑在进行公证之前不为公证人员所控制,因此,不排除预先在该电脑中进行技术处理的可能性,即其证据不具有唯一性和排他性的特点;从公证书记载的内容看,公证取证时所使用的移动硬盘应是新传在线的委托代理人提供并事先由其保管,该移动硬盘的是否清洁无法知晓,故不能确保公证书所记载内容的真实性、客观性;自贡网通的模拟演示表明,事先修改电脑数据后再上网,可以显示出虚拟的网络情况,故自贡网通关于通过事先修改电脑数据后再上网,可以显示出虚拟的网络情况,而公证时使用的电脑系新传在线的委托代理人所控制,因此公证员所看到的不是真实的网站情况的主张成立,予以采信。第110182号公证书虽证明了网通营业厅工作人员称自贡网通网站上有《疯狂的石头》并看过该片,但该证据并不能直接证明自贡网通在其网站上提供了电影《疯狂的石头》在线播放服务,且自贡网通辩称营销人员所述是为推销产品亦有其合理性,故在新传在线不能提交其他证据印证的情况下,对公证书及所附封存光盘中载明的内容不予确认,对该证据证明自贡网通侵权的证明力不予采纳。新传在线提交的证据不足以证明其关于自贡网通在"自贡宽频网"网站上提供电影《疯狂的石头》在线播放服务的主张,故对新传在线要求自贡网通承担侵权赔偿责任以及公开赔礼道歉的诉讼请求不予支持,判决驳回新传在线的诉讼请求。

新传在线不服一审判决向四川省高级人民法院提起上诉,请求改判并支持其诉讼请求。自贡网通请求维持一审判决。

2008年5月23日,二审法院作出终审判决。二审经审理认为:从涉案两份公证书所记载的内容分析,不能充分反映自贡网通实施了提供电影《疯狂的石头》在线播放服务,从而侵犯了新传在线对电影《疯狂的石头》所享有的信息网络传播权。主要理由为:第 22931 号公证书记载:公证人员是随同新传在线的委托代理人到事前已预定好的宾馆并使用该代理人自己携带的电脑进行的证据保全公证。因公证地点及公证的电脑均由新传在线事前安排,该公证书又未反映是否对宾馆的宽带网络及所用的电脑进行检查,同时该公证书也未反映出用于公证取证时的移动硬盘的来源以及清洁程度,无法保证公证取证内容的真实性和客观性。第 110182 号公证书虽然显示公证人员和新传在线的代理人在"中国网通大安合作营业厅"和"自贡市汽车总站斜对面的网通大厦"进行过咨询和索取宣传资料,但该公证书并不能直接、充分地反映自贡网通在其网站上提供过《疯狂的石头》在线播放服务。一审法院对以上两份公证书的真实性予以确认,但同时因公证书所记载的内容存在瑕疵,对公证书及所附光盘中载明的内容不予确认的认定正确。自贡网通向法院申请专家证人出庭作证,一审法院准予该专家证人出庭并根据其说明支持了自贡网通关于"事先修改电脑数据后再上网,可以显示出虚拟的网络情况,从而公证员所看到的不是真实的网站情况,不能证明构成侵权"的主张并无不妥,新传在线的上诉理由不能成立,判决驳回上诉,维持原判。

2008 年 9 月 10 日,新传在线向最高人民法院申请再审称,四川省高级人民法院没有遵循"谁主张谁举证"的证据规则,在自贡网通没有提供相反证据的情况下否定成都市蜀都公证处出具的第 22931 号公证书、第 110182 号公证书的证明力,违反我国《公证法》、《民事诉讼法》以及《最高人民法院关于民事诉讼证据的若干规定》的相关规定;该院根据存在某种电脑技术,推测新传在线可能使用了该技术虚构侵权事实,以主观猜测认定事实,违反民事诉讼证据的基本规则;该院没有纠正自贡市中级人民法院将专家证人的技术说明作为证据及采信未出庭质证的证人证言的违法行为。

自贡网通答辩称,其没有实施被控侵权行为,没有第 110182 号公证书中所称的"大安营业厅"。新传在线提供的公证书只是电脑屏幕上显示的内容,不能证明是互联网上的事实。该公证用的是新传在线的电脑,在该电脑中,可以预先进行技术处理,公证处根据自贡网通申请作的公证,已证明技术上存在这种可能性,请求驳回新传在线的再审申请。

最高人民法院经审查,认定原审法院认定的事实基本属实,认为本案争议的焦点问题是新传在线为支持其主张所提交的两份公证书能否作为定案依据。

最高人民法院认为,在本案中,对于第22931号公证书的采信涉及如何对网络环境下的公证证据进行认证的问题。对于当事人提供的相关公证证据,人民法院在必要时可以根据网络环境和网络证据的具体情况,审查公证证明的网络信息是否来自于互联网而不是本地电脑,并在此基础上决定能否作为定案依据。根据原审法院查明的事实,第22931号公证书涉及的公证行为是在新传在线委托代理人提供的场所进行,公证所用的电脑及移动硬盘亦为该代理人提供,并由该代理人进行具体操作,该公证书没有记载是否对该电脑及移动硬盘的清洁性进行检查等内容,且在技术上确实存在可以预先在本地电脑中设置目标网页,通过该电脑访问互联网时,该虚拟的目标网页与其他真实的互联网页同时并存的可能性,因此在未记载是否对公证所用的本地电脑进行清洁性检查的情况下,第22931号公证书虽能证明在公证员面前发生了公证书记载的行为,但还不足以证明该行为发生于互联网环境之中,即不足以证明自贡网通在网站上提供过《疯狂的石头》的在线播放服务。此外,第110182号公证书虽然能证明自贡网通工作人员在公证员面前作的陈述,但不足以证明其证言内容的真实性。在没有其他证据佐证的情况下,原审法院认定新传在线提供的两份公证书记载的内容存在瑕疵,缺乏真实性和客观性,不能充分反映自贡网通实施了提供电影《疯狂的石头》在线播放服务,从而侵犯了新传在线所享有的信息网络传播权,并无不当,据此于2009年2月13日裁定驳回新传在线的再审申请。

本案再审裁定作出后,2009年4月22日,最高人民法院发布的《知识产权案件年度报告》(2008),以言简意赅的文字概括了此案判例，其中特别强调指出："本案不仅对人民法院如何审查涉及网络的公证证据具有指导意义，也有利于规范涉及网络的公证行为"：

在新传在线（北京）信息技术有限公司与中国网络通信集团公司自贡分公司侵犯信息网络传播权纠纷申请再审案中，最高人民法院（2008）民申字第926号民事裁定认为，对于当事人提供的相关公证证据，人民法院在必要时可以根据网络环境和网络证据的具体情况，审查公证证明的网络信息是否来自于互联网而不是本地电脑，并在此基础上决定能否作为定案依据。因在技术上确实存在可以预先在本地电脑中设置目标网页，通过该电脑访问互联网时，该虚拟的目标网页与其他真实的互联网页同时并存的可能性，当公证行为是在公证处以外的场所进行，公证所用的电脑及移动硬盘在公证之前不为公证员控制，且公证书没有记载是否对该电脑及移动硬盘的清洁性进行检查的情况下，最高人民法院认为此类公证书虽能证明在公证员面前发生了公证书记载的行为，但还不足以证明该行为发生于互联网环境之中。本案不仅对人民法院如何审查涉及网络的公证证据具有指导意义，也有利于规范涉及网络的公证行为。

②新传在线与自贡网通案的基本价值

新传在线与自贡网通案主要涉及互联网环境下公证证据的采信问题。因互联网信息的多变性及易删除、易修改性，涉及有关侵犯信息网络传播权等行为时，权利人为证明自己的主张，经常采取请公证人员公证其访问互联网、登录被控侵权人网站并播放涉案影片的过程，并以此作为被控侵权人侵犯其信息网络传播权的证据。在相当一些公证保全证据案例中，取证不是在公证机构进行，而是在权利人或其代理人的办公室、网吧或者其承租的宾馆房间，且取证所用的电脑并非公证机构的电脑，公证书亦未记载是否对所用电脑及移动存储介质的清洁性进行检查。此时，被控侵权人经常以公证取证方式存在重大瑕疵且技术上存在预先设定页面的可能性之理由，对此类证据的真实性和客观性提出质疑。[221]

在既有的法学理论中，依学者言，公证证据具有"推定的证据力"：

> 公证的证据和登记的证据，其证据力比一般证据的证据力要强，但这不是绝对的。法律上关于这类证据的证据力，有一个概念叫"推定的证据力"。什么叫推定的证据力？其意义是，案件审理中如果有公证的证据或登记的证据，法官应当直接采纳这类证据，而对于这种证据所记载的事实不必审查，即将这种证据所记载的事实当作真实的事实予以认定。但是，法官在将这种证据记载的事实当作真实的事实的同时，允许另一方当事人提出相反的证据予以推翻公证的证据或者登记的证据。如果另一方当事人提出了相反的证据，足以证明公证证据或者登记证据所记载的事实是不真实的，法官即应采纳另一方提出的相反证据，而废弃公证证据或登记证据。反之，如果另一方提不出相反的证据，或者提出的相反的证据不足以证明公证证据或者登记证据所记载的事实是不真实的，则法官应采纳该公证证据或者登记证据作为证明案件事实的根据。[222]

公证证据所享有的特定的证据地位，使一些法官在审理涉公证证据的民事案件时面临一定的压力，有的法官曾表示：

> 法官也非常愿意采信公证书，而且对于法官而言，不采信公证书的压力要大于采信公证书。[223]

---

[221] 王艳芳：《互联网知识产权纠纷中公证书的证明力问题》，载《中国知识产权杂志》网络版 2009 年 4 月。

[222] 梁慧星著：《裁判的方法》，法律出版社 2003 年版，第 24 页。

[223] 江苏省司法厅公证管理处：《江苏省高级人民法院和江苏省司法厅侵犯知识产权保全证据公证工作座谈会纪实》，载《江苏公证》2013 年第 1 期。

细究法理,法官面对公证证据产生的这种"压力"主要源于法官对于涉及公证证据的案件在认定事实方面所负的义务,并且是作为的义务:

> 根据《民事诉讼法》和《公证法》的规定,对于公证证明的事项"人民法院应当作为认定案件事实的依据"表明公证证明具有约束法院认定案件事实的效力,由此也产生了法院在认定事实方面的作为义务。如果当事人在诉讼中提出了与案件主要事实或要件事实有关联的经公证的法律行为、法律事实和文书,法院就有将其作为事实认定的义务。在没有否定该公证证明的例外情形时,法院不予认定的,法院的审理就违反了《民事诉讼法》和《公证法》,构成事实认定上的错误,是当事人上诉和再审的理由(《民事诉讼法》第153条第3项;第179条第1款第2项)。一旦原审存在这样的错误,上诉法院就应当撤销原判发回重审或自行改判;再审法院应当根据申诉人的申诉提起再审,通过再审程序加以纠正。检察机关也可以就此提起抗诉要求法院启动再审程序。原审法官没有根据法律规定对公证证明作为案件事实依据的,属于错案,按照现行的错案追究制,应当予以追究,审理法官应承担相应的错案责任。[224]

事实上,就新传在线与自贡网通一案涉及的保全证据公证书的效力而言,在最高人民法院就此案作出再审裁定之前,多数法院都依上述法理以及《民事诉讼法》和《公证法》的相关规定,以是否存在充分足够的相反证据作为公证证据采信与否的依据:

> 在司法实践中,相关法院对此问题的认识也不尽一致,

---

224 张卫平:《公证证明效力研究》,载《法学研究》2011年第1期,此文全文版载《公证研究》2011年第2期;《民事诉讼法》修订后,引文中的第153条第3项、第179条第1款第2项已变更为第170条第3项、第200条第2项。

有的法院,如本案四川高院和自贡中院,认为在上述情况下,不能确保公证书所记载内容的真实性、客观性,没有认定相关公证书具有证明效力。但多数法院均认为,根据《民事诉讼法》第69条及《最高人民法院关于民事诉讼证据的若干规定》第9条、第77条的规定,被控侵权人的质疑只是一种推测,在没有提供足够充分的相反证据的情况下,公证程序中的一些瑕疵不足以否定整个电子证据保全过程的真实性和准确性,因而认定相关公证书具有证明效力。[225]

然而,最高人民法院对本案再审提出的观点却意在改变审判机关对于公证证据原有的司法认知,即强调公证证据特别是涉及网络的包括保全证据公证书在内的公证证据有效的前提是客观性与真实性同步,参与该案再审的最高人民法院的法官评析道:

  本案的关键证据是两份公证书。是否采信第22931号公证书,涉及法院如何对网络环境下的公证证据进行认证的问题。本案中法院已经查明,在技术上确实存在预先在本地电脑中设置目标网页,通过该电脑访问互联网时,该虚拟的目标网页与其他真实的互联网页同时并存的可能性。因此,证明被控侵权网站是否是在网络环境中播放涉案影片就成了本案的关键问题。在司法实践中,有根据MSN状态栏显示为登录状态认为是在互联网环境之中,亦有以插上网线与互联网连接认为是在互联网环境之中的。在法院查明的虚拟网络环境新技术出现之前,当事人对法院以此认定互联网环境的存在并无太多的争议。但是,随着新技术的出现,当取证方式不够规范的时候,特别是对方当事人对该证据提出异议的情况下,法院必须审查该公证证据是否能反映互联网环境中的情形,即必须审查该网络信息是否来自于互联网而不是本地电脑,并在此基础上决定能否作为定案依据。

---

225 王艳芳:《互联网知识产权纠纷中公证书的证明力问题》,载《中国知识产权杂志》网络版2009年4月。

本案中，根据原审法院查明的事实，第22931号公证书涉及的公证行为是在新传在线委托代理人提供的场所进行，公证所用的电脑及移动硬盘亦为该代理人提供，并由该代理人进行具体操作，该公证书没有记载是否对电脑及移动硬盘的清洁性进行检查，且在技术上确实存在虚拟该目标网页的可能性。因此，第22931号公证书虽能证明在公证员面前发生了公证书记载的行为，但还不足以证明该行为发生于互联网环境之中，即不足以证明自贡网通在网站上提供过《疯狂的石头》的在线播放服务。

对于第110182号公证书，虽然其记载了网通营业厅工作人员称自贡网通网站上有《疯狂的石头》并看过该片，但该公证证据仅能证明自贡网通工作人员在公证员面前作的陈述，实质上是一份经过公证的证人证言，在没有其他证据佐证的情况下，该公证本身还不足以证明其证言内容的真实性。如果法院在没有其他证据佐证的情况下，仅凭此份公证书认定自贡网通在其网站上播放了涉案影片，无疑是一个非常危险的做法。

最高人民法院虽然在本案中没有采信新传在线的主张，但并非意图加重权利人的举证负担，只是在当前技术飞速发展的情况下，对如何采信互联网环境之下的证据，提出了以下要求：法院在审查此类证据时，要按照《民事诉讼法》及最高法院证据规则的要求，审查证据的合法性、客观性、关联性，必须审查公证证明的网络信息是否来自于互联网而不是本地电脑，并在此基础上决定其能否作为定案依据。当然，最高人民法院的裁判同时也提醒相关权利人和公证机构在保全证据时应当规范取证，这也正是本案的意义所在。[226]

这一司法观点的提出，理所当然引起了公证行业极大关注，对于长期以来在公证保全证据活动中更多地关注真实性的公证人

---

[226] 王艳芳：《互联网知识产权纠纷中公证书的证明力问题》，载《中国知识产权杂志》网络版2009年4月。

来说，真实、客观同步原则的提出显然有助于公证人改进和完善职业技能、提升公证保全证据活动的水准：

《疯狂的石头》案给我们全国公证人带来深刻的思考。网络证据保全公证是所有公证同仁花费大量精力进行研究并予以大力实践形成的拳头产品，在网络证据保全领域，我们公证人已经是当之无愧的王者，我们的公证书已经得到了全社会的广泛认可。而《疯狂的石头》案中法院的判决给网络证据保全公证敲响了警钟，我们应尽快研究如何尽可能地完善网络证据保全公证的程序和方法，保证网络证据保全公证的质量，网络证据保全公证才能在网络证据保全领域继续领跑，这项朝阳业务才能长盛不衰。[227]

（三）"客观"准则的法理辨析

1. "客观"体现了公证人的职业立场和职业理性，为公证权独立运行提供了保证。

如果说，"如实"准则主要是对于公证人从事保全证据活动时的操作要求，那么，客观准则可能更多地体现了公证人在保全证据活动中应秉承的职业立场和职业理性：

> 公证人员作为"中人"不代表任何一方当事人的利益，而是站在公平、中立的立场……。[228]

公证人作为"中人"即居中而立、不偏不倚，意味着对客观的坚守，正是基于客观，才有可能独立行事，如此才有可能保证公证人独立行使公证权，对此，正如美国一位学者深刻断言的：

---

[227] 邵晖：《从〈疯狂的石头〉案谈网络证据保全公证之完善》，载上海市公证协会汇编：《上海市公证论文集》（2009）。

[228] 赵大程：《发展公证事业 服务法治社会》，载《中国司法》2006年第1期。

客观性为独立性带来保障。[229]

坚持客观准则,以确保公证权的独立性,更可以防止公证人在保全证据活动中与当事人结成利益同盟,甚至恶意通谋,损害他人合法权益或社会公共利益。

2."客观"确立了公证人在保全证据活动中判断真实、合法与否的边界

公证保全证据活动以客观真实为目标指向,因而,在保全过程中不容公证人掺杂任何主观臆断的成分:

> 公证员在保全证据过程中,要做的就是保证固定、提取和保存下来的公证证据和其客观存在的本来面目完全相符,不能对之有任何的增减,更不能在其中加入自身的任何判断。[230]

一位法官以其审理的一起侵权诉讼案件为例,强调了公证人在保全证据时应防止任何主观臆断的重要性:

> 我曾经遇到过一个案子,公证员陪同当事人去××路的一家盗版音像店购物,该店没有门牌号码,隔壁门牌号是××路448号,公证书证明是在××路450号音像店购物,开庭时对方当事人在派出所开出证明说这条路上不存在该地址,据查确实无该地址,可能公证员参照周围门牌号码推测音像店门牌地址为450号,于是这一公证证据就因为有重大瑕疵,未被采纳。所以对于公证员来说……越客观越好,不

---

229 [美]杰拉尔德·J.鲍斯特玛:《适于法律的客观性》,载[美]布赖恩·莱特编:《法律和道德领域的客观性》,高中等译,中国政法大学出版社2007年版,第115页。

230 蒋媛媛:《浅谈证据保全公证中非法证据排除》,载湖南省公证协会编:《湖南省公证工作理论调研论文集》,2010年印行,第111页。

要掺杂主观的东西……。[231]

3. "客观"使经公证保全的证据定格于"事件之最初"

公证保全证据活动所要求的客观，从根本上加以理解，公证人并不是仅仅为当事人保全证据，也不是仅仅为日后可能发生的诉讼保全证据，而是为时间留存证据，使公证保全的证据定格于"事件之最初"，通俗言之，或可称之为"保存证据之新鲜度"：

>……在审判程序中，法官最困难之工作即在于事实之认定。盖审判为事后的审查，法官无法回到事件之最初，而必须依赖当事人之举证及调查证据之结果进行判断，判断过程中，往往产生发现真实与促进程序无法平衡之问题。而公证人在法律行为或私权事实形成当时，以其专业素养，忠实记录当时状况，保存证据之新鲜度，足凭为法官认定事实之重要资料。[232]

4. "客观"必然提出公证保全证据活动及时性的要求

为使公证保全的证据定格于"事件之最初"，要求公证人在当事人进行取证的第一时间及时实施保全，这就意味着客观准则必然提出对于公证保全证据活动及时性的要求，这种及时性和敏捷程度，显然是公证保全证据活动独有的优势，不仅有利于尽早和最大限度地维护当事人的合法权利，并且可以防止因时间冗长等缘由导致证据的清洁度受到侵蚀和污染，一些公证人的心得是：

>侵权人的侵权证据容易灭失，尽管当事人也可以依据《民事诉讼法》第93条的规定，在起诉前向法院提出保全证据申请，

---

[231] 沈一韬、彭建波、朱天昊整理：《保全证据公证及其司法裁量——法官、律师与公证员专题学术沙龙实录》，载《公证研讨》2010年第3期。

[232] 郑云鹏：《公证文书之效力及瑕疵公证文书救济方法之研究——以公证文书在民法、民事诉讼法、强制执行法所生效力为中心》，台湾私立东海大学法律学研究所2010年博士论文。

但是，在现实生活中，受害人从得知被侵权到诉讼，往往要经历一段较长的时间进行心理上、思想上的抉择，通常在穷尽了其他救济途径后，才会到法院起诉，很少有人在得知侵权后第一时间就到法院提起诉讼。所以，经常出现这样的情况，当受害人到法院起诉或者申请保全证据时，发现含有侵权内容的网页已被删除或者修改了。因此，当侵权行为发生后，当事人应当立即考虑收集和固定证据，公证人要及时协助当事人保全证据。[233]

已故著名电影艺术家谢晋名誉权侵权案[234]进入诉讼阶段前，2008年11月13日，该案涉嫌侵权的博客文章就已根据谢晋家人的申请完成了公证保全，时隔三个月左右，2009年2月23日，该案诉至法院，当月涉嫌侵权的博客文章就被进行了修改，而此前经公证保全的博客原文成为法院采信的证据[235]，在大量诸如此案的案例中，显然，如果不是公证人及时介入进行证据保全，当事人的合法权利就可能受到损害。

（四）蕴含于公证人办案思维与行为之中的客观——"客观"的实务展开之一

作为公证人的职业立场和职业理性，保持客观应蕴含于公证人的办案思维与行为之中，这里，试以一起公证保全某企业电子数据的个案（下称"本案"）为例加以解析。[236]

---

233 张志明、刘盛：《从谢晋名誉权侵权案看网络证据保全公证》，载《公证研讨》2010年第3期。本段引文中提及的《民事诉讼法》第93条在修订后的《民事诉讼法》中已变更为第101条。

234 徐××与宋××、刘××名誉侵权纠纷案，上海市第二中级人民法院（2010）沪二中民一（民）终字第190号民事判决书；上海市静安区人民法院（2009）静民一（民）初字第779号民事判决书。

235 参见张志明、刘盛：《从谢晋名誉权侵权案看网络证据保全公证》，载《公证研讨》2010年第3期。

236 本案资料参见朱天昊：《电子数据类公证基本技术问题的思考》，载《公证研讨》2010年第3期；徐明敏：《客观之多维度辨析——基于一起电子数据公证保全个案及其公证文书》，载薛凡主编：《公证文书改革参考》，厦门大学出版社2012年版，第25～26页。

1. 本案基本案情

2004年,上海G公司向上海市公证处(现上海市东方公证处)提出公证保全证据的申请,要求对该公司与生产的相关设备、合格率电子数据进行证据保全。该公司是一家生产高端电子产品的企业,对厂区及周边的生产环境有很高的静态要求。但是,出于上海地铁交通建设的需要,即将开工修建一条从公司厂区门口经过的地铁隧道,公司担心地铁的开通会破坏厂区及周边的静态环境,对产品的质量造成不良影响,因此,申请在地铁工程开工之前,对上述电子数据进行公证保全,公司的意图是通过地铁开通前后对上述电子数据进行对比,为日后可能发生的产品质量纠纷的解决事先准备好确切、充分的证据。

受理公证申请后,公证人却发现自己面临着一个难题:

然而,接下这个案子以后,我却有点迷茫了。起初我以为这应该是一起比较容易的案子,因为正规的企业一般都会用纸面形式保存比较规范的生产运营数据,公证人只需要对这些纸面数据进行书证保全就可以了。但是当我来到厂区现场一看,顿时有点傻眼了,这家公司成立20多年以来从生产到管理全部都实现了数据化,几乎没有任何纸面文件,如果对公司所有的生产运营数据都进行保全的话,工作量将会十分巨大,而且从证据学上来讲也未必科学。于是我就和公司的CEO以及律师一起开会商讨如何进行保全。公司的CEO和律师都认为,鉴于公司的生产运营数据过于庞大,可以有的放矢、有针对性地保全一部分数据,为此,他们建议我通过连续三个月的数据保全来完成这件公证,所谓连续三个月,是指预约我从下一个月起共三个月中,每月选择一个固定的日子,例如每月20日来公司对当天的生产运营数据进行保全。应该说,这类公证案件此前并不多见,自己也缺乏相应的经验,因此听了公司方面的建议,我还认为很不错,于是就同意了这一方案。[237]

然而，这一公证保全证据案件最终的办理是否会按照当事人预设的方案进行呢？

有的时候，一个案子办得对与错只在一念之间，问题是，你要能够驾驭这个"一念之间"。记得那是初春的一个傍晚，风吹过来还有点凉，当我离开那家公司，坐上返程的汽车，习习凉风从窗外拂面而来，自己的头脑一下子就冷静下来了。我们从事法律职业的人，不管你是律师、法官还是公证人，在我看来对任何一个案子的判断都应保持一种"合理的怀疑"，不能偏听偏信，更不能顺着当事人"指引"的方向奋勇前进。我突然感觉到，这家公司预约我固定在未来的每月20日连续三个月进行生产运营数据的保全，时间是由当事人预设的，而当事人又是精通电脑的专业公司，如果当事人对数据暗中进行一些变动，作为一名不是电脑专业出身的公证人，将很难发现真相。如果据此办理了保全证据公证，很可能公证文书得出的结论是不客观、不真实的。想明白了这一点，我觉得自己的思路豁然开朗。于是，我重新与这家公司商谈，提出实施保全证据的时间不能由他们来选定，而应由公证人来选定。我给他们的最终建议是，保全公司近三五年的生产运营数据，因为我仔细推敲过，三至五年的数据容量也很大，从技术上讲，如果很快实施保全，当事人很难在数据上动手脚。在与公司谈妥后的第二天，我带着一位对电脑技术较为精通的公证员助理来到这家公司实施了证据保全，在现场整整工作了8个小时，保全了这家公司近三至五年的所有生产运营数据。这起案子办得比较成功，自己撰写的公证文书还被复旦大学选入公开出版的法学教科书作为范本。[238]

---

[237] 包文捷、谭志鹏：《"如果你停下来，世界不会等你"——全国优秀公证员薛凡访谈录》，载《中国公证》2007年第10期。

[238] 包文捷、谭志鹏：《"如果你停下来，世界不会等你"——全国优秀公证员薛凡访谈录》，载《中国公证》2007年第10期。

2. 本案保全证据公证书

此案公证文书展现了公证人在保全证据活动中应秉承的客观的办案思维和方法，公证书主要内容如下：

申请人G公司（下称"该公司"）于2004年3月2日（下称"该日"）向本处提出如下公证申请：

一、对该公司与生产相关的设备、合格率电子数据（下称"数据文件"）进行证据保全，据该公司称，数据文件均储存于该公司一台名为"SQL"的数据服务器（下称"SQL机"）中。

二、在完成该日的保全证据后，择日将所保全的数据文件复制一个备份盘（下称"备份盘"）交该公司保存。

根据《中华人民共和国公证暂行条例》第4条第(11)款的规定，本处于该日受理了该公司的公证申请，本公证员与公证员助理×××于该日在上海市××路××号该公司一号楼机房全程监督了该公司工作人员（下称"工作人员"）×××（所持中华人民共和国居民身份证编号：××××）、×××（所持中华人民共和国居民身份证编号：××××）、×××（所持中华人民共和国居民身份证编号：××××）对该机房内相关电脑进行的操作：应该公司之邀，××律师集团（上海）事务所律师×××（《中华人民共和国律师执业证》证号：××××）在现场见证。

具体操作过程如下：

一、工作人员将一只容量为120G的希捷硬盘（下称"硬盘"）作为副盘连接至一台名为"APL"电脑（下称"APL机"）的主机机箱内，开机进入APL机windows2000系统后，硬盘的盘符显示为（F：）；

二、工作人员将SQL机和APL机与该公司局域网内的其他电脑断开连接；

三、工作人员将SQL机和APL机通过一个网络交接机直接连接在一起，组成一个独立的小型局域网（下称"小型网"），重新启动该两台电脑以确保用windows2000系统自带的网络应用程序"MY Network Places"（中文名为："网上邻居"）中只显示有SQL机和APL机已通过小型网连接在一起；

四、工作人员将APL机（F：）盘根目录下新建一个名为sql文件夹（下称"sql文件夹"）并将该文件夹设置为完全共享，在SQL机上通过小型网将APL机上的sql文件夹映射网络驱动器为（Z：）盘；

五、工作人员将SQL机（D：）盘根目录下名为oracle文件夹（包含该文件夹下的所有子目录及数据）完整复制至映射网络驱动器为（Z：）盘的sql文件夹内。整个复制过程于该日下午××时××分开始至××时××分结束；

六、工作人员关闭APL机电源，从APL机主机机箱内将复制有上述数据文件的硬盘取出；

七、本公证员及公证员助理×××将硬盘存放于本处专用文件袋内并加封本处封条后带回本处。

此后，2004年3月4日，在本公证员及公证员助理×××现场监督下，并由×××律师现场见证，在本处四楼机房，将封存于本处的硬盘启封后，将该硬盘（作为主盘，下称"主盘"）与该公司工作人员自带的一个容量为120G西捷硬盘（作为副盘，即备份盘）一起安装于本处一台电脑主机机箱内，启动系统后通过ghost软件将该副盘复制成为备份盘。整个复制进程于当日××时××分开始至××时××分结束。复制结束后关闭电脑电源，从主机机箱内先后将上述主盘、备份盘取出，分别加封本处封条，两张封条上均由本公证员、公证员助理×××、见证人×××律师及工作人员×××、×××共5人共同签名。

兹证明上述保全证据全过程均在本公证员及公证员助理×××现场监督下进行，并由×××律师现场见证，复制有SQL号机（D：）盘根目录下名为oracle文件夹内数据文件的主盘现封存于本处,备份盘交由该公司工作人员×××、×××签收。[239]

3. 本案中公证人办案思维与行为解析

对本案从几个不同的侧面即保全方案的选择、实施保全的过程、公证证据的复制、公证文书的特色逐一加以解析,可以发现,保持客观始终是公证人进行证据保全的导向:

(一)保全方案的选择

……本案的保全方案并非亦步亦趋地顺从当事人的指引,而是承办公证员在保持合理怀疑的冷静思考之下,出于保障本案公证保全证据的实质用途而设。承办公证员对保全方案的设计,恰体现了其所追求的"一定要做到忠于事实,而忠于事实的前提是保持独立的思考和判断,不能被当事人、被事实和法律以外的任何因素所左右。"[240] 忠于事实,对公证职业而言,即忠于客观。公证保全方案的选择看似无涉证据本身的客观性,实则决定了该证据会否招致对方当事人的质疑以及其客观性能否被法院所采信。如果公证员没有法律专家的素养以及对公证事项的认真负责的态度,很难想象其会考虑所保全的电子数据本身的客观性问题。

(二)实施保全的过程

该案公证保全的许多细节无不体现出客观的基本精神,如公证员要求该公司将存储电子数据的小型服务器在停止有新数据传输的情况下,先物理断开一切网络连接,然后使用一个小交换机,将一台PC机与其单独连接起来,并在公证员监督下将一个已格式化和分区过的新硬盘连接到该PC机的上。通过组建一个独立的小型局域网,重新启动小型服务器

---

[239] 潘庆云主编:《法律文书范例评析》,复旦大学出版社2005年版,第292页。

[240] 包文捷、谭志鹏:《"如果你停下来,世界不会等你"——全国优秀公证员薛凡访谈录》,载《中国公证》2007年第10期。

和 PC 机，确保用 Windows2000 系统自带的网络应用程序"My Network Places"（中文名为"网上邻居"）中只显示有小型服务器和 PC 机已通过小型局域网连接在一起。上述保全技术过程的意义在于：首先，通过停止新数据传输，保证了小型服务器的电子数据处于不变的客观状态；其次，通过物理断开一切网络连接，保证了小型服务器和 PC 机之间的数据传输过程的单一性和可靠性；再次，使用经过公证员监督的被格式化和分区的新硬盘下载电子数据，也保证了数据终端载体的清洁度，保证了新数据从小型服务器传输至新的载体后的客观性。

（三）公证证据的复制

该公证证据现场保全完成之后，公司要求复制公证保全的电子数据。承办公证员在该公司工作人员以及见证人在场的情况下，在公证处将封存的载有被保全电子数据的硬盘启封，并将该硬盘与该公司准备复制数据的硬盘一起安装于公证处电脑的主机机箱内，用软盘启动系统后，通过 Ghost8.0 软件中的 LOCAL-DISK-TO DISK（整盘复制）的方式将该公司的硬盘复制为备份盘。在复制完毕并由该公司工作人员及见证人当场确认后，分别将上述两个硬盘加贴公证处封条，最后由承办公证员、该公司工作人员以及见证人共同在封条上签名。上述整个复制过程在公证处进行，采用的复制方式也符合保全证据的客观要求。

（四）公证文书的特色

本案公证书最具特色之处便在于其"客观"，保全方案的选择、实施保全方案的全过程、对公证证据的复制备份，无不体现了承办公证员秉承的客观理念。该案公证文书分为三大部分：第一部分表述了公证当事人上海××公司提出公证申请的过程，客观表述了其提出申请的实践、申请的具体要求等；第二部分表述了承办公证员及公证员助理在该公司实施保全的全过程，对于具体操作过程的表述完整、翔实，使阅读者身临其境般浏览了整个保全过程，而且对该保全方案实施过程会形成信服的心证，因为公证书的表述不带有任何个人主观评介色彩，均采用了冷静、中立、客观的语言进行表述；第三部分表述的是复制本案公证证据的过程。公证保全及证据复制的表述精确到具体几点几分开始到几点几分结束。对于使用相应计算机软件的操作过程也严谨地依据客观事实进行表述，还对公证当事人邀请了第三方即律师在场见证的事实作出了表述，由此体现出了整个公证保全过程的客观性。纵观整篇公证文书，其"客观"色彩通过公证员的文字体现得淋漓尽致……[241]

（五）公证保全证据活动中客观的三重特性——"客观"的实务展开之二

在公证保全证据实务中，客观具有三重特性，一是公证申请主体的开放性、平等性，一是公证人职业立场的中立性，一是公证保全方式的纯客观性。

1. 公证申请主体的开放性、平等性

作为专业法律服务的提供者，无论公证人或是律师都以维护当事人的合法权益为己任[242]，但是，在公证保全证据活动以至所有公证活动中，公证人为当事人提供的法律保护有别于律师仅为委托人即一方当事人"维权"，有论者曾将公证为当事人提供的法律保护形象地比喻为"一手托两家"[243]，而作为官方正式的观点，司法部也在一份有关公证保全证据活动的规范性文件中强调，"公证处的保全证据是……为维护各方利益，对证据的证明力进

---

[241] 徐明敏：《客观之多维度辨析——基于一起电子数据公证保全个案及其公证文书》，载薛凡主编：《公证文书改革参考》，厦门大学出版社2012年版，第25～26页。

[242] 《公证法》第1条规定："为规范公证活动，保障公证机构和公证员依法履行职责，预防纠纷，保障自然人、法人或者其他组织的合法权益，制定本法。"《律师法》第2条第2款规定："律师应当维护当事人合法权益，维护法律正确实施，维护社会公平和正义。"

[243] 梁桂生主编：《公证实务》，香港天马图书有限公司2001年版，第1页。

行保全的活动。"²⁴⁴ 依此观点,公证保全证据活动不是仅仅为了维护某一方如公证申请人的利益而是需要一并维护"各方利益"。一般而论,公证保全证据活动会涉及当事人与他人之间的权利纠纷,面对各类纠纷,公证人理应不偏不倚、严格依照事实、法律规定和公证程序进行证据保全,因而,公证保全证据的申请主体既可为权利人也可为涉嫌侵权一方,如在涉及网络侵权的公证保全证据实务中,除了以著作权人为主申请公证保全证据以外,公证人也可以服务于视频网站,对其定期发布的一些免责声明的内容,对其履行了对于网站用户上传视频的审查、注意义务以及在接到权利人的移除通知后及时在网站上删除侵权视频等行为均可以办理保全证据公证,从而解决实践中某些视频网站难以自证的困境。²⁴⁵ 甚而言之,公证保全证据活动申请主体还可以是可能已构成违法的人员,例如本文后面将会介绍的公证人应某肇事司机的申请公证保全其造成的侵害状况一案就属于这类情况,这就充分印证了公证保全证据申请主体的开放性、平等性。

如果更进一步分析,从民事诉讼活动的层面而言,已经出现了诉讼双方当事人均申请进行公证保全证据的案例,甚至原被告双方都向同一公证机构申请保全证据。

2000年,在当时曾广受关注的我国首起网络侵权案刘京胜与搜狐爱特信信息技术(北京)有限公司(下称"搜狐")侵犯著作权纠纷案²⁴⁶中,就出现了原被告双方向同一公证机构分别申请进行公证保全证据的情形。²⁴⁷

在这起国内第一件涉及网络链接问题的案件中,状告搜狐的

---

244 司法部律师公证工作指导司《关于〈关于公证处办理证据保全公证中对物证能否采用封签进行封存的请示〉的复函》(1999年12月3日〈99〉司律公函091号)。

245 林奇:《网络视频侵权之公证分析》,载《公证研讨》2013年第2期。

246 刘京胜与搜狐爱特信信息技术(北京)有限公司侵犯著作权纠纷案,北京市第二中级人民法院(2000)二中知初字第128号民事判决书,载《最高人民法院公报》2001年第5期。

247 本案资料来自北京市第二中级人民法院(2000)二中知初字第128号民事判决书,载《最高人民法院公报》2001年第5期;张鹏:《我国首起网络侵权案上午宣判 搜狐今天赔了3000元》,载《北京晚报》2000年12月19日。

司法视野中的公证保全证据

是北京国际广播电台翻译刘京胜,2000年10月,原告在访问搜狐网站时发现,当点击"外国小说"的栏目后,页面上出现了他翻译的《唐·吉诃德》一书,原告认为搜狐侵犯了他的著作权。法院审理后认为,网上信息是否侵权应由信息提供者承担法律责任,提供网络技术的服务商不应担责,但同时法院指出,搜狐在2000年10月得知其链接的网页上有侵权内容后,应及时采取技术措施停止这个链接,制止侵权,可是,搜狐并未积极采取措施,直到当年11月30日上述页面才停止出现,所以,搜狐应当为其过错向刘京胜书面致歉并赔偿人民币3000元。

值得关注的是,本案与其他出现公证证据的侵权诉讼案件有所不同,涉案的保全证据公证书是双向或称双方的公证证据,而且从庭审过程来看,原被告双方不仅提交了各自经公证保全的证据,并且对于反方的公证证据都未提出异议,本案一审裁判文书就此写道:

本院经审理查明:原告刘京胜在1995年发表了其翻译的译著《唐·吉诃德》。2000年10月,刘京胜在上网访问搜狐网站时发现,通过点击该网站首页上"文学"栏目下的"小说"并继续点击"外国小说@(5064)"、"经典作品(86)"、"唐·吉诃德——〔西班牙〕塞万提斯"、"译本序言"后,可在页面上看到其翻译的作品《唐·吉诃德》。10月18日,经原告申请,北京市公证处对以上操作过程和路径以及终端监视器上显示的页面内容进行了公证。11月6日,被告亦在北京市公证处申请按照原告上网的过程和路径的操作过程进行公证。15日被告再次向北京市公证处申请在该处对上www.cj888.com、www.chenqinmyrice.com、www.yifan.net网站访问《唐·吉诃德》中文版的过程和路径进行公证,以证明:1.该作品不是被告上载,亦不在被告网站的网页上;2.直接访问www.yifan.net、www.cj888.com、www.chenqinmyrice.com网站即可看见以原告作品为内容的页面。以上两个证据可以说明,因搜狐网站与上述三个网站有链接关系,所以通过搜狐网站,能够访问这三个网站上以原告作品为内容的网页。在法庭上,被告再次按原告所提交的公证书中载明的过程和路径上网进行了演示,当屏幕出现"《唐·吉诃德》〔西班牙〕塞万提斯刘京胜译"页面时,该页面的地址栏中不是搜狐网站的地址,而是其他网站的网址。

以上事实有北京市公证处(2000)京证经字第31995号、第32409号、第32657号公证书和双方当事人在法庭上的陈述和演示记录在案佐证。双方当事人对以上证据均无异议。被告对原告享有漓江出版社1995年版的译著《唐·吉诃德》的著作权的主张无异议。

综观本案审理过程,法官对于涉案事实的认定几乎未费周折,从而使得法庭审理得以直接进入法理判断和法律适用的过程,之所以如此,很大程度上得益于本案中公证保全证据活动的介入,这种介入对于诉讼双方当事人来说是完全平等的,而对于法官来说使得审判效率有了极大的提高。

在另一起民事诉讼案件中,原被告双方也在庭审前向同一公证机构提出了公证保全证据申请,申请保全的对象各不相同,其中一方要求对涉案相关财产的清点过程进行公证保全,另一方要求对案件所涉产品外观设计进行公证保全,同一公证人能否同时为诉讼双方当事人进行证据保全?承办此案的公证人曾将这一案例提交给中国公证协会业务指导委员会进行讨论,中国公证协会业务指导委员会提供的专家咨询意见对此进行了论证,认为此类案件可以办理:

一、在保全证据公证中,不同公证事项的当事人之间是否存在对立关系,既不是公证机构查证的范畴,也不是能否办理此类公证的限制条件。

二、两个对立的当事人之间,其申请保全的内容可能是指向相反的事实,但事实究竟如何是当事人自行根据证据规则和逻辑去证明的问题,公证机构只是如实记录行为或"存在",而不是进行对错判断。[248]

综上,在公证保全证据活动中,公证申请主体具有开放性、平等性,通过公证保全证据活动,公证人对于利益不同以至利益相左的各方应提供完全同等的法律保护。

2. 公证人职业立场的中立性

如前所论,公证人职业立场的中立性体现在,除保全涉及网络的证据等个别情形外,公证人不应替代当事人取证,而应旁站并全程监督当事人的整个取证过程,并将这一过程纯客观地记载于现场记录中,最终如实表述在公证活动的结论即公证文书之中:

> 如何把握"客观":这是一个难点,体现在保全过程的方方面面……对现场记录的描述、公证书的描述都很考究,应该多用"×××上标有"等字样,公证员不为任何事实做结论……[249]

3. 公证保全方式的纯客观性

在公证保全证据活动中,何为纯客观前已论及,这里,再以两类具体案件即公证保全证人证言和公证保全送达文书作为讨论对象。

(1) 公证保全证人证言

在公证保全证人证言活动中,公证保全方式的纯客观性主要体现在,公证人是否应当亲自询问证人?如果公证人亲自询问证人应属于职权式询问,职权式询问的权力来源需要法律明确加以规定。可供比较的是,在庭审中,对于法官是否享有直接询问证

---

248 《能否为同一诉讼双方当事人分别办理保全证据公证》,载中国公证协会业务指导委员会编:《中国公证协会业务咨询汇编》(三),2011年印行,第224页。

249 邹佳璇:《关于证据保全 de 看法》,载昆明市明信公证处《拉丁鹰》2008年第2期。

人的权力，一些外国的立法包括意大利《民事诉讼法》、法国《新民事诉讼法》都有明文规定，如法国《新民事诉讼法》第214条第2款规定："法官如认为有必要，可以提出在询问证人之后当事人向其提交的问题。"[250] 我国《民事诉讼法》对此未明文规定。对于公证保全证据活动中公证人是否有权亲自询问证人，我国《公证法》语焉不详，但从《公证法》确立的公证活动的"客观"原则而论，并且结合公证保全证据活动的特性，公证人显然不应亲自询问证人，而应旁站监督、保全有权机构或人员对证人询问的过程。[251] 一旦公证人亲自询问证人，很容易被"卷入"某些争端事件。某公证机构曾经受理了一起工伤赔偿争议案件证人证言保全公证，农民工A在一建筑工地务工时受伤，当时在场的农民工B来到该公证机构申请进行证人证言保全，证人证言的主要内容是B陈述目睹A因公受伤的过程。依照中国公证协会《办理保全证据公证的指导意见》（修订）第12条的提示，公证保全证人证言的首选方式是"证人在公证人员面前亲笔书写证言"，次选方式为"使用证言的当事人在公证人员面前对证人进行询问并作出记录"，但是，承办本案的公证人员未按以上方式进行保全，而是亲自上阵，不仅亲自设计问题，而且亲自询问证人。此案保全证据公证书出具后，农民工B忽然向该公证机构提交了撤销公证书的申请，据其所称撤销公证书的理由是出于某种原因作出了伪证，而事实上农民工B申请撤销公证书的真实原因是雇主向B施加了压力。对本案公证保全方式略加讨论可以发现，承办公证人员如按上述《指导意见》第12条提示的方式进行公证保全，则公证机构可以明确告知B因不存在违反法律和公证程序的情形，且公证机构无法认定B的证言是否属实——认定权属法院或其他有权机构，公证书不予撤销。但是，因承办公证人员直接和深度介入了该证人证言的形成过程，在证人对其经公证保全的证言提出"反言"后，承办公证人员和其所在公证机构都陷入了尴尬的境地。就此，我们

---

250 《法国新民事诉讼法法典》，罗结珍译，中国法制出版社1999年版，第45页。

251 参见薛凡：《冷静和不带偏见》，载《公证研讨》2013年第2期。

司法视野中的公证保全证据

可以参考英国上诉法院一份著名的判决意见书提出的一个睿智的观点，在这份判决意见书中，英国上诉法院告诫说：

> 亲自进行询问的法官……可以这么说，是屈尊降至竞技场中，容易被冲突的灰尘遮住视线，他不知不觉地丧失了自己冷静和不带偏见观察的优势。[252]

（2）公证保全送达文书

同理，在公证保全送达文书活动中，公证保全方式的纯客观性也显得至为重要，它意味着公证人不应以任何形式介入保全送达的文书可能涉及的利益纠纷，2010年，媒体曾经报道过一起上海某旧区住房动拆迁过程中发生的与公证保全送达文书活动有关的一位居民的猝死事件：

> 记者获悉，11月30日上海旧区改造东元坊项目拆迁中发生一起居民猝死事件……
> ……
> 东元坊项目系上海市旧改动迁"数砖头＋套型保底＋住房保障托底"新政策试点地块，共有居民415户，目前已签约399户。事发地车站中路100号甲为死者周A之兄周B、姐周C同住，且三人均为产权份额共有人。
> 据记者了解，11月30日下午3时30分左右，新黄浦公证处两名公证员身着制服，在居委会干部和动迁组工作人员陪同下，前往事件发生地送达证据保全通知，告知其10日内若再不达成安置协议，将于12月10日上午实施强制动迁。公证员出示证件并告知证据保全通知内容后，周C对公证员证件表示质疑，周A情绪激动，不久后倒地。120急救车赶赴现场，周A经抢救无效死亡。[253]

252　龙宗智著：《刑事庭审制度研究》，中国政法大学出版社2001年版，第300页。

253　潘清：《黄浦发生拆迁居民猝死事件》，载《东方早报》2010年12月3日。

或许这起公证保全个案的失误在于，公证人不是旁站监督、保全动拆迁部门的送达行为，而是"反客为主"，不仅直接代替动拆迁部门实施送达行为，甚而还代替动拆迁部门向送达对象告知强制动拆迁事宜，此种作为使公证人保全证据的方式发生了明显的偏差，进而更使公证人在保全证据活动中的职业立场和职业身份发生了扭曲，从而难以实现公证保全证据活动的法律价值。

（六）公证保全证据活动中"客观"呈现的两种不同形态——"客观"的实务展开之三

1. 公证保全证据实务中客观所呈现的两种形态

在公证保全证据实务中，公证人无疑需要保持客观，但是，在不同的个案中，客观会呈现出两种不同的形态，一为消极的客观，一为积极的客观：

> 在公证保全证据活动中，公证人所要恪守的客观立场通常呈现为两种形态，一种是消极的客观，另一种是积极的客观，所谓消极的客观，也就是带有被动色彩的客观，例如公证保全当事人购买假冒伪劣产品的行为，公证人全程旁站监督，可能就属于我所讲的消极的客观，这也是公证保全证据活动最为常见的方式；所谓积极的客观，是公证人基于客观所作的公证技术和方法上的某种设计，例如，当公证保全的对象数量过于庞大，难以一一保全，此时，在公证技术和方法上就需要进行某种设计，比方说以随机抽样的方式实施保全，这里的随机抽样就是公证人基于客观所作的公证技术和方法上的设计，或许这就属于我所讲的客观在公证保全证据活动中呈现的两种不同形态。唯一需要把握的是，无论是消极的还是积极的客观，只是公证技术和方法的不同而已，作为公证人，在公证保全证据活动中始终应谨记的一个核心词就是——客

观。[254]

如前所述，消极的客观是公证保全证据活动最为常见的方式，本文论及的大多数案例都属于此类情形，需要着重加以分析的是以积极的客观的方式进行的公证保全，我们可能会发现，在所谓以积极的客观进行公证保全证据活动时，当公证人基于客观作出公证技术和方法上的某种设计时，只是保持客观可能远远不够，同时还需要让人们明显感受到公证人的确做到了客观、公正。为了说明问题，我们来看两起公证人采取积极的客观方式所为的保全证据案例。

2. 个案分析——以积极的客观为对象

（1）某钢铁公司机器设备保全案[255]

①基本案情与公证技术和方法的设计

上海A钢铁有限公司（下称"A公司"）向B公司购买的辊底式钢板热处理炉及淬火线设备内有64根辊子，使用一段时间后，辊子的表面涂层存在不同程度的脱落，造成所生产钢板的表面凹凸不平，产生了严重的质量问题。出于减少损失并与对方进行交涉或诉讼的需要，A公司决定停用该设备，先拆下全部辊子，再替换掉其中涂层脱落最严重的34根辊子，同时对拆下的34根辊子申请进行公证保全。可是，本案受理后承办公证人员发现，本案的保全存在以下三个难点：

第一，辊子在设备内各有自己的位置号，但由于所有辊子都是一样的，被拆下后可能混同在一起，要确定每一根辊子的唯一性很困难；

第二，由于辊子的质量问题很专业，A公司在短时间内找不到合适的专业检测部门，而停产一天造成的直接经济损失至少达人民币几百万元。在没有专业检测部门共同参与的情况下，仅凭

254　薛凡著：《研究生公证法学讲义》，未刊稿。

255　本案资料参见施翔：《一起产品保全案公证书的分析》、胡晓丽：《评介一份产品保全公证书》，载薛凡主编：《公证文书改革参考》，厦门大学出版社2012年版，第47页、第42页。

公证人一方的工作,如何才能实现当事人的公证需求是一个紧迫的现实问题;

第三,该设备是一个大型的钢板生产线,其中每一根辊子都重达好几千斤,而且均安装在生产线的底层,需由十几个工人用吊车和专用设备才能拆卸,每拆卸一根辊子要用两个多小时,34根辊子要连续作业一个多星期才能拆完。承办公证人员不可能在生产车间不间断地连续工作一个多星期,这种情况下,如何确保保全内容的真实性、客观性非常关键。

为了解决以上难题,公证人员采用对每一个辊子轴端加盖公证处印鉴,并记录下辊子钢印号以及生产线上的位置号的方式以对每一根辊子进行固定,为防止工人在拆卸搬运过程中将印鉴意外擦除,公证人员在印鉴上又加贴透明胶带。公证保全的步骤由拍照、摄像和封箱保存三个部分组成:

其一,拍照:将每一根辊子的表面分为三个面,然后按固定距离依次进行拍照,最后对质量问题严重的部位进行特写;

其二,摄像:对工人的拆卸过程和公证人员的整个保全过程以及辊子表面情况均进行摄像;

其三,封箱保存:辊子全部拆下后,公证人员对拆下的辊子核对无误后再封箱保存,加贴公证处封条。

本案除了出具保全证据公证书,同时还将现场所拍照片和摄像资料刻制成光盘作为公证书的附件,光盘采用国际上普遍认同的MD5加密程序进行数字加密,以确保经公证保全的内容如作任何改动均能被发现。

②本案保全证据公证书特色评析

本案公证书的证词分为四个部分,按公证保全证据活动展开的时间顺序依次表述,第一部分为当事人陈述的基本情况,第二部分为当事人申办公证权利的表述,第三部分为公证保全的步骤和内容,第四部分为公证证明结论。这份保全证据公证书较为鲜明的特色之一是对公证保全技术和方法的阐述。

鉴于本案保全对象和保全方式比较复杂,公证书中在描述现场保全内容前专门增加了一段公证人员办理该案思路的介绍,写明了本案公证保全所面临的问题、解决这些问题的技术和方法以及采取这些技术和方法的目的等。相比之下,很多保全证据公证书往往仅叙述保全过程,可是对于公证人为何采取某种技术和方法实施保全的原因却未予表述,这种缺失在案情较为简单的公证保全证据案件中也许并没有多大关系,但是,对于复杂的个案而言,如果能对公证人采取的某种技术和方法及其原因也加以诠释,不仅有利于增强公证证据的证明效力,更能使人们明显感受到公证人在保全证据活动中的确做到了客观、公正,例如,本案公证书中就此写道:

> 由于申请人称每根辊子抽取完毕需要近两个小时,故本处采用记录辊子机架位置号和轴端钢印号并在该辊子轴端加盖本处印章的方式,以确定辊子被拆下后不被调换,并在该印鉴处粘贴透明胶带,防止工人在操作时印鉴被意外擦掉,最后于全部辊子抽取完毕后本处对辊子审核无误后再一次性封箱。

又如,公证书中还写道:

> 该光盘内的文件使用 MD5 算法的电脑程序进行数字加密签名,以确保该光盘内的文件被作任何修改后可被发现。

可能唯一需要讨论的是,在本案公证书结尾部分,公证结论表述为"兹证明在本次保全证据的全部过程中本处未发现任何虚假和可疑的情况"是否合适?

我们不妨通览本案公证书全文,从而可以理解公证书所记载的公证人以积极的客观方式所进行的一次比较成功的保全证据活动。

公证书

(200×)××证经字第××号

申请人:上海 A 钢铁有限公司

住所:上海市××区××路××号

企业法人营业执照注册号：××

法定代表人：××，职务：总经理

委托代理人：××

公证事项：保全证据

申请人上海 A 钢铁有限公司法定代表人××的委托代理人×××向本处称：申请人委托上海××贸易有限公司向 B 公司购买的辊底式钢板热处理炉及淬火线（英文名：××）在使用中发现存在质量问题。该设备共有九十八根辊子，其中三十四根是低温辊子，另外六十四根中有一根机架位置第 98 号是在炉外，没有受到高温侵蚀，有两根机架位置号为 61 号和 91 号的辊子因质量问题严重早已换成国产辊子，以维持生产，其余六十一根高温辊子的表面涂层存在不同程度的脱落，已影响设备的正常使用。现申请人已决定对该机组进行停机，并拆下全部六十一根高温辊子，选出其中表面涂层的脱落程度相对较轻的二十七根辊子，连同库存的三十三根国产辊子和一根在炉外没有受到高温侵蚀的机架位置第 98 号的辊子，再重新放回炉内使用，同时将被替换下的三十四根辊子进行封箱保存。现申请人为与相关单位进行交涉或诉讼需要，向本处申请办理证据保全公证，要求本处对其所替换下来的三十四根辊子装箱后进行密封以保全证据。

申请人向本处提供了企业法人营业执照、法定代表人身份证明书、授权委托书、身份证件及相关合同等文件材料，以证明其具有申办本次公证的权利。

根据《中华人民共和国公证暂行条例》、《公证程序规则》、《上海市公证条例》的规定，本处派公证员施××、侯××和公证人员高××于二○○四年九月十三日上午 10 时 45 分来到上海市××区××路××号，对位于其中厚板厂的辊底式钢板热处理炉及淬火线机组内辊子的状况进行证据保全。由于申请人称每根辊子抽取完毕需要近两个小时，故本处采用记录辊子机架位置号和轴端钢印号并在该辊子轴端加盖本处印章的方式,以确定辊子被拆下后不被调换,并在该印鉴处粘贴透明胶带,防止工人在操作时印鉴被意外擦掉,最后于全部辊子抽取完毕后本处对辊子审核无误后再一次性封箱。当日申请人在现场要求本处对该机组上的机架位置号为64至97号(其中机架位置号为91号的辊子因为已换成国产辊子,故申请人要求该机架位置内的辊子不作为本次保全对象)内的三十三根辊子进行证据保全。在现场申请人的工人将该三十三根辊子的轴套拆下后,本处加盖印章,并在该印鉴处粘贴透明胶带,在现场加盖本处印章的辊子机架位置号和轴端钢印号详见本公证书附件一——本处于二〇〇四年九月十三日制作的《工作记录》。其中机架位置号94号、轴端钢印号为63号的辊子被当场抽出并封装于木箱中,同时在该木箱的四周加贴本处的封条并加盖本处印章,木箱密封后由申请人保存。全过程在公证员施××、侯××和公证人员高××的监督下至二〇〇四年九月十三日18时30分结束,在现场由公证人员高××拍照、申请人的代理人顾××摄像,全过程由申请人的法律顾问室主任王××、××贸易公司员工王××在场,公证员施××制作《工作记录》一份。

本处派公证员施××、侯××于二〇〇四年九月十五日上午10时30分来到上海市××区××路××号,对位于其中的上述机组内辊子的状况进行证据保全。申请人在现场要求本处对该机组上的机架位置号为35至63号(其中机架位置号为61号的辊子因为已换成国产辊子,故申请人要求该机架位置内的辊子不作为本次保全对象)内的二十八根辊子进行保全证据。在现场,申请人的工人将该二十八根辊子的轴套拆下后,在该辊子轴端加盖本处印章,并在该印鉴处粘贴透明胶带。在现场加盖本处印章的辊子机架位置号和轴端钢印号详见本公证书附件二——本处于二〇〇四年九月十五日制作的《工作记录》。全过程在公证员施××、侯××的监督下至二〇〇四年九月十五日14时45分结束,在现场由公证员侯××拍照、申请人的代理人顾××摄像,公证员施××制作《工作记录》一份。

  本处派公证员施××和公证人员江××于二〇〇四年九月二十二日上午10时来到上海市××区××路××号，对存放于其中厚板厂备件厂房内的从上述机组内已抽出的三十三根辊子的封箱进行保全证据。本处对该需封箱的三十三根辊子轴端钢印号和已有的本处印章查验后，确认该需封箱的辊子为本处于二〇〇四年九月十三日和九月十五日在上述机组上在轴端加盖本处印章的辊子。申请人的工人于当日下午3时30分开始对该三十三根辊子进行封箱，全部辊子共装入十七个木箱，除九号木箱装入一根辊子外其余十六个木箱每个封装入两根辊子。辊子封箱后在该木箱的四周粘贴了本处的封条并加盖本处印章，同时公证员施××在粘贴于木箱上部的封条上按1至17的顺序对每一个箱子进行依次编号。在现场封箱的箱号和封入的辊子轴端钢印号详见本公证书附件三——本处于二〇〇四年九月二十二日制作的《工作记录》。全过程在公证员施××和公证人员江××的监督下至当日晚上11时35分结束，在现场主要由公证人员江××拍照、申请人的法律顾问室主任王××进行摄像，公证员施××制作《工作记录》一份。

  兹证明在本次保全证据的全部过程中本处未发现任何虚假或可疑的情况，与本公证书相粘连的三份《工作记录》的复印件与原件相符，原件上的签名均属实，该《工作记录》系对保全证据的现场工作所做的真实记录，原件由本处保存；与本公证书相粘连照片共一百十七张为现场拍摄所得，照片底片保存于本处；在现场拍摄录像二十六分十六秒，本处将该录像资料制作成DVD光盘，该光盘内的录像资料未经编辑处理，系现场工作的真实记录，该光盘一式两张，一张由本处保存，另一张交由申请人持有。该光盘内的文件使用MD5算法的电脑程序进行数字加密签名，以确保该光盘内的文件被作任何修改后可被发现，生成的签名为：

VTS_01_1.VOB：898dXX；

VTS_01_2.VOB：849fXX。

附件：

1. 本处于二〇〇四年九月十三日制作的《工作记录》复印件（共二页）；

2. 本处于二〇〇四年九月十五日制作的《工作记录》复印件（共二页）；

3. 本处于二〇〇四年九月二十二日制作的《工作记录》复印件（共二页）；

4. 现场拍摄照片（共一百十七张）。

中华人民共和国××市××公证处

公证员：××

××年××月××日

（2）茱莉亚·班纳·亚历山大与新东方迅程网络科技有限公司、北京新东方教育科技（集团）有限公司侵犯著作权纠纷案[256]

可以加以对比讨论的另外一起个案，是茱莉亚·班纳·亚历山大与新东方迅程网络科技有限公司、北京新东方教育科技（集团）有限公司侵犯著作权纠纷案所涉的公证保全证据活动，在这起诉讼中，原告提交的某公证处出具的保全证据公证书表明，公证人显然是采取积极的客观方式实施保全，但是，本案不仅在公证技术和方法的设计上略显不足，而且公证书中对于为何设计某种特定的公证技术和方法未给予必要的说明，使人们难以感知公证人在保全证据活动中的确做到了客观、公正，导致与前述 A 钢铁公司机器设备保全案所产生的公证效果明显有所不同。

2006 年 10 月 13 日，原告代理人在公证人员的监督下，登陆新东方集团公司 www.neworiental.org 网站，点击网站首页"网络课堂"栏目，进入网址为 www.koolearn.com 的新东方迅程公司"新

---

[256] 茱莉亚·班纳·亚历山大与新东方迅程网络科技有限公司、北京新东方教育科技（集团）有限公司侵犯著作权纠纷案，参见袁伟：《从司法实践中的实际效果出发浅谈公证中存在的几个问题》，载《北京公证》2009 年第 1 期。

东方在线"网站,该网站首页"新东方网络课程全接触"栏下有"外语充电:新概念"栏目,点击进入,网页上显示对新概念互动版的介绍,点击右上角"帮助中心",所显示网页上有"订购方式"选项,点击进入,显示有包括"销售点购卡"在内的6种订购方式,在"销售点购卡"下有"新东方学校总部三层北京新东方大愚书店"的信息。此后,原告代理人及公证人员到该书店购买面值共计人民币(以下均同)3050元的新东方在线选课充值卡,新东方迅程公司出具了发票。

2008年10月18日—20日以及23日—26日,原告代理人在公证人员监督下,按照前述路径进入新东方在线网站,将充值卡资金注入,以按节扣费的方式(即按每小节定价听课,听一节扣一节的费用)购买了互动新概念二、三、四册(计950元,有效期350天)及课堂版新概念全四册(计1700元,有效期500天)。网页显示互动新概念全四册共180课时、课堂版新概念全四册为280课时。在上述课件中,选取每一册若干课程中的一部分进行了现场录像,并选择拷屏打印了若干网页。

某公证处出具的保全证据公证书除了记录上述事实外,还将购买发票、充值卡复印件及所打印网页装订入该公证书第一分册和第二分册,现场录像也由公证人员予以封存。

一审法院经过勘验查明,《新概念英语》教材1—4册分别有课文144课、96课、60课和48课,但在公证处封存的原告提交的经公证保全的录像中,互动新概念第1册只选取了14课进行录像,第2册和第3册分别选取了10课进行录像,第4册选取了8课进行录像。原告表示,上述课文的内容是由公证人员随机选取的,但是,公证书和公证处的封存录像中均未对公证保全证据活动中随机选取的方式和过程进行说明。

该案中,原告主张被告在上述两个版本的新概念英语在线学习课件中,通过朗读、页面显示及讲解的方式全部使用了其《新概念英语》全四册的课文、生词及短语,仅部分单词除外。由于原告提交的经公证保全的录像的内容并非被告课件的全部内容,原告主张从该部分内容的使用情况即可推知全部,具体来说,如果录像部分显示部分课文系全部使用,即可推知全部课文均为全部使用;如果某课文中某段或某段的某一部分系全部使用,亦可推知该课文的其他部分均为全部使用。但是,被告对原告的上述推论提出了异议。

站在本案被告的角度考虑,其虽然拿到了多达五个分册的保全证据公证书副本,但该公证书也只是对较少部分涉嫌侵权的课件进行了打印,公证处封存的录像带也只是对随机选取的部分课件进行了录像。在公证书和公证处封存的录像带没有说明是如何确定"随机选取"的比例、"随机选取"的方式等程序问题的情况下,被告完全可以以原告方所持公证书的公证程序不完善为由进行抗辩,否认其使用了原告的全部课文,只认可自己使用了部分课文,从而造成原告公证目的部分落空的风险。正是由于被告对公证程序以及公证保全采取的技术和方法合理性的怀疑,一审法院不得不对公证处封存的录像带进行勘验,从而大大延缓了案件审理的进程。

一审法院在判决中认为,虽然原告并未经公证保全取得被告课程的全部内容,但由于被告两个版本课件的课时总计近500个小时,要求原告以公证保全形式全部固定并不现实,且根据一般的理解,被告的课件是对《新概念英语》进行讲解,如果证据显示其对课文或者课文的某一部分基本是逐句进行讲述的,那么依常理可知其对其他的课文或者课文的其他部分亦是同样的讲解方式。因课件是被告制作且销售的产品,如果其主张相反的事实,其应有能力举出相应的证据,因此,在被告未有相反证据的情况下,法院推定证据中显示的讲解方式即能代表全部课程的讲解方式。

在该案中,虽然一审法院认可了原告进行公证所希望证明的事实,但由于保全证据公证书未说明随机选取课文的方式和过程,致使公证保全证据行为能否达到证明被告对于《新概念英语》教材1—4册的全部课文都进行了使用的目的被大大削弱。

本案公证证据反映出来的问题是,公证人在以积极的客观实施保全的过程中,对于"随机选取"这一公证技术和方法缺乏公正、全面的考量,保全证据公证书中也缺乏必要的说明,诚如有的法官所分析的：

> ……在公证员无法将总计近500个小时的课件全程录像的情况下，并非不能随机选取部分课件内容进行公证，从而达到证明被告课件存在使用了《新概念英语》教材的行为。比较客观的方式是确定了相对合理的抽取比例后，以抽签的方式将需要具体体现在公证书中的内容抽出。但如果是在抽取之前没有确定相关比例，由公证员甚至是根据原告代理人个人的意愿进行抽取，就很难保证抽取的结果的客观性。所以，对于随机选取的方式和过程应当给以必要的说明，以防止对方当事人和法官对于随机选取方式是否公正、全面和客观的合理性怀疑。[257]

（七）公证保全证据活动中公证人的特别提示义务——"客观"的实务展开之四

公证保全证据活动的客观性不仅应存在于公证人的内心、成为公证人的行为准则之一，而且应明确体现在保全证据活动整个过程和公证文书之中，由此，提出了对于公证人履行特别提示义务的要求。

1. 公证人特别提示义务的两种基本情形

一般而论，在公证保全证据活动中，公证人所负的特别提示义务大致有两种基本情形，一为前置提示，一为后置提示。

（1）前置提示

在公证保全证据活动中，所谓前置提示或可称为"双重保全"，指在公证保全证据活动进行前先作出特别提示并建议增设相应的公证保全，例如，在房屋出租人以承租人违约并且不辞而别为由申请对租赁房屋内的现状进行公证保全时，公证人应要求出租人

---

[257] 袁伟：《从司法实践中的实际效果出发浅谈公证中存在的几个问题》，载《北京公证》2009年第1期。

先以发函等方式通知承租人即将进行公证保全证据，并给予对方合理的回复期限，此类通知的送达应在公证人现场监督下进行。需要注意的是，作出此类通知的主体宜为权利人如房屋出租人，而不是公证人，基于客观原则，公证人只宜保全此类通知的送达而不是直接以公证人的名义发出通知，中国公证协会《办理保全证据公证的指导意见》（修订）第16条第（三）项的规定也体现了这一思路：

> （三）承租合同约定出租人单方收回出租房屋或者其他物业前应当履行催告程序的，申请人应当先就其履行催告义务的过程申办保全证据公证；……[258]

（2）后置提示

所谓后置提示指在公证保全证据活动结束后，公证人在保全证据公证书中需确切载明某些特别提示，由此又进一步引出了对于公证人履行特别提示义务的要求。

2. 公证人特别提示义务与告知义务的比较

关于公证人的告知义务前面已经作过讨论，公证人的特别提示义务与告知义务在以下几个方面有所不同：

（1）告知义务在各类公证活动中普遍存在，特别提示义务主要存在于公证保全证据活动中。

（2）告知义务的对象是公证当事人，特别提示义务的对象涉及公证保全证据活动的相关各方，不仅包括公证当事人，还包括公证书的使用人如法院、不动产登记部门等，甚至包括公证事项的利害关系人。

（3）告知义务旨在使公证当事人明确公证事项的法律意义和法律后果，特别提示义务主要在于限定公证证明对象的范围，以

---

[258] 中国公证协会《办理保全证据公证的指导意见（修订）》（2004年8月18日中国公证员协会第四届理事会第三次会议通过，2008年11月25日中国公证协会第五届常务理事会第三次会议修订通过）

防止公证风险,包括防止公证人自身的执业风险、防止公证当事人或公证书使用人因对公证证明对象认识不清而可能面临的风险,同时避免公证事项利害关系人因对公证证明对象认识不清而产生误解。

(4)告知义务涉及的内容可以体现在公证人制作的笔录、告知书中,未必需要写入公证书,特别提示义务涉及的内容需要在公证书中确切载明,不仅使当事人也使其他与公证书相关的人员或部门都得以知晓,并由公证人在笔录中事先提请公证当事人予以确认。

公证人的特别提示义务与告知义务两者也存在相同之处,即都应形成书面文字并存入公证案卷。

3. 几种特殊类型公证保全证据活动中公证人的特别提示义务

(1)保全证人证言或当事人陈述

在公证保全证人证言或当事人陈述的活动中,公证人仅仅立足于客观地保全某一位证人或当事人在公证人面前亲自作出了特定的证言或陈述,至于证言或陈述内容真实与否,不属于公证人审查、判断和证明的范畴,为防止保全证人证言或当事人陈述公证书在使用过程中造成相关人士对于公证证明对象产生认识上的误差,公证人需要在公证书中作出特别提示。

2006年,在一起公证保全当事人陈述的案例中,设立在上海的某外商独资企业两名女员工向企业境外总部控告一高管对其进行性骚扰,总部指派一调查专员专程来上海向两名女员工核实此事,在调查专员聘请的律师的建议下,调查专员与两名女员工一同来到某公证处,申请办理当事人陈述的保全,由调查专员向两名女员工进行询问并全程进行录音录像,整个询问过程中,公证人在旁进行现场监督。保全完毕上述当事人陈述的证据后,本案公证书最后一段明确提示道:"本公证员及公证机构仅对当事人陈述的过程进行证据保全，对于陈述的内容未予以证明。"[259]

中国公证协会《办理保全证据公证的指导意见》（修订）第12条第7款就此类情形提出了如下建议：

> 保全证人证言公证书中可以载明："本公证书仅证明证人证言的形成过程，不对前面的×××的证言内容的真实性作出证明"。保全当事人陈述的，参照本条规定办理。[260]

（2）保全送达文书

中国公证协会《办理保全送达文书证据公证的指导意见》第6条规定了公证人应作特别提示的要点：

> 公证机构仅对当事人送达文书的行为和过程的真实性作出证明，不对被送达文书的内容作出证明。[261]

综上，我们也许可以发现，对于公证保全证据活动必须具备的客观性，可能无论如何强调也不会过分，更广而言之，当公证人实施保全证据时，当法官对于诉讼案件涉及的公证保全证据活动加以评判时，作为法律职业人，可能都需要铭记美国一位学者的一句至理名言：

> 法律的合法性主张与实现客观性的努力是没有什么区别的。[262]

---

[259] 薛凡：《公证执业技能探讨——2006年全国公证岗位培训师资班讲稿》，未刊稿。

[260] 中国公证协会《办理保全证据公证的指导意见（修订）》（2004年8月18日中国公证员协会第四届理事会第三次会议通过，2008年11月25日中国公证协会第五届常务理事会第三次会议修订通过）

[261] 中国公证协会《办理保全送达文书证据公证的指导意见》（2012年4月中国公证协会第六届常务理事会第九次会议通过）

[262] [美]杰拉尔德·J.鲍斯特玛：《适于法律的客观性》，杜红波译，载[美]布赖恩·莱特编：《法律和道德领域的客观性》，高中等译，中国政法大学出版社2007年版，第139页。

在对公证保全证据活动客观性的讨论大致告一段落之后，形象地讲，当公证保全证据活动启动后，倘若公证人从如实出发，并且始终保持了客观，那么，距一份司法上、法律上有效的公证证据可能就只有一步之遥了，此一步之遥，"遥"于何处？或者说，在如实、客观俱备的情况下，是否还需要考虑公证保全证据活动的基本指向？如果不强调说明这一点，仅仅要求公证人在保全证据活动中做到如实、客观，会否演变为机械的如实、客观？倘若换一个极端一些的说法，即使当事人从事违法的取证活动，公证人是否也可以随之进行"如实、客观"的保全？于是，我们不难发现，在强调公证保全证据活动应如实、客观的同时，还有一个基本界限需要辨明，事实上，这一基本界限也是公证保全证据活动的底线，因此，接下去对于公证保全证据活动的指向的讨论理应进入我们的视野，确切地说，这一指向是公证保全证据活动唯一的指向，也就是它的合法性问题。

八、指向合法

毋庸置疑，合法是一切公证活动最为基本的要求之一，但是，就公证保全证据活动而论，它所指向或者说应当追求的"合法"与一般公证活动所追求的合法是否完全同一？美国学者鲁梅尔特的一句名言提示人们：

> 如果一个词语的意思广泛到无所不包的地步，这个词也就没有什么意义了。要搞清楚一个概念的内容，就要有所区别，必须明确辨别这个概念包含什么，不包含什么。[263]

就公证保全证据活动所指向的合法而言，同样需要与一般公证活动所指向的合法进行必要的区分，以厘清它的确切指向。

---

263 ［美］理查德·鲁梅尔特著：《好战略，坏战略》，蒋家强译，中信出版社 2013 年版，第 XVI 页。

（一）"合法"准则的法理辨析

1. 公证保全证据活动中公证人特有的合法性审查判断义务

《公证法》规定了公证人对于公证事项即公证证明对象是否合法、真实负有审查义务，该法第28条规定："公证机构办理公证，应当根据不同公证事项的办证规则，分别审查下列事项：（一）当事人的身份、申请办理该项公证的资格以及相应的权利；（二）提供的文书内容是否完备，含义是否清晰，签名、印鉴是否齐全；（三）提供的证明材料是否真实、合法、充分；（四）申请公证的事项是否真实、合法。"

依《公证法》的上述规定，显然，在一般的公证活动中，公证人对于公证证明对象是否合法、真实负有实质性的审查义务，这种审查义务是一般公证活动中必不可少的一个环节，也是出具公证书的基本前提之一。然而，正如前面曾经分析过的，就一般公证活动与公证保全证据活动比较而论，不同的公证法律关系导致了公证人义务履行上的重大差异，就公证人的审查义务而言同样也是如此，尽管《公证法》作出了上述规定，"但公证审查的要求并不能一概而论，事实上由于公证对象的不同，对公证审查的具体要求也是因事而异"，[264]《中华人民共和国公证法释义》也强调认为：

> 特别需要说明的是，根据公证事项的不同，对真实性、合法性的具体内涵和要求也不同，……。[265]

在当代中国所有的公证活动中，公证保全证据活动可能是唯一一种未必需要对公证证明对象本身是否合法加以审查和判断的

旁注：在当代中国所有的公证活动中，公证保全证据活动可能是唯一一种未必需要对公证证明对象本身是否合法加以审查和判断的公证活动，详言之，公证人一般仅需对公证保全事项合法与否进行形式审查，并不要求公证人对保全的对象即证据本身的合法性作出判断，此种判断属于裁判机关即法院、仲裁机构的职责范畴，甚而言之，即使是实施了某些违法行为的当事人也未必不具有申请公证保全证据的资格能力。

---

[264] 李华玺：《把握好公证审查的特性——公证审查的要求因公证对象而不同》，载《公证研讨》2005年第4期。

[265] 王胜明、段正坤主编：《中华人民共和国公证法释义》，法律出版社2005年版，第11页。

公证活动[266]，详言之，公证人一般仅需对公证保全事项合法与否进行形式审查，并不要求公证人对保全的对象即证据本身的合法性作出判断，此种判断属于裁判机关即法院、仲裁机构的职责范畴，甚而言之，即使是实施了某些违法行为的当事人也未必不具有申请公证保全证据的资格能力。在一起公证个案中，某司机因疲劳驾驶将车辆开进一处民宅，损坏了住户的院墙，因担心住户将损害赔偿的请求扩大化，肇事司机申请公证人对被车辆撞坏的院墙现场进行保全。诸如此类的案例中，公证人理所当然无需对被保全对象本身的合法性予以审查和判断，仅需对事实本身如实、客观地加以保全即可。

2005年，山东省济南市中级人民法院审理的一起以公证机构为被告的行政诉讼案件中，法院作出的终审判决很好地阐释了公证人在保全证据活动中应如何把握合法性审查义务的边界这一问题。

本案中，上诉人济南二建集团工程有限公司为公证保全证据事项的利害关系人，要求撤销被上诉人即山东省公证处出具的保全证据公证书，此案涉及上诉人与相对方之间的债权债务纠纷，上诉人认为，被上诉人山东省公证处在公证保全证据活动中没有调查上诉人与相对方是否存在真实的债权债务关系，在上诉人的相对方向上诉人公证送达《催款通知》过程中也没有对接收人"宋××"的身份进行审查，据此主张撤销山东省公证处出具的保全证据公证书。济南市中级人民法院对该案的判决从法理和立法本意出发，对公证人在保全证据活动中应如何行使审查判断义务进行了阐释，特别强调指出，如果公证人在保全证据活动中对保全的对象进行实质审查而不是形式审查，就超越了公证的职权，公证行为反而很有可能是"违法"的。对于这一司法观点加以研析，我们可以认为，公证人在保全证据活动中对保全对象是否合法、真实一般仅需作形式审查，无需进行实质审查，更不应具有某种倾向性，一旦产生倾向性，公证保全证据活动的客观性就会受到

---

266 薛凡：《面向更为开阔方向的演进——为香港（中国）委托公证人授课讲稿》（2012年），载香港（中国）委托公证人协会有限公司网站。

司法视野中的公证保全证据

影响，从而使公证证据的形成带有某种违法的因素，现在我们来看本案裁判文书对此所作的精到阐析：[267]

本院认定事实如下：2003年10月31日，原审第三人山东省泰安市第二建筑安装工程公司××工程处向被上诉人山东省公证处提出公证申请，申请事项：催款通知送达。被上诉人审查了原审第三人的营业执照、法人授权委托书、双方协议（结算），承办人的居民身份证；并为原审第三人的委托代理人制作了接谈笔录。2003年11月1日上午8：30，被上诉人的工作人员公证员李鸣与公证人员卢光峰与原审第三人的委托代理人李××、参与人王××，一起来到位于济南市西光明街10号的上诉人济南二建集团工程有限公司的办公地点。在该地点北面办公楼一楼右拐北侧第一个办公室内（该办公室挂有"保卫处"字样的牌子），原审第三人委托代理人李××将《催款通知》交给一位男士（该男士自称叫宋××，是上诉人济南二建集团工程有限公司××分公司工会主席兼办公室主任，是来总公司开会的，上身穿深蓝色西服，内着黑色马夹，身高1.67米左右），并口头同意将《催款通知》交给上诉人的法定代表人。在上述送达过程中，公证员李鸣、公证人员卢光峰一直在现场，并对整个过程进行证据保全，制作了《现场工作记录》一份。同一天，被上诉人根据上述事实作出（2003）鲁证民字第3331号公证书，证明：1. 与本公证书粘连的《催款通知》与李××交给宋××的《催款通知》内容一致；2. 与本公证书相粘连的《现场工作记录》的复印件与原件相符，《现场工作记录》上李××的签字属实。上诉人对该公证书不服，诉至一审法院。

本院认为，根据《中华人民共和国公证暂行条例》第四条第十一项的规定，保全证据属于公证处的业务范围。被上诉人山东省公证处有权对原审第三人山东省泰安市第二建筑

---

[267] 济南二建集团工程有限公司与山东省公证处撤销公证书纠纷案，济南市中级人民法院（2005）济行终字第188号行政判决书。

安装工程公司××工程处将《催款通知书》送达给上诉人济南二建集团工程有限公司的过程进行公证。

根据《中华人民共和国公证暂行条例》第二条的规定，公证的目的是依法证明法律行为、有法律意义的文书和事实的真实性、合法性，以保护公共财产，保护公民身份上、财产上的权利和合法利益，其针对的对象是法律行为、有法律意义的文书和事实。公证对象不同，其对证据的证明效力的要求也不同，例如果是对有法律意义的文书本身进行公证，证明该文书具有法律效力，就必须保证该文书的真实性、合法性，公证处可以采取向有关单位、个人进行调查，索取有关证件和材料等方法对该法律文书的真实性、合法性进行实质审查。如果是对法律行为进行公证，涉及到有法律意义的文书，该文书只是起到一般的证明作用，公证处仅需对该文书进行形式审查即可。具体到本案，原审第三人申请公证的目的是对其送达《催款通知》的法律行为进行公证，而不是对《催款通知》本身的效力进行公证，因此，原审第三人提交《催款通知》及其与上诉人之间的结算协议只要证明原审第三人与上诉人之间有经济往来即可，至于双方的债权债务关系是否真实，应由处理双方民事纠纷的仲裁机关或人民法院予以确认。上诉人认为被上诉人山东省公证处应当对双方的债权债务进行调查的主张没有法律依据及事实依据，本院不予支持。

被上诉人山东省公证处提交的现场笔录可以证明原审第三人的委托代理人李××在上诉人办公楼一楼右拐北侧第一个办公室内将《催款通知》交给上诉人下属三分公司一名自称叫宋××的男士，被上诉人工作人员公证员李鸣、公证人员卢光峰一直在现场并对该过程进行了证据保全的事实。上诉人认为被上诉人山东省公证处没有对宋××的身份进行审查，不能证实《催款通知》是否送达上诉人。本院认为，实施送达《催款通知》法律行为的主体是原审第三人，山东省公证处只有对送达的过程进行客观记录的职责，没有对宋

司法视野中的公证保全证据

××的身份进行审查的义务，如果山东省公证处对宋××的身份进行审查，就超越了自己的职权，成为送达《催款通知书》的行为主体，显然是违法的。原审第三人将《催款通知》送达给上诉人的方式是否正确，送达是否成立，应由处理双方纠纷的仲裁机关或人民法院予以确认，山东省公证处仅需证实其记载的送达过程是真实的即可。

综上所述，被上诉人山东省公证处于2003年11月1日作出的（2003）鲁证字第3331号公证书，程序合法，认定事实清楚，适用法律正确，应予维持。

这一判决清晰地区分了公证保全证据活动与一般公证活动中公证人所负合法性审查义务的不同，它所体现的公证人在保全证据活动中应如何履行审查公证事项是否合法、真实义务的理念代表了主流的司法观点，这一观点不仅对于审判机关准确认定保全证据公证书的效力、界定公证保全证据活动中公证人审查义务的界限产生了积极的影响，而且对于公证保全证据活动的规范运行也具有引领和指导意义。

由公证人在保全证据活动中特有的审查判断义务入手，进而，我们可以从实务出发，对公证保全证据活动中合法的内涵作更为深入的讨论。

2. 程序正义和实体正义的适当分离——专属于公证保全证据活动的合法性

前面已经用比较多的篇幅讨论过，根据《公证法》的要求，公证活动以对真实、合法的追求为己任，然而，这种追求对于一般的公证活动和公证保全证据而言需要加以区分，由公证人所负的职责和应履行的义务出发，显而易见的是，在一般的公证活动中，程序正义和实体正义是合二为一的，而在公证保全证据活动中，公证人所追求的程序正义和实体正义可以产生适当的分离，更确切地讲，程序正义可以独立以至超然于实体正义，这就构成了几乎专属于公证保全证据活动的特有的合法性，这种特有的合法性主要包含了三个层面，一是公证程序合法，一是取证方式合法，一是公证前提与后果的合法，试分别予以分析。

（二）公证程序合法——"合法"的实务展开之一

1. 公证活动中程序的价值

众所周知，程序合法是法治的核心理念，所谓程序合法意味着注重程序正义。程序正义不同于实体正义，后者一般而言具有相对性，因为实体正义所依托的事实往往只能是法律事实而未必是客观事实，而程序正义具有绝对性，这种绝对性无论是对于司法活动还是公证保全证据在内的一切公证活动概莫能外。

在本质上，公证活动是一种民事程序活动，需依法定程序进行，作为国家为保证法律的准确实施所作出的制度安排，公证的目的在于预防纠纷或促进纠纷的解决、保障民事主体的合法权益，为了确保这一目的得以实现，除了依托实体法律，更需要提供程序上的有力支持，《公证法》第2条开宗明义规定："公证是公证机构根据自然人、法人或者其他组织的申请，依照法定程序对民事法律行为、有法律意义的事实和文书的真实性、合法性予以证明的活动。"为此，《公证法》、《公证程序规则》设计了一套完整、严密的公证活动的法定程序，明确了公证活动中当事人和公证人、公证机构各自的权利、责任和义务，其中，公证人和公证机构严格履行公证程序尤为重要：

> 由于公证机构是由作为职业法律人的公证人组成的专业证明机构，公证活动的终极目的是对法律和事实负责，因此，公证人和公证机构在公证活动中承担的责任和义务是主要的，这是公证程序的一个重点……[268]

公证程序是一切公证活动的生命线，为此，公证人应"严格

---

268 薛凡：《程序四论——〈公证法〉有关公证程序规定的初步解读》，载《中国司法》2005年第11期，此处引用时对原文略有改动。

履践法定之程序与方式"以确保公证活动的价值基准：

> 盖因公证人主要的职务在于证书的作成，而公证文书之效力在于具有高度证据力，而证据力为法的安定性之本质上保障，此为公证文书的价值基准，因此公证人作成证书应严格履践法定程序与方式。[269]

2. 公证保全证据活动的程序

（1）一般程序

与其他公证活动一样，公证保全证据活动需遵循一般的公证程序，包括依当事人申请启动公证保全证据程序[270]、受理公证保全证据申请后应当向当事人告知公证事项的法律意义和可能产生的法律后果[271]、对当事人的身份和提交的证据材料等进行审查[272]以及对有疑义的事项进行核查[273]等。

（2）特别程序

在公证保全证据活动中，公证人除应遵循一般公证程序外，还应严格遵循公证保全证据的特别程序，《公证程序规则》第8章"特别规定"第54条规定了保全证据公证活动的特别程序：

> 公证机构派员外出办理保全证据公证的，由二人共同办

---

[269] 台北律师公会主编：《法律伦理》，五南图书出版股份有限公司2011年版，第347页。

[270] 《公证法》第25条第1款："自然人、法人或者其他组织申请办理公证，可以向住所地、经常居住地、行为地或者事实发生地的公证机构提出。"

[271] 《公证法》第27条第2款："公证机构受理公证申请后，应当告知当事人申请公证事项的法律意义和可能产生的法律后果，并将告知内容记录存档。"

[272] 《公证法》第28条："公证机构办理公证，应当根据不同公证事项的办证规则，分别审查下列事项：（一）当事人的身份、申请办理该项公证的资格以及相应的权利；（二）提供的文书内容是否完备，含义是否清晰，签名、印鉴是否齐全；（三）提供的证明材料是否真实、合法、充分；……"

[273] 《公证法》第29条："公证机构对申请公证的事项以及当事人提供的证明材料，按照有关办证规则需要核实或者对其有疑义的，应当进行核实，或者委托异地公证机构代为核实，有关单位或者个人应当依法予以协助。"

理，承办公证员应当亲自外出办理。

办理保全证据公证，承办公证员发现当事人是采用法律、法规禁止的方式取得证据的，应当不予办理公证。

解读公证保全证据特别程序的规定，主要包括两个方面，一是对在公证机构以外的场所进行公证保全证据作出的规定，二是非法证据排除规则在公证保全证据活动中的适用。

①在公证机构以外的场所办理保全证据公证

在一般的公证活动中，公证的办理通常仅需承办公证员1人为之，然而，在公证机构以外的场所进行公证保全证据活动属例外情形，司法部、中国公证协会所编《公证程序规则释义》对此作了解答：

公证机构派员外出办理保全证据公证的，根据本条之规定，应当由二人共同办理，其中至少一人是公证员，承办公证员应当亲自外出办理。《规则》之所以规定公证员外出办理保全证据公证业务时必须亲为且同时要保证二人，是由保全证据公证的特点决定的，这样要求是为了实现和保证保全行为的客观性、真实性，确保被保全的证据在诉讼或者使用时具有法律上的证据效力。[274]

②非法证据排除规则在公证保全证据活动中的适用

《公证程序规则释义》关于非法证据排除规则在公证保全证据活动中的适用所作的解答是：

本条第二款的规定借鉴了诉讼中的非法证据排除规则。……办理保全证据公证，首先要明确保全证据行为并不必然具有合法性，其是否具有合法性，取决于证据的取得方式。如果证据的取得是采用法律、法规禁止的方式，则该行为不会因有了公证行为的介入而变成了合法行为。其次要明确什

---

[274] 司法部、中国公证协会：《公证程序规则释义》，法律出版社2006年版，第150页。

么是法律、法规禁止的方式。……如撬门扭锁、强行扣押，都是法律、法规明确禁止的行为。因此，这一类证据的取得就属于采用法律、法规禁止的方式。"[275]

其实，非法证据排除规则在公证保全证据活动中的适用并不单纯是公证程序上的问题，更多地涉及取证方式是否合法，对此将在后面另加讨论。

3. 公证保全证据程序的应用问题

在公证保全证据活动中，应特别注意防止非法启动公证程序和"程序空转"等违法现象的发生。

（1）非法启动公证程序

我们可以通过两个案例来了解何为非法启动公证程序。在一起民事诉讼案件开庭审理时，法官发现原告提交的经公证保全的证据在形成时间上存在明显问题，此公证受理前，公证人已根据原告的要求现场保全了原告向被告送达一份文件的过程，但是，公证保全在先，公证受理却在后，虽然事实表明公证保全证据过程属实，但是，从程序正义的价值出发，法官确认此种情形属于"非法启动公证程序"，对于该公证证据不予采信。在另一起民事诉讼案件中，原告向法庭提交的经公证保全的证物箱有公证机构的封条但无公证案号，法官未采信此公证证据，理由是存在程序瑕疵，因为无公证案号则不能证明公证人实施保全之前公证保全证据的申请已由公证机构正式立案受理。

（2）"程序空转"

所谓"程序空转"，出自我国组织人事制度运作中存在的一种诡异现象，按照一般的理解，"指组织人事部门在干部的提拔和使用中以程序为幌子，把各种不正当的考虑隐藏在'正常程序'之中，让选人用人制度形同虚设"。[276] 在诉讼活动和公证活动中，

---

275 司法部、中国公证协会：《公证程序规则释义》，法律出版社2006年版，第151页。

276 张忠斌：《诉讼"程序空转"：对程序价值的一种误读》，载《人民法院报》2012年11月1日。

同样也可能出现"程序空转"。

在公证保全证据活动中,"程序空转"有多种表现形态,其中,特别需要防止的是公证人未亲自全程实施保全,例如,保全涉及网络的证据,包括下载并保存他人未经授权在网上播放影视作品等,不仅在操作上需具备一定的专业性,而且可能耗时甚多,有的公证人因不擅长操作或不愿在保全现场长时间"奉陪"当事人取证,在实施保全时,竟然会中途离开现场,更有甚者,某些公证人只是在保全活动首尾之际现一下身,即在公证申请人打开电脑、电脑屏幕开始显示之时以及下载并保存结束时来到保全现场,而把公证人的保全职责完全拱手相让给当事人,如此就产生了公证程序上的空白,公证人不在现场期间,当事人是如何操作电脑的、下载并保存的内容是否进行过人为的篡改都无从得知,如此"程序空转"不仅使公证保全证据活动的价值趋于虚无,更有可能损害当事人或利害关系人的合法权益。又如,在一起涉及公证保全购买行为的诉讼案件中,作为销售方的被告提供了所在商场全天候监控录像作为反证,辩称公证人并不在购买现场,导致原告提交的公证证据未被采信。[277]

如上所论,公证保全证据活动的价值主要体现为程序价值,对于公证人来说,保全的对象合法与否虽然可以不作考量,但是,公证人必须十分严格和完备地履行公证程序,公证保全证据的效力源于公证人在整个保全过程中自始至终亲力亲为,否则就会有失程序正义。

2013年,为进一步规范公证保全证据活动,《司法部律公司简报》[278]全文转发了《人民法院报》"司法建议精选"栏目刊登的重庆市渝中区人民法院就公证保全证据活动的程序瑕疵向重庆市司法局发出的一份《司法建议书》[279],该《司法建议书》披露,

---

277　石海妹:《知识产权领域保全证据公证办理与运用初探》,载《广东公证》2010年第4期。

278　司法部律师公证工作指导司编:《司法部律公司简报》第9期,2013年4月9日印发。

279　颜丽莉、周振超:《规范公证行为　维护公证权威》,载《人民法院报》2013年2月7日。

在一些公证保全证据活动中,"公证员未全程监督权利人取证过程"[280],强调指出:

> 公证员应全程监督权利人购买侵权商品的过程,包括对侵权商品鉴定真伪的过程,以增强证明的公信力。因此,公证书在公证证词的"兹证明"中应将"整个购买过程(包括鉴定过程)由公证人员全程监督,真实有效"类似字样作为公证内容表述。[281]

(三)取证方式合法——"合法"的实务展开之二

1. 取证方式合法的基本含义

最高人民法院《关于民事诉讼证据的若干规定》(下称"《证据规定》")第68条规定:"以侵害他人合法权益或者违反法律禁止性规定的方法取得的证据,不能作为认定案件事实的依据。"这一规定确立了民事诉讼中的非法证据排除规则,事实上对何为合法的取证方式作出了定义,依此而论,取证方式只要排除"以侵害他人合法权益或违反法律禁止性规定的方法取得的证据"的情形就不视为非法证据。[282]

就公证保全证据活动而言,取证方式合法与保全证据活动的过程合法几乎是同义词。司法部有关公证保全证据活动的一份规范性文件明确强调,"被保全证据及其取得,违反法律、法规、规章规定或存在违法行为前提的","公证机构应当不予受理或拒绝公证。"[283]

依照《证据规定》,公证人在保全证据实务中需要十分警惕

---

[280] 重庆市渝中区人民法院《司法建议书》,(中区法建〈2012〉10号),载《人民法院报》2013年2月7日。
[281] 重庆市渝中区人民法院《司法建议书》,(中区法建〈2012〉10号),载《人民法院报》2013年2月7日。
[282] 于志强:《"陷阱取证"未必非法》,载《法制日报》2013年3月18日。
[283] 司法部办公厅《关于进一步规范保全证据公证业务有关问题的通知》(2005年7月7日 司办通〈2005〉49号)。

的违法取证情形至少有两类：

（1）侵害他人合法权益

在一起公证个案中，一男子来到某公证处要求将其本人手写的一本日记进行书证保全，申请公证保全证据的理由是该男子因成为一起债务纠纷诉讼的被告需要将此日记本提交给法庭作为证据，公证人发现，这本日记上虽有该男子与他人之间债权债务的内容，但同时还有大量关于该男子与一身份不详的女青年私生活的内容，公证人拒绝受理这一公证保全证据的申请，因为公证保全的对象涉及了第三人也就是那位女青年的权益，如果办理了公证保全证据有可能对他人的隐私权造成侵害。

（2）以违反法律禁止性规定的方法取得的证据

在公证保全证据活动中，有可能出现的违反法律禁止性规定的方法取得证据的情形有多种，包括跟踪、诱骗、假冒身份、非法购买等方式，引起较广泛关注的是所谓的"陷阱取证"，但是，值得注意的是，陷阱取证这一概念本身的内涵也是存在严格区分的，依学者解析，可以分为机会提供型和犯意诱发型两种不同的陷阱取证方式[284]，其中，犯意诱发型的陷阱取证显然属于违反法律禁止性规定的方法取得的证据，对此将在后面详加讨论。

诚然，《证据规定》所明示的两种违法取证的情形毕竟只是原则性的列举，社会生活的复杂性要求公证人在进行公证保全证据活动时不应机械化地照搬法条，而应"按照社会一般价值体系作出正确的利益衡量"，"如果公证申请人将要采取的取证手段是一种可能对他人利益造成不利影响的方法，是否还有其他更可行的取证方式，即这种取证手段是否是必要的、必需的"[285]。

2. 取证方式合法具体情形的辨析

这里，试以公证保全证据活动经常涉及的隐名取证、陷阱取证、秘密取证和单方破锁等取证方式为分析对象。

---

284 参见李浩：《利益衡量的杰作　裁判方法的典范——评北大方正案》，载《人民法院报》2007年3月26日。

285 逯遥：《知识产权民事诉讼中的保全证据公证》，载《北京公证》2010年第4期。

司法视野中的公证保全证据

（1）隐名取证
①隐名取证的两种基本情形

在公证保全证据实务中，隐名取证又可以分为两种情形，一为消极隐名，一为积极隐名。所谓消极隐名，是指公证人在实施保全时对自己的真实身份保持沉默；所谓积极隐名，是指公证人虚构一个假的身份，并在保全证据过程中对外加以使用，后者又可以称为假名取证。

②隐名取证与程序正义的关系

毫无疑问，公证保全证据活动不能违背程序正义，那么，实施隐名取证方式是否会有损程序正义的价值？对此，张卫平先生有精辟之论：

> 在公证保全的合法性方面，实践中又一引人关注的问题是公证员的现场隐名或假名证据保全的合法性问题。……这里的合法性问题从实质上讲是保全行为的正当性问题，因为没有表明身份就可能存在因为"突然袭击"或违反诚信而导致程序正义的缺失。在程序正义的一般观念和认识上，"突然袭击"和非公开性都是违反程序正义的行为。从程序正义的价值观而言，法律行为的实施应当是公开的，否则其法律结果的发生就是非正当的。隐名或假名公证保全显然存在追求事实真相与程序正义的矛盾，这一矛盾始终是纠纷解决中必然伴随的矛盾，处理这一问题需要根据两者权重予以衡量与比较，也就是说，需要比较一下程序正义受损的程度与揭示真相的必要性程度。在隐名公证保全这一问题上，笔者认为隐名或假名公证保全虽然有"突然袭击"、减损诚信的客观结果，但一方面，如果不实行隐名或假名公证保全，又将无法实施有效的证据保全，权利人的权利也就无法得以维护，侵权人的侵权行为也不能得以制裁；另一方面，隐名或假名公证保全的隐名和假名是有限制的，当取证结束后，公证员应公开或还原自己的真实身份，这在一定程度上也可以缓和隐名或假名所造成的突袭性。隐名或假名公证保全与隐名执

法以及陷阱取证是有所区别的（前者是基于目的差异，后者是主体差异）。所以，笔者比较认同隐名或假名取证的合法性。不过，笔者的认同是有条件的，隐名、假名公证保全应当是一种非常特殊的情形，尤其是假名的情形，因为这种做法存在减损程序正义的副作用，还存在减损诚信的副作用，所以如同使用某些具有副作用的药物一样，必须限定其适用条件，只有在不得已的情况下才能实施隐名、假名公证保全，且对假名公证保全的情形应当更加严格。[286]

（2）"陷阱取证"
①公证保全证据活动引出的"陷阱取证"之争

通说认为，所谓陷阱取证，是指采取以诱惑他人违法甚至犯罪的方式收集证据。值得注意的是，令法律界以至社会公众都为之疑虑的陷阱取证现象甫一出现，似乎就和公证保全证据活动结下了不解之缘。以往论及公证保全证据活动中涉及的陷阱取证，往往都以始于 2001 年的"北大方正"一案作为国内民事领域陷阱取证案的开端，但其实公证人以此类取证方式所作的公证保全证据还要更早一些，并且形成了若干成功的个案，例如，1995 年安徽省首例软件侵权案中涉及的公证保全证据活动，就采用了陷阱取证方式，事后，承办该公证保全案的公证人专门回忆了使用所谓"极其灵活的取证方式"进行公证保全证据的过程：[287]

> 1995 年底，引人瞩目的安徽省首例软件侵权案由合肥市中级人民法院作出判决：被告合肥某研究所（以下简称 K 所）侵犯了原告另一研究所（以下简称 S 所）计算机软件的著作权，赔偿原告经济损失 349092.75 元，并在指定报刊上向 S 所公开赔礼道歉。在此案中合肥市公证处为该案出具的安徽省首例

---

[286] 张卫平：《论公证证据保全》，载《中外法学》2011 年第 4 期、《公证研讨》2011 年第 4 期。

[287] 朱自全：《办理软件保全证据公证的做法及体会》，载肖义舜主编：《公证——面向新世纪》，天津人民出版社 1998 年版，第 458 页。

计算机软件保全证据公证书得到人民法院的采证。

……

我们知道,对于该项保全证据公证,其关键就是所保全的证据的真实性、可靠性,换言之,就是说所保全的证据能否成为K所侵权的真正证据。但如果由公证处或S所直接到K所取得该仪器,则作为侵权人的K所出于自身利益考虑,是不会将其侵权的证据提供给我们的;而作为该类侵权人,其侵权的动机之一是为了谋取经济利益。为此,在公证处的参与监督下,以第三人的名义去K所购买该仪器及软件,是直接获得其侵权证据最有效、最便捷的一条途径。因此,受理该公证事项后,我经过慎重考虑并征得领导的同意,决定以第三人的名义直接去K所购得其侵权证据(产品),再将该证据予以保全,并由公证人员参与该活动的全过程实施监督,以保证证据的真实性和证据力。此观点也得到了S所的理解和认同。随后,公证人员随同S所工作人员一道,以某厂医务室的名义去K所,经过周旋,购得其生产的仪器及软件,并及时将该证据(软件)予以封存,且按照司法部的有关规定及时出具了保全证据公证书。

此后不到半个月,S所正式向人民法院起诉,状告K所软件侵权。该案在诉讼过程中,我处及时将所保全的证据(软件)提交至有关人民法院,后该软件被人民法院送至北京某权威机构进行鉴定,并最终被人民法院采证,成为S所胜诉的最主要证据。

……

正是我们采取了极其灵活的取证方式,才使获取K所的侵权证据由可能转化为现实。

尽管公证人在保全证据活动中涉足"陷阱取证"屡获成功,但是,民事案件审理过程中对于采用"陷阱取证"方式的公证保全证据究竟应当如何认定?有学者认为,公证保全证据活动中使用"陷阱取证"方式应予以肯定:

"陷阱取证"引起争议的最大问题是进行取证的过程中当事人或者公证人员通常需要隐瞒自己的真实身份，整个过程的目的是为了获取证据，所以有一定的欺骗性。有的法院以公平、诚实信用等法律的基本原则作为判断标准来进行评价。但我们认为，只要法无明文禁止，就应该认定其行为合法有效。……由于知识产权侵权行为的即时性以及多隐蔽性等特点，相关侵权证据往往只存在于一定的时间段内，在这种情形下，知识产权公证证据保全更能体现出快速、灵活的优势，依当事人的申请，能够及时固定、保全证据。因此，知识产权公证证据保全过程中的"陷阱取证"也许不是最好的方法，却是最可行的方法，不仅不违背现行法律之规定，而且在很大程度上可以提升知识产权保护水平。[288]

但是，在司法实践中，有的法院虽然未否定以陷阱取证方式获得的证据效力，却将这种取证方式认定为非法，以至于此种取证方式合法与非法的界限较为模糊[289]，给相当一些公证人和法官都带来了困惑。这一法律适用中的模糊问题，经著名的"北大方正"一案，由最高人民法院以判例的形式一锤定音，作出了令人信服的解答。

②取证方式合法的特别情形——由"北大方正"案析机会提供型"陷阱取证"

"北大方正"一案从一审、二审直到再审，一波三折，前后历时6年方告尘埃落定，作为一个经典判例，本案争议的核心问题之一就是应如何看待公证保全证据活动所涉及的"陷阱取证"问题。

本案原告北京北大方正集团公司（下称"北大方正公司"）、红楼研究所是方正世纪RIP软件（下称"方正RIP软件"）、北大方正PostScript中文字库（下称"方正字库"）、方正文合软件

288　于志强：《"陷阱取证"未必非法》，载《法制日报》2013年3月18日。
289　于志强：《"陷阱取证"未必非法》，载《法制日报》2013年3月18日。

司法视野中的公证保全证据

V1.1 版（下称"方正文合软件"）的著作权人。在实际的销售活动中，方正 RIP 和方正字库是捆绑在一起销售的，合称方正 RIP 软件。上述软件安装在独立的计算机上，与激光照排机联结后，即可实现软件的功能。本案被告之一高术天力公司、高术公司系激光照排机的销售商，曾为两原告进口的激光照排机进行过代理销售，所销售的激光照排机使用的是方正 RIP 软件和方正文合软件。1999 年 5 月间，由于双方发生分歧，导致代理关系终止。2000 年 4 月 17 日，本案被告之一高术公司与日本网屏（香港）有限公司签订了销售激光照排机的协议，约定高术公司销售 KATANA5055 激光照排机或 TANTOOOO5120 激光照排机必须配网屏公司的正版 RIP 软件或北大方正公司的正版 RIP 软件，若配方正 RIP 软件，高术公司必须通过网屏公司订购北大方正公司正版 RIP 软件。北大方正公司作为日本网屏激光照排机在中国的代理销售商之一，在此项业务上与高术公司存在竞争关系。

　　2001 年 7 月 20 日，原告的员工以个人名义，与被告之一高术天力公司签订了电子出版系统订货合同，约定的供货内容为 KATANAFT5055A 激光照排机（不含 RIP），单价为 415000 元。合同签订后，原告北大方正公司分别于 2001 年 7 月 20 日和 8 月 23 日，向被告之一高术天力公司支付货款共 394250 元，尚欠货款 20750 元。被告之一高术公司分别于 2001 年 7 月 23 日和 8 月 23 日，向原告的员工出具了收取上述款项的收据。被告之一高术天力公司在北京石景山区永乐小区 84 号楼 503 室原告员工临时租用的房间内，为原告员工安装了激光照排机，在原告自备的两台计算机内安装了盗版方正 RIP 软件和方正文合软件，并提供了刻录有上述软件的光盘。原告支付了房租 3000 元。

　　应原告之一北大方正公司的申请，北京市国信公证处先后于 2001 年 7 月 16 日、20 日、23 日和 8 月 22 日，分别在北京市石景山区永乐小区 84 号楼 503 室、海淀区花园路 6 号北楼 120 室、南楼 418 室，对原告员工以普通消费者的身份，与被告之一高术天力公司联系购买 KATANAFT5055A 激光照排机设备及高术天力公司在该激光照排机配套使用的原告自备计算机上安装方正 RIP 软件、方正文合软件的过程进行了现场公证,并对安装了盗版方正RIP软件、方正文合软件的原告自备的两台计算机及盗版软件进行了公证保全证据。从现场公证记录可看出,原告的员工化名与上诉人联系购买照排机,主动提出要购买盗版方正 RIP 软件和方正文合软件,被告的员工声称该项不能写入合同,但承诺卖给原告盗版方正软件。原告支付了公证费 1 万元。

2001 年 9 月 3 日,北大方正公司、红楼研究所以高术天力公司、高术公司非法复制、安装、销售行为,侵犯了其享有的计算机软件著作权为由诉至北京市第一中级人民法院,请求追究高术天力公司、高术公司的侵权责任。

2001 年 12 月 20 日,一审法院作出判决,支持了原告的诉讼请求,一审法院认为,本案中,原告采取的"陷阱取证"方式是否违法是本案争议的焦点问题之一。在判决理由中,一审法院指出,本案采取的公证人参与的"陷阱取证"方式"未被法律所禁止":

> 根据本案查明的事实可以确认,原告为了获得被告侵权的证据,投入较为可观的成本,其中包括购买激光照排机、租赁房屋等,采取的是"陷阱取证"的方式,但该方式并未被法律所禁止,故原告采取的上述取证方式,本院予以认可。此外,北京市国信公证处出具的公证书亦证明了被告实施安装盗版原告软件的过程,同时对安装有盗版原告软件的计算机和盗版软件进行了证据保全,上述公证的过程和公证保全的内容已经法庭确认,且被告并未提供足以推翻公证书内容的相反证据。因此,两被告关于从未复制、销售方正 RIP 等软件的抗辩理由,本院不予采信。[290]

高术天力公司、高术公司不服一审判决,向北京市高级人民法院提起上诉。二审期间风波陡起,2002 年 7 月 15 日,北京市高

---

[290] 北京北大方正集团公司、北京红楼计算机科学技术研究所与北京高术天力科技有限公司、北京高术科技公司计算机著作权侵权纠纷案,北京市第一中级人民法院(2001)一中知初字第 268 号民事判决书。

司法视野中的公证保全证据

级人民法院对一审判决进行了改判，否定了一审判决有关"陷阱取证"的取向，明确表示对此种取证方式"不予认可"，二审判决书提出的理由是：

> 本院认为，国信公证处出具的公证书，是公证员分别在四天、五处场景下，对被上诉人与上诉人联系购买激光照排机、上诉人为被上诉人安装激光照排机及盗版方正软件的事实所做的五份现场记录，上诉人没有举出足够的相反证据推翻该公证书记载内容，故本院认为该公证书是合法有效的民事证据，对该公证书所记载的内容予以认定。上诉人关于该公证书不合法的上诉主张缺乏法律依据，本院不予支持。本院将结合本案其他证据，对被上诉人提交该公证书所欲证明的事实予以认定。从该公证的现场记录看，对于被上诉人长达一个月的购买激光照排机的过程来说，该公证记录仅对五处场景做了记录，对整个的购买过程的记载缺乏连贯性和完整性。本案中上诉人与被上诉人原为合作关系，上诉人为被上诉人代理销售激光照排机，合作破裂后，上诉人与被上诉人均从事代理销售涉案品牌激光照排机在国内的销售业务；被上诉人在未取得其他能够证明上诉人侵犯其软件著作权证据的情况下，派其员工在外租用民房，化名购买上诉人代理销售的激光照排机，并主动提出购买盗版方正软件的要求，由此可看出，被上诉人购买激光照排机是假，欲获取上诉人销售盗版方正软件的证据是真。就本案而言，被上诉人的此种取证方式并非获取上诉人侵权证据的唯一方式，此种取证方式有违公平原则，一旦被广泛使用，将对正常的市场秩序造成破坏，故本院对该取证方式不予认可。[291]

值得注意的是，本案一、二审判决的价值取向迥然相异，一

---

[291] 北京北大方正集团公司、北京红楼计算机科学技术研究所与北京高术天力科技有限公司、北京高术科技公司计算机著作权侵权纠纷案，北京市高级人民法院（2002）高民终字第194号民事判决书。

审判决蕴含的理念是法无禁止即可为，而二审判决是从是否有违公平原则、是否会对正常的市场秩序造成破坏，或换言之，可否理解为是从"社会公共道德"的视角作出的裁量？但是，正如费孝通先生所深刻论述的：

> 现代都市社会中讲个人权利，权利是不能侵犯的。国家保护这些权利，所以定下了许多法律。一个法官并不考虑道德问题、伦理观念，他并不在教化人。刑罚的用意已经不复"以儆效尤"，而是在保护个人的权利和社会的安全。尤其在民法范围里，他并不是在分辨是非，而是在厘定权利。……一个变动中的社会，所有的规则是不能不变动的，环境改变了，相互权利不能不跟着改变。事实上并没有两个案子的环境完全相同，所以各人的权利应当怎样厘定，时常成为问题，因之构成诉讼，以获取可以遵守的判例，所谓 Test case。在这种情形里自然不发生道德问题了。[292]

本案中，涉及公证保全证据活动的一个重要细节被不少论者所忽略，公证人参与的"陷阱取证"并没有因为二审法院倾向的改变而停滞，"陷阱取证"不仅在诉前进行而且延伸至诉后即二审判决生效以后，原告再次经由公证进行了"陷阱取证"以证明被告侵权行为的持续性，并向北京市高级人民法院提出再审申请，于2003年8月20日遭驳回后，北大方正公司、红楼研究所又向最高人民法院申请再审。2006年3月7日，最高人民法院裁定提审此案，并中止原判决的执行。2006年8月7日，最高人民法院就此案作出终审判决。[293]

作为一个具有里程碑意义的判例，最高人民法院就"北大方正"一案所作判决最大的贡献或许在于提供了对于民事案件"陷阱取证"方式应进行利益衡量的观点，在论述该案涉及的公证取证方

---

292 费孝通著：《乡土中国·生育制度》，北京大学出版社1998年版，第57页。
293 参见《对民事案陷阱取证方式应进行利益衡量》，载《人民法院报》2007年3月26日。

式是否合法时，再审判决书阐述道：

>   根据民事诉讼法第六十七条[294]的规定，经过公证程序证明的法律事实，除有相反证据足以推翻的外，人民法院应当作为认定事实的根据。高术天力公司安装盗版方正软件是本案公证证明的事实，因高术公司、高术天力公司无相反证据足以推翻，对于该事实的真实性应予认定。以何种方式获取的公证证明的事实，涉及取证方式本身是否违法，如果采取的取证方式本身违法，即使其为公证方式所证明，所获取的证据亦不能作为认定案件事实的依据。因为，如果非法证据因其为公证所证明而取得合法性，那就既不符合公证机关需审查公证事项合法性的公证规则，也不利于制止违法取证行为和保护他人合法权益。
>
>   ……
>
>   在民事诉讼中，尽管法律对于违法行为作出了较多的明文规定，但由于社会关系的广泛性和利益关系的复杂性，除另有明文规定外，法律对于违法行为不采取穷尽式的列举规定，而存在较多的空间根据利益衡量、价值取向来解决，故对于法律没有明文禁止的行为，主要根据该行为实质上的正当性进行判断。就本案而言，北大方正公司通过公证取证方式，不仅取得了高术天力公司现场安装盗版方正软件的证据，而且获取了其向其他客户销售盗版软件，实施同类侵权行为的证据和证据线索，其目的并无不正当性，其行为并未损害社会公共利益和他人合法权益。加之计算机软件著作权侵权行为具有隐蔽性较强、取证难度大等特点，采取该取证方式，有利于解决此类案件取证难问题，起到威慑和遏制侵权行为的作用，也符合依法加强知识产权保护的法律精神。此外，北大方正公司采取的取证方式亦未侵犯高术公司、高术天力

---

[294] 根据《全国人民代表大会常务委员会关于修改〈中华人民共和国民事诉讼法〉的决定》（2012年8月31日第十一届全国人民代表大会常务委员会第二十八次会议通过），该条变更为第69条，个别文字内容也有所调整。

公司的合法权益。北大方正公司、红楼研究所申请再审的理由正当，应予支持。

据此，本案涉及的取证方式合法有效，对其获取证据所证明的事实应作为定案根据。二审法院关于'此种取证方式并非获取侵权证据的唯一方式，且有违公平原则，一旦被广泛利用，将对正常的市场秩序造成破坏'的认定不当。[295]

本案中，最高人民法院对公证取证方式所作的认定明确了知识产权案件中机会提供型"陷阱取证"行为并不违法：

该案件肯定了知识产权案件中权利人可以采用机会提供型陷阱取证方法。"陷阱取证"最初运用于刑事诉讼，被称为"警察圈套"，常用于毒品犯罪、假币犯罪的侦查，刑事诉讼中的陷阱取证分为两种基本类型：一种为"机会提供型"，一种为"犯意诱发型"。在"机会提供型"中犯罪嫌疑人本来就有犯罪的故意，侦察人员的诱惑行为只是为犯罪的实施创造了条件，而"犯意诱发型"则不同，嫌疑人原本并无犯罪的意念，是在侦察人员的引诱下才产生犯罪念头和实施犯罪行为的，故对"机会提供型"的陷阱取证各国是认可的，而对"犯意诱发型"则严格禁止。

……

再审判决表明，这一在刑事诉讼中得到认可的取证方式同样可以用于民事诉讼。[296]

当然，在很大程度上，认可机会提供型"陷阱取证"方式是基于民事诉讼中法官对真实的追求：

---

[295] 北京北大方正集团公司、北京红楼计算机科学技术研究所与北京高术天力科技有限公司、北京高术科技公司计算机著作权侵权纠纷案，最高人民法院（2006）民三提字第1号民事判决书，载《最高人民法院公报》2006年第11期。

[296] 李浩：《利益衡量的杰作　裁判方法的典范——评北大方正案》，载《人民法院报》2007年3月26日。

司法视野中的公证保全证据

……除非当事人采用的取证手段极其恶劣，如把窃听器装到了对方当事人的卧室之中，否则法官们一般是不愿意排除那些能够帮助法庭发现真实的证据的。法官们对发现真实的追求完全是可以理解的，因为民事诉讼的目的是在发现真实的基础上实现实体法规定的法律秩序，……对知识产权诉讼中的陷阱取证行为，法院考虑到此类诉讼合法取证的困难性和证据内容本身的真实性，一般也会认可由此方法获得的证据的合法性。"[297]

毫无疑问，本案再审判决中，最高人民法院就取证方式标明的合法与否的分界线是公证保全证据活动特别是有关侵权证据公证保全的一个极为重要的指南。

③"钓鱼取证"——犯意诱发型的陷阱取证

有别于机会提供型陷阱取证，犯意诱发型的陷阱取证又可以称之为"钓鱼取证"、引诱取证等，虽然也是权利人维护自我权利的一种方式，但可能会构成恶意维权。公证保全证据实务中，钓鱼取证的情形千奇百怪、五花八门，诸如"买家"先推销假货至商家，然后再来购买；又如商家不愿意销售，"买家"说服商家进行销售；再如"买家"直接要求商家进货销售，等等。公证行业有代表性的观点认为，一旦当事人引导介入此类"维权"取证模式，公证人应拒绝公证。这是因为申请人促成了自己产品被侵权的事实，背离了申请办理公证事由中所述维权打假之目的[298]，属于《公证法》第31条不予办理公证规定中"当事人虚构、隐瞒

---

[297] 李浩：《〈证据规定〉与民事证据规则的修订》，载《中国法学》2011年第3期。

[298] 庄建庭：《在行进中记录——对公证购买的新认识》，载《中国公证》2013年第5期。

事实，或者提供虚假证明材料"的情形。[299]

相关司法观点认为，如果公证介入了"钓鱼取证"之类的犯意诱发型的陷阱取证，将构成取证方式违法，从而使经公证保全的证据丧失证据资格：

> ……以引诱、欺诈、胁迫等不正当手段实施的取证行为。对于这类行为，由于其违反了证据的合法性要求，法院对其证据资格不应予以认可。比如在杭州市中级人民法院一审、浙江省高级人民法院二审的鲍振林诉诸暨市织物热膨胀补偿器厂等实用新型专利侵权纠纷案件中，被告系根据原告提供的图纸，依照原告的委托要求加工被控侵权产品，由于原告在双方的加工承揽关系中起着主导作用，被告按约完成产品并非自主的制造行为，而是由于原告的引诱，因此，二审法院认为这种侵权诱发型的取证方式违反法律规定，不应予以认定。[300]

早在1994年至1995年间，北京市第一中级人民法院在审理我国首例涉美软件著作权案美国微软公司诉北京高立电脑公司计算机软件侵权案时，就提出了公证保全证据活动一旦涉及犯意诱发型的陷阱取证所产生的合法性问题，其中包括存在权利人对取证对象实施威胁、胁迫的情形等，将有可能影响公证证据的合法性：

> 有些原告在公证取证的过程中，利用威胁、引诱的手段，使被告实施了侵犯他人著作权的行为。……例如以若不搭售

---

[299] 《公证法》第31条规定："有下列情形之一的，公证机构不予办理公证：（一）无民事行为能力人或者限制民事行为能力人没有监护人代理申请办理公证的；（二）当事人与申请公证的事项没有利害关系的；（三）申请公证的事项属专业技术鉴定、评估事项的；（四）当事人之间对申请公证的事项有争议的；（五）当事人虚构、隐瞒事实，或者提供虚假证明材料的；（六）当事人提供的证明材料不充分或者拒绝补充证明材料的；（七）申请公证的事项不真实、不合法的；（八）申请公证的事项违背社会公德的；（九）当事人拒绝按照规定支付公证费的。"

[300] 浙江省高级人民法院课题组：《关于知识产权民事诉讼中公证证据审查与采信的调研》（讨论稿）。

软件，将不购买微机；经济条件有限，能否低价销售一些复制软件等方式购买侵权软件，其行为本身就带有欺骗性和诱导性，这种收集证据的方法违反了证据的取得必须是真实、合法的原则，故对这种方法取得的证据法庭不应采用。而且以这种方法收集证据，大多数原告都是侵权行为的共同参与者，非法复制的行为也是在他们的要求下实施的，如若侵权，则他们也应承担部分责任。[301]

（3）秘密取证
①有关秘密取证的争议
秘密取证或可称之为隐蔽取证，对于公证保全证据能否涉及此种取证方式，有的法官持否定态度：

……目前各种形态的商业维权很多，存在钓鱼取证……等诸多问题。……关于秘密取证的问题，理论界也有很多争议，不能一概说采取秘密录音、秘密拍照等手段取证无效，但我认为这种做法不应提倡。[302]

其实，无论从现实生活本身而论还是从学理上分析，对于公证保全证据活动涉及秘密取证的情形不宜一概否定：

民事诉讼与刑事诉讼不同，举证责任主要在当事人，而不在司法机关，当事人保全证据的权利被缩小，很多事实就无法查清。比如民事纠纷中最常见的借款纠纷，一方说借了，一方也承认借了，但是现在没有钱。于是一方利用和对方打电话的时候把电话录音下来，以防对方在法庭上否认借款的事实。这种录音行为，既没有违法，也能证明案件的事实，

---

301 《首例涉美软件著作权案涉及的几个问题——美国微软公司诉北京高立电脑公司计算机软件侵权案》，载宿迟主编：《知识产权名案评析》，人民法院出版社1996年版，第54页。

302 江苏省司法厅公证管理处：《江苏省高级人民法院和江苏省司法厅侵犯知识产权保全证据公证工作座谈会纪实》，载《江苏公证》2013年第1期。

为什么就不能作为证据使用呢?[303]

②合法与否的分界线——以公证保全秘密录音录像为例

公证保全证据实务中,所谓秘密取证较多地集中于秘密录音录像或称隐蔽录音录像这一方式,主要包括三种情形:其一,在未经对方同意或未向对方明示的情况下,采用录音录像手段对录制人与另一方当事人彼此之间的谈话内容予以记载,针对的对象是本人与他人谈话内容;其二,在没有法律依据或未经他人同意或知晓的情况下,采用录音录像手段秘密录制他人之间的谈话内容,针对的对象是录制人以外的其他人之间的谈话内容;其三,不涉及对方当事人,而对一些客观行为进行偷拍偷录。上述第一种情形中,只要不侵害他人的合法权益,且取证行为本身不违反法律禁止性规定,可以办理公证保全证据;第二种情形中,对于他人之间的谈话内容进行录制,通常采用的是跟踪、盯梢或在他人住房或其他私人空间安装窃听器、摄像机等方式进行取证,此种取证方式属于具有特定侦查职能的机关在法定情形下才有权采取的措施,故不应办理公证保全证据;第三种情形是在公共场所例如商场、展览馆取得的证据,根据公共场合无隐私原则通常是可以作为证据使用的,但应以法律允许进入的场所为限。

对于公证保全能否介入秘密录音录像活动,学界有观点认为,需把握以下四个要点[304]:

第一,私自录制他人之间的谈话与私下录制作为一方当事人彼此之间的谈话有着本质的不同,它不过是再现事实发生和发展过程的一种表达方式;

第二,这种双方当事人之间进行的民事活动一般与个人隐私权并无直接关系,比如,双方当事人还可以以其他方式如书面合同、书面保证、进行公证等来反映这些民事行为发生和发展的过程,

---

303 汤维建:《私自录音录像能否当证据——"未经对方同意"未必"非法"》,载王进、林波著:《权利的缺陷——中国司法亟待解决的问题》,经济日报出版社2001年版,第292页。

304 毕玉谦主编:《〈最高人民法院关于民事诉讼证据的若干规定〉理解与适用》,中国民主法制出版社2002年版,第476~478页。

因此与侵犯他人隐私权的行为不能相提并论；

第三，采用私自录音方式录制与他人就相互之间进行民事活动的谈话，与有关立法并无抵触之处，故不应属于违法行为，也不属于任何法律追究的对象，但以不涉及有关公民个人隐私或商业机密为限。反而，它属于一种很好的保全证据的方式，是公民或法人防患于未然，克服证据法举证责任局限性的一种必要手段和合理途径。它应被视为公民或法人重视合同意识、权利意识、法律意识的一种表现。它也是公民或法人抵御不法行为，捍卫自己合法权益的有效手段。

第四，在实用技术上而言，如果不采用私自录音而采用告知对方当事人进行公开录音的方式，在实际生活中多有不便，不合情理，反而影响了民事活动的正常开展。事实上，即便当事人已事先经对方同意而采取了录音的方式对有关民事活动予以记录，以达到保全证据的效果。但事后一旦发生争议，如录音内容对其将产生不利后果的相对一方当事人，必断然否认事先已经其同意，这样，便更无证据查实真实情况之原委，实属实用技术上之不能。

前面曾经提到的山西化工机械厂诉山西省第二公证处要求撤销保全证据公证书一案，太原市迎泽区人民法院裁判文书对于秘密取证的合法性以及应当如何看待公证保全证据活动涉及秘密取证作了比较周全的分析，提出了值得借鉴的司法观点，该案判决书论述道：

> 关于当事人争议的隐蔽取证问题，最高法院《关于行政诉讼证据若干问题的规定》第五十七条，对非法证据进行了列举式规定，指出下列材料不能作为定案依据"以偷拍、偷录、窃听等手段获得侵害他人合法权益的证据材料"。本案当事人争议的另一焦点是以偷录的方式取得的材料能否进行公证并作为证据使用。最高法院的上述规定包含了两层含义，一是以偷拍、偷录、窃听等手段获取侵害他人合法权益的证据不能作为定案证据，即属于非法证据；二是以偷拍、偷录、窃听等手段获取，但未给他人合法权益造成侵害的证据可以

作为诉讼证据使用，即属于合法证据。

针对本案，当事人之间的关于合同履行中的欠款事实在取证前已经存在，取证行为没有扩大该事实的作用。债权人在追偿权利过程中，债务人一般都有相当强烈的防范意识，稍有觉察就会采取回避、不予理睬。权利人以正常交往形式谈论双方有关合同履行事宜，目的在于取得相应证据材料。权利人采取私下录音方式的行为，从录音全过程的内容看不出录制的谈话内容有采取诱导或威逼利诱相对人进行不真实的陈述，也没有危害到其他主体的合法权益。相对人与权利人之间的债权债务的客观事实，没有公证人员和权利人录音的行为仍会存在。从"法无明文规定不为过"原则考虑，此种取证方式并未被法律所禁止。相反，这种情况下，如果直接告诉债务人取证的目的就是维护自己的合法权益，恐怕这样的取证没有可行性。

根据《公证暂行条例》[305]和《公证程序规则》的规定，公证包含两方面内容，或者说涉及两个法律行为。一是待公证的法律行为、法律文书、法律事实等属于公证范围的事项，二是公证机构依据申请人的申请具体实施……公证行为。前者是公证申请人依据其他法律规范所进行的具有法律意义的行为，后者是公证机关及其公证员依据公证法律规范对待公证事项进行审核、出证的行为。一般而言，公证申请人申请公证事项是独立于公证行为存在的，它的形态是由相关法律规范进行限定和规范，并不依赖于公证行为而存在，比如遗嘱公证、合同公证、法律事件公证等。这些公证的事项本身，在进行公证之前就存在并已发生了相应的法律效力，公证对其的意义在于能产生证据学上的优势证据效力。证据保全从其性质分析，也属于前述公证事项的范畴。就本案而言，公证申请人使用偷录的方式对双方谈话内容进行录音，如果没有侵害他人合法权益的证据，……，并不必然导致录音证据

305　本案审理期间，《公证法》尚未颁布，处于《公证暂行条例》实施时期——作者注。

本身无效。[306]

（4）单方"破锁"

现实生活中，单方"破锁"类公证保全证据活动形态各异，包括"撬门破锁"、"撬箱破锁"与"撬桌破锁"，涉及的法律关系极为复杂，既有房屋租赁关系、保管关系等常见的民事法律关系，也有劳动法律关系等。

①"撬门破锁"

2005年，一起发生在河南省郑州市的公证保全证据案件不仅引发了诉讼，也导致社会舆论掀起轩然大波，这起公证保全证据案件被称为"撬门破锁"或"撬门扭锁"。

2004年2月2日0时30分左右，郑州市二马路机电市场内，经营机电市场的郑州市隆埠商贸有限公司（下称"隆埠公司"）被人强行占领，实施占领行动的是郑州市鸿成房地产公司（下称"鸿成公司"）。据隆埠公司负责人介绍，当时，鸿成公司的数十人剪断市场4个大门的门锁，将市场保安人员关进宿舍加以控制。来人用撬杠将隆埠公司的7间办公室撬开，将该公司的公章、账本、票据等物品装上几辆大卡车拉走。一间没有被撬开的办公室的门和一些没有被卸走的空调，都被贴上了封条，封条落款是鸿成公司。直到2日早上8时，被控制的保安人员才被允许离开宿舍。隆埠公司的众多物品被鸿成公司存放到另外一个地方锁了起来。在鸿成公司实施上述行为的时候，郑州市管城区公证处的两名公证员全程进行了公证保全。

鸿成公司对隆埠公司进行"撬门破锁"，源于双方的一场经济纠纷。由于种种原因，两家公司都认为自己拥有郑州市二马路机电市场的经营权，鸿成公司要求正在市场经营的隆埠公司退出，隆埠公司未允，因此，鸿成公司决定在月黑风高夜采取行动。在采取行动之前，鸿成公司向管城区公证处要求对物品清点过程进行现场公证，管城区公证处受理了鸿成公司的申请，指派两名公

306　山西化工机械厂与山西省第二公证处撤销保全证据公证书纠纷案，太原市迎泽区人民法院（2005）迎行初字第3号行政判决书。

证员到现场办理。

2004年2月2日，管城区公证处为鸿成公司出具了保全证据公证书称：所有物品经清点后异地保管，保管过程也有公证员现场监督，保管地点位于郑州市人民路某空房内，以新锁封闭，钥匙交由公证处封存保管。

2004年2月4日，隆埠公司将管城区司法局、公证处诉至管城区人民法院。当年11月26日，管城区人民法院作出一审判决，认定隆埠公司证据不足，驳回起诉。隆埠公司不服一审判决，上诉至郑州市中级人民法院。

2005年3月16日，郑州市中级人民法院开庭审理此案，当庭作出终审判决：撤销管城区法院一审判决，撤销管城区公证处作出的保全证据公证。二审法院经审理认为，按照《公证暂行条例》规定，公证员办理公证时必须审查当事人申请公证的事实以及有关文件是否真实合法，而本案中管城区公证处对此案第三方的物品强行清点搬离的行为实施公证，完全违背了公证行为合法性的原则，对该公证行为应确认为违法。至于隆埠公司与鸿成公司之间的经济纠纷，双方可通过民事诉讼解决。[307]

作为一个典型的公证保全证据案例，本案提出了一个值得深思的问题，应如何看待"撬门破锁"类公证保全证据活动的合法性？

其实，在法理和实务上，"撬门破锁"并不是绝对的贬义词，而是一个中性词，公证人对此所作判断的核心是"撬门破锁"行为背后蕴含的基础法律关系的正当性与合法性，郑州市管城区公证处涉及"撬门破锁"的公证保全证据活动是否合法已有定论，但是，如果"撬门破锁"之人是权利人，同时"撬门破锁"是基于正当的理由，并且"撬门破锁"行为未违背法律的禁止性规定或符合行为人与相对方的约定，"撬门破锁"之行为并不构成违法，相应地，涉及"撬门破锁"的公证保全证据活动也不应被视为违法。

2005年2月，某公证处受理的一起保全证据公证中，作为出租人（以下简称"甲方"）的某公司因名下的物业出租给承租人（以

---

307 参见韩俊杰、刘娜：《一公证处违法公证被法院撤销》，载《中国青年报》2005年3月22日。

下简称"乙方")后,乙方在租期内未按时缴纳租金即不辞而别,出租人向该公证处申请保全对出租房屋内物品进行清点的过程。承办本案的公证人认为,本案争议的焦点不是公证人能否与出租人一起"破门"进入尚未被承租人上锁的物业,而是如果"破门"了,公证保全证据行为是否侵害了承租方的合法权益:

  ……办理此类公证的关键还是在于租赁合同的约定。为此我仔细审查了本案租赁合同的全部条款,发现租赁合同对乙方每月交租的时限、逾期交租甲方单方解除合同的条件及甲方如何提前收回出租屋的情形均作出了详尽的规定,可以说,这份由香港律师起草的合同充分考虑到了承租方不按时交租的情况下出租方如何保护自己的权益,如合同约定,只要乙方"未能按照合同规定,在必须支付租金……的日期后的14天内",甲方即可在该"事件发生后的任何时间提前终止本合同",合同还约定,租赁双方不可撤销地同意"甲方向乙方发出甲方重新进入该房屋的权利书面通知,表明甲方行使本合同赋予其提前收回该房屋的权利,……若甲方根据本合同的规定有权终止本合同,则本合同应被视作于甲方向乙方发出书面终止通知之日终止;届时,若乙方未根据本合同的规定将该房屋恢复原状并交还甲方,甲方尚有权在事先书面通知乙方后采取甲方认为适当的方式收回该房屋并将该房屋出租予第三方。"而我国《合同法》第227条也对出租方的解除权作了明确的规定:"承租人无正当理由未支付或者延迟支付租金的,出租人可以要求承租人在合理期限内支付。承租人逾期不支付的,出租人可以解除合同。"

  基于法律的规定和合同的合意原则,我认为本案可以办理保全证据公证,但首先应解决的两个基本问题是:一、乙方逾期14日交租的依据,以确定甲方有权单方解除合同;二、以何种方式通知乙方甲方已单方解除合同,满足租赁合同对于甲方向乙方发出书面终止通知的要求。为此,我先要求甲方提供了对乙方的催款函,然后建议在清点前先办理寄送信函给乙方的证据保全公证。上述信函由甲方再次明确了乙方的欠租事实，告知对方甲方已单方面解除合同并要求对方在规定的合理期限内办理相应手续，否则甲方将申请对乙方遗留财产进行清点，并将相关公证也一并告知对方。这样做的好处是给予乙方充分的提出异议并减少损失的时间，因为，如乙方无异议可在该期限内搬走其有价值的物品以减少双方纠纷。最后，在乙方信函规定的到期日的第二日，公证人员才办理了出租房屋内遗留物的清点公证。当然，在办理前必须告知甲方，公证人员只对当日出租房屋内的遗留物进行清点，对甲方进入房屋的方式、过程不予证明，并要求甲方承诺对该遗留物尽妥善保管义务，同时在公证书证词中也仅证明清点清单记载的物品与当日现场遗留物品相符，从而保证我们作为公证机构的客观性。[308]

就此类公证的办理，中国公证协会《办理保全证据公证的指导意见》第16条[309]提出了比较详尽的建议：

办理保全单方收回出租房屋或者其他物业的公证，应当具备下列条件：

（1）申请人须是房屋或者其他物业的所有权人或者管理人，并提交权属证书或者授权委托书；

（2）提交经公证的承租合同，且其中必须载明承租人不履行或者不完全履行合同义务时，所有权人或者管理人有权单方收回出租房屋或者其他物业的约定；

（3）承租合同约定出租人单方收回出租房屋或者其他物业前应当履行催告程序的，申请人应当先就其履行催告义务的过程申办保全证据公证；

---

308 胡晓瑾：《对出租房屋的遗留物进行证据保全的办案思路——从一个案例谈起》，载上海市东方公证处编：《公证案例评析汇编》（一），2009年印行。
309 中国公证协会《办理保全证据公证的指导意见（修订）》（2004年8月18日中国公证员协会第四届理事会第三次会议通过，2008年11月25日中国公证协会第五届常务理事会第七次会议修订通过）。

（4）提交承租人存在违约事实的证明材料（如催交租金的函件）；

（5）申请人书面承诺对单方收回房屋或者其他物业行为而侵犯他人合法权益愿意承担相应的法律责任；

（6）申请人承诺保护房屋或者其他物业内承租人财产的完整和安全。

该条规定还特别提示道：

申请人应当有能力控制保全证据现场的局面，防止矛盾激化。申请人无法控制现场局面的，公证机构应当不予办理；已经开始取证的，可以暂时中止保全程序，待恢复正常秩序后视情况继续或者终止。

对现场清点的物品，应当登记造册，必要时可以进行封存，交由申请人妥善保管。公证人员对保全过程应当做好现场记录，并可采取照相、录像等方式对现场状况加以固定。

②"撬箱破锁"[310]

在公证保全证据实务中，除了"撬门破锁"的案例，还出现了被称为"撬箱破锁"的案例，某银行称，其经营场所面临拆迁，库房内的保管箱需要搬移，但有的租用人逾期缴纳租金并且下落不明，该行根据开箱时与承租人的有关约定及银行的有关规定，向某公证处申请对凿箱过程进行公证保全证据。

中国公证协会业务指导委员会出具的专家咨询意见认为，本案中，银行完全具有其他法律救济途径，包括提起诉讼、申请法院进行诉前证据保全等。银行单方面凿箱行为的合法性，若无前置条件（例如，该保险箱租用合同经公证或经裁判或经仲裁），在承租人未在场的情况下，公证人无权也无力作终局判断或者说

---

[310] 本案资料详见《能否对银行依法开凿保险箱办理保全证据公证》，载中国公证协会业务指导委员会编：《中国公证协会业务咨询汇编》（三），第216页。

"有把握地预判",而银行内部规定如果未经承租人同意,无法约束承租人,更重要的原因在于:

> 公证机构的职责或者说使命是"预防纠纷",公证机构的"上帝",是国家法律秩序与社会公共利益,并非单方、单个"申请人"所主张的且难以确证的"个人私权利益"。所以,公证机构为预防纠纷,首先应当把握风险,尽量不使自己是"因为自己不谨慎"的原因而成为届时的"被诉讼、被投诉"的对象,这样反倒成了社会的纠纷制造者而不是预防者了。[311]

③ "撬桌破锁"[312]

在"破锁"类的公证保全证据活动中,对于公证人而言,更为复杂一些的难题可能还有被称为"撬桌破锁"的案件。一外商独资公司因经营需要,经董事会决定,解聘公司经理和一财务人员的职务,但该财务人员拒不交出公司账册。该公司向某公证处申请对财产清点过程进行公证保全,即由公司派员将该财务人员使用的办公桌撬开,在公证人员的监督下,对办公桌内的物品进行清点和保全。中国公证协会业务指导委员会提供的专家咨询意见认为本案可以办理,同时提供了实务操作的建议:

> 办理该类案件时注意要点大致如下:
> (一)注意要求公司提供劳动合同、公司规章纪律、该桌属于"办公桌"的证明材料(证人证言亦可),公司已通知或者要求财务人员配合的材料,至少是"已尽可能通知了"的材料;
> (二)注意笔录中要有公司提供一旦"侵犯财产权、隐

---

[311] 《能否对银行依法开凿保险箱办理保全证据公证》,载中国公证协会业务指导委员会编:《中国公证协会业务咨询汇编》(三),第216页。

[312] 本案资料详见《公司撬开员工办公桌的保全证据公证能否受理》,载中国公证协会业务指导委员会编:《中国公证协会业务咨询汇编》(二),2009年印行,第225页。

司法视野中的公证保全证据

私权"则由其承担责任与公证无关的承诺。……

（三）最好有当地劳动部门或者税务部门或者公安人员在场。

（四）笔录中注意，要有一旦保全过程中财务人员"回来了"阻碍保全怎么处理的方案；公证人员解释终止公证的可能；一旦届时保全了仍找不到账册建议报警；一旦届时开了抽屉真是个人物品的保存方案及灭失风险；公证人员不宜直接"清点、搬运"；应对全过程包括保全前办公桌与保全后办公桌状况摄像。

实践表明，"撬桌破锁"类公证保全证据活动大多与劳动争议有关，涉及劳动法律关系的衡量。在我国法律体系中，劳动法的属性相对特殊，既不属于公法，也不属于私法，而被视为社会管理法，在劳动法律关系中，雇主和雇员双方是平等的私法关系，而事实上，在这一关系中，雇主多为强势一方，雇员一方往往居于弱势，劳动法律关系的这种复杂性要求公证人面对此类保全证据活动应多加谨慎。在劳动法律关系这一领域，公证保全证据活动不仅涉及雇主对雇员"撬桌破锁"，还有雇主向雇员送达单方解除劳动合同的通知等。公证人需要作合法性考量的因素，除了保持客观、公正，同时可能还需要顾及对弱势一方的保护，诚如德国《证书法》第17条向公证人所强调的：

> 公证人应注意避免错误和疑义，不使无经验的和老实的当事人受到损害。[313]

"撬桌破锁"能否进行公证保全证据，并无绝对的标准，在实务中应注意把握三个方面的要点：首先，要看雇主雇员双方对此有没有事先约定，此种事先约定多见于劳动合同或企业规章制

---

313 德国《证书法》（1968年8月28日颁布，1970年1月1日生效，1988年前已有数次修改），载司法部律师公证工作指导司编：《中外公证法律制度资料汇编》，法律出版社2004年版，第701页。

度中，如无约定，雇主应对其"撬桌破锁"的正当性予以充分举证；其次，为平等保护双方利益起见，宜增加一前置程序，即建议雇主向雇员先行发出即将"撬桌破锁"的告知函，希望对方届时到场，并给予对方合理的回复期限，此种告知函的送达宜进行公证保全；再次，公证人需要从形式上审查履行劳动合同的过错方是哪一方，如雇主恶意单方解除劳动关系并要求公证保全"撬桌破锁"之类行为的，公证一旦介入恐有"助纣为虐"之嫌。

> 公证人需要作合法性考量的因素，除了保持客观、公正，同时可能还需要顾及对弱势一方的保护……

（四）公证前提与后果的合法——"合法"的实务展开之三

1. 公证保全前提的合法

公证保全证据活动前提是否合法，大致可以从三个方面加以考量，一为申请人与公证保全事项需有形式上之利害关系，一为不违反实体法的规定，一为谨慎对待可能涉及民事以外领域的证据。

（1）申请人与公证保全事项需有形式上之利害关系

①相关司法观点

《公证法》第31条第2款规定，公证申请人与公证事项需具有利害关系，没有利害关系的，公证机构不予办理公证。就公证保全证据活动而言，依来自审判机关的观点，此种利害关系应为形式上的利害关系，公证人对此需进行必要的形式审查：

> 众所周知，任何民事诉讼的启动源于当事人的起诉行为，而当事人的起诉源于其享有诉权，这种诉权，即当事人认为其权益受到侵害，要求人民法院行使审判权来维护其自身合法权益的权利。诉权更多地体现为一种程序上的请求权，与实体请求权不同，它的目的仅在于发动诉讼程序，所以我国《民事诉讼法》对原告的要求仅限于与本案有直接利害关系，即"认为其权益受到侵害"，从起诉的层面上看，对其实体请求权是否成立不作出进一步的要求。同理，当事人向公证机

构提出证据保全的申请,是保全其权利受到侵害的事实状态或法律行为;当事人之所以申请保全证据公证,也正是使其实体请求权获得更充分的证据材料的支持,从某种意义上说,申请保全证据公证也是一种行使程序请求权的行为。当民事主体认识到某个行为或事实对其权利义务的增减产生影响时,对该行为或事实的法律认定就会成为影响其切身利益的一个重要因素,因此该民事主体会请求有关机关对此行为或事实产生的权利义务关系进行确认。如果是向公证机构提出,即表现为申请保全证据公证。由于民事主体的这一申请也会影响到其他民事主体的权益,为防止当事人滥用保全证据公证,故要求申请人必须是与公证事项涉及的法律关系具有利害关系的主体。

这里的利害关系……应理解为"形式上的利害关系",即公证机构应当要求申请公证的主体提供相应的材料,证明其与公证事项具有利害关系,并且公证机构对此类证据的审查应当进行必要的形式审查。

……申请此类公证的当事人在获得保全公证之后,大多会付诸诉讼,因此公证机构对此类保全公证申请更应慎重应对,通过对申请人资质和利害关系的审查,达到防止当事人滥诉,杜绝与公证事项毫无关联的申请人恶意扰乱市场经济秩序的行为。[314]

②程序性活动与程序请求权

前已述及,公证活动是一种程序性活动,但是,需要加以讨论的是,公证当事人所享有的申请办理公证的权利即公证请求权是否类似甚至等同于诉权,属于一种程序上的请求权?从制度设计来看,两者并不完全等同。在一般的民事诉讼活动中,诉权与实体请求权属于两种不同的权利,前者在于启动诉讼程序,后者在于主张某一项实体意义上的权利与义务,对此,可参考学者之

---

[314] 逯遥:《知识产权民事诉讼中的保全证据公证》,载《北京公证》2010年第4期,此处引用时对原文顺序略有调整。

公法诉权说：

按照公法诉权说的解释，诉权在性质上不是依据私法上的请求权派生的权利，而是一种公法上的权利，因此诉讼法上的"诉"和实体法上的"请求"具有不同的性质，前者是针对法院提起的诉讼上的请求，后者是针对民事主体向对方提起的私法上的请求。在这个意义上，建立在公法诉权说基础上的诉讼法属于公法的范畴，它是与实体法相独立的法律部门。公法诉权说认为，诉权是诉讼上的权利和公法上的请求权，不是对于被告的权利，而是对于国家司法机关的权利；诉权不是依附于民事实体权利，而是独立于民事实体权利之外。[315]

但是，在公证活动中，公证请求权与诉权的运行正好相反，当事人的公证请求权既可独立于实体请求权单独存在，也可与实体请求权合二为一，即在启动程序请求权的同时一并启动实体请求权，前者最为典型的情形就是公证保全证据活动，此种公证活动仅产生程序——公证程序上的效力，并不产生实体效力，实体效力有待有权机关如法院、仲裁机构、行政机关对公证证据的效力加以认定才能产生；后者如公证证明亲属关系、基于已赋予强制执行效力的公证债权文书出具执行证书等，都可视为确权类公证，即通过公证请求权启动公证程序以确认某一实体意义上或人身或财产之权利义务关系。明确这一区分，不仅有利于法官和公证人正确把握对于申请人与公证保全证据事项是否具有利害关系的审查限度，也有利于公证人把握公证保全证据活动合法性审查的范畴。

③实践中的把握界线

实践中，如何从形式上对公证申请人与公证保全事项是否有利害关系进行审查和认定？对此，司法实践中存在争议，争议的

---

315 江伟、邵明、陈刚著：《民事诉权研究》，法律出版社2002年版，第18页。

焦点较多地集中在诉讼代理人或律师事务所能否视为与公证保全事项具有利害关系。对此，不同地区审判机关的观点不一，例如，湖南省高级人民法院持"被动审查说"，未予明确表态，浙江省高级人民法院则持"关联说"。湖南省高级人民法院在致湖南省司法厅的《司法建议书》中提出："在不少案件的公证证据中，公证申请人为案件的诉讼代理人或律师事务所。对此，若对方当事人无异议，法院对公证申请人资格一般不主动审查，对申请人非为公证事项的利害关系人的公证书予以采信。但是，在对方当事人提出异议的情况下，法院依据《公证法》、《公证程序规则》对公证书进行审查，对非利害关系人为申请人的公证书不予采信。"[316] 此后，湖南省高级人民法院在这一问题上的态度似乎又有所变化，明确了代理人可以认定为与公证保全事项具有利害关系，湖南省高级人民法院、湖南省司法厅《关于办理电子信息保全证据公证及对电子信息保全证据公证书审查、认定的联合规定》（征求意见稿）规定："被侵权人的委托代理人申办电子信息保全证据公证，应当认定其与申请保全的电子信息证据有法律上的利害关系。"[317]

相比之下，浙江省高级人民法院民三庭《关于知识产权民事诉讼中公证证据的审查与认定的指导意见（试行）》提出的认定标准较为公允、可行：

> 公证申请人应当与申请公证的事项存在利害关系。以证据保全为公证事项的公证证据，如果申请人不是案件的当事人，而是其委托代理人、关联企业或企业员工等与其有一定关系的自然人、法人或其他组织的，可认定该申请人与公证事项存在利害关系。[318]

---

316 湖南省高级人民法院《司法建议书》（湘高法函〈2010〉103号）。

317 湖南省高级人民法院、湖南省司法厅《关于办理电子信息保全证据公证及对电子信息保全证据公证书审查、认定的联合规定》（征求意见稿）。

318 浙江省高级人民法院民三庭《关于知识产权民事诉讼中公证证据的审查与认定的指导意见（试行）》（浙法民三〈2010〉5号）第5条。

公证行业人士认为，公证保全证据的申请人与民事实体法上的当事人、民事诉讼法上的当事人未必是同一概念，诉讼代理人或律师事务所可否作为公证保全证据申请人，需要对不同情形加以区分：

> 律师事务所作为保全证据公证事项的申请人，的确不符合经典的民法授权规则，但《合同法》第 403 条为此提供了正当性依据，即使律师事务所暂时不能提供被侵权人的授权，基于利益衡量的考量，公证机构也可先予保全，只是需在经被侵权人授权（包括追认）后再行出具和送达公证书。如果律师事务所申办公证的目的仅为公益，如向有关部门举报侵权行为，则无需经得被侵权人之授权，公证机构可予保全但应在公证书中载明申办理由和目的，以防止公证书被滥用。[319]

（2）不违反实体法的规定

公证保全证据活动不应违反实体法的规定，试以两起最终未予办理的公证保全文书送达的个案为例。

在一起公证案例中，某银行提出公证保全送达文书的申请。该银行为 A 公司的债权人，经司法拍卖，成为 A 公司原拥有的某大厦新的所有权人。此前，该大厦已由 A 公司出租给多家商户，租赁期限均未到期，银行向公证处申请保全银行向全体承租商户送达《解除租赁关系通知书》的过程。公证人认为，买卖不破租赁是民法的基本法理，本案如果办理公证保全会影响民事法律关系的安定性，引发纠纷，显然，某银行申请公证保全送达的文件内容及公证的目的与法概不相符，故拒绝受理这一公证申请。

再看另一起案例中公证人的办案心得：

> 笔者曾经受理过一起保全送达文书公证，申请方是一家有限责任公司（以下称"甲公司"），该公司将自己名下的一

---

319 拉丁鹰工作室：《2010 年 10 大公证事件评析》，载《中国公证》2011 年第 2 期。

处国有土地使用权转让给另一家有限公司(以下称"乙公司"),双方就转让事宜签订了转让合同。后在支付价款时发生争议,甲公司要求乙公司将价款转入其法定代表人的个人账户,乙公司因此拒绝支付。于是甲公司来公证处,申请对其给乙公司的一份催告函的邮寄送达进行公证。其催告函的内容为:"乙公司,请在×年×月×日将款项转入×××(甲公司的法定代表人)的账户,如不按时支付,甲方将解除合同"。审查其催告函内容后,公证人员中出现两种观点,一种观点认为只公证证明其送达行为,对其送达文书的内容不予核实,因此该项公证可以办理。另一种观点认为,该公证不予受理,虽然公证员对其送达文书的真实性不予证明,并不意味着对其内容的合法性不予审查,其内容违反了相关法律及双方先前签订的转让合同,应当不予受理。笔者同意后一观点,《指导意见》[320]规定的对送达文书的真实性不予证明,应当理解为对其送达文书的内容的真实性不作实质性的审查,但须进行必要的形式审查,所以送达文书的内容的合法性公证处必须审查。另外,从公证的预防纠纷减少诉讼的角度来讲,公证员也应该对其内容进行审查,否则,就上述公证事项而言,很有可能造成新的纠纷。[321]

(3)谨慎对待民事以外领域的公证保全证据需求

《公证法》未明确规定公证人是否可以对民事以外领域例如刑事案件涉及的证据进行保全。就公证保全证据制度的基本内涵而言,应限于民事和行政纠纷以及行政执法证据的保全,虽然保全民事侵权事实有时也可能会对侵权主体承担刑事责任产生影响,但是,在明知当事人申请的公证保全证据事项属于刑事证据的情况下,公证人显然需要特别谨慎对待,一位公证员曾经有过这样的经历:

---

[320] 指中国公证协会《办理保全送达文书证据公证的指导意见》(2012年8月28日中国公证协会第六届常务理事会第九次会议通过)。

[321] 陈胜民、蒋丽:《保全证据公证实务探析》,载《中国司法》2010年第6期。

笔者曾接到某当事人的申请，提出对假冒其注册商标的产品购买几百上千捆。这么大量的购买，显然有其特殊的目的，不是作为民事案件的证据使用。追问其公证目的，当事人大量购买果然是因痛恨侵权方造成了其产品销量一落千丈，为一锤定音、量变到质变，使侵权方达到定罪量刑的标准。[322] 鉴于此，公证员耐心地跟他做好解释说明工作，公证机关只介入民事领域的保全证据事项，涉及知识产权刑事案件的侦查、取证应由公安机关代表国家依法行使，他的申请公证处不能受理。[323]

　　对于公证人来说，需要明确的是，公权力机关依职权侦查或审理的刑事案件所涉及的证据，不宜进行公证证据保全。

　　2. 公证保全后果的合法

　　公证保全的后果，并不是指公证保全证据活动产生的客观后果，而是指公证人理应预见的、公证保全证据活动有可能直接导致的显而易见的法律后果。公证保全后果是否合法，是公证人在保全证据活动中需要考量的重点之一，这主要是基于公证人和公证制度两个方面的因素，简而言之，一是人的因素，一是制度的因素。

　　所谓人的因素，是指在包括保全证据活动在内的各类公证活动中，公证人不宜仅仅将自己视为"证明人"，而应将自身的角

---

[322] 销售假冒注册商标的商品罪的规定见《刑法》第214条："销售明知是假冒注册商标的商品，销售金额数额较大的，处三年以下有期徒刑或者拘役，并处或者单处罚金；销售金额数额巨大的，处三年以上七年以下有期徒刑，并处罚金。"最高人民法院和最高人民检察院联合颁布的《关于办理侵犯知识产权刑事案件具体应用法律若干问题的解释》第2条规定："销售明知是假冒注册商标的商品，销售金额在五万元以上的，属于刑法第214规定的'数额较大'，应当以销售假冒注册商标的商品罪判处三年以下有期徒刑或者拘役，并处或者单处罚金。"

[323] 石海妹：《知识产权领域保全证据公证办理与运用初探》，载《广东公证》2010年第4期。

色定位为法律职业人:

> 在公证业务活动中第一位的就是要考察公证申请人申请公证的目的。通过我们的工作,或者使申请人合法地达到自己的目的;或者为申请人找到达到目的的途径。审视、引导、规范行为人的行为,是保障公证活动合法的前提。我们在坚持程序完美的前提下,尽量避免不良后果,将不良预期预防在办理公证之中,是每一个法律职业人应该有的素质。[324]

所谓制度的因素,前已论及,是指作为一种制度安排,公证的价值在于预防纠纷或促进纠纷的解决,而不是引发纠纷,包括公证保全证据活动在内的一切公证活动都不应偏离这一基本价值。有的法官认为,公证保全证据活动"需对公证申请人所采取的取证行为可能造成的后果进行预判,对其可能造成的不利影响与其准备保护的自身权益进行衡量"[325]。对此,公证行业自身的业务规范也有相关规定,例如,中国公证协会《办理保全送达文书证据公证的指导意见》第5条规定,当事人申请保全送达的文书如"含有对受送达人威胁、恐吓、侮辱的内容的"[326],不予办理公证。在一起公证保全证据案例中,公证员最终未予办理公证,未予办理的理由是公证证据的形成有可能不具备客观性,公证保全证据活动的后果易致争议,从而与公证制度的价值相背离:

> ……有一个当事人的鱼塘面临被政府征用,在征用过程中双方对鱼塘的深度不能达成共识,故当事人希望对专业测量机构测量鱼塘深度的过程进行保全。简单分析,该公证可以办理,并且当事人办理公证的目的合法,但是,等本承办

---

[324] 王士刚:《有法律意义的事实和文书公证》,载中国公证协会培训部编:《公证员任职前培训班授课提纲》,2013年印行。

[325] 逯遥:《知识产权民事诉讼中的保全证据公证》,载《北京公证》2010年第4期。

[326] 中国公证协会《办理保全送达文书证据公证的指导意见》(2012年8月28日中国公证协会第六届常务理事会第九次会议通过)。

人员到现场才发现，专业测量机构对该鱼塘深度的测量过程不具有我们所认定的"客观性"，如果我们为其出具公证书，则当事人很可能以该份公证书作为其鱼塘深度的最终结论，……为避免以后发生争议，故本承办人员最终认定该公证不宜办理。所以，在保全证据公证中还是应该有所为有所不为。[327]

又如，在现实中，公证保全所谓夫妻之间不忠的手机短信或电子邮件一直存在较大的争议，为了防止公证保全证据活动产生负面的后果，某些公证人办理这类保全证据公证采取了不同于常规的方法，以防止侵犯公民的隐私权：

> 比如说夫妻之间不忠的短信是当事人在离婚案件中使用的，有利于证明对方没有履行夫妻之间的忠诚义务，在婚姻过程中是有过错的。但是这类信息获取手段的合法性以及进行公证的目的都是受到质疑的。当事人在这类公证书出具以后可能并不是用于诉讼，而是对第三者进行敲诈或对自己的配偶进行威胁，从而形成新的纠纷，这与设立公证制度的目的是不符的。所以现在有的公证处采取限制的措施，比如公证完毕以后，公证书不直接发放给当事人，而是作为密卷留存在公证处的档案室中，只在审理离婚案件时直接提供给法院。[328]

---

327 邹佳璇：《关于证据保全的看法》，载昆明市明信公证处《拉丁鹰》2008年第2期。

328 段伟：《保全证据公证的若干问题》，载《公证研讨》2005年第2期。

第三部分　不是结尾的"结尾"

九、初步研究得出的若干观点

本文讨论至此，我们可以作一个初步的小结。在公证保全证据活动如实、客观、合法三项基本准则中，如果说，如实构成了公证保全证据活动的基础，客观排斥了公证人在保全证据活动中进行"自由心证"的可能性，成为公证保全证据活动的底色，那么，合法则确立了如实的方向，三者相互之间的关系如图所示（见图表14：《公证保全证据活动诸准则之间的关系》）：

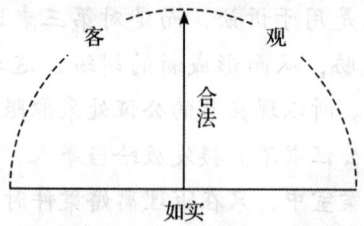

图表14：公证保全证据活动诸准则之间的关系

更为形象地讲，公证保全证据活动三项基本准则中，"如实"犹若公证之舟装载的"货物"，"客观"是公证之舟前行的航道，"合法"是闪耀在前方的灯塔，忽视三者中的任何一项，都将偏离公证制度和司法制度的基本价值。面对公证保全证据活动，无论是公证人或是法官，都肩负着知识产权保护以至促进司法公正的实现和保障人民权利的重任，因而，坚守如实、客观、合法三项基本准则，同时积极回应新情况、解决新问题，势必任重而道远。

附 录

本文图表名称一览

图表1：全国公证机构办理公证保全证据案件数量（2008—2012年）

图表2：上海市东方公证处公证保全证据案件受理数量（2008—2012年）

图表3：北京市公证处公证保全证据案件结案数量（1994—2003年）

图表4：浙江省知识产权诉讼涉案公证证据数与公证证据案件数（2007—2009年）

图表5：北京市专利侵权诉讼案件涉公证证据数量及比例（2009—2011年）

图表6：北京市专利侵权诉讼案件涉公证证据类型及比例（2009—2011年）

图表7：全国各级人民法院审理知识产权案件数量统计（2008—2012年）

图表8：私力救济的类型

图表9：浙江省知识产权案件中瑕疵及未被采信的公证证据（2007—2009年）

图表10：上海市黄浦区人民法院涉网络公证保全证据瑕疵（2007—2010年）

图表11：最高人民法院有关公证保全证据司法观点要览（2002—2011年）

图表12：司法部有关公证保全证据规范要览（1993—2013年）

图表13：中国公证协会公证保全证据类指导意见要览（2004—2012年）

图表 14：公证保全证据活动诸准则之间的关系

本文援引的部分判例 / 判决例名称

A

安庆帝伯格茨活塞环有限公司与任海兵侵犯商标专用权纠纷案，湖北省武汉市中级人民法院（2010）武知初字第 135 号民事判决书。

B

北京北大方正集团公司、北京红楼计算机科学技术研究所与北京高术天力科技有限公司、北京高术科技公司计算机著作权侵权纠纷案，北京市第一中级人民法院（2001）一中知初字第 268 号民事判决书，北京市高级人民法院（2002）高民终字第 194 号民事判决书，最高人民法院（2006）民三提字第 1 号民事判决书。

北京时代宏雅家具有限公司与陈某及其公司擅自使用他人企业名称纠纷案，北京市第一中级人民法院（2009）一中民初字第 575 号民事判决书。

毕淑敏与淮北市实验高级中学侵犯著作权纠纷案，安徽省高级人民法院（2009）皖民终字第 0014 号民事判决书。

鲍振林与诸暨市织物热膨胀补偿器厂等实用新型专利权纠纷案，浙江省高级人民法院（2000）浙经终字第 377 号民事判决书；浙江省高级人民法院课题组：《关于知识产权民事诉讼中公证证据审查与采信的调研》（讨论稿）。

H

华盖创意（北京）图像技术有限公司与中国外运重庆有限公司侵犯著作权纠纷再审案，最高人民法院（2010）民提字第 199 号民事判决书；辛红：《最高院改判一涉外著作权纠纷，全球最大图像素材公司中国代理商转败为胜》，载《法制日报》2011 年

1月4日。

J

济南二建集团工程有限公司与山东省公证处撤销公证书纠纷案，济南市中级人民法院（2005）济行终字第188号行政判决书。

L

刘京胜与搜狐爱特信信息技术（北京）有限公司侵犯著作权纠纷案，北京市第二中级人民法院（2000）二中知初字第128号民事判决书。

S

山西化工机械厂与山西省第二公证处撤销保全证据公证书纠纷案，太原市迎泽区人民法院（2005）迎行初字第3号行政判决书。

X

新传在线（北京）信息技术有限公司与中国网络通信集团公司自贡分公司侵犯信息网络传播权纠纷案，四川省高级人民法院（2008）川民终字第185号民事判决书，最高人民法院（2008）民申字第926号民事裁定书；最高人民法院《知识产权案件年度报告》（2008）。

徐××与宋××、刘××名誉侵权纠纷案，上海市静安区人民法院（2009）静民一（民）初字第779号民事判决书，上海市第二中级人民法院（2010）沪二中民一（民）终字第190号民事判决书。

Z

茱莉亚·班纳·亚历山大与新东方迅程网络科技有限公司、北京新东方教育科技（集团）有限公司侵犯著作权纠纷案，袁伟：《从司法实践中的实际效果出发浅谈公证中存在的几个问题》，载《北京公证》2009年第1期。

郑州市隆埠商贸公司与管城区司法局/公证处撤销公证书纠纷案，韩俊杰、刘娜：《一公证处违法公证被法院撤销》，载《中国青年报》2005年3月22日。

参考文献

规范性文件/法律资料：

最高人民法院《关于审理著作权民事纠纷案件具体适用法律若干问题的解释》（2002年10月12日法释〈2002〉31号公布，2002年10月15日起施行）；

最高人民法院《关于印发〈关于审理证券行政处罚案件证据若干问题的座谈会纪要〉的通知》（法〈2011〉225号）；

最高人民法院《人民法院工作年度报告》（2009），人民法院出版社2010年6月版；

最高人民法院《人民法院工作年度报告》（2010），人民法院出版社2011年5月版；

最高人民法院《人民法院工作年度报告》（2011），人民法院出版社2012年3月版；

最高人民法院《人民法院工作年度报告》（2012），人民法院出版社2013年5月版；

最高人民法院《知识产权案件年度报告》（2008）；

司法部《房屋拆迁证据保全公证细则》（1993年12月1日，司法部第29号令）；

司法部、国家版权局《关于在查处著作权侵权案件中发挥公证作用的联合通知》（1994年8月26日，司发通〈1994〉070号）；

司法部律师公证工作指导司《关于〈关于公证处办理证据保全公证中对物证能否采用封签进行封存的请示〉的复函》（1999年12月3日〈99〉司律公函091号）；

司法部《关于深化公证工作改革的方案》（国务院2000年7

月31日批准，司法部2000年8月10日印发）；

司法部《关于贯彻〈关于深化公证工作改革的方案〉的若干意见》（2000年9月5日，司发通〈2000〉121号）；

司法部律师公证工作指导司《关于开展合作制公证处试点工作的通知》（2000年1月19日，〈2000〉司律公字第001号）；

司法部《关于从通过国家司法考试人员中录用公证员的通知》（2001年11月13日，司发通〈2001〉114号）；

司法部《关于物权法应当设立法定公证制度的建议》（司发函〈2004〉205号）；

司法部办公厅《关于进一步规范保全证据公证业务有关问题的通知》（2005年7月7日，司办通〈2005〉49号）；

司法部《公证程序规则》（2006年5月18日颁布、7月1日施行，司法部令第103号）；

司法部律师公证工作指导司编：《司法部律公司简报》第9期，2013年4月9日印发；

司法部律师公证工作指导司编：《公证书格式》（2011年版），法律出版社2011年版；

中国公证协会《办理保全证据公证的指导意见（修订）》（2004年8月18日中国公证员协会第四届理事会第三次会议通过，2008年11月25日中国公证协会第五届常务理事会第七次会议修订通过）；

中国公证协会《办理保全互联网电子证据公证的指导意见》（2013年1月7日中国公证协会第六届常务理事会第七次会议通过）；

中国公证协会《办理保全送达文书证据公证的指导意见》（2012年8月28日中国公证协会第六届常务理事会第九次会议通过）；

中国公证协会业务规则委员会《关于〈办理保全送达文书证据公证的指导意见〉（送审稿）的说明》，载中国公证协会编：《中国公证协会公证业务规范汇编》，法律出版社2012年版；

上海市高级人民法院《关于印发〈关于涉及公证民事诉讼若干问题的解答〉的通知》（沪高法〈2006〉313号）；

司法视野中的公证保全证据

浙江省高级人民法院民三庭《关于印发〈关于知识产权民事诉讼中公证证据的审查与认定的指导意见（试行）〉的通知》（浙法民三〈2010〉5号）；

湖南省高级人民法院、湖南省司法厅《关于办理电子信息保全证据公证及对电子信息保全证据公证书审查、认定的联合规定》（征求意见稿）；

湖南省高级人民法院《司法建议书》（湘高法函〈2010〉103号）；

山东省高级人民法院《关于加强网络环境下公证保全证据工作的司法建议书》，载《第九届齐鲁公证论坛资料》，2011年印行；

重庆市渝中区人民法院《司法建议书》（中区法建〈2012〉10号）；

上海市东方公证处《办理保全证据公证的若干规定》，载《上海市东方公证处规章制度总汇》，2009年印行；

上海市东方公证处业务指导委员会编：《公证业务指导意见汇编》（2004年1月—2008年7月）；

上海市东方公证处《公证质量通报》2012年第4期；

《办理保全送达证据公证现场记录》（提纲），载山东省公证协会编：《公证机构常用询问提纲和告知书参考格式》，2008年印行；

日本《公证人法》，日本公证人联合会译，载司法部律师公证工作指导司编：《中外公证法律制度资料汇编》，法律出版社2004年版；

韩国《公证人法》，吴允译，张维谦校，载司法部律师公证工作指导司编：《中外公证法律制度资料汇编》，法律出版社2004年版；

德国《证书法》（1068年8月28日颁布，1970年1月1日生效，1988年前已有数次修改），载司法部律师公证工作指导司编：《中外公证法律制度资料汇编》，法律出版社2004年版；

法国《新民事诉讼法法典》，罗结珍译，中国法制出版社1999年版。

工具书：

中国社会科学院语言研究所词典编辑室编：《汉英双语现代汉语词典（2002年增补本）》，外语教学与研究出版社2002年版；

《新华字典》（第10版），商务印书馆2004年版。

论著：

[美]理查德·鲁梅尔特著：《好战略，坏战略》，蒋家强译，中信出版社2013年版；

毕玉谦主编：《〈最高人民法院关于民事诉讼证据的若干规定〉理解与适用》，中国民主法制出版社2002年版；

费孝通著：《乡土中国·生育制度》，北京大学出版社1998年版；

江伟、邵明、陈刚著：《民事诉权研究》，法律出版社2002年版；

梁桂生主编：《公证实务》，香港天马图书有限公司2001年版；

梁慧星著：《裁判的方法》，法律出版社2003年版；

梁慧星著：《民法总论》（第2版），法律出版社2001年版；

龙宗智著：《刑事庭审制度研究》，中国政法大学出版社2001年版；

潘庆云主编：《法律文书范例评析》，复旦大学出版社2005年版；

司法部律师公证工作指导司编：《2006年全国公证岗位培训大纲》，法律出版社2006年版；

司法部、中国公证协会编：《公证程序规则释义》，法律出版社2006年版；

王胜明、段正坤主编：《中华人民共和国公证法释义》，法律出版社2005年版；

奚晓明主编、最高人民法院民事审判第二庭编：《最高法院商事审判指导案例——借款担保卷》，中国法制出版社2011年版；

台北律师公会主编：《法律伦理》，五南图书出版股份有限公司2011年版；

汤维建：《民事证据立法的理论立场》，北京大学出版社2008年版；

徐昕著：《论私力救济》，中国政法大学出版社2005年版；

薛凡著：《研究生公证法学讲义》，未刊稿；

薛凡主编：《公证文书改革参考》，厦门大学出版社2012年版；

叶自强著：《现代公证制度应用研究》，中国民主法制出版社1996年版；

张俊浩主编：《民法学原理》（修订第3版）上册，中国政法大学出版社2000年版；

郑云鹏：《公证文书之效力及瑕疵公证文书救济方法之研究——以公证文书在民法、民事诉讼法、强制执行法所生效力为中心》，台湾私立东海大学法律学研究所2010年博士论文；

郑云鹏著：《公证法新论》（第3版），元照出版公司2005年版；

卓萍主编：《公证法学概论》，法律出版社1988年版。

文章：

［美］杰拉尔德·J.鲍斯特玛：《适于法律的客观性》，杜红波译，载［美］布赖恩·莱特编：《法律和道德领域的客观性》，高中等译，中国政法大学出版社2007年版；

［法］贝尔纳·莫甘：《委托》，载上海中法公证法律交流培训中心《通讯》2013年第3期；

包文捷、谭志鹏：《"如果你停下来，世界不会等你"——全国优秀公证员薛凡访谈录》，载《中国公证》2007年第10期；

《保全证据公证 打赢网络官司》，载《公证故事》（1），上海市东方公证处2013年编印；

《对民事案陷阱取证方式应进行利益衡量》，载《人民法院报》2007年3月26日；

《公司撬开员工办公桌的保全证据公证能否受理》，载中国公证协会业务指导委员会编：《中国公证协会业务咨询汇编》（二），2009年印行；

《公证人十诫》，张怡婷译，载台湾地区公证协会主办《公证法学》第7期；

《进一步完善网络证据保全公证——第八期青年公证人沙龙活动侧记》，载《上海公证》2012年第2期；

《能否对银行依法开凿保险箱办理保全证据公证》，载中国公证协会业务指导委员会编：《中国公证协会业务咨询汇编》（三），2011年印行；

《能否为同一诉讼双方当事人分别办理保全证据公证》，载中国公证协会业务指导委员会编：《中国公证协会业务咨询汇编》（三），2011年印行；

《首例涉美软件著作权案涉及的几个问题——美国微软公司诉北京高立电脑公司计算机软件侵权案》，载宿迟主编：《知识产权名案评析》，人民法院出版社1996年版；

《专题：秀水"封摊"事件考验保全证据公证》，载北京市方正公证处《思考·2009保全证据专刊》；

陈胜民、蒋丽：《保全证据公证实务探析》，载《中国司法》2010年第6期；

陈勇：《我能否相信自己——写在初任公证员之际》，载《公证研讨》2009年第3~4期；

戴辉利：《证据保全成铁证 合法权益得保障》，载薛凡主编：《公证文书改革参考》，厦门大学出版社2012年版；

段伟：《保全证据公证的若干问题》，载《公证研讨》2005年第2期；

高毅龙：《知识产权诉讼中应当注意的问题》，载中国公证协会培训部组编：《保全电子信息证据公证培训班学习资料》，2011年印行；

何思明：《公证文书与公证公信力——以保全证据类公证书为视角》，载《广东公证》2013年第2期；

胡晓瑾：《对出租房屋的遗留物进行证据保全的办案思路——从一个案例谈起》，载上海市东方公证处编：《公证案例评析汇编》（一），2009年印行；

胡晓丽：《评介一份产品保全公证书》，载薛凡主编：《公证文书改革参考》，厦门大学出版社2012年版；

湖南省衡阳市司法局公律科：《公证为民暖人心——记衡州公证处第一时间进驻太平洋商场火灾现场》，载《湖南公证通讯》2012年第2期；

黄祎：《现实与前瞻——互联网时代背景下的中国公证》，载《浙江公证》2013年第4期；

《公证人应成为保障民生、维护民主的中坚力量》（江平先生语录），载《公证研讨》2013年第2期；

江国华：《转型中国的司法价值观》，载《法学研究》2014年第1期；

江苏省司法厅公证管理处：《江苏省高级人民法院和江苏省司法厅侵犯知识产权保全证据公证工作座谈会纪实》，载《江苏公证》2013年第1期；

蒋媛媛：《浅谈证据保全公证中非法证据排除》，载湖南省公证协会编：《湖南省公证工作理论调研论文集》，2010年印行；

康景林：《不符公证程序　山西省某证据保全公证无效》，载《山西晚报》2005年6月10日；

拉丁鹰工作室：《2010年10大公证事件评析》，载《中国公证》2011年第2期；

李浩：《〈证据规定〉与民事证据规则的修订》，载《中国法学》2011年第3期；

李浩：《利益衡量的杰作　裁判方法的典范——评北大方正案》，载《人民法院报》2007年3月26日；

李华玺：《把握好公证审查的特性——公证审查的要求因公证对象而不同》，载《公证研讨》2005年第4期；

李冬梅：《有关私下录音公证的法律探讨》，载北京市中信公证处《中信公证》创刊号；

辽宁省台安县公证处：《假种子坑农民起事端，证据保全排忧难》，载司法部公证司编：《公证案例选编》，法律出版社1999年版；

林奇:《网络视频侵权之公证分析》,载《公证研讨》2013年第2期;

林万钟:《公证书常见语法错误辨析》,载薛凡主编:《公证文书改革参考》,厦门大学出版社2012年版;

凌崧、凌宗亮:《网络证据保全公证的现实困境与完善建议——以上海市黄浦区人民法院的知识产权审判实践为样本》,载《重庆邮电大学学报》(社会科学版)2012年第3期;

刘疆:《制订〈办理保全电子证据公证的指导意见〉中的争议问题》,载中国公证协会培训部组编:《保全电子信息公证培训班学习资料》,2011年印行;

逯遥:《知识产权民事诉讼中的保全证据公证》,载《北京公证》2010年第4期;

缪国平、王尚虎:《通过判例看网络证据保全公证应注意的几个问题》,载《江苏公证》2011年第1期;

潘清:《黄浦发生拆迁居民猝死事件》,载《东方早报》2010年12月3日;

齐京凯:《数字时代侵权取证的严峻挑战》,载《北京公证》2010年第5期;

钱俊:《突破,不仅仅是公证文书——析保全证据公证是否仅限于民事诉讼前》,载薛凡主编:《公证文书改革参考》,厦门大学出版社2012年版;

邵晖:《从"疯狂的石头"案谈网络证据保全公证之完善》,载上海市公证协会汇编:《上海市公证论文集》(2009);

沈一韬、彭建波、朱天昊整理:《保全证据公证及其司法裁量——法官、律师与公证员专题学术沙龙实录》,载《公证研讨》2010年第3期;

施翔:《一起产品保全案公证书的分析》,载薛凡主编:《公证文书改革参考》,厦门大学出版社2012年版;

石海妹:《知识产权领域保全证据公证办理与运用初探》,载《广东公证》2010年第4期;

孙晓龙:《办理保全证据公证 促进社会和谐稳定——徽元

公证处开展保全证据公证业务的经验和做法》，载《安徽公证》2011年第2期；

谈者：《如何办理好证据保全公证》，载《南京公证》2010年第2期；

谭乃文：《打造完美证据链——基于专利侵权诉讼中公证证据的实证分析》，载北京市长安公证处《长安人》2013年第1期；

汤维建：《私自录音录像能否当证据——"未经对方同意"未必"非法"》，载王进、林波著：《权利的缺陷——中国司法亟待解决的问题》，经济日报出版社2001年版；

王猛、姚瑶、祝璐：《知识产权案件中的"维权镖客"》，载《民主与法制》2011年第16期；

王士刚：《审视核心价值，提升处内文化》，载北京市方正公证处《思考》2012年第2期；

王士刚：《网络证据保全公证操作中应当注意的问题》，载中国公证协会培训部组编：《保全电子信息证据公证培训班学习资料》，2011年印行；

王士刚：《有法律意义的事实和文书公证》，载中国公证协会培训部编：《公证员任职前培训班授课提纲》，2013年印行；

王艳芳：《互联网知识产权纠纷中公证书的证明力问题》，载《中国知识产权杂志》网络版2009年4月；

王艳凤：《对制作〈现场工作记录〉的探讨与研究》，载《中国公证》2012年第12期；

魏大海：《知识产权侵权之诉中公证书的采信——湖北武汉中院判决安庆帝伯格茨活塞环有限公司诉任海兵侵犯商标专用权纠纷案》，载《人民法院报》2010年9月9日；

吴凤友：《保全证据公证》，载中国公证协会培训部编：《公证员任职前培训班授课提纲》，2013年印行；

吴凤友：《谈谈保全证据与现场监督公证实务》，载《公证研讨》2004年第3期；

吴凤友：《保全证据公证若干问题讨论》，未刊稿；

《薛凡主任在要素式公证书培训班授课内容摘要》（2002年

12月21日），载《南京公证通讯》2003年第1期；

薛凡/前方：《远航——〈公证文书改革参考〉出版答问》，载薛凡主编：《公证文书改革参考》，厦门大学出版社2012年版；

薛凡：《公证执业技能探讨——2006年在全国公证岗位培训师资班上的讲稿》，未刊稿；

薛凡：《程序四论——〈公证法〉有关公证程序规定的初步解读》，载《中国司法》2005年第11期；

薛凡：《公证文书改革的理念与方法》，载施汉生主编/司法部司法行政学院组织编写：《公证法律理论与实务名家讲座》，中国青年出版社2012年版；

薛凡：《公证文书与公证实务》，载中国公证协会培训部编：《公证员任职前培训班授课提纲》，2013年印行；

薛凡：《让我们的职业思维走向更为广阔的方向——全国公证岗位培训考试案例题评析》，载《中国公证》2007年第1期；

薛凡：《冷静和不带偏见》，载《公证研讨》2013年第2期；

薛凡：《面向更为开阔方向的演进——为香港（中国）委托公证人授课讲稿》（2012年），载香港（中国）委托公证有限公司网站；

薛文成：《民商公证与审判实务中的若干问题》，载《公证研讨》2011年第3期；

谢斌：《略谈公证实务中的"预防性证据保全"》，载北京市中信公证处主办：《中信公证》2010年第1期；

辛红：《最高院改判一涉外著作权纠纷，全球最大图像素材公司中国代理商转败为胜》，载《法制日报》2011年1月4日；

徐明敏：《客观之多维度辨析——基于一起电子数据公证保全个案及其公证文书》，载薛凡主编：《公证文书改革参考》，厦门大学出版社2012年版；

颜丽莉、周振超：《规范公证行为　维护公证权威》，载《人民法院报》2013年2月7日；

杨和平：《实现证据的司法价值——保全证据公证书的基本意义》，载薛凡主编：《公证文书改革参考》，厦门大学出版社

2012年版；

杨和平：《秀水事件引起我对保全证据公证的一些思考》，载北京市方正公证处《思考·2009保全证据专刊》；

杨荣新：《做好公证工作，为现代化建设和经济体制改革服务》，载司法部律师公证司编：《公证文章选辑》，1986年印行；

于志强：《"陷阱取证"未必非法》，载《法制日报》2013年3月18日；

袁世祥：《你行走在真实与虚假之间》，杭州市国立公证处《公证苑》2009年第3期；

袁伟：《从司法实践中的实际效果出发浅谈公证中存在的几个问题》，载《北京公证》2009年第1期；

袁玮：《上海"最贵民告官案"开庭》，载《新民晚报》2013年12月27日；

赵大程：《发展公证事业 服务法治社会》，载《中国司法》2006年第1期；

《加快我国公证事业改革发展的步伐——张福森同志在中国公证员协会第四次代表大会上的讲话（摘要）》，载《中国公证》2002年第3期；

张福森：《关于〈中华人民共和国公证法〉（草案）的说明》，全国人大常委会法制委员会办公室2004年印行；

张鹏：《我国首起网络侵权案上午宣判 搜狐今天赔了3000元》，载《北京晚报》2000年12月19日；

张平：《充分发挥证明效力 做好保全证据公证》，载北京市中信公证处《中信公证》2010年第1期；

张卫平：《公证证明效力研究》，载《法学研究》2011年第1期，此文全文版载《公证研讨》2011年第2期；

张卫平：《论公证证据保全》，载《中外法学》2011年第4期、《公证研讨》2011年第4期；

张宇衡：《社会结构演变对于公证权性质的影响——访孙笑侠教授》，载《公证研讨》2014年第1期；

张志明、刘盛：《从谢晋名誉侵权案看网络证据保全公证》，载《公证研讨》2010 年第 3 期；

张忠斌：《诉讼"程序空转"：对程序价值的一种误读》，载《人民法院报》2012 年 11 月 1 日；

章彧甲、潘小烨、朱天昊整理：《保全证据公证的视角和方法——法官与公证员专题学术研讨实录》，载《公证研讨》2007 年第 1 期；

朱旻、柯菲菲：《一路风尘一路歌——两位女法官东北保全纪行》，载《人民法院报》2013 年 10 月 16 日、25 日；

朱天昊：《电子数据类公证基本技术问题的思考》，载《公证研讨》2010 年第 3 期；

朱自全：《办理软件保全证据公证的做法及体会》，载肖义舜主编：《公证——面向新世纪》，天津人民出版社 1998 年版；

祝维君：《公证，为名牌产品"撑腰壮胆"》，载司法部公证司编：《公证案例选编》，法律出版社 1999 年版；

庄建庭：《在行进中记录——对公证购买的新认识》，载《中国公证》2013 年第 5 期；

邹佳璇：《关于证据保全的看法》，载昆明市明信公证处《拉丁鹰》2008 年第 2 期；

左燕芹、王京：《"秀水事件"中的公证书案例写作分析及反思》，载北京市公证协会《办证参考》2009 年第 1 期；

浙江省高级人民法院课题组：《关于知识产权民事诉讼中公证证据审查与采信的调研》（讨论稿）；

浙江省高级人民法院课题组　徐杰：《关于知识产权民事诉讼中公证证据审查与采信的调研》，载《法律适用》2011 年第 1 期。

司法视野中的公证保全证据

A Brief Research on Judicial Opinion and Practice of Evidence Preservation Notarization

Abstract: Under the background of the rapid development of evidence preservation notarization, this paper will conduct an in-depth analysis on the judicial opinion on evidence preservation notarization in the view of judicial practice as well as legal theory, which is formed by judicial interpretation, legal precedents and judicial suggestions from judicial organs at all levels. Furthermore, this paper shall clearly put forward that the notary should follow three critical principles of faithfulness, objectivity and legality when engaged in evidence preservation.

作者感言：

　　曾为律师，现在公证行业为法律职业人，常年于多所大学为法科学子授课。深知所有的职业身份都有时间性，不可能永久保鲜，职位有效之时，更多地意味着责任；所有的荣誉都是过眼云烟，因为当得到荣誉之时，荣誉就已经成为历史。因而，当以努力进取为永久的情怀。

　　时刻关注全球法律资讯，但对专业和现有职业以外世界的变化更感兴趣，因为可能正是这些变化决定了法律和法律职业人包括自己未来的变化。

　　喜欢独立思考，喜欢创造，喜欢真诚的心灵，喜欢沐浴在自由清新的空气中。

　　最热爱的人：父母以及所有的家人；最持续的爱好：健身、旅游、阅读、欣赏音乐影视；最向往的景色：碧海蓝天。

比较研究

台湾地区公证人保全证据之功能与案例探讨

/ 郑云鹏

私立東海大學法律學研究所
博士論文

指導教授：郭振恭 教授　林更盛 教授

公證文書之效力及瑕疵公證文書救濟方法之研究
—以公證文書在民法、民事訴訟法、強制執行法所生之效力為中心
A Study on Validities of Notarial Certification and Remedies
of Wrong Notarial Certification
– respecting the Validities on Civil Code, Civil Procedure
Act and Civil Enforcement Act

研究生：鄭雲鵬

二〇一〇年八月

台湾地区公证人保全证据
之功能与案例探讨

郑云鹏*

概要：

在中国大陆、台湾地区抑或是在其他一些国家和地区，公证人保全证据在民事司法领域发挥着重要的作用，除促进程序、节省劳费之外，公证人保全证据在协助法官认定事实、保存证据之新鲜度方面有着更为显著之作用。本文从台湾地区私权事实体验公证书或称保全证据公证书在智慧财产权诉讼中的实际运用着手，通过对台湾地区智慧财产法院民事判决实例的分析，解析公证人保全证据之功能，检讨该项制度运用之实况，并对公证人保全证据的发展予以展望。

---

* 台湾地区民间公证人考试典试委员、郑云鹏民间公证人事务所负责人。

目次：

一、公证人保全证据与促进程序
二、私权事实体验公证书——以智慧财产权诉讼之运用为例
（一）概说
（二）台湾地区智慧财产法院若干民事判决实例[1]
（三）案例评析
三、现行制度运用实况之检讨及展望
（一）检讨
（二）展望

---

[1] 本文所引判决见台湾地区"司法院"网站，www.judicial.gov.tw/juds/index1.htm，点选"法学资料检索"，点选"裁判书查询"。

一、公证人保全证据与促进程序

公证制度的功能之一在于保全证据[2]。公证制度有预防纷争功能，但纵使发生纷争，在其解决过程，事前作成之公证书则常可发挥促进程序而助益节省劳费之作用[3]。更且，在作成有执行力公证书之场合，债权人即可迅速实现其权利，避免因必须通过诉讼程序所可能造成之时间、金钱、劳力等之浪费[4]。

更进一步言之，在审判程序中，法官最困难之工作即在于事实之认定[5]。盖审判为事后的审查，法官无法回到事件之最初，因此必须依赖当事人之举证及调查证据之结果进行判断，然而在判断过程中，法官往往产生发现真实与促进程序无法平衡之问题，而公证人在法律行为或私权事实形成之时，以其专业素养，忠实记录当时状况，保存证据之新鲜度，足凭为法官认定事实之重要

> 公证制度的功能之一在于保全证据。

---

2 台湾地区"立法院"第三届第二会期司法、法制两委员会审查"公证法修正草案"第二次联席会（1996年12月4日）邱联恭教授之发言，收于《"立法院"公报》第85卷第67期。

3 邱联恭著：《司法之现代化与程序法》，台湾三民书局1992年版，第162页。

4 通常，诉讼的进行往往要支出相当的劳力、时间或费用。这种事象的发生，是因为受诉讼审判制度本身的内在制约，而有其不得已的原因情由所致。亦即，在审判程序上，为了追求发现真实、正确裁判、赋予程序保障、确保诉讼程序之安定及法官之中立性的目的，乃不得不承认种种原理原则，而严格要求法官及当事人必须遵守，是所谓"严守法定程序之要求"。正因为如此，诉讼的进行就难免要花费相当的劳力、时间或费用；并且，另由于种种原因造成诉讼进行得缓慢拖延，也更加重了当事人在循诉讼方式解决纷争过程中的不必要负担，以致其花费有变本加厉之虞。基于尊重人的尊严之原则、平等原则及国民主权之原理，国家应负有设立并充实预防纠纷制度之义务，此即消灭人民依法生活时所可能遭遇的风险（法生活的风险）之义务。以上说明引自邱联恭著：《司法之现代化与程序法》，第156～157页。

5 在采用判决三段论法的涵摄（subsumtion）的模式之下，裁判系以法规为大前提，事实为小前提，将法规适用于事实而导出结论（判决）之过程。但不少法学者及富有经验之实务家一再强调，民事诉讼之胜负及其命运多系于事实认定，而非取决于单纯法律之解释。关于事实认定过程之应如何妥善运作，以达到确定值得当事人信赖之事实，详见邱联恭著：《程序制度机能论》（值得当事人信赖之真实——基于防止突袭性裁判之观点批判形式及实体的真实注意），"台大法学丛书"之一，1996年版，第1～59页。

资料[6]。

一方面，虽然依台湾地区"民事诉讼法"之规定，证据保全制度系属法官之权限，但因法定要件之严格，运用者较少。相形之下，就具体案例之解决，将更显出公证制度之价值。举例言之，因应现代类型之诉讼事件，尤其在举证困难之克服上，公证制度不失为一种可供利用之方法。例如在主张生活妨害制止请求权之诉讼事件中（如台湾地区"民法"第793条），甲起诉请求乙不得使其所有（属）某处机器运转、操作所发噪音及震动，超过每日上午七时及下午九时至十二时噪音××分贝、震动每秒××毫米。又，上午六时至七时及下午九时至十二时间噪音××分贝、震动每秒××毫米，侵入甲之住居地内[7]。就与事实审理活动有关之事实、资料，在有关受害状况之事实（例如请求公证人体验其家居生活之受害状况等）、有关妨害态样之事实（例如请求公证人于起诉主张之时段内利用分贝及震动测量器材现场量定结果等）、有关能否防免损害发生之事实（例如请求公证人至乙之处所观察是否设有防止噪音及震动外泄之设备等），即可在起诉前通过公证制度加以收集证据及采证，以作为裁判之资料。如此一来，即可避免许多不必要之劳费及事后举证之困难。

另一方面，为因应现代之诉讼形态而采用之事证开示制度（discovery）[8]，肯认当事人、证人或鉴定人，在一定条件下，可在公证人面前经具结后，就其所见闻、知悉之特定事实为证言或陈述，据以作成公认证书（台湾地区"民事诉讼法"第305条第

---

[6] 在事实审理过程中，法院能否形成心证及其到达一定证明度之可能性大小，往往受种种因素之影响。第一审系与发生纷争事实之历史时点最接近之审级，最能有效收集利于心证形成之资料，如记忆犹新的鉴定人、证人供述、书证之收集较易等。但随着诉讼进行，诉讼愈缓慢，可能导致收集愈困难，或使心证形成所必要之证物愈丧失，证人之记忆愈淡忘，此等情形即足以造成判决中对事实及实体权利存否之判断愈难期其正确。基此，益见公证制度在诉讼程序运作上之价值。

[7] 本件事例引自邱联恭著《司法之现代化与程序法》"新世纪民事程序法建制之基本课题——评论民事诉讼法修正走向之基本观点"之文中，第217页。

[8] 有关事证开示制度之介绍与讨论，详见民事诉讼法研究会编：《民事诉讼法之研讨（五）》，陈石狮等著"事证开示制度与真实发现"，第79页以下。

2项、第6项,台湾地区"公证法"第102条),并规定有关伪证(虚伪陈述)之处罚,将可发挥如下之功能:

一是就简易事件及小额事件之审理而言,将更能贯彻费用相当性原理。

二是就通常诉讼事件之审理而言,其本案诉讼之受诉法官可在程序之前阶段,参酌当事人所提出之上开具结书或证言录取书,进行争点整理,掌握案件,以利审理集中化。

三是除基于事证开示制度之充实乃为追求确定信赖真实所必要等理由外,并为兼顾程序选择权之法理及保障当事人之在场见证权。

二、私权事实体验公证书——以智慧财产权诉讼之运用为例

(一)概说

依台湾地区"公证法"第2条第1项规定,公证人因当事人或其他关系人之请求,就法律行为及其他关于私权之事实,有作成公证书及对私文书加以认证之权限。其中所谓关于私权之事实,参照修正前台湾地区"公证法"第5条之规定,包括:1. 关于时效之事实;2. 关于不当得利、无因管理、侵权行为、债务履行或不履行之事实;3. 关于不动产相邻关系、无主物之先占、遗失物之拾得、埋藏物之发现、漂流物或沉没物之拾得、财产共有或先占之事实;4. 关于其他涉及私权之事实。在日本公证实务上,所谓法律行为以外关于私权之事实则包括:人之出生、现存、死亡等;身体或财产所受损害之形状、程度等;动产、不动产之品质、种类、大小、形状、数量、现存状态等;公司、法人之议事;支付停止之状况等;动产、不动产之占有状况等;财产目录之编制[9]。

就关于私权之事实作成公证书,依台湾地区"公证法"第80

---

9 日本法务省民事局编:《公证人法关系解说·先例集》,第70~71页。

条之规定,公证人作成公证书,应记载其所听取之陈述及所见之状况,及其他实际体验方法与结果,此称为公证之实际体验要素。故公证人于作成私权事实体验公证书,依其所见之状况及听取之陈述而记载于公证书中,对于公证当时之状况具有保全证据之功能,而可作为当事人自行收集证据之手段。如台湾地区"最高法院"一九九九年度台上字第七三一号返还三七五号租约收回耕地事件民事判决中,出租人为主张承租人不自任耕作而终止三五七号租约收回耕地,利用公证制度作成私权事实体验公证书,以证明其主张之事实,即为适例。

二十世纪末进入知识经济时代,在知识经济中,人类以心智劳动之产出形成各种智慧财产权利,并因此而获得经济上利益。此种权利或不许他人模仿,例如新设计之机械、改良之制造方法等;或不许他人复制,例如绘画、小说等著作物,并受法律之保障。又随着科技之发展,资讯储存技术不断革新,关于储存资讯之媒体,从早期之录音带,进展至录影带、缩影片等。又随着电脑科技之日新月异,更发展出以硬碟、磁碟片、磁带、光碟片等作为资讯储存之载体,而智慧财产权亦通过此等载体表现、储存、传送[10]。

上开媒体,虽然具有保存、传达一定资讯之功能,常被运用为思想记录与传达之媒介,而可达成与文书相同之功能,但因其与传统上文书借由纸张记录并传达人类思想之方式,在形式上显有不同,在诉讼上总称为新种证据。对于新种证据应为如何之证据调查与规范,为现代民事诉讼法所必须面临之课题。尤其在智慧财产权之民事诉讼事件关于电脑处理之资讯媒体输出或印出之过程中,因其性质,有可能因人为之操作而整理或变更(包括故意或过失)之情形,且其变更常不留痕迹,故在证据收集上,即有借重公证人在事前作成事实体验公证书,以达保全证据之需要。

---

10 参见刘国讚著:《专利实务论》,元照出版公司2009年版,第1页。

（二）台湾地区智慧财产法院若干民事判决实例[11]

1.智慧财产法院二〇〇九年度民著诉字第××号（请求损害赔偿事件）民事判决

【案例事实】

原告之文宣创作（下称"系争原告文宣"）系出于台湾地区发明专利第16××号及19××号二项专利所生产之产品特性编写之文字创作，业经发明人出具授权书、委任书、嗣公开发表刊载于二〇〇六年六、七月之《改装车讯》杂志，故原告为著作权所有人。两造于二〇〇六年七月十四日签订买卖《合作协议书》，由原告授权被告贩卖原告生产之A微波脉冲器产品。唯被告于同年十二月十七日假借其他理由，以电子邮件及通讯之方式要求原告终止合作合约并退货，并于二〇〇七年四月，未以两造共同名义，擅自使用未经原告同意之系争原告文宣，于被告另于网络贩卖之商品二十一行内容中之十一行的文宣（下称"系争被告文宣"）。原告于二〇〇七年四月于被告网站发现系争被告文宣，并于同年月二十五日公证，故被告无权主张消灭时效。又被告所主张二〇〇六年七、八月间制作之文宣，并非系争被告文宣，且两造间合作关系早已于同年十二月十七日终止，则系争被告文宣亦非于授权期间内。以上待证事实为：被告未以两造共同名义，擅自使用未经原告同意之系争原告文宣之侵权事实。因而，依台湾地区"著作权法"第87条第1项第4款、第89条之1及第88条第3项后段规定，请求新台币五百万元之侵权损害赔偿。

【裁判意旨】

本件法院判决被告应给付原告新台币三万元，其理由如下：

（1）原告就系争原告文宣享有著作财产权：原告主张经发明人授权而创作系争被告文宣云云，并提出发明人出具授权书、委任书为证，虽经被告否认其真正，原告复未提出其他证据以实其说，

11　所引判决见台湾地区"司法院"网站，www.judicial.gov.tw/juds/index1.htm，点选"法学资料检索"，点选"裁判书查询"。

自不得以之本件认定事实之佐证。唯观诸两造均不争之系争原告文宣及二〇〇六年七月之《改装车讯》杂志，均于文宣下方载明原告之公司名称"××贸易有限公司"，佐以两造均不争执确于二〇〇六年七月十四日签订《合作协议书》，其内载明原告业经发明人授权为"A微波脉冲（省油）器"之全球总代理，且原告同意被告对外以原告及被告之共同名义，在台推展业务、刊登广告，足以认原告确为系争原告文宣之著作人。

（2）被告应负损害赔偿责任：按判断著作权侵害之要件有二，一为被告是否曾接触（access）著作权人之著作，二为被告之著作与著作权人之著作是否实质相似（substantial similarity）。而所谓"接触"，并不以证明被告有实际接触著作权人之著作为限，凡依社会通常情况，被告应有合理之机会或合理之可能性阅读或听闻著作权人之著作，即足当之。原告于二〇〇七年四月二十五日在台湾地区台北地方法院公证处，请求由公证人就网址"www.××.com"之网页画面请求进行网页体验公证，并制作公证书暨附件一至四。被告就公证书暨附件一至四并不争执，故此确为被告所使用之网站，其中有关"A微波王（电瓶活化及脉冲省油器）"，产品部分之文宣网页共10张（即系争被告文宣）。经核，系争被告文宣之内容与被告网站内容，除原告之产品名称为"A微波脉冲（省油）器"，而被告产品名称为"A微波王（电瓶活化及脉冲省油器）"，并有部分文字略有不同外，其余均属相同，故此二文宣乃实质相似。两造先前就"A微波脉冲（省油）器"签订《合作协议书》，原告同意被告对外以原告及被告之共同名义，刊登广告，且被告自陈两造曾协议共同销售A微波脉冲（省油）器，并由原告提供该产品相关资料，供被告于二〇〇六年七、八月间制作文宣等语，故被告确有"接触"系争文宣之事实，足见被告确有"抄袭"系争原告文宣之文字著作的行为。

（3）被告主张阻却违法事由并不成立：被告系以依协议制作，嗣被告自行研发，申请专利，又原告所称专利权业已消灭，任何人均可利用之云云为抗辩。两造间曾有合作协议，故被告得依此协议使用原告所提供之产品相关资料。唯被告人员于二〇〇六年十二月十一日以电子邮件通知原告法定代理人甲某，叙明台中经销商无法接受对于专利之解释为由，而退回大部分进货，被告于近日内亦将之退回等语，且被告于同年十二月十七日退回"A微波脉冲省油器"共92个（30+58+4）、打气筒1个及充电机1个。是以两造间合作协议确实生变，并非如被告所言仅退货、未再进货云云。遑论被告进一步自承被告乃自行研发，申请专利等语，足见被告确已无意再与原告合作甚明，则被告无权再继续使用系争原告文宣。纵使原告先前所援引之专利权业已消灭，被告得自行研发相关产品，唯被告应自行创作相关产品说明文宣，非可擅自重制系争原告文宣。故被告辩称：系争被告文宣既依协议制作，且被告自行研发，申请专利，另专利权业已消灭，任何人均可利用之，故系争被告文宣并未侵害原告之著作权云云，不足采信。

2.智慧财产法院二〇〇八年度民专诉字第××号（请求排除侵害事件）民事判决

【案例事实】

被告公司至少自二〇〇四年八月份即开始制造、为贩卖之要约、贩卖、使用、进口有侵害原告专利之产品，包括甲产品及乙产品，此有被告公司自己于二〇〇四年所公布之网站资料及原告于同年八月份及九月份于台北光华商场及法雅客书店购得系争二产品可稽。被告于原告提起本案诉讼之二〇〇八年八月间仍持续制造、为贩卖之要约、贩卖、使用、进口系争二产品，除有公证人于二〇〇八年八月十三日所出具之二〇〇八年度北院民公咏字第××号公证书所载为证外，原告于同年八月十四日亦由××资讯股份有限公司购得系争二产品。××商信事业有限公司于二〇〇八年十月十三日出具调查报告，显示被告实际上一直持续于台湾地区产销系争二产品，并外销至美国、欧洲、日本及中国大陆等国家和地区。原告原起诉请求被告不得利用原告所有台湾地区"经济部"智慧财产局核准证书号第××号发明，名称为"由×之轻型携带扫描器"之发明专利（下称"系争专利一"）、第16××号发明，名称为"Y扫描器"之发明专利（下称"系争专利二")为自己或他人制造、为贩卖之要约、贩卖、使用、进口"掌心卡名片辨识系统-甲专业版"(下称"甲产品",与乙产品合称为"系争二产品")及其他所有利用原告所有系争二专利之产品。嗣于二〇〇九年二月十八日,原告当庭更正请求被告不得制造、为贩卖之要约、贩卖、使用、进口甲产品、乙产品及其他利用原告所有系争二专利之产品,经被告表示同意(见本院卷第5册第××页之言词辩论笔录)。原告系依台湾地区"专利法"第56条第1项、第84条第1项规定,请求被告不得利用系争二专利制造、为贩卖之要约、贩卖、使用、进口系争二产品及其他任何利用原告所有系争二专利之产品。

【裁判意旨】

法院认为原告得请求排除并防止侵害,理由如下:

(1) 原告专利具有新颖性及进步性(此部分系专利技术问题,事实理由从略)。

(2) 原告得请求排除并防止侵害:查甲产品并未落入系争专利二申请专利范围第1、12、22、23、29项之权利范围,而乙产品落入系争专利二申请专利范围第1、12、29项之权利范围。故原告依台湾地区"专利法"第84条第1项规定,就系争专利二对被告请求排除并防止侵害,于法有据(此部分系属专利技术问题,事实理由从略)。

(3) 原告之请求是否罹于时效:按发明专利权受侵害时,专利权人得请求赔偿损害,并得请求排除其侵害,有侵害之虞者,得请求防止之,本条所定之请求权,自请求权人知有行为及赔偿义务人时起,二年间不行使而消灭;自行为时起,逾十年者,亦同,台湾地区"专利法"第84条第1项、第5项定有明文。原告提出二〇〇四年八月二十三日三联式统一发票、同年九月二日二联式统一发票及同年月九日销货明细,以证明被告于二〇〇四年间即有侵害系争专利二之事实。上述发票及销货明细之真正虽为被告所否认,其中2纸统一发票,依其内容亦无法判断是否为被告所制造、贩卖之系争二产品的名称或型号,然上述销货明细载明产品代码/品名为"某掌心卡名片辨识系统",经核与原告所提出而为被告所不争之乙产品实物包装盒上的产品名称及电脑条码相符，足以相互勾稽，而认定原告确实于同年九月二日于市面上购得被告所制造、贩卖之乙产品。原告于二〇〇八年十二月一日，另具状提出公证人叶××于同年八月十三日所出具之公证书，证明被告网站于是日有乙产品之制造、为贩卖之要约行为，且主要外销地区为美国、欧洲、日本及中国大陆等国家和地区。而被告自陈业已收受本书状缮本，迄至本案言词辩论终结时均未就此予以争执。足见被告至同年八月十三日，仍有制造、为贩卖之要约、贩卖、使用乙产品之行为。是原告于同年月十一日提出本件诉讼，依台湾地区"专利法"第84条第1项规定，对被告为排除及防止侵害之请求，并无请求权罹于时效之问题。

（三）案例评析

以上所引两则判决，系原告运用公证人作为网页资料私权事实体验公证书而获致胜诉判决之实例，然在智慧财产法院之判决中，亦常见原告提出公证书作为证据之案例[12]，但在该案例中，原告未获胜诉判决之理由，并非因公证书之证据力不被法院采认所致，主要在于有关专利权新型之民事诉讼中，设有专利权之举发撤销制度[13]，其举发撤销专利权之事由包括法定不予专利事项、专利不具新颖性或进步性等（台湾地区"专利法"第67条第1项），依台湾地区"智慧财产案件审理法"第16条第1项之规定，当事人主张或抗辩智慧财产有应撤销、废止之原因者，法院应就其主张或抗辩有无理由自为判断，不适用台湾地区"民事诉讼法"、"行政诉讼法"、"商标法"、"专利法"、"植物品种及种苗法"或其他法律有关停止诉讼程序之规定，此为请求专利权民事诉讼之先决前提，而被告抗辩原告之专利权有撤销之原因，经法院判

12　相关案件有：2008年度民专诉字第66号、2009年度民著上字第10号、2009年度民专诉字第42号、2009年度民著上字第13号、2009年度民专诉字第30号、2009年度民专诉字第94号、2009年度民专更（一）字第1号，以上均参见台湾地区"司法院"网站，www.judicial.gov.tw/juds/index1.htm，点选"法学资料检索"，点选"裁判书查询"。

13　参见刘国讚著：前揭《专利实务论》，第263页以下。

断有理由时，原告自然不受台湾地区"专利法"之保障，而应受败诉判决，合先叙明。

按台湾地区"著作权法"第84条规定，著作权人或制版权人对于侵害其权利者，得请求排除之，有侵害之虞者，得请求防止之；同法第85条第1项规定，侵害著作人格权者，负损害赔偿责任。虽非财产上之侵害，被害人亦得请求赔偿相当之金额；又台湾地区"专利法"第84条第1项规定，发明专利权受侵害时，专利权人得请求损害赔偿，并得请求排除其侵害，有侵害之虞者，得请求防止之；又台湾地区"商标法"第61条第1项规定，商标权人对于侵害其商标权者，得请求损害赔偿，并得请求排除其侵害，有侵害之虞者，得请求防止之。就前揭侵害著作权、专利权或商标权之侵权行为事实请求作成公证书，即属私权事实体验之公证。

在具体实例上，较常见者为上揭两则智慧财产法院民事判决所运用之网路私权事实公证。例如上揭台湾地区智慧财产法院二〇〇九年度民著诉字第××号请求损害赔偿事件中，即通过网页体验公证，证明被告有接触原告著作之事实；另上揭台湾地区智慧财产法院二〇〇八年度民专诉字第××号请求排除侵害事件，亦系原告通过网页体验公证，被告至少自二〇〇四年间已开始陆续制造、为贩卖之要约、贩卖、使用、进口系争专利产品之事实，且均为证明原告主要事实之直接证据。又在请求专利权侵害之民事诉讼中，如上揭台湾地区智慧财产法院二〇〇八年度民专诉字第××号请求排除侵害事件，原告主张被告有贩卖系争专利产品之事实所提出之发票或销售明细，为避免其证据力不足，而由专利权人或其代理人或使用人乔装为顾客，至被告销售之商店购买系争专利产品，而请求公证人就其购买过程之私权事实为公证，在实例上亦颇常见。

以上关于网络网页之私权事实或购买过程之私权事实，原告在起诉前原可依台湾地区"民事诉讼法"第368条第1项后段关于保全证据之规定，声请法院为证据保全，但因网页资料变更之迅速性，往往在原告声请法院为证据保全之时，网页资料即被取下，而不及为保全之措施，致直接证据有被湮灭之虞。又在实务上，声请证据保全程序上严格之故[14]，故有利用公证人作成公证书加以收集保全之必要。

三、现行制度运用实况之检讨及展望

（一）检讨

综合上述，我以台湾地区公证文书作为证据收集手段之制度主要为证人书状陈述及私权事实体验公证书两项。就证人书状陈述之制度而言，固属立意良善，学者[15]纵有批评如证人患病，无法到场，何能到公证人前作陈述书状？认为法院得命两造会同证人于公证人前作陈述书状之要件与立法理由矛盾，唯此显然并不了解台湾地区"公证法"第7条、第8条但书之规定，公证得至证人之病榻前作成陈述书状之认证，并不一定须在法院公证处或民间公证人事务所内作成。然而此项证人书状陈述之制度在实际运用之情形并不多见，此显然与法官之心态有关，盖证人在公证人面前作成陈述书状并不行反对讯问，致法官对证人书状陈述之信用度如何，持怀疑之态度，而仍直接命令证人到场陈述。

又关于私权事实体验公证书之作成，对于前述新种证据之私权事实状况公证系属一新类型之公证事件，台湾地区并无如中国大陆订有保全证据公证规则作为规范，故在实际运作上，存在以下值得检讨之处：

1.关于私权事实体验公证书

私权事实体验公证书就其性质而言，与台湾地区"民事诉讼法"第368条第1项后段，当事人就确定事、物之现状，有法律上利益并有必要时，而声请法院为鉴定、勘验或保全书证之证据保全

---

14 参见蔡惠如著：《智慧财产新制下民事证据保全之应然与实然》（上）、（下），载《司法周刊》第1433、1434期。

15 姚瑞光著：《民事诉讼法论》，中国政法大学出版社2011年版，第417页。

制度相似，但比较上仍有如下主要不同之处：

（1）后者限于有法律上利益并有必要时，且当事人声请时应表明该证据应证之事实及应保全证据之理由；但前者并无此限制，对于当事人请求公证之私权事实与其待证事实是否具有关联性，及对待证事实之证明力如何，只能依据当事人之陈述及公证人所见之状况，依阐明权加以阐明，但将来在具体诉讼中法院如何采认，其效果即不如后者。

（2）前者法院对于勘验物、书证之提出有强制处分权；后者公证人对于当事人请求体验之标的物，如在相对人或第三人持有中者，无强制处分权限。

综上比较，私权事实体验公证书有其局限性。

2. 关于公证人实际体验之方法

公证人实际体验之方法是否适当明确，欠缺规则可循。例如，在台湾地区"司法院"编《民间公证人办理公认证业务书类审查意见汇编》[16]即有"如系在公证公开网路上已存在某特定电脑程序档案之事实，则公证人应使用公证人自己办公室之电脑与网路，始能就该特定档案是否确实存在于公开网路上为公证。如使用请求人电脑，则所进入网路是否为区域网路或该电脑是否已有特定账号进入特定网站，既属有疑，其公证书即难发挥预防私法功能"，或"本件系房屋现况事实体验公证，公证人固得就公证人目睹之事实拍照并记录其现况，唯本件公证书附件照片第 3 页所记载油漆黏到安全活片导致活片脱落，第 5 页施工期间未保护，造成木地板刮痕，第 11 页交接处用油性 SILOCON 不当填缝等语，均涉及房屋装潢是否不当之专业判断，应由专业人员为鉴定报告"之意见。

（二）展望

根据证人书状陈述之法理，证人之证言得以经由公证人认证

---

16 台湾地区"司法院"编：《民间公证人办理公认证业务书类审查意见汇编》，2009 年版，第 1～2 页。

之陈述书状代之,则就证据方法中之勘验而言,关于公证人作成私权事实体验之公证书,公证人依台湾地区"公证法"第80条所行之实际体验方法,究其性质,系与法院之勘验相同。鉴于公证文书具有保全证据之功能,在未来展望上,如能充实私权事实体验公证书之作成,则关于法院之勘验,非不能以作成私权事实体验公证书以代之。此在学理上亦有可供参考之处,即在于德国民事诉讼学说上有所谓之勘验辅助人(Augenscheinsgehilfe)[17]。德国民事诉讼之勘验辅助人,系指受法院之委任而实施勘验之第三人。勘验辅助人在德国民事诉讼法中并无明文规定,实施勘验时,固应由法院亲自为之,但如由法院实施并不适当,或如由法院实施有实际上困难或有危险性,或须确定人之身体状况者,法院亦可裁量使用勘验辅助人。勘验辅助人并非鉴定人,而系代替法院感知人身或物品等现实状况之人,故如由勘验辅助人报告其勘验结果者,在证据方法上系属人证,而并非鉴定。基此法理,在诉讼系属前,当事人固可请求公证人作成私权事实体验公证书,作为收集证据之方法。至在起诉后,如法院认为有必要时,亦可委托公证人为勘验辅助人,作成私权事实体验公证书,以减轻证据调查之程序与负担。

> ……在诉讼系属前,当事人固可请求公证人作成私权事实体验公证书,作为收集证据之方法。至在起诉后,如法院认为有必要时,亦可委托公证人为勘验辅助人,作成私权事实体验公证书,以减轻证据调查之程序与负担。

---

17 Rosenberg/Schwab/Gottwald, Zivilprozessrecht, §117, RdNr.23; Hans-Joachim Musielak, Grundkurs ZPO, RdNr.417;例如案件之主要事实系取决于长度甚高之工业烟囱上端如何闭合之问题,而法官实际上不具备亲自勘验确认之能力,故指定以烟囱建筑工人作为法官之助手,而实施勘验。

司法视野中的公证保全证据

The Function and Case Analysis of Evidence Preservation Notarization in Taiwan Region

Abstract: No matter in Chinese mainland, Taiwan region or other countries and regions, the evidence preservation notarization usually plays an important role in the civil judicial practice. Besides the function of accelerating procedure and saving cost, the evidence preservation notarization has a much more outstanding effect in helping the judge to identify the fact and preserving the evidence timely. In this article, I will demonstrate the issue based on the practice of evidence preservation notarization in the intellectual property rights suit, so as to evaluate the function and actual practice of the evidence preservation notarization by analyzing the judgment of intellectual property rights court in Taiwan region, and thus foresee the development of evidence preservation notarization.

作者感言：

　　自从1993年进入公证界，迄今已二十载，并持续于公证法学的探索，常以苏轼《定风波》里的句子自况："莫听穿林打叶声，何妨吟啸且徐行。竹杖芒鞋轻胜马，谁怕？一蓑烟雨任平生。"

　　相较于欧陆诸国，海峡两岸关于公证制度的发展与公证法学的研究，尚在摇摇学步的阶段。展望未来，期许诸先进们共同戮力，缔造两岸公证法学"百家争鸣，百花齐放"的盛况。

前沿探讨

法院"启动"公证保全证据程序
——诉讼与公证互涉现象浅析

/ 张宇衡

法院"启动"公证保全证据程序
——诉讼与公证互涉现象浅析

张宇衡*

概要：

　　一般而言，公证保全证据程序通常是由与所保全证据存在实际利害关系的公证申请人向公证机构申请启动，然而，在现实生活中，这并非启动公证保全证据程序的唯一途径，由法院"启动"公证保全证据程序这一新的法律现象也逐步走入人们的视野。事实上，这一新型实践模式在我国民事司法中已有颇为广泛的运用，从而突破了公证程序应当无涉于诉讼活动的传统观念。法院"启动"公证保全证据程序的实践是否有法律依据？是否兼容于民事司法理论和公证法理论？在此类公证保全证据案件中，法官与公证人、

＊ 上海市东方公证处公证员助理

司法视野中的公证保全证据

裁判权与公证权又当保持何种关系？本文对此类诉讼与公证相互交涉的法律现象进行了实证分析和法理追问，以期实现对上述问题的解答。

目次：

一、个案还是现象？
　　——从上海"最贵民告官"案说起
二、公证与诉讼之互涉关系
　　——法院"启动"公证保全证据程序现象之梳理
（一）公证介入民事诉讼程序之实证
（二）法官在公证保全中的介入程度
三、对法院诉讼活动之保全
　　——对法院"启动"公证保全证据程序的若干追问
（一）法院为何"舍近求远"？
（二）公证申请主体应当为何者？
（三）公证保全证据中法院与公证机构应构成何种关系？
四、推广倡导还是谨慎为之？
　　——法院"启动"公证保全证据程序未来之展望
（一）公证人执业之界限
（二）公证程序之要求
（三）公证人执业地位之中立

一、个案还是现象？
——从上海"最贵民告官"案说起

2013年岁末，号称上海"最贵民告官"案的刘光嘉等诉闵行区政府行政强制执行及赔偿案（下称"刘光嘉等诉闵行区政府行政赔偿案"）在上海市长宁区人民法院落槌开庭，庭上，原被告双方的代理律师就强制拆迁是否合法等焦点问题开展了激烈的辩论。然而，除了本案原告提出的人民币2.11亿元的巨额索赔颇为夺人眼球以外，另一个值得人们关注，尤其是值得法律人予以重视的情形是，除了法院和诉讼当事人及其代理人以外，公证人也介入了这起诉讼。在民事司法中通常不会直接介入诉讼的公证人究竟缘何参与到本案的诉讼活动中来呢？在探究其原因之前，我们有必要先对本案的基本案情予以简要的回顾。

本案中，原告诉称，他们在闵行区颛桥安乐村潘家34号拥有582平方米的宅基地，并承包了相邻的4800平方米鱼塘，刘光嘉还在鱼塘上建了一个私人盆景奇石博物馆。2010年4月27日，被告联手案外人上海啸宇房地产开发有限公司、闵行区公证处，对盆景奇石博物馆进行暴力强迁，并依据违法的房屋拆迁裁决书对宅基地进行暴力强迁，博物馆内大量古玩、藏品和古盆景等遗失，造成原告巨额财产损失与精神损害。2010年8月23日，原告向被告申请国家赔偿，但被驳回，故诉至法院，要求确认被告的强拆行为违法，赔偿人民币2.11亿元并返还相关物品。

据了解，2012年4月27日，闵行区政府依据闵行区房管局于2009年9月30日作出的房屋拆迁裁决书、闵行区人民法院于2011年12月9日作出的行政裁定书及2012年2月7日、20日作出的执行通知书与强制执行公告，对刘光嘉等拥有的位于闵行区颛桥镇安乐村潘家34号约500余平方米宅基地上的房屋及相邻约

司法视野中的公证保全证据

2000余平方米[1]鱼塘上原告所称的"博物馆"实施强制搬迁。

案件审理期间，长宁区法院组织原、被告和案外人上海啸宇房地产开发有限公司对搬迁物品现场清点，并委托上海市东方公证处对现场清点进行公证保全，之后该公证处出具了两份保全证据公证书。[2]

众所周知，公证保全证据是我国《公证法》确定的公证机构的法定业务之一，公证保全证据以其在诉讼中具有的优势证据地位和强势证据效力而深受诉讼当事人的青睐。通常而言，公证保全证据程序系公证申请人向公证机构提出申请而启动。然而，本案中，公证保全证据程序却是由法院以"委托"的形式启动，我们不禁要问：法院"启动"公证保全证据程序，究竟是限于个案的特殊情形，还是一种具有一定普遍性的法律现象呢？

无独有偶，2010年，四川省成都市大邑县人民法院因一起多年未能执行的民事纠纷案，要求大邑县公证处办理公证保全证据以配合执行（下称"大邑县人民法院执行公证保全案"）。经公证机构了解，该案是一起2006年经当地法院一审、成都市中级人民法院二审终审维持原判的普通民事案件。然而判决生效后，被告人逾期未履行交付土地及地上建筑物的义务。申请执行人于2006年底向当地法院申请强制执行，但被执行人及其亲属故意在土地上设置障碍，大量堆放石制产品和古式木制家具等财物，自称是古董，价值连城，堆放的物件品种多、数量大，尤其是石制品，小的数百公斤，大的重达数吨。

大邑县法院受理该执行案后，先后三次向被执行人发出强制搬迁公告，但被执行人及其亲属拒不配合法院的执行，给法院的强制执行制造了极大困难，致使法院多次执行未果，导致申请执行人的合法权益受到严重损害。有鉴于此，法院请来了公证机构，准备采取新的措施破解这一执行难问题。

1　本案中，原告刘光嘉等承包有闵行区颛桥安乐村潘家34号宅基地周围4800余平方米的鱼塘，并在其中约2000平方米面积的鱼塘上搭设了所谓的"盆景奇石博物馆"。——作者注

2　袁玮：《上海"最贵民告官案"开庭》，载《新民晚报》2013年12月11日。

为使执行工作更规范、更严密、更公正，大邑县公证处对被执行土地上的财物逐一进行清点，并办理了公证保全证据。在公证机构的协助下，当地法院彻底解决了这起多年遗留的疑难执行案件。[3]

事实上，法院"启动"公证保全证据绝非仅存于个别案例之中，早在上个世纪90年代，当时的上海市公证处（现上海市东方公证处）即已根据上海市中级人民法院的要求，就该院审理的《反不正当竞争法》实施后上海首例反不正当竞争案——"雪豹"商标侵权纠纷案涉及的消费者市场认知度的调查作了公证保全证据（下称"'雪豹'商标侵权纠纷案"）。[4]近年来，法院"启动"公证保全证据程序的案例更是屡见不鲜，2010年，在全国首例证人远程作证公证保全案中，上海市东方公证处应上海市杨浦区人民法院之委托，对一名证人通过网络远程作证参与诉讼的过程进行了保全[5]；同年，在对上海金轩（集团）有限公司名下的金轩大厦的执行过程中，上海市徐汇区人民法院亦引入公证机构参与产权交接，由公证人对被执行人的财产的数量、品质现场登记造册[6]（下称"金轩大厦执行公证保全案"）；2011年，山东省泰安市岱宗公证处应山东省泰安市岱岳区人民法院的请求，对一起挪用公款的刑事案件中法院对于涉案物品的执行过程进行了保全（下称"岱岳区人民法院刑事案件执行公证保全案"）。诸多案例，不胜枚举，从时间上而言，横跨近20年，从地域上而言，遍及上海、四川、山东等多地，这些案例足以说明，法院"启动"公证保全证据程序绝非仅仅见于寥寥个案，而是在我国司法实践中已经得到

> 法院"启动"公证保全证据程序绝非仅仅见于寥寥个案，而是在我国司法实践中已经得到一定程度的认同，具有某种普遍性的法律现象。

3　朱光泽：《公证机构出面协助法院破解执行难题》，载《成都日报》2010年12月27日。

4　参见钱俊：《突破，不仅仅是公证文书——析公证保全证据是否仅限于民事诉讼前》，载薛凡主编：《公证文书改革参考》，厦门大学出版社2012年版，第30页。

5　钱俊：《突破，不仅仅是公证文书——析公证保全证据是否仅限于民事诉讼前》、田菁：《由一份公证书看民事诉讼中的公证保全》，载薛凡主编：《公证文书改革参考》，厦门大学出版社2012年版，第30页、第36页。

6　吴艳燕：《引入公证机构＋人性化操作 法院巧解执行难》，http://www.chinacourt.org/article/detail/2011/08/id/461995.shtml，最后访问时间：2013年12月13日。

一定程度的认同和适用，具有某种普遍性的法律现象。因此，如何看待和解析这一不同于常规但又在实践中广泛应用的法律现象，是本文将要着力分析的问题。

二、公证与诉讼之互涉关系
——法院"启动"公证保全证据程序现象之梳理

正如上文所指出的，法院"启动"公证保全证据程序的情形并非个案，而是一种带有一定普遍性的法律现象。然而，在实践中，这些案例却又存在些许差异而各自有其独有的特征。因此，我们有必要首先对这一法律现象进行一定的梳理，以从中寻找到这一法律现象中的一些普遍规律。

（一）公证介入民事诉讼程序之实证

从前述法院"启动"公证保全证据程序各案来看，公证并非仅仅介入民事诉讼程序中的某一个单一环节，在不同的案件中，公证保全证据介入诉讼之环节各不相同，具体而言，公证介入民事诉讼程序的环节主要包括审理前的准备、开庭审理以及执行等阶段。

1. 审理前的准备阶段

公证介入民事诉讼审理前的准备环节的情形主要可以以刘光嘉等诉闵行区政府行政赔偿案为例，在本案中，上海市长宁区人民法院于2013年9月2日、3日即委托上海市东方公证处对现场清点行为进行了保全，而庭审直到2013年12月11日才开始，公证机构的保全行为发生在庭审开始以前，从程序上而论，当属于《民事诉讼法》第12章"第一审普通程序"中的第2节"审理前的准备"的范畴，因此，本案中公证保全证据介入诉讼的时间实为法院审理前的准备环节。

2. 开庭审理阶段

公证保全证据介入民事诉讼中的质证环节见诸全国首例证人

远程作证公证保全案，在本案中，公证人对公证申请人即证人通过互联网视频方式与法庭审判现场连线、参与庭审、作出证言并接受原被告双方以及法官质询的过程进行了全程保全，并出具了保全证据公证书。尽管在本案中，公证人并未亲临法院庭审现场，但由于其所保全的对象是证人通过远程连线参与法院庭审质证的过程，因此本案可视为公证人介入民事诉讼程序中质证环节的一个实例。

3. 执行阶段

公证保全证据介入民事诉讼程序的各种情形中最为常见的即是对执行环节的介入。无论是大邑县人民法院执行公证保全案、金轩大厦执行公证保全案，还是岱岳区人民法院刑事案件执行公证保全案中，公证机构均就法院对涉案财产的执行过程予以保全。相比公证人介入民事诉讼的前两种情形，公证人在法院执行环节中的介入更为普遍。

由上可知，在法院"启动"公证保全证据程序的案件中，公证机构在民事诉讼程序中的介入并不仅仅限于某一环节，而是涉及包括审理前准备、质证以及执行等多个诉讼阶段在内的全方位介入。从实践趋势来看，或许公证保全证据在民事诉讼程序中的介入将不仅仅限于上述提及的各项环节，而将有更为广阔的发展空间。

（二）法官在公证保全中的介入程度

在法院"启动"公证保全证据程序的案例中，另一个值得予以注意的问题是法官在公证保全证据程序中的介入程度。依照法官在公证保全证据程序中介入与否进行区分，我们可以分为不介入和介入两种情形，而在法官介入公证程序的情形中，依照法官介入的程度不同，又可分为直接介入和间接介入两类，下文将对此分别予以阐述。

1. 法官不介入公证保全程序

所谓法官不介入公证保全程序的情形，是指在法院"启动"

司法视野中的公证保全证据

公证保全证据程序的案件中,法官不参与公证保全活动,也不干涉公证保全的任何事项,其典型案例为上海首例反不正当竞争案——"雪豹"商标侵权纠纷案所涉的公证保全证据过程。在本案中,上海市公证处应法院之委托,约请部分消费者对"雪豹"商标的消费者市场认知度进行调查并办理了公证保全[7],其中,虽然公证机构之公证保全证据程序系应法院之要求而启动,但所保全之证据仅仅是涉案的某一客观事实,并非是对诉讼活动进行保全,而公证保全的方案也均由公证人根据案件具体情形予以设计拟定,法官并没有对此提出任何建议或进行任何干涉,公证保全所形成之证据直接提交给法院。因此,我们可以说,虽然本案为法院"启动"公证保全证据程序的一个实例,但从实质上而言,更接近于法院要求当事人在诉讼中补充提交公证证据。

法官不介入公证保全程序的情形不仅仅限于法院要求当事人在诉讼中补充提交公证证据的形式,据笔者了解,在一些公证人所办理的若干公证保全证据中,亦曾出现法官要求诉讼当事人就其所提交的证据申办公证保全证据的情形,例如在某商业楼的租赁法律纠纷中,该楼的某一承租人因经营不善不辞而别,从而引发其与出租人之间的法律纠纷,当出租人将该案诉至法院时,法官提醒原告应在庭审前事先就该租赁部位人去楼空的现状申请公证保全证据。[8]事实上,此类案件在公证实务中并不鲜见,在此类案件中,法官并非是要求诉讼当事人补充提交新的证据,而是要求当事人就其业已提交的证据申办公证保全证据,从诉讼法法理上而言更接近于证据的"补强"。但无论是上述何种情况,在此类情形中,法官并未介入公证程序,而公证人之保全证据行为亦是在脱离诉讼程序之外的环境中进行,因此,我们可以将这种情形归纳为"法官不介入公证保全程序"。

---

7 参见钱俊:《突破,不仅仅是公证文书——析公证保全证据是否仅限于民事诉讼前》,载薛凡主编:《公证文书改革参考》,厦门大学出版社2012年版,第30页。

8 该案例由上海市东方公证处张志明、孙明等公证员提供,特此致谢。

2. 法官介入公证保全程序

在法院"启动"公证保全证据的大多数案例中,法官或多或少都会以某种形式介入公证保全证据活动之中,依其介入的程度不同,法官介入公证保全证据程序的情形又可分为法官直接介入和法官间接介入两种类型。

(1) 直接介入

所谓法官直接介入公证保全证据,不仅包括法官的行为成为公证人保全证据的对象,更主要是指法官和公证人形成互动,参与公证保全证据方案的设计和拟定,或法官直接干预公证保全证据过程的情形,此种情形以岱岳区人民法院刑事案件执行公证保全案为典型。在本案中,公证机构受法院之委托,对该案中法院对于涉案物品的执行过程进行了公证保全。然而,与一般保全证据过程中公证人旁站监督的执业模式有所不同,本案中,法官和公证人呈现出很高的配合度,法官与公证人不仅事先就保全执行过程的工作分工进行了协商,同时在法院现场执行的过程中,公证人也以各种形式对法官的执行予以配合和支持,一名公证人对此有详细的记述:

> 按照事先协商的工作分工,法院负责对涉案物品进行登记、封存,公证员对涉案物品进行核对、摄像。公证员首先对赵某家中涉案古董进行整体摄影、录像,然后进入法院执行登记程序。面对博古架上花花绿绿,琳琅满目的坛坛罐罐,执行法官眉头紧锁,愁楚不语。原来对眼前稀奇怪诞的古董珍玩,无人能准确说出名称;另外,法院使用的是制式封条,封条是白纸,黑色宋体加粗字文字,竖排书写,封条尺寸规格长三十八厘米、宽十一厘米;而面前的古董玩物,高的花瓶近一米,小的酒杯高不足十厘米,统一规格的法院制式封条无法适用;再者,斑驳陆离、布满尘土的瓶瓶罐罐有的口沿有残缺疵口,有的瓶身有缝隙裂痕,如何完整无损地保全装箱也成了一个大难题。

司法视野中的公证保全证据

"这是玉琮,那是三足鬲(注:商周时的一种炊具);这个是彩陶罐,那个是粉彩瓷瓶。"眼前的古董珍玩公证员多数能一一道出,孙法官对公证员的解说惊异不解,现场的公证员却平静地说:"事先处里要求强化学习古董基本常识,所以有了大概了解。"法官高兴地紧握住公证员的手,"太好了,登记的问题基本解决了;证据的固定、运输能否帮忙想想办法?"孙法官急切地询问道。"那好办。首先,先由法院对能说出名称的古玩按实登记,对不知名称的古董进行写实性描述登记,事后由公证处根据影像资料,进行核准、校正、记录。其次,因为现场的物品大小规格不一,具体个件的固定、封粘,可使用公证处的封条编号确定。公证封条无规格限制,长短不等,自由裁量,可以量体裁衣。最后,对古董编号固定后,使用胶带将封条编号与古玩缠裹,外包泡沫塑料防止破损。执行物品装箱后,法院在包装箱外体粘贴封条保全。"公证员娓娓道来,"证据保全还是公证处专业啊!"法官由衷地称赞道。[9]

值得关注的是,本案中不仅法官直接介入公证人保全证据的过程,公证人也深度介入法院的执行流程,甚至在某些方面协助法官对事实加以认定,包括协助法官核实确认所执行古玩的类别和名称,以至出现了公证人和法官认定相左的情形:

公证员对岱岳区人民法院《查封、扣押财产清单》(一份共计五页)中的物品名称进行了细致核对,对其中原物有残损的古玩进行记录注明,对登记不正确的古玩名称进行了纠正,例如法官记录是"浑炉"(夜壶)的一件物品,公证员查询资料确定正确名称是"三足鸟兽盉"。[10]

---

9 肖文:《用公证的"眼睛"破解执行法官的难题》,载《中国公证》2012年第5期。

10 肖文:《用公证的"眼睛"破解执行法官的难题》,载《中国公证》2012年第5期。

这样一种法官和公证人紧密配合、公证保全证据程序和法院执行程序高度交融的现象，体现出法官直接介入公证保全证据程序的显著特征。

（2）间接介入

在法院"启动"公证保全证据程序的实践中，法官介入公证程序的另一种形式为间接介入。所谓间接介入，顾名思义，即法官并不直接地介入公证程序、与公证人员进行互动或交流，而是由公证人旁站保全法院诉讼活动中的某些环节。与法官直接介入公证保全证据活动的模式不同，在法官间接介入的模式中，尽管法官会在某种程度上介入公证活动之中，但法官与公证人彼此保持较强的独立性，双方的行为活动之间亦存在某种区隔性。

在刘光嘉等诉闵行区政府行政赔偿案中，法官对于公证保全证据活动的介入可属间接介入的情形。本案中，尽管公证保全证据程序系法院启动，但从该案的案卷材料来看，公证申请人为原被告双方，即刘光嘉等与闵行区政府，仅仅由本案的被告闵行区政府的代理人在公证申请表中记载：

> 我方鉴于法院的要求，且在法院并不预设立场认为我方有保管责任的前提下，同意与原告共同委托公证的清点，推进程序。我方并不代表物品法定保管人及实际保管人。[11]

本案中，无论是在公证书中还是在公证人所作现场工作记录中，法官和公证人都未对对方的程序和活动进行干涉，尽管案卷中所附的法院调查笔录显示公证人对法院的调查活动进行了证据保全，但公证人与法官双方均恪守自身的独立性，公证保全证据程序与法院的诉讼程序并行开展，并未彼此交叉互涉。

事实上，在大部分法院"启动"公证保全证据的案例中，法官通常均以间接介入的方式介入到公证活动中，这是由公证保全

11　据本案相关档案。

证据的特性所决定的。无论在刘光嘉等诉闵行区政府行政赔偿案中，还是在国内首例证人远程作证公证保全案中，尽管公证人以网络连线方式乃至亲身来到诉讼活动现场，但法官和公证人彼此仍然保持相对独立的地位，法院在公证人的旁站监督下开展诉讼活动，而公证人则以客观、中立的视角审视保全法院的诉讼活动，这与公证人在公证保全证据活动中所应当恪守的真实、客观的职业要求是并行不悖的。

在法院"启动"公证保全证据的现象中，公证与诉讼呈现出的互涉关系如图所示（参见图表1：诉讼与公证的互涉关系）：

图表1：诉讼与公证的互涉关系

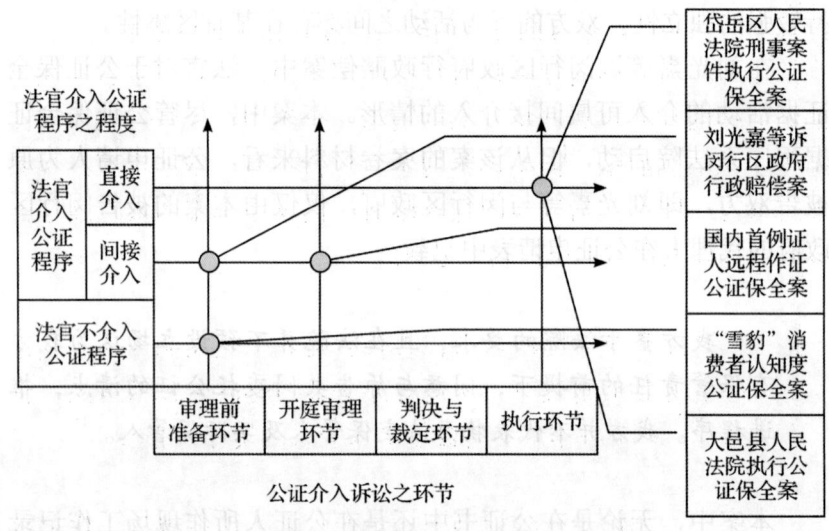

总体而言，在法院"启动"公证保全证据程序的现象中，公证与诉讼之间呈现出互涉范围广、互涉形式多样化的特征，公证介入诉讼活动的环节涵盖了包括审理前准备、开庭审理以及执行等多个诉讼阶段，并且其介入的范围呈日渐扩大的趋势，而从法官介入此类公证保全证据活动的程度来看，在大多数情形下，法官会在一定程度上介入公证保全证据活动，在有些个案中甚至会直接介入到公证人的保全活动中来，而犹以执行环节中的保全为

甚,这或许是缘于执行活动中审判机关系与被执行人产生直接的接触和互动所致。整体来看,在法院"启动"公证保全证据程序的现象中,公证与诉讼之互涉,实为此类法律现象的突出特征。

三、对法院诉讼活动之保全
——对法院"启动"公证保全证据程序的若干追问

(一)法院为何"舍近求远"?

按照传统民事司法理论,法院自身即享有调查取证以及对已生效裁判文书予以强制执行的法定职权,因此,在绝大多数的案件中,法院无需借助任何其他机构即可径行调查或执行,为何在前述案件中,法院却一反常态地"舍近求远",引入公证机构对法院的诉讼活动进行保全呢?我们可以从保障法院在诉讼活动中的中立性、公正性之要求以及实现诉讼风险之分担这两个角度予以考虑。

1. 保障法院在诉讼活动中的中立性、公正性之要求

在上海市徐汇区人民法院的金轩大厦执行公证保全案中,一名法官吐露了自己的心声:

> 长期以来在执行工作中始终有一个难题困扰着执行法官。在有些执行财产较多的案件中,被执行人在执行过程中对相关的财产不提异议,甚至也在财产清单上签了字,但事后却又对财产的数量、品质提出异议,并以此作为向执行法官发难的理由。[12]

事实上,在一些案情复杂、纠纷易发的案件中,法院往往面

---

[12] 吴艳燕:《引入公证机构 + 人性化操作 法院巧解执行难》,http://www.chinacourt.org/article/detail/2011/08/id/461995.shtml,最后访问时间:2013 年 12 月 13 日。

司法视野中的公证保全证据

> ……公证人旁站保全诉讼活动的进行,在事实上构成了对诉讼过程的监督,一定程度上亦能保证审判活动的公正性。

临一个两难之境:一方面,法律要求法院在必要时必须进行调查取证或依当事人之申请对生效裁判文书予以强制执行;另一方面,由于法院自身深度介入了此类诉讼活动,一旦诉讼当事人或其他相关主体就法院的调查取证行为或执行行为产生争议,法院往往面临着难以自证的困难。在庭审中,法官自然能够居中裁断、不偏不倚,但在法院依职权调查取证或者法院的执行过程中,法官不得不亲身介入诉讼事实之中,从而导致法官有可能失却其超然于案件事实之外的独立地位,反而成为争议的当事人。因此,如何在依职权调查取证或执行的过程中依然保证自身不失其中立地位,是法官在办案中亟待解决的问题,而在法官依职权调查取证或执行的过程中引入公证人的参与也许是一个有效的解决途径。

通常而言,在法院"启动"的涉及诉讼活动的公证保全证据过程中,公证人可以起到以下两个方面的作用:

(1) 由于公证人在证据保全过程中恪守如实、客观的执业态度,经公证保全的证据不仅在法律上具有强势证据效力,对于社会公众而言亦具有较高的公信力,因此,通过对诉讼过程进行公证保全,通常能够保证其真实性,不易产生纠纷;

(2) 公证人旁站保全诉讼活动的进行,在事实上构成了对诉讼过程的监督,一定程度上亦能保证审判活动的公正性。尽管根据一般的法律思维,审判机关对案件进行的审理和裁决被推定为公正,但是,由于法院无法自证其公正性,在某些易产生纠纷的情形下,通过引入中立的公证机构对诉讼活动进行保全,从维护法院在审判活动中的中立性和公正性的角度而言是颇有必要的。

2. 诉讼风险分担之考虑

法院"启动"公证保全证据程序的另一个目的或许是基于诉讼风险分担之考虑。在传统的民事诉讼中,法院在审理许多第一审民事案件时遇到的最大困难往往在于法院难以辨明诉讼当事人提交的证据之效力,由于许多当事人并非专业的法律人士,缺乏保全证据的意识和专业能力,其所提交证据的真实性往往缺乏有效的证明,在客观上导致法院认定事实的困难。倘若法院在无法准确认定事实或核实证据真实性、客观性的情况下贸然作出裁判，往往就有因事实认定不清、证据不足而被撤销原审判决之风险，故法院在审判过程中也往往更乐于接受当事人所提交的经公证保全的证据。公证保全证据因其在《民事诉讼法》上享有强势证据效力，在无相反证据的情况下可直接作为法院认定相关事实的依据，在强化裁判文书对案件事实认定的准确性的同时，也在无形中形成了由公证机构分担法院在事实认定方面的诉讼风险之局面，我们或可称之为法院的诉讼风险分担机制。在这种情形下，一方面，法院认定证据真实性的义务转移到公证机构之上，另一方面，如公证保全证据因存在瑕疵或失实而导致证据未被予以认定乃至公证书被撤销，由此产生的纠纷与责任也均由公证机构予以承担，在客观上减轻了法院承担诉讼风险之压力。因此，法院"启动"公证保全证据程序，在很大程度上是基于诉讼风险分担之考虑。

……如公证保全证据因存在瑕疵或失实而导致证据未被予以认定乃至公证书被撤销，由此产生的纠纷与责任也均由公证机构予以承担，在客观上减轻了法院承担诉讼风险之压力。因此，法院"启动"这类公证保全证据，很大程度上是基于诉讼风险分担之考虑。

（二）公证申请主体应当为何者？

1. 法院为何"隐名"申请公证？

显然，在法院"启动"公证保全证据程序的案例中，公证保全证据的提起通常是缘于法院在诉讼活动中的实际需求。然而，公证保全证据程序的启动具有被动性，非经公证申请人申请，公证机构不得自行启动公证保全证据程序，随之而来的一个问题是，在法院"启动"公证保全证据程序的情形中，公证究竟应当由哪一方主体提出申请？在岱岳区人民法院刑事案件执行公证保全案中，即有公证人提出：

> 公证的申请人应当是法院。因为本公证事项是法院执行局提出的，法院是公证当事人。[13]

然而，在实践中，所有案件几乎无一例外都是由案件的诉讼

13　肖文：《用公证的"眼睛"破解执行法官的难题》，载《中国公证》2012 年第 5 期。

> ……若由法院提起公证保全证据之申请，形成的公证保全证据之效力又由法院自身予以认定，从法理上而言不免有自我审查之嫌……

当事人或相关主体在法院的要求下向公证机构提出公证申请，法院自身并不介入公证申请，启动公证保全证据程序的主体与公证申请人的分离是这一法律现象的突出特点，我们或可称之为法院"隐名"申请公证保全证据。从《公证法》以及《民事诉讼法》的基本法理出发，笔者认为，法院自身并不介入公证申请，而采取要求诉讼当事人提出申请这一"隐名"的公证申请方式，可能主要是基于法院的中立地位以及防止介入争议两方面的考虑：

（1）法院的中立地位

我国《公证法》第31条明确规定："有下列情形之一的，公证机构不予办理公证：……（二）当事人与申请公证的事项没有利害关系……"因而，公证申请人与公证事项具有利害关系是公证机构受理公证申请的前提条件，在公证保全证据活动中，公证申请人正是基于自身与证据所涉的案件结果存在的利害关系而向公证机构提出公证保全证据的申请。然而，我国《民事诉讼法》第44条明确规定："审判人员有下列情形之一的，应当自行回避，当事人有权用口头或者书面方式申请他们回避：……（二）与本案有利害关系的……"法院作为审判机关，在诉讼中居于居中裁判的地位，这一地位决定了法院必须与其所审理之案件不存在任何的利害关系。若由法院作为公证保全证据的申请人，不仅有违《公证法》之规定，同时也不符合法院居中裁断、无涉案件利益的地位。故而，此类公证保全证据案件的程序虽由法院"启动"，但最终却以原被告作为公证申请人予以申请。

（2）防止介入争议

《公证法》与《民事诉讼法》的规定已阻却了法院自身作为公证保全证据的申请人的可能性，再从防止法院介入争议的角度来看，法院同样不适合作为公证保全证据的申请人。由于《民事诉讼法》确立了公证保全证据的强势证据效力，因此，诉讼案件的当事人往往倾向于提交经公证保全的证据以期获得法院之采信，然而，若由法院提起公证保全证据之申请，形成的公证保全证据之效力又由法院自身予以认定，从法理上而言不免有自我审查之嫌，而一旦公证机构所出具的保全证据公证书未被法院所采信，则法院作为公证申请人亦将有可能卷入与公证机构之间的争端之中，使得诉讼案件的事态进一步复杂化，这不仅将使法院失却其中立地位，亦将使法院介入不必要的争议之中，因此，法院选择"隐名"之方式而不亲自申请公证保全证据，预防争议亦是一个重要的考量。

2. 法院"隐名"申请公证的两种形式

然而，尽管法院不宜作为公证申请人介入公证申请之理由言之凿凿，但这是否就意味着现有的法院通过诉讼当事人提起公证申请的模式就没有任何法理上的瑕疵呢？对于这一问题，我们不妨深究一下。众所周知，公证保全证据作为一种程序性活动，其根本目的是为了保障当事人的合法利益免受侵害而对事实进行如实、客观的保全，这不仅是公证人执业的基本准则之一，同时也是公证公信力赖以存在之基础。然而，在岱岳区人民法院刑事案件执行的公证保全案中，本案的公证申请人，即刑事案件的受侵害方自身并无申请公证保全证据之需求，事实上，在本案中，真正需要公证介入以保障执行过程顺利开展、防止可能产生的纠纷的恰恰是法院执行庭的法官，同样的情况亦见诸刘光嘉等诉闵行区政府行政赔偿案中，原被告双方亦均无申请公证保全证据之需求，而诚由法院授意提起公证申请，以防诉讼当事人对法院的现场清点活动产生异议。综上，我们可以毫不夸张地说，此类案件中，真正存在申请公证保全证据需求的，恰恰是法官与所属之法院。

然而，由此就产生了一个问题，这样一种法院"隐名"申请公证保全证据的模式，是否与公证人执业之"真实"准则相抵触呢？如果我们对这两起案件的公证书进行细致的分析，我们就会发现，此类案件中法院在公证申请中的"隐名"又可区分为两种情形，即法院完全"隐名"与法院不完全"隐名"。

（1）法院完全"隐名"的公证申请模式

所谓法院完全"隐名"，系指公证书在表述公证申请过程时完全不涉及法院，在刘光嘉等诉闵行区政府行政赔偿案中，法院完全"隐名"的情形得到了典型的体现。在本案的公证卷宗中，虽然公证保全证据的申请人一方即闵行区政府的代理人在公证申请表中记载有"我方鉴于法院的要求，且在法院并不预设立场认为我方有保管责任的前提下，同意与原告共同委托公证进行清点，推进程序……"的表述，但在公证书中却仅仅表述为：

> 申请人刘光嘉及朱××的委托代理人刘××和申请人上海市闵行区人民政府的委托代理人邹××于2013年9月3日共同向本处申请对搬迁物品的现状办理公证保全证据。[14]

从公证书的以上表述上看，并未提及法院在此过程中施加的影响，尽管从表象上来看，本案例中法院并没有介入公证申请，公证申请人仅有本案原被告双方，但公证人在明知当事人申请公证保全证据是基于法院之要求的情况下，仍在公证书中对这一事实予以忽略，这一做法是否妥当，或许有待商榷。

（2）法院不完全"隐名"的公证申请模式

法院"隐名"申请公证保全证据的另一种情形是法院的不完全"隐名"。所谓法院的不完全"隐名"，系指公证书中对于公证申请过程的表述并没有隐去法院对于公证保全证据活动的介入，但是却在一定程度上对公证申请各方与法院的关系予以了"修改"，这一情形在岱岳区人民法院刑事案件执行公证保全案中得到了集中体现，我们不妨从山东省岱宗公证处出具的公证书入手试作分析：

> 申请人泰山××股份有限公司因原职工赵××挪用公款职务侵占案，需向岱岳区人民法院申请保全赵××挪用公款所购买的古董、字画。为预防纠纷，特委托代理人孙××于2011年12月15日来到我处，申请公证保全证据。申请人的公证申请得到了岱岳区人民法院的批准。

14　参见（2013）沪东证经字第14948号公证书。

......[15]

根据这一份公证书的表述，我们并不能从中看出这一公证保全证据程序系应法院之要求而启动，相反呈现为公证申请人为"预防纠纷"而向公证机构申请办理公证保全证据，并且"公证申请得到岱岳区人民法院的批准"。笔者以为，此种表述是否妥当，仍有进一步探讨的空间。从法律角度而言，我国《公证法》明确规定，公证机构依法独立行使公证职能[16]，公证机构并非从属于法院，公证申请人向公证机构提出公证申请，无需经由法院批准，因此，上述公证书中所谓法院"批准"公证申请的表述似乎有待商榷。从事实角度而言，在本案中，法院为防范在执行过程中可能发生的纠纷，主动要求本案的受害方申请公证保全证据，但这一关系并未在公证书中得以体现，相反，公证书中呈现的却是受害方为预防纠纷，申请公证机构对法院的执行过程予以保全，法院基于受害方的申请而"批准"公证申请。倘若我们细加分析，受害方泰山××股份有限公司并不亲自参与执行活动，亦不与被执行人产生任何直接的关联，似无申请公证保全证据以"预防纠纷"之必要，而公证申请系公证申请人与公证机构之间的法律关系，亦与法院无涉，同样无需法院予以"批准"。然而，从此类公证保全证据活动的现实开展而言，公证人或许亦有其苦衷：尽管法院无权对当事人向公证机构申请公证保全证据的行为予以干涉，但由于在诉讼活动中，法官为诉讼进程的主导者，因此即便公证机构有权受理当事人对于诉讼活动中某些环节开展公证保全证据的申请，但公证人是否能够介入诉讼活动并开展相应的公证保全证据活动，仍然有赖于法官的准许和配合。故笔者以为，在本案中，法院并非"批准"公证申请人向公证机构申请公证保全证据，而是准许公证人介入执行活动发生的时空之中，对法官的执行活动予以保全。

15　参见（2011）泰岱宗证民字第1016号公证书。
16　《公证法》第6条规定："公证机构是依法设立，不以营利为目的，依法独立行使公证职能、承担民事责任的证明机构。"

由此，公证若以"真实"予以衡量，这两份公证书在真实性上可能都是有所欠缺的。

3. 法院是否可以作为公证申请之主体？

综上所述，当法院介入公证申请时，不免有失却中立地位之嫌，而法院"隐名"启动公证程序时，却又会带来公证真实性之瑕疵，在面临这一两难之境时，究竟应当何去何从？

笔者以为，认为法院不宜作为公证申请人介入公证申请的观点，很大程度上源于某种根深蒂固的司法孤立主义的思维。在这种思维看来，法院作为国家司法权力之代表，是纠纷解决之最后防线，故而法院在从事审判活动时应当排除与其他社会个体的一切交往。这一思维在某种程度上"神话"了法院，将法院之地位看得过于孤高了。因此，人们往往会怀疑，若法院向公证机构申请公证保全证据，是否会降低法院的公信力？诚然，这一问题尚有探讨的空间，然而，在法治社会中，法院并不享有至高无上之地位，只有宪法和法律才是真正至高无上的，因此认为法院应当与整个社会治理机制相隔绝无疑是一种过于狭隘的成见。事实上，在忠实于事实、忠实于法律的前提下，法院引入公证机构对诉讼活动的某些过程进行保全，甚至由法院直接向公证机构提出公证保全证据之申请，未必会有碍于法院之司法权威，从某种程度而言或许更能因得到公证人如实、客观之保全而增强司法活动的公信力。因此，对于公证申请人究竟应当为何者这一问题，我们大可不必采取某种断然否认的态度，对于这一问题保持开放性的视野，在推动司法制度创新方面或许不无益处。

（三）公证保全证据中法院与公证机构应构成何种关系？

在此类法院"启动"公证保全证据程序的现象中，我们可以看到对法官与公证人之间的关系有诸多不同的表述：媒体部分报道中称之为法院"委托"公证机构进行证据保全[17]，而另外一些报

17　袁玮：《上海"最贵民告官案"开庭》，载《新民晚报》2013年12月11日。

道中则称之为法院"要求公证机构配合执行"[18],而司法机关亦有"引入公证机构"参与执行的表述[19],不一而足,这使我们不由得追问:在法院"启动"公证保全证据程序的现象中,法院与公证机构,或云法官与公证人,究竟应当构成何种关系?对于这一问题,我们可以将视角由微观扩展至宏观,从法官与公证人、法院与公证机构以及裁判权和公证权之关系这三个层面逐一予以阐述。

1. 法官与公证人理当保持何种关系?

正如上文中所指出,在法院"启动"公证保全证据程序的诸多案例中,法官介入公证活动的程度、法官与公证人的交互活动各不相同,通常而言,在法官不介入公证程序或法官间接介入公证活动的情形中,法官和公证人之间的关系较为单一,两者的行为通常不直接产生关联和互动,只有在法官直接介入公证程序的情形中,法官与公证人之间的关系才会成为一个值得探讨的问题。在法院"启动"公证保全证据程序的部分案件中,法官会表现得较为强势,比如在刘光嘉等诉闵行区政府行政赔偿案中,法院的现场调查笔录中有如下记载:

> 本案原被告以及拆迁人配合东方公证处做好本次的清点证据保全,请提供相关手续材料,费用由被告方预付。本院会和东方公证处及时联系,待公证处制作好照片和视频资料后,由本院通知三方当事人到本院领取。[20]

而在岱岳区人民法院刑事案件执行公证保全案中,法官不仅主导了整个执行保全过程,并且在一定程度上要求公证人对其工作予以配合:

---

18 朱光泽:《公证机构出面协助法院破解执行难题》,载《成都日报》2010年12月27日。

19 吴艳燕:《引入公证机构+人性化操作 法院巧解执行难》,http://www.chinacourt.org/article/detail/2011/08/id/461995.shtml,最后访问时间:2013年12月13日。

20 据本案相关档案。

临分手时，孙法官紧握公证员的手说："今天法院的执行工作在公证处的协助下，已顺利完成。但赵××还有一批书法墨宝被市公安局岱岳分局封存转交到法院，刑庭的同志已敦促多次，要求执行移交，请一并公证保全后转交申请人保管。此外，执行工作要想追求圆满，执行卷宗中必须收录公证书。拜托公证员同志辛苦一下，希望能尽快见到《公证书》。"[21]

由此，我们或可提出疑问，在公证保全诉讼活动的过程中，法官的这样一种强势姿态乃至其对公证保全证据活动的"指点"是否妥当？公证人与法官之行为应保持何种范式？从法理上而言，公证人与法官究竟为何种关系？

我国《公证法》第3条明确指出："公证机构办理公证，应当遵守法律，坚持客观、公正的原则。"所谓公证保全证据中的客观、公正，是指公证人虽然应公证申请人之申请对相关证据事实予以保全，但公证人在执业中并不预设立场，也不站在任何一方当事人的一边，而是始终居于客观之立场，秉持冷静、客观的视角，对所见之事实或活动予以保全。因此，在法院"启动"公证保全证据程序的情形中，公证人虽然会亲临诉讼活动现场进行保全，但其并不代表任何当事人的利益，同时也不代表审判机关的立场，而是以独立的、中立的地位对诉讼活动进行客观的保全，这必然要求公证人和法官保持适当的距离，避免"联合办案"，公证人不应当仅仅因法官的要求而对自身的保全行为作出妥协。尽管在此类案件中，公证人与法官的活动通常在同一个时空中同步发生，甚至出现竞合的情况，但这两个行为是彼此独立的，并不会相互影响，因此在此类法律现象中，公证人与法官之关系既非"配合"，亦非"协助"，而是彼此独立开展各自的职业活动。在此类执业活动中，公证人更应当恪守独立、中立之地位，避免

---

21 肖文：《用公证的"眼睛"破解执行法官的难题》，载《中国公证》2012年第5期。

受到诉讼当事人乃至法官的影响，以求实现对诉讼活动某些过程如实、客观的保全。

2. 法院与公证机构之间系何种关系？

在法院"启动"公证保全证据程序的现象中，法院与公证机构之关系亦值得考量。在此类案件中，是否如同某些媒体所称，系法院"委托"公证机构开展保全行为？法院与公证机构的这种"委托"关系是否有法律依据？以刘光嘉等诉闵行区政府行政赔偿案为例，公证机构所保全的是法院依职权进行的调查行为，那么，是否可以说是法院委托公证机构进行的调查行为？我国《民事诉讼法》第131条明确规定："人民法院在必要时可以委托外地人民法院调查。"然而，值得注意的是，此处限定了人民法院"委托"调查的主体仅限于外地人民法院，公证机构并非审判机关，因此不能适用这一条款认定本案中法院与公证机构之间构成"委托"调查关系。从民事诉讼的基本法理而言，法院对事实进行调查的合法性来源于《民事诉讼法》的授权，因此，法院的调查权带有明显的公权力属性，而公证机构则是社会组织，由其代法院行使调查权有违调查权的公力性。此外，尽管该类案件中由法院"启动"公证保全证据程序，但法院并不介入公证申请，也并没有与公证处产生任何直接的法律关系，因此将法院与公证机构之间的关系认定为"委托"关系实为不妥。

依笔者观点，在此类案件中，法院与公证机构的关系更接近于法院"邀请"并准许公证机构参与诉讼活动，以公证保全证据所具有的强势证据效力对法院的诉讼活动予以补强。如同上文所指出，首先，法院本身并不能作为公证申请人申请"启动"公证保全证据程序，因而只能由诉讼当事人申请，而公证机构作为中立的证明机构，并没有必须受理该公证申请的法定义务，因而，从法理上而言，法院对于公证保全证据程序的"启动"并不具有强制力。其次，从公证受理的程序而言，诉讼当事人作为申请人向公证机构申请办理公证保全证据，而仅仅在公证申请表中注明该公证申请系法院之要求，而公证人对法院调查过程的保全亦需经法院之准许，故法院"启动"证保全证据程序需借助于诉讼当事人为媒介方可完成，因此我们可以将其简化为如下结构：（参见图表2：法院"启动"公证保全证据程序的一般流程）

图表2：法院"启动"公证保全证据程序的一般流程

```
                   法院"准许"公证机构实施保全。
    法院  ←──────────────────────────────  法院

要求诉讼当事人                           提出证据保全
申请公证保全证据。                        公证申请。

              诉讼当事人
```

因此，在此类案件中，法院并不能直接启动公证保全证据程序，而必须借助于诉讼当事人这一媒介，通过诉讼当事人向公证机构提出公证保全证据申请，在公证机构受理申请后再由法院核准公证机构参与诉讼，对诉讼活动进行保全，由此方能实现对公证保全证据程序的启动，这或许是在现行民事诉讼法律框架下为了实现法院与公证机构的合作而产生的创新模式，因此笔者将其称之为法院"邀请"公证机构对诉讼活动予以保全。

3. 公证权与裁判权究竟是何种关系？

上文既已对就法院"启动"公证保全证据程序现象中法官与公证人、法院与公证机构之关系进行了梳理，那么，在此我们不妨进一步深究：在公证保全证据领域，公证权与裁判权究竟应是何种关系？

或有论者以为，从两者的性质出发，司法机关的裁判权显然是国家公权力的一种，而依国内外研究者之共识，公证权却不具有公权力之属性，而实乃一种社会公共权力[22]，故在民事司法中，

---

[22] 张宇衡：《社会结构演变对于公证权性质的影响——访孙笑侠教授》，载《公证研讨》2014年第1期。

裁判权居于主导地位,而公证权则处于从属性、辅助性的地位,因此,在法院"启动"公证保全证据程序的现象中,公证人有配合协助法官之义务。然而,倘若我们对公证权与裁判权之性质予以分析,就会发现事实并非如此。

概而言之,公证权系公证人对具有法律意义的行为或事实予以证明的权力,而裁判权系司法机关对所提交的法律争议予以裁断的权力。若局限于民事诉讼中的证据保全领域,公证人得以其公证权对证据予以保全并赋予其强势证据效力,而法院得以其裁判权对公证人所保全之证据予以审查,并在存在足够相反证据情况下不予采信公证保全之证据,从两种权力的互动关系而言,两者实为相互制约、相互平衡之关系;然而,如若我们将视角扩展至整个民事司法领域,我们会发现公证权与裁判权在民事司法争议解决框架中应分属不同的职能安排,进而具有两种不同而又并行的结构性定位,公证制度为民事司法中纠纷的预防机制,而裁判制度则为民事司法中纠纷的解决机制,从功能而论,公证权为民事司法中事先预防之权力,而裁判权则为民事司法中事后救济之权力,从这一层面而言,两者又相辅相成,共同为民事法律纠纷之纾解起到难以替代的作用。因此,以是否属于公权力作为两者效力高低之区分,实乃一叶障目而不见泰山。

既然公证权与裁判权在司法中具有同等之地位而履行不同之职能,那么,在法院"启动"公证保全证据程序这一司法程序与公证程序交错互涉的特殊现象中,公证人与法官各自职权的行使仍应并行不悖。一方面,如果公证人之保全活动未对法院的正常诉讼活动构成影响,则法官无权对公证保全证据活动之开展予以干涉,另一方面,公证人在履行自身公证保全证据职能时需秉持身份独立、价值中立之立场,亦无迁就法官的必要,公证权与裁判权之间所具有的并立、同等之法律地位,是确保法院"启动"公证保全证据程序这一不同于惯常的实践之合法性基础。

> ……公证权系公证人对具有法律意义的行为或事实予以证明的权力,而裁判权系司法机关对所提交的法律争议予以裁断的权力。若局限于民事诉讼中的证据保全领域,公证人得以其公证权对证据予以保全并赋予其强势证据效力,而法院得以其裁判权对公证人所保全之证据予以审查,并在存在足够相反证据情况下不予采信公证保全之证据,从两种权力的互动关系而言,两者实为相互制约、相互平衡之关系……

四、推广倡导还是谨慎为之？
——法院"启动"公证保全证据程序未来之展望

在以往的民事司法理论中，公证是民事纠纷的预防机制，而诉讼则是民事纠纷的解决机制，两者不同的结构性定位导致其在程序上彼此无涉。然而，随着司法实践中新问题、新需求的涌现，法院"启动"公证保全证据程序的实践突破了以往公证程序与审判程序彼此分离的界限，创新性地将公证保全证据活动与法院的诉讼活动结合起来，以公证保全证据所具有的客观性、真实性对诉讼活动中的某些环节予以补强，从而实现预防纠纷、增强法院审判活动公信力的目的。从当下的司法实践来看，公证与诉讼活动的交融并非是个别法院的创新，而已然成为一种日益普遍的法律现象。旧有之观念，固不足为凭，但展望未来，我们仍然需要保持清醒的头脑和审慎的思考：现有法律的真空既不意味着法院"启动"公证保全证据程序这一模式不可为，也并不代表公证人在这一领域的活动没有边界，在这样一种新型的法律活动中，公证人更需保持一种审慎平衡的态度，既要敢于创新、不断求索，亦须谨慎以待，小心为之。对于公证人而言，在办理涉及法院诉讼活动的公证保全证据时，需要在以下三个方面格外予以注意：

（一）公证人执业之界限

从已有的实践来看，尽管法律对于公证保全证据介入司法活动并无明文规定予以限制，但这并不意味着公证人可以介入任何类别的诉讼活动中，公证人对于诉讼活动的保全依然应当恪守保护私权的界限，而不宜逾越至刑事案件之范畴。公证人是专业法律服务的提供者，并非是司法裁判者，尽管对于一些涉及刑事案件中的民事赔偿的领域或者在某些难以明确区分刑民界限的案件而言，公证人并非完全不能涉足，但对于刑事公诉案件这一专属于国家司法权的领域，公证人不宜介入，更不宜对刑事诉讼中侦查机关、检察机关取得的证据进行保全。

（二）公证程序之要求

在法院"启动"公证保全证据程序的情形中，尽管公证人所保全之对象通常是对诉讼活动的某一过程进行保全，但保全对象的特殊性并不改变公证人保全行为之性质，故而在此类案件中，公证人应当严格恪守公证程序的要求，如实记录保全过程中的真实情况，如在保全过程中发现存在法律禁止之情形，公证人应当结合具体情况果断作出不予办理公证之决定。

（三）公证人执业地位之中立

公证人执业之基在于公证人在公证活动中恪守中立之立场和客观之视角，在此类案件中亦然。尽管公证保全证据程序系法院启动，但公证人并不代表任何一方诉讼当事人乃至审判机关的利益，因此，公证人在保全证据活动中无需迁就法官，更无需听命于法官。公证人独立、中立地开展保全活动，如实、客观地出具保全证据公证书，是维护司法正义的重要力量，而这与法院"启动"公证保全证据程序之初衷是完全一致的。因此，如何在涉及多方主体乃至有司法机关参与的公证保全证据活动中严守自身的独立地位和中立立场，是公证人在办理此类公证保全证据活动中格外需要予以注意的。

综上，法院"启动"公证保全证据程序这一新型的法律现象的创生，与法院在当下诉讼活动中的实际需要存在密不可分的联系，这对于公证人而言既是机遇，亦是挑战。行走在推动民事司法制度的创新与捍卫公证职业之价值这两个端点之间，公证人必须拿出自己的智慧、勇气和审慎的态度，探索出一条既能满足现实需求，亦不失却公证人之中立地位和公正立场的"允正中道"，就这一目标而言，美国当代著名法学家富勒所提出的一个观点或许更值得我们深思和借鉴：

……亚里士多德的"允正中道"（just mean）概念绝不是

什么陈词滥调。我们不能把这种"中道"同现代人的"中间道路"（the middle way）概念混淆起来。对于现代人来说，中间道路是易行的道路，只需付出极少的努力。对于亚里士多德来说，"中道"是艰辛的道路，是偷懒的人和掌握不到技巧的人很容易跌倒在上面的道路。从这种意义上讲，它像健全的经济管理一样要求洞见和智慧。[23]

23　［美］朗·富勒著：《法律的道德性》，郑戈译，商务印书馆2005年版，第23页。

The Court "Launched" Procedure of Evidence Preservation Notarization: A brief analysis of interactions between trial and notary

Abstract: Generally speaking, the procedure of evidence preservation notarization is usually launched by the application of applicants who has the actual benefit in the evidence to be preserved to the notary agent. However, in the judicial practice, it isn't the only form to start the procedure of evidence preservation notarization. More and more people have realized a new phenomenon that in some case, the procedure of evidence preservation notarization is launched by the court. In fact, this new form has been widely applied in the civil judicial practice, and somehow breaks through the former concept that notary procedure should keep at a distance from the judicial procedure. Does any legal basis exist that court has power to launch the procedure of evidence preservation notarization? Can it be compatible with the theory of civil justice and notary law? What is the relation between judges and notaries as well as the relation between jurisdiction and notary power? In this article, I made an empirical analysis and theoretical questioning on the interactions between notary and trial, so as to answer the questions upon.

作者感言：

学法七年，聆听过法学大家的精彩授课，阅读过浩如烟海的理论文献，七年的课程学习和学术研究锤炼了我的逻辑思维与分析能力，但此间在复旦大学学生法律援助中心的经历同样令我受益匪浅，从大学第一年加入这一团体之日起，它的口号就深深地镌刻入我的心中："学法以意坚，究法以博广。笃法以心正，行法于日间。"从那时起，我发现了自己对未来的期待：成为一名合格的法律人。对我来说，这七年里最为宝贵的回忆，是那无论

司法视野中的公证保全证据

寒暑风雨前往社区法律服务点值班的日日夜夜，是那一个个或许算不上精巧典型但又实实在在的实务问题，是用自己所学解决实际问题时的那种自豪感，是那种将书本知识付诸实践的真切的体悟。法律之学乃实践之学，对于法律人而言，仅仅依靠象牙塔中的苦思冥想难以成就真正的学问，法律实践本身才是自己整个职业生涯都需要精修细研的更为广阔的课堂。

争鸣园地

公证保全证据是否止于民事领域
——公证保全证据适用范围扩张初探

/ 王晓华

公证保全证据是否止于民事领域
——公证保全证据适用范围扩张初探

王晓华[*]

概要：

公证保全证据在民事领域已经发挥了很大的预防纠纷、便利诉讼的功能。在行政执法与行政诉讼以至刑事自诉等领域，也存在公证保全证据的需求，公证保全证据行为的特点决定了它在这些民事以外的领域有存在的必要，并且能够更好地维护社会公正和司法正义。公证保全证据对于保障当事人的取证权有先天的优

---

[*] 华东政法大学社会管理综合治理研究院博士后研究人员。

势,也能够为行政机关执法乃至行政诉讼等提供信用支撑。民事以外领域适用公证保全证据必须符合《公证法》和其他法律的规定,同时也存在一定的界限,包括不能突破正当程序、应当遵循最佳证据规则等。

目次:

一、引言
（一）本文概念的交代
（二）问题的提出
二、民事以外领域适用公证保全证据的必要性
（一）保全证据行为具有跨领域的特点
（二）扩大公证保全证据适用范围是维护公正的需要
（三）扩大公证保全证据适用范围是公证业务发展的需要
三、民事以外领域适用公证保全证据的正当性
（一）民事以外领域适用公证保全证据的法理依据
（二）民事以外领域公证保全证据使用的界限
四、民事以外领域公证保全证据的证据效力
（一）公证保全证据的效力范围
（二）民事以外领域公证保全证据的证据能力
五、结语——公证保全证据适用范围扩大带来的挑战与应对

一、引言

（一）本文概念的交代

在进入正题之前，笔者首先对本文所使用的概念作一些交代。在现有的研究和实务讨论中，对公证保全证据行为的概括不一。现有文献中，由"公证"、"证据"、"保全"三个词语所构成的六种搭配都已出现过。绝大部分论者在使用这些概念时并没有作特别严格的区分和界定，基本上处于"怎么顺口怎么用"的状态。之所以造成这种现状，一方面，是因为"公证"、"证据"、"保全"所组成的六个词组意义大体相近，不作严格的语义分析，很难辨析其中的细微差别，论者和读者都对这些概念所指向的内容心照不宣，即使混用也不会造成太大的误解；另一方面，我国的规范性文件并没有对公证机构的证据保全行为下过权威的定义，只有在公证行业的自律组织——中国公证协会颁布的《办理保全证据公证的指导意见（修订）》（下称"《指导意见》"）中统一使用了"保全证据公证"这一概念。中国公证协会对"保全证据公证"的定义是："公证机构根据自然人、法人或者其他组织的申请，依法对与申请人权益有关的、有法律意义的证据、行为过程加以提取、收存、固定、描述或者对申请人的取证行为的真实性予以证明的活动。"[1] 针对这个定义，张卫平先生在《论公证证据保全》一文中作了细致的分析[2]，认为《指导意见》的表述包括了两类行为，一类是公证机构对与申请人权益有关的、有法律意义的证据、行为加以提取、收存、固定、描述的行为，张卫平先生将这类行为称为"公证证据保全"；另一类是对申请人的取证行为的真实

1　中国公证协会《办理保全证据公证的指导意见（修订）》（2004年8月18日中国公证员协会第四届理事会第三次会议通过，2008年11月25日中国公证协会第五届常务理事会第七次会议修订通过）

2　参见张卫平：《论公证证据保全》，载《中外法学》2011年第4期、《公证研讨》2011年第4期。

性予以证明的行为,张卫平先生称之为"证据保全公证"。张卫平先生认为,前者属于保全行为,是公证机构的一项独立事务,后者是证明活动,是一种公证事项,两者属于不同的职能,不能混淆。作为一种学理上的讨论,笔者十分认同张卫平先生对"公证证据保全"和"证据保全公证"的区分,两者在行为性质上的确存在不同。但是我们也必须同时注意到,无论是"公证证据保全"还是"证据保全公证",其终极目的都是对影响申请人权益或者有法律意义的证据进行固定和保全。有时在实践中,究竟是由公证机构进行"公证证据保全"的保全行为还是"证据保全公证"的证明行为,完全取决于申请人或公证机构认为哪种方式更合适,《公证法》以及《指导意见》并没有对这两种行为的适用范围作出明确的划分。张卫平先生自己也承认:"在实践中,往往难以将申请人的证据保全行为与公证机构的证据保全行为区分开来",正是因为这种实践中的纠结,"需要在研究中将这两者联系起来分析"。

综上,尽管我国立法中目前尚未对公证保全证据的名称进行权威性的认定,而学界对此的见解也众说纷纭,但究其根本,无论是"保全证据公证"抑或是"公证证据保全"还是其他概念,其所指向的最终对象都是公证人依职权对证据进行保全的行为,故而在本文中,笔者选择"公证保全证据"作为本文描述公证机构保全证据行为的整体概念。从法律现象研究的角度而言,公证人对于证据的保全行为及由此衍生的各类法律现象和法律问题是本文试图分析的重点所在。因此,本文使用"公证保全证据"这一概念作为分析的核心对象。

(二)问题的提出

公证保全证据是近年来在我国快速兴起的一项新兴公证业务,已被广泛地应用于民事纠纷的解决和预防。据相关统计,仅 2008 年到 2010 年间,全国公证机构受理的公证保全证据案件总数接近

48万件，在部分省市，该类型公证案件的数量呈逐年上升趋势。[3]公证保全证据对实现司法公正，保障公民、法人和其他组织的合法权益起到了至关重要的作用。

然而，公证保全证据是否止于民事领域？实践告诉我们，至少社会的需求不止于此。

案例一【行政诉讼中的公证保全案】

某地社会保障局（下称"社保局"）因作出一份不予认定某公民工伤的裁决被诉至法院。社保局向法院出示了一份证人证言以证明其裁决的合法性，法院要求社保局须对证人证言进行公证，方能予以采纳。社保局因此向某公证处提出对证人证言进行证据保全的申请。公证处认为，行政诉讼采取举证责任倒置原则，被告承担证明其行政行为合法的举证责任，作为案件中的重要证据，如果因为没有公证而导致其被法院排除，不仅会使社保局陷入举证不能的窘境，也有可能损害相关方的合法权益。由于社保局不可能预知对方会不服裁决而诉至法院，已失去了诉前证据保全的时机，只能通过公证保全予以弥补。公证处基于上述考虑受理了该申请，公证证据最终得到法院的采纳。[4]

案例二【刑事自诉公证保全案】

2012年，北京市某公证处迎来了两位特殊的当事人，他们自称是为他人维权的律师。由于在维权过程中，两位律师在网络上遭到了相关当事方大肆谩骂、诽谤，因此他们准备采取刑事手段追究对方的责任，维护自己的权益。然而在追责过程中，两位当事人遇到了一些麻烦：向警方报案的话，不仅费时费力，且由于对方行为并未造成严重的后果，警方未必会立案侦查；采取自诉手段的话，法院要求当事人在立案时提供完整的证据。但是，所有涉嫌犯罪的证据都保存在网络上，随时随地会被人修改或删除。

---

3 参见薛凡：《照亮边界——公证保全证据活动行为准则司法观点的展开》，载徐昕、黄群、薛凡主编：《公证的中国进路》（《司法》丛刊第6辑），厦门大学出版社2011年版。

4 陈胜民、蒋丽：《保全证据公证实务探析》，载《中国司法》2010年第6期。

于是两位当事人想到了公证保全证据。

公证员接到相关案件后犯难了,实践中,公证员从来没有为刑事自诉做过公证保全证据,因此公证员对于能不能做这样的公证、做出的公证结果能有怎样的效力心里没底。在经过公证处讨论以后,公证员决定以民事侵权的名义为当事人提供公证保全证据。针对当事人准备使用这一公证证据提起刑事自诉的情况,公证员也作了风险提示。[5]

案例三【刑事案件执行公证保全案】

2011年,山东省某法院判决了一起大额挪用公款犯罪案件,然而在执行的过程中却遇到了难题。犯罪嫌疑人将挪用的共计50余万公款全部购买了古玩、字画等物品。在诉讼过程中,由于担心在鉴定、保存涉案物品过程中存在巨大风险,公安机关没有对其进行扣押。涉案物品经公安机关清点、拍照取证后,依然被保存在犯罪嫌疑人家中。法院在执行过程中,鉴于担心造成古董珍玩的损坏、丢失,利害关系人也可能指责法官徇私调包、偷梁换柱,为了避免风险,法院决定邀请公证人介入进行证据保全。这一特殊的公证请求引发了争议。最后公证处从实现社会公正、维护法制的统一和尊严的角度出发,接受了这一公证请求,并协助执行法院做通当事人工作,完成了涉案物品的保全公证。[6]

实践的需求引出了下列的问题:自然人、法人或其他社会组织能否在行政诉讼或刑事自诉案件中申请公证保全证据?公证机构所作的公证保全证据是否可以用于行政诉讼或刑事诉讼?如果不可以,原因何在?如果可以,那么其界限又在何处?上述问题无论是在诉讼法学界还是公证法学界,似乎尚无人作过系统的研究。因此,本文拟对这个问题作一些抛砖引玉的探讨,以求教于大方之家。

---

[5] 参见艾鑫:《关于刑事自诉引入保全证据的思考》,载《北京公证》2013年第4期。

[6] 参见肖文:《用公证的"眼睛"破解执行法官的难题》,载《中国公证》2012年第5期。

二、民事以外领域适用公证保全证据的必要性

（一）保全证据行为具有跨领域的特点

证据是诉讼的核心，是连接实体和程序的纽带，这是证据的本质，也是三大诉讼程序共有的特点。由于社会事务和法律关系的纷繁复杂，民事诉讼、行政诉讼和刑事诉讼存在着相互交叉的领域，出现同一份证据被用于不同性质的诉讼的情况比比皆是。作为事实的载体，证据在进入诉讼以前，本身并不具有"党派性"，因此，离开特定的诉讼环境，我们不可能对证据进行分类。基于同样的理由，三大诉讼都存在保全证据的需要。所谓保全证据，乃是在诉讼之前或诉讼过程中，"证据有灭失或碍难使用之虞"[7]时，预先对证据进行收集和调查，以确保诉讼的正常进行。"证据有灭失或碍难使用之虞"是三大诉讼中皆有可能存在的情况，因此保全证据的需求是跨诉讼领域的。

当然，由于三大诉讼有其各自的特点，其保全证据的重点也各有不同。在刑事诉讼中，控方承担举证责任，侦查机关负责收集证明犯罪嫌疑人、被告人有罪的证据；在行政诉讼中，被告机关承担证明行政行为合法的证明责任，公权力机关是取证、举证的主体，诉讼中的自然人和法人处于次要的证明地位。由于侦查机关和行政机关是国家权力的行使者，他们的取证行为在某种程度上就是一种保全证据，在符合法定条件和法定程序的前提下，他们所收集的证据的公信力是比较高的，无需其他机关的进一步"补强"。从这个意义上来说，我们的理论界和实务界将公证保全证据的目光全部集中于民事诉讼中也是可以理解的。但是，公权力机关在行政诉讼和刑事诉讼取证中的主导地位并不排除个人在诉讼中的取证需求。对于刑事自诉案件，公安机关和检察机关

7　周荣编著，吴宏耀点校：《证据法要论》，中国政法大学出版社2012年版，第174页。

原则上并不介入，需要被害人自行提起诉讼，诉讼过程也由当事人推动进行。根据我国《刑事诉讼法》和最高人民法院相关司法解释的规定，刑事自诉案件的审理形态与民事诉讼相似，在司法实践中，自诉案件当事人的举证义务比民事诉讼当事人重得多[8]，在实践中，为提起刑事自诉而要求保全证据的案例并不罕见。[9] 在公诉案件中，出于对被害人权利的重视，学术界也一直存在建立刑事证据保全制度的呼吁[10]，这些客观存在的需求都是将公证保全证据拓展到民事以外领域的重要前提。

（二）扩大公证保全证据适用范围是维护公正的需要

除了客观存在的社会需求外，维护司法公正，以公证行为提升司法公信力也是扩大公证保全证据适用范围的一个重要原因。我国的公证机构正在经历从国家公权力机关向事业单位甚至社会组织转变的过程，公证的信用基础（公证机构的单位信用与公证人个人信用的结合）也正由国家信用向社会信用过渡，改革的方向应是将公证机构定位为一个独立于国家公信力之外的中立第三方的信用机构。

脱去国家标签的公证人会具有更客观超然的地位并由此带来更为公正的形象，可以帮助公权力机关增加其执法、司法行为的公信力，这就为扩大公证保全证据的适用范围提供了空间。在前述刑事案件执行公证案中，执行法院之所以要求公证机构介入法院的执行过程，就是希望通过公证机构的第三方监督和证明，在

---

[8] 比如在立案阶段，《民事诉讼法》第 119 条对原告起诉的证据要求是"有具体的诉讼请求和事实、理由"，并在起诉状中列明"证据和证据来源，证人姓名和住所"即可，而在《最高人民法院关于适用〈中华人民共和国刑事诉讼法〉的解释》第 259 条中对提起自诉案件的证据要求是"有明确的被告人、具体的诉讼请求和证明被告人犯罪事实的证据"，文本规定中，提起刑事自诉的证据要求就比提起民事诉讼高，在司法实践中，立案阶段就会对刑事自诉进行实体审查，这就要求自诉人在起诉前就提交完整的证据材料。

[9] 参见艾鑫：《关于刑事自诉引入保全证据的思考》，载《北京公证》2013 年第 4 期。

[10] 相关文献可参见兰耀军：《建立我国刑事证据保全制度刍议》，载《政治与法律》2008 年第 4 期；张泽涛：《我国刑诉法应增设证据保全制度》，载《法学研究》2012 年第 3 期。

保证依法进行执行的同时，打消相关利害关系人的疑虑，实现实体正义和程序正义的双赢。

扩大公证保全证据适用范围在维护公正方面更重要的体现是保障公权力实施与公民合法权益保护的平衡。这一作用主要有两个方面的表现：

1. 在刑事诉讼中帮助被告人、被害人保全必要的证据

我国的刑事诉讼并未采用英美法系国家纯粹当事人主义的诉讼模式，在侦查阶段采用的依然是职权主义模式。原则上，侦查机关负有客观责任，侦查时应当收集一切与案件有关的证据材料，其中不仅应当收集证明犯罪嫌疑人有罪、罪重的证据，也应当收集能证明犯罪嫌疑人无罪、罪轻的证据。但是在实践中，由于认识重点不同，加上"重追诉犯罪、轻人权保护"的旧有观念的影响，侦查机关往往偏重于收集证明犯罪嫌疑人有罪、罪重的证据。尽管犯罪嫌疑人、被告人及其辩护律师也有调查取证的权利，但是辩护方在取证权利能力[11]、取证能力等方面处于天然的弱势地位，法院也更倾向于采纳控方提供的意见。这种实质的不平等很可能影响被告人的正当权益以及程序正义的实现。为了纠正这种不平等，我们需要在诉讼程序中为犯罪嫌疑人、被告人提供"平等武装"，基于这一原因，有学者提出了在刑事诉讼中建立证据保全制度的必要性[12]。但是，目前对于刑事诉讼证据保全制度的研究主要侧重于向法院申请保全的方面[13]，可是，向法院申请保全仍然面临着与公权力博弈的过程，而公证保全证据恰恰能够弥补此点不足。

---

11 "取证权利能力"借用了民法"民事权利能力"的概念，是指刑事诉讼中控辩双方调查取证的法律地位或法律资格。我国刑事诉讼中控辩双方并不享有相同的调查取证资格。最典型的例子是，侦查机关"有权向有关单位和个人收集、调取证据。有关单位和个人应当如实提供证据。"而辩护律师必须"经过证人或者其他有关单位和个人的同意"才能向其收集证据，向被害方及其提供的证人收集证据还必须征得检察院或法院的许可。这种法定的不平等决定了辩方在调查取证权方面处于天然的弱势地位。

12 参见许少波著：《民事证据保全制度研究——以法院为中心的分析》，法律出版社2013年版，第36~37页。

13 参见张泽涛：《我国刑诉法应增设证据保全制度》，载《法学研究》2012年第3期。

刑事诉讼中适用公证保全证据的优势有以下几点：首先，公证保全证据不属于公力保全，辩护方享有较大的自主权，在法律允许的框架内，辩护方可发挥的主观能动性较强，不易受到公权力的不当干扰；其次，公证机构作为中立第三方，无论是直接对证据实施公证保全（比如对电子证据的保全），还是对辩护方的取证行为进行证据公证保全（比如对辩护律师询问证人过程的保全），其证明结果都具有较高的公信力。在公证文书描述的佐证下，法院也更容易客观地评估辩护方所保全的证据。

2. 在行政执法过程中帮助行政机关证明其决定的正当性

按理说，行政机关作为国家职能部门，其调查取证的效力不应低于公证机构的证明效力。但是，由于行政权的主动性，行政机关既是调查取证的主体又是作出行政决定的主体。当行政相对人对行政决定提出异议时，只能通过行政复议或行政诉讼的方式寻求救济。在行政复议或行政诉讼中，作出行政决定的行政机关成为利害关系人，其国家信用背景不能成为其调查取证合法性的天然支撑，行政机关需要用证据来证明其决定的合法性以及合理性。公证保全证据介入行政执法取证的空间即在这里。

中国社会正处于重大转型期，政府机构也面临着职能转变，政府管理社会的模式必然从台前转向幕后，以创造统一开放、公平竞争的环境，加强监管，对经济发展和民生保障领域的违法违规行为进行严厉打击[14]，对抗性的行政执法工作势必会日益增多，相应地，公民的维权意识也日益高涨。在重大行政执法案件中，采用公证保全证据能够通过中立第三方的监督保证行政机关依法行政，避免行政争议的发生。即使发生行政争议，也可以用公证佐证行政机关取证的合法性，方便行政诉讼的进行。

---

14 参见李克强：《在地方政府职能转变和机构改革工作电视电话会议上的讲话》，http://www.gov.cn/ldhd/2013-11/08/content_2523935.htm，最后访问时间：2013 年 12 月 24 日。

（三）扩大公证保全证据适用范围是公证业务发展的需要

近几年，民事领域的保全证据公证已经成为公证行业的重要业务之一，数量呈逐渐上升趋势。该业务对于打破常规公证模式，推动公证实务升级有着重要的作用。经过多年的努力，民事领域的公证保全证据实践已经积累了较为丰富的经验，司法实务中，也出台了大量的司法解释、判例、司法建议等司法观点为民事公证保全证据确立了基本边界。[15]保全证据公证业务需要进一步创新和发展，这种发展的需要势必要求扩大公证保全证据的适用范围，完善其价值的覆盖。

三、民事以外领域适用公证保全证据的正当性

（一）民事以外领域适用公证保全证据的法理依据

长期以来，公证都被视为与民事诉讼密切相关的一项制度。谈到将某一种公证行为拓展到其他领域，人们首先想到的是，法律允许吗？换言之，将公证保全证据扩展到民事以外领域是否存在合法性的问题？

我国《公证法》第 2 条对公证的定义是："公证机构根据自然人、法人或者其他组织的申请，依照法定程序对民事法律行为、有法律意义的事实和文书的真实性、合法性予以证明的活动。"中国公证协会《指导意见》第 2 条对公证保全证据的定义是："公证机构根据自然人、法人或者其他组织的申请，依法对与申请人权益有关的、有法律意义的证据、行为过程加以提取、收存、固定、描述或者对申请人的取证行为的真实性予以证明的活动。"[16] 从这两个定义可以看出，法律都没有将公证或公证保全证据限定在民

15　薛凡：《照亮边界——公证保全证据活动行为准则司法观点的展开》，载徐昕、黄群、薛凡主编：《公证的中国进路》（《司法》丛刊第 6 辑），厦门大学出版社 2011 年版。

16　同注 1。

事领域,《公证法》第31条所列举的不予公证的情形也未包含涉及行政执法、刑事诉讼或其他民事以外领域的事项。公证保全证据的两类对象——证据和取证行为都应当属于《公证法》中规定的"有法律意义的事实",这种事实是客观的,不因其使用场合而改变性质,因此,在民事以外领域适用公证保全证据完全符合《公证法》的要求。

除此以外,公证活动的一项基本要求就是合法,只要在民事以外领域公证保全证据的过程中坚持这项原则,就不会发生违反其他法律规定的情况。所谓合法是指公证机构办理公证事项的内容、形式和程序都必须符合法律规定,并且不违反社会公德和公序良俗。[17]在民事以外领域办理公证保全证据时,更应当注意对合法原则的审查,尤其是必须注意相关领域内的程序性规定,避免出现因程序性违法而导致公证行为无效,假设某刑事案件辩护律师为询问某个即将长期出国的证人而申请公证保全证据,公证人在进行公证前应当根据《刑事诉讼法》第41条查明证人是否愿意接受辩护律师的询问,如果证人是被害人提供的,应询问该证人作证是否经过人民检察院或人民法院的许可等。

(二)民事以外领域公证保全证据使用的界限

在民事以外领域使用公证保全证据应当有一定的界限。这一界限应由以下两个方面组成:一方面,对于公证保全言词证据的使用不能突破正当程序;另一方面,对于公证保全实物证据的使用应遵循最佳证据规则。

1. 对于公证保全言词证据的使用不能突破正当程序

在民事以外领域适用公证保全证据,一个很大的价值目标在于维护包括程序正义在内的司法公正。因此,公证保全证据的使用不能侵害当事人享有正当程序的权利,换言之,公权力机关不能使用公证保全证据规避法定的正当程序。正当程序的内涵非常广泛,包括裁判者须公正无偏私、被告人有权获得听审的机会、

---

17 张文章主编:《公证制度新论》,厦门大学出版社2005年版,第55页。

被告人有陈述和获得有效辩护的权利等。[18]公证保全证据中,对正当程序影响最大的当属言词证据保全。公权力机关可能会利用公证来增强书面证言的真实性,从而规避当事人对证人出庭的要求,但是,证人出庭除保障证言真实性的价值外更重要的是保障被告人的公正审判权,这一权利属于公民的宪法性权利,是程序正义的重要组成部分。因此,公证机构在刑事诉讼过程中所作的公证保全证据不能代替证人出庭作证,只有当证人享有免于出庭作证的特权[19]或因身患严重疾病、身处境外等客观原因无法出庭的,证人证言的公证保全才可以作为描述证人庭前作证情况的证明,为法官评估书面证言真实性提供参考。

2.对于公证保全实物证据的使用应遵循最佳证据规则

只有当原始证据出现灭失、损毁或其他无法使用的情况时,才可以将公证保全证据作为实体证据使用。公证保全证据的一个重要目的是万一在将来的诉讼中原始证据无法使用时可以具有替代的证明手段。从这个角度讲,公证保全证据仅仅是种预防手段。尽管在民事诉讼中出于诉讼效率的考虑,法官可以直接采纳公证文书的内容作为证据,但在刑事诉讼和行政诉讼中,更应该偏重考虑诉讼公正的问题。在可以使用原始证据时,应当优先使用原始证据。

四、民事以外领域公证保全证据的证据效力

(一)公证保全证据的效力范围

相比一般公证,公证保全证据在证明效力范围上有一些特殊性。在一般公证中,公证文书所确认的事实属于免证的事实,除非对立方提出相反的证据,否则法庭将不再对此事实进行法庭庭

---

18 参见徐亚文著:《程序正义论》,山东人民出版社2004年版,第11～26页。
19 我国《刑事诉讼法》第188条规定被告人的配偶、父母、子女可免于出庭作证。

审。但是，公证保全证据是对证据的形成过程或取证行为的真实性进行证明，对于保全对象的内容并不起证明的作用，比如，在对证人证言进行保全的公证文书中，可以载明"不对证言内容的真实性作出证明"；在文书送达的公证中，也可以仅对送达过程进行证明，无需为文书内容是否客观真实负责。

（二）民事以外领域公证保全证据的证据能力

在现有的行政证据和刑事证据法理论中，几乎没有涉及公证文书效力的研究，同时，实践中也尚未出台行政诉讼和刑事诉讼的相关证据规则。民事以外领域的公证保全证据是否具备证据能力，公证文书所证明的事实需不需要作进一步的程序性审查，是一个值得研究的问题。

曾经有观点认为，公证文书没有证据资格：首先，公证文书不具备证据的三性要求。公证文书的客观性和合法性不是所公证事项的客观性和合法性，而且公证文书与案件的待证事实没有直接的联系，只是通过公证事项对案件事实起到证实、说明的作用；其次，认定事实的根据是公证证明的"法律行为、法律事实和文书"，也就是公证文书所公证的是事项，而不是公证文书。[20] 笔者认为这种观点值得商榷。

学术界对于证据概念的争论由来已久。事实说、材料说、信息说，各种观点不断地进行交锋、辩论，经过数年的理性讨论，材料说基本占据了上风。2012 年新修改的《刑事诉讼法》第 42 条对证据的定义是："可以用于证明案件事实的材料，都是证据。"从这个定义来看，证据就是材料，用于证明案件事实的是材料所承载的内容，只要该内容具有客观性，与待证事实存在关联性，获取内容的手段具有合法性，那么承载该内容的材料就是证据。具体到公证保全证据，公证文书只是原始证据载体的替代品，改变的是证据的表现形式，并未改变其证明内容的性质，因此从属性上来讲，公证保全证据属于证据当无疑问，可以用于行政或刑

---

20 参见叶青、黄群主编：《中国公证制度研究》，上海社会科学院出版社 2004 年版，第 113～114 页。

事诉讼。

公证保全证据还必须具备不被排除的条件。在证据法理论中，证据排除的情形主要有以下几种：一是非法证据；二是传闻证据；三是无关联性的证据。依法进行的公证保全证据在非法证据和关联性问题上应无排除的可能，需要考虑的是其与传闻证据规则的关系。在三大诉讼中，刑事诉讼对传闻证据规定最严，如果公证保全证据与刑事传闻证据规则不冲突，那其在民事以外领域的使用当无问题。

传闻证据简单来说就是非第一手证据，其经典定义是：庭外形成的用于证明待证事实的证据。[21] 设立传闻证据规则的主要目的在于保障证据的真实性。人的观察能力、记忆能力、表达能力以及诚信度是影响证人证言真实性的四个主要因素。宣誓（具结）制度、当庭观察证人作证时的表现以及交叉询问制度是判断证人是否说谎的三大保障，其中以交叉询问为核心的质证被称为"人类为发现真实，所发展出的最伟大的法律器具"。[22] 通过与证人面对面的对质询问，诉讼参与人及律师能够尽可能地揭露出证人证词中的矛盾和漏洞，遏制证人作伪证的动机，法官可以通过观察证人作证以及接受质证时的表情、形态，评估证人证言的真实性。从而帮助法官吸收正确的信息而排除虚假的证据，以实现发现真实的目标。传闻证据则使上述发现真实的手段无法发挥应有的效果，因而不具有证据能力。[23] 但是如果一份证据具有真实性标记时，可以作为传闻证据规则的例外使用。公证保全证据的目的就是客观记录证据或取证行为的真实性，加上公证机构信用的支撑，公证结果的真实性是较高的，具备真实性标记，因此公证保全证据属于传闻证据的例外。

21　Christopher B. Mueller & Laird C. Kirkpatrick, Evidence Under the Rules (5th edition), ASPEN publishers, 2004, p. 107.

22　5 John H. Wigmore，Evidence (3th edition), James H. Chadbourn ed., 1974. p. 32.

23　See Michael H. Graham, *Federal Rules of Evidence,* West Group, 1996, p. 284～285.

五、结语——公证保全证据适用范围扩大带来的挑战与应对

公证保全证据扩展到民事以外领域的话题对法官和公证人都提出了巨大的挑战，而这一挑战对于公证机构和公证人尤甚。首先，目前的公证行业缺乏相应的实践经验和法律规范，法律依据需要进一步完善；其次，几乎所有的公证业务都来自于民事领域，公证人已经习惯了与民事当事人打交道。如果将业务扩展到行政执法领域或刑事领域，公证人现有的法律知识储备是否能够跟上？最后，民事领域的公证保全证据主要用于预防纠纷或民事诉讼，潜在的诉讼是在平等主体之间进行的，公证的风险相对较小。如果公证保全证据扩展到民事以外领域，那么，所作的公证可能直接面对公权力机关，一旦出现问题，公证机构和公证人所承担的责任可能不仅限于民事责任。

对此笔者认为，整个公证行业应当从以下几个方面做好准备：

（一）公证行业应当创新观念、未雨绸缪，充分认识到公证保全证据在民事以外领域中的作用和价值，认真分析、研究在民事以外领域适用公证保全证据的规则、程序和监管方式。中国公证协会应在现有的《办理保全证据公证的指导意见》的基础上对民事以外领域适用公证保全证据提出有针对性的意见，指导实践的进行。在充分实践后，相关部门应及时总结实践经验，完善相关的规范性文件，并尽早出台包括民事和民事以外领域在内的公证保全证据规则。

（二）公证业务管理部门应当有意识加强监管。民事以外领域适用的公证保全证据主要与国家公权力打交道，其对社会正义和司法公正的影响更大。影响越大，责任越大。公证业务管理部门应当对民事以外领域的公证保全证据进行更严格的管理和监督，保证公证行为在合法、客观、真实的轨道上运行，避免因为虚假的公证影响司法公正的实现。

（三）对于公证人而言，应当敢于突破，善于创新，促进公

证人的"两个转变"[24]。第一个转变是在从促进公证人从单纯的证明人向法律人转变。这不仅仅是身份上的转变,更是观念上、技能上的转变。传统的公证业务模式化、单一化的色彩比较浓重,面对日新月异的社会,公证人不能停留在原有的思维模式中裹足不前,而应当勇于突破,敢于接受新的挑战。在法律法规尚不完善的情况下,面对民事以外领域的保全证据公证业务,是消极拒绝还是勇敢接受,决定了公证人队伍的创新发展能力。第二个转变是将公证文书由证明文件转变成法律产品。目前来说,这个转变在民事领域已取得了一定的成功,经过公证行业多年来在公证文书上的改革,公证文书的法律价值得到越来越大的体现。将公证保全证据推广到民事领域之外,能促进公证产品在更广泛的领域发挥其法律价值。

公证是一个民事领域的话题——这种观念似乎已经根深蒂固。但是,作为一种重要的证明手段,公证尤其是公证保全证据在民事以外领域应该有更大的作为空间。越来越社会化的公证活动有理由成为影响行政领域和司法领域的重要力量。笔者自信,本文所抛之砖应该不会是一个伪命题。限于笔者经验和理论功底的缺乏,很多应当讨论的问题,本文并没有涉及。比如公证保全证据在行政诉讼、刑事诉讼中的证明力是否和民事诉讼中有所区别?公证保全证据和公权力机关的取证权限的关系如何?诸如此类的问题需要更进一步的探讨,笔者也更期待公证人能大胆走出创新的步伐,使公证保全证据为实现公平、正义作出新的贡献。

---

24 前方:《真正的未来源于此刻的努力——访中国公证协会公证文书研究委员会主任委员薛凡》,载《中国公证》2012年第3期。

司法视野中的公证保全证据

Is Evidence Preservation Notarization Limited to Civil Issues: On the extension of the scope of evidence preservation notarization

Abstract: The evidence preservation notarization has already played an important role in preventing and resulting civil disputes. It also has demands for evidence preservation notarization in private prosecution and administrative enforcement. The feature of evidence preservation notarization determines the necessity of its existence in criminal and administrative fields. Also, it has great effect on keeping the social fair and justice. Evidence preservation notarization has inherent advantages in protecting the right of criminal litigants and increasing the reliance of the government. Using evidence preservation notarization in criminal and administrative fields should be in compliance with Notary Law and other rules. There are some limits in using evidence preservation notarization in criminal and administrative fields, including due process principle and best evidence rule.

作者感言：

受身为小学教师的父亲影响，从小对讲台有特殊的感情。在"为人师表"目标的召唤下，依靠机缘巧合加贵人相助，资质平庸的我跌跌撞撞地读完了所有的学位，其间的挫折和成功都给自己带来了无尽的财富。然而，要站稳高校的讲台，光固守书本传道授业远远不够，还必须在学术领域有所建树、有所创新。学术研究和做人一样，离不开三个"实"字：第一踏实，做人最忌浮夸，做学问也是一样。心态浮躁，急功近利，永远不会出真学问。第二务实，不能为研究而研究，要寻找和思考真问题。第三扎实，做研究要有深厚的基础，厚积才能薄发。

案例分析

当公证走近法庭
——从国内首例公证远程作证案谈审判与公证
的契合和互补
/ 彭建波

网络隐私公证保全证据的司法评价与风险防范
——兼评全国首例公证保全证据引发的
涉隐私权诉讼案
/ 蒋 浩

当公证走近法庭

——从国内首例公证远程作证案谈审判与公证的契合和互补

彭建波*

概要：

"多设一家公证人事务所，就可以少设一个法院"，西班牙的这句法谚一直以来是对公证制度价值以及公证与审判两者关系最为生动的诠释。然而，国内首例公证远程作证案却给了人们一种豁然开朗的触动——除了在法庭之外、诉讼之前防范纠纷于未然，公证人还可以和法官共同致力于化解矛盾、定纷止争。本文从案例素材展开，分别展现了法官、公证人、法学专家对该案的思考，对公证介入远程作证的若干争议从法理上予以回应，并从

---

* 上海市黄浦区人民法院法官助理。

实务操作层面提出了若干合理化建议，以期推动公证与审判实现良性互动和完美契合。

目次：

一、案情介绍
（一）当事人
（二）案件基本情况
（三）本案所涉公证保全证据的由来
（四）法院审理意见

二、法律实务部门与学界的观点
（一）法官论法
（二）公证人的评析
（三）学界声音

三、公证介入证人远程作证的若干争议与法理回应
（一）证人在公证机构作证：物理法庭延伸的合理性质疑
（二）传统公证保全证据的边界与突破
（三）公证与审判的合作模式：助手还是各司其职

四、进一步完善公证介入证人远程作证的实务探讨
（一）公证介入证人远程作证的适用
（二）公证人参与庭审的作用定位
（三）适时在部分公证机构设立法院专线的构想

附录：本文的若干素材
（一）本案公证文书
（二）本案庭审笔录（证人作证部分）
（三）本案裁判文书

案例分析

一、案情介绍

（一）当事人

本案原告田某，被告甲食品（上海）有限公司（以下简称"甲公司"）。

（二）案件基本情况

蒋某分别于2009年2月26日和同年10月27日成立甲公司和乙食品（上海）有限公司（以下简称"乙公司"），其中，甲公司住所地为上海市杨浦区大连路××号，经营范围为食品销售管理（非实物方式）；从事货物及技术的进出口业务；乙公司住所地为上海市静安区昌化路××号，经营范围为预包装食品（不含熟食卤味、冷冻冷藏）。原告系在上海市就业的外来务工人员，于2009年8月进入乙公司住所地上海市昌化路××号工作。2010年2月26日，该处店铺因故关闭，原告遂离开，未再提供劳动。2010年3月4日，原告向上海市杨浦区劳动争议仲裁委员会申请仲裁被驳回。原告不服，诉至上海市杨浦区人民法院，诉请法院判令被告支付原告相应的加班工资、双倍工资差额、代通金等，并补交保险。

（三）本案所涉公证保全证据的由来

在案件审理过程中，被告向法庭提交了授权书、承包协议等书证，原告对该证据的真实性均不认可，认为系被告为应对仲裁、诉讼特意制作的证据。为了进一步证实其主张，原告除提供了相应的书证和视听资料外，还向法院申请证人林某通过双向视听传输技术手段并经公证出庭作证。2010年9月29日，林某至上海市东方公证处于该处公证员现场监督下以远程实时视频语音方式向法庭提供证人证言，并接受双方当事人当庭质询。林某的证言证实，原告确系被告甲公司招聘，并被安排至案外人乙公司负责相关销售工作，但原告多次提出的与被告签订劳动合同的要求均被蒋某拒绝。上述事实能够直接证明原被告双方存在劳动关系，对于本案的定性具有不可替代的关键作用。2010年9月29日，上海市东方公证处出具保全证据公证书并附视听资料，对前述林某提供证人证言的全过程及其后在庭审笔录传真件上签字确认的行为进行了公证保全。

（四）法院审理意见

上海市杨浦区法院经审理认为：劳动关系是兼有人身关系和财产关系性质，兼有平等关系和隶属关系特征的社会关系。在用人单位与劳动者未以书面形式签订劳动合同的情形下，当从上述特性审查双方之权利义务。从本案查明事实及现有证据分析，原告主张的其与被告具有劳动关系的事实有相关书证、视听资料均可以证实，且上述证据与作为甲公司雇员的证人林某的证言相印证，能够形成完整的证据链，被告的相关抗辩意见不能成立。由此，法院确认原告与甲公司之间存在劳动关系，甲公司应向原告发放劳动报酬，提供劳动基准的劳动保护和缴纳原告在职期间的社会保险，承担生产经营的风险。综上，法院依照《劳动法》、《劳动合同法》和《最高人民法院关于民事诉讼证据的若干规定》等有关规定，判决支持原告的诉讼请求。

二、法律实务部门与学界的观点

（一）法官论法[1]

上海市杨浦区法院审理本案的法官认为，本案在认定原、被告之间是否存在劳动关系时，采用了由公证机构公证、证人通过远程MSN视频与庭审同步进行的方式"出庭"作证，充分利用现

---

[1] 参见陈樱、蒋金秀：《以远程实时视频语音方式提供并经现场公证的证人证言具有证据效力》，载《上海市杨浦区人民法院案例精解》2011年第7期。

代科技手段推动了案件的事实调查和法律定性。根据《民事诉讼法》第70条规定，凡是知道案件情况的单位和个人，都有义务出庭作证。但是，当前并没有对证人的有效强制性措施来保障证人出庭作证义务的落实。实践中，证人出于自身安全、经济成本等方面考虑，往往选择不出庭作证。本案在审理中也同样遇到了这样的难题，涉案重要证人由于担心受到打击报复，不愿到庭作证。原告在反复做证人工作后，向法院申请由证人在公证机构公证下采用远程MSN视频与庭审同步进行的方式作证。证人通过双向视听传输技术手段作证，与一般的出庭作证形式不同，法院综合考虑其法律效力和本案审理的需要，同意了原告的申请，允许证人通过双向视听传输技术"虚拟"出庭作证。该案主审法官对该作证方式的法律依据和法律效力发表了如下评判意见：

1. 证人视频作证的法律依据

根据《最高人民法院关于民事诉讼证据的若干规定》（以下简称"《民事证据规定》"）第56条的规定，《民事诉讼法》第70条规定的"证人确有困难不能出庭"是指有下列情形：（1）年迈体弱或者行动不便无法出庭的；（2）特殊岗位确实无法离开的；（3）路途特别遥远交通不便难以出庭的；（4）因自然灾害等不可抗力的原因无法出庭的；（5）其他无法出庭的特殊情况。前款情形，经人民法院许可，证人可以提交书面证言或者视听资料或者通过双向视听传输技术手段作证。在符合法律规定的情形下，证人远程视频作证方具有合法性。本案中，证人的情况不属于上述（1）至（4）的情形，那么，是否可以将其界定为"其他无法出庭的特殊情况"呢？我们认为，本案证人系被告公司的员工，并先于原告在被告单位工作，对案件事实较为了解，能对案件事实的查明起到关键作用，必须到庭作证，以利于案件的审理。但是，证人对于作证可能受到的威胁有较多顾虑，法院应当考虑证人出庭将使证人受到伤害的风险因素，并优先考量其人身安全的保护。本案证人属于确不能出庭作证且又必须当庭作证的"其他情形"。法院在征得对方当事人同意的前提下，同意证人通过远程技术手段视频作证,这既实现了证人作证的目的,又缓解了证人的压力。证人视频作证属于证人出庭作证的特殊方式,是将"物理法庭"延伸到"虚拟法庭",不仅可以将证人的证言传输到法庭,而且可以将法庭上的问题传输给证人,是对交叉询问的法庭环境的模拟,本案采取的这种模式便利了案件的审理。

2. 证人视频作证的法律效力

根据《民事证据规定》第 65 条规定:"审判人员对单一证据可以从下列方面进行审核认定:(一)证据是否原件、原物,复印件、复制品与原件、原物是否相符;(二)证据与本案事实是否相关;(三)证据的形式、来源是否符合法律规定;(四)证据的内容是否真实;(五)证人或者提供证据的人与当事人有无利害关系。"第 55 条规定:"证人应当出庭作证接受当事人的质询。"因此,本案中证人视频作证的效力认定应当综合考虑以下几点因素:

(1)证人视频作证的内容是否与本案有关联性

本案证人与案件当事人无利害关系,且证人通过远程视频陈述原告系由其受被告委托招聘入职,经培训后安排至昌化店工作,与原告考勤卡上记载的"昌化路"服务场所相互印证,形成了完整的证据链,与本案事实紧密相关。

(2)利用高科技技术采用公证机构全程异地公证、证人通过远程视频作证的方式是否合法

首先,本案证人视频作证是由一方当事人申请,并经过对方当事人同意的;其次,本案证人作证的地点是在公证机构,证人作证是在公证机构的监督下进行的,公证机构行使法定证明权,公证证据是具有公信力的证据,其效力高于普通证据。

(3)本案证人通过视频作证是否接受了当事人的质询

本案中,证人在公证处现场监督下提供证言,并接受了双方当事人的质询。庭审结束后,法庭将笔录传真给证人,由证人对自己陈述的内容核实无误后签字确认,公证处对证人签字的行为进行公证保全,同时公证处出具公证书并附记录上述过程的视听资料。因此,证人虽然不在庭审现场的"物理法庭"作证,但通

过将庭审空间延伸，设置一个"虚拟法庭"，使得证人同样能够参与庭审活动。其可以视为证人出庭作证的特殊方式，具有证据效力。

（二）公证人的评析

负责审批本公证保全证据案的公证人曾对本案的特殊之处发表过颇有见地的观点，指出相当一些公证人受传统公证思维影响，对于纠纷发生以后的公证介入持消极或否定态度，对于诉讼阶段的公证需求更是退避三舍，这一观念严重束缚了公证人的手脚，限制了公证行业的发展。本公证保全证据案是对传统公证职能的突破，亦是公证职能的创新，它不但着眼于纠纷的预防，更积极参与纠纷的解决，使公证成为多元化纠纷解决机制的一部分。[2]

上海市东方公证处的承办公证员对本公证案的有关法律问题也作了具体阐述[3]：

1. 本案公证事项在本质上是一起特殊的公证保全证据活动

尽管对林某作证过程的公证在形式上来看接近于现场监督公证，但公证保全证据与现场监督公证两者存在本质区别：（1）现场监督公证侧重于监督"现场活动"是否按照预先设定的规则、程序进行，从而保证"现场活动"最终结果的有效性，而公证保全证据则侧重于对日后可能灭失或难以提取的证据加以固定，或者是对申请人取证行为的真实性予以证明的活动。（2）现场监督公证形成的结论是公证证明当事人实施的行为符合相关法律法规的规定，符合既定活动规则的规定，形成的结果真实、合法、有效，公证结论是具体明确且能够直接对其定性的；而公证保全证据形成的结论是证明当事人通过怎样的行为取得、固定了怎样的证据，公证结论不是直接对其定性，当事人取得的证据是否能够证明待证事实不属于公证证明的范围，而需审判机关进行裁判。

[2] 参见前方：《真正的未来源于此刻的努力——访中国公证协会公证文书研究委员会主任委员薛凡》，载《中国公证》2012年第3期。

[3] 参见田菁：《由一份公证书看民事诉讼中的公证保全》，载薛凡主编：《公证文书改革参考》，厦门大学出版社2012年版，第36页。

2. 本案公证保全的对象并非证人证言

本案中，证人在公证人面前作出证言的同时，该证言也通过网络传输到了法庭，成为法官裁判案件的依据。这时，对证言的保全已无实际意义，况且，证人在"法庭的延伸空间"内作证，实质上是参与法庭庭审质证的过程，证人所作的证言是在法官、原告和被告的交互询问下作出的，是一个质证的过程，因此，本案例中公证保全的对象应为发生在"法庭延伸空间"的庭审过程。

3. 公证介入证人远程作证确保了作证的效力

公证人不仅核实证人身份、保障证人作证过程的真实性，同时也通过公证的证明效力增强了证人远程作证行为的证明力。公证人以中立第三方的角色通过事先询问、核实证人身份证件等一系列的公证程序，可以实现对证人的身份及其民事行为能力的确认。在无公证机构参与的证人远程作证情形中，即使证人的身份确认问题可以通过双向视频传输技术手段解决，但由于证人作证的物理空间与庭审现场的物理空间存在空间上的隔断，此时证人在作证时是否受到外界的干扰等因素会影响作证过程的真实性。在有公证机构参与的情况下，证人被要求在公证机构内相对封闭的环境中向法庭作证。同时，公证人在法庭质证开始前，以中立第三方的身份通过双向视频传输手段向庭审现场确认证人的身份、表述证人所处的空间位置以及该空间中的人员情况，一方面，最大限度地减轻了证人作证时可能受到的外界干扰，另一方面，公证人以行使法定证明权的方式对证人作证过程进行监督，也增强了证人作证过程的严肃性。经公证的法律行为、文书和事实享有特殊的证据效力，若无反证在诉讼中直接推定有效。因此，在公证人监督下进行的证人远程作证，能赋予证人作证行为以更高的真实性和证明效力。

（三）学界声音

作为证人制度和公证制度的一项重大突破，首例公证介入证人远程作证案一经办理，立即引起了法学界的高度关注。其中，以肯定该做法的制度生命力和实务价值者居多，兼有指出其不足者，可谓百家争鸣。

1. 诉中公证保全证据是当事人主义的必然要求

客观来说，首例公证介入远程作证案全程均处在诉讼阶段，与传统的公证保全证据存在本质区别。有论者从当下我国民事诉讼的模式角度论证了诉中公证保全证据的合理性。随着诉讼模式逐渐由职权主义向当事人主义转变，当事人的诉讼主体地位进一步强化，在收集证据、推进诉讼进程等方面当事人拥有了更多的主动权。法院职权主义的弱化同时也使传统的诉讼保全证据方式的重要性降低，具备了自行取证能力的当事人从而可以减小对法院取证的依赖，获得更为自由、灵活的取证空间，诉中公证保全证据在此背景下应运而生。[4]

此外，亦有国内较早的公证法学论著为诉中公证保全证据的合理性提供了依据，其观点是，公证保全证据与诉讼保全证据最显著的区别之一就是两者的启动时间不同，前者可以依当事人申请随时随地进行，为了诉讼需要，它可以在诉讼前进行，也可以在诉讼期间进行，而诉讼保全证据只能在诉讼期间进行。[5]

2. 公证介入证人远程作证旨在保全证人证言之形式证明力

有论者认为[6]，经公证保全的证人证言由形式上的证明力及实质上的证明力两个层面组成：前者关注"作证行为"问题，即证人本人确实作证如斯；后者关注"证据内容"问题，即证言是否可证得待证事实。形式上的证明力是实质上的证明力的前提，而实质上的证明力则是证据是否有效的关键。因此，在远程作证公

4　参见钱俊：《突破，不仅仅是公证文书——析保全证据公证是否仅限于民事诉讼前》，载薛凡主编：《公证文书改革参考》，厦门大学出版社2012年版，第32页。

5　参见叶青、黄群主编：《中国公证制度研究》，上海社会科学院出版社2004年版，第289页。

6　参见何诘弥：《国内首例证人远程出庭作证公证保全案例浅析》，载徐昕、黄群、薛凡主编：《公证的中国进路》（《司法》丛刊第6辑），厦门大学出版社2011年版。

证中，公证保全的对象仅是证人作证的过程，也即对其证言的形式证明力予以保全和固定，而证言的实质证明力则由法官判定。

3. 本案中的远程作证能否营造逼真的现场感

证人远程作证相对于出庭作证而言，是一项退而求其次的制度设计。其中最为关键的因素是，远程作证可能无法营造出与出庭作证完全一致的现场感。一方面，证人出庭作证并接受质询，因亲临法庭，法庭上的氛围、人员、布局共同为证人营造了一种角色参与的场景，这有助于证人积极参与庭审、如实作证。[7] 另一方面，证人在出庭作证的情况下，法官可以通过证人作证时的表情、态度、动作等"无言之知"，获悉语言所无法传递的案件信息，进行自由心证。本案中的远程作证受视频技术所限，未全面展示证人全身姿态，且因视频清晰度有限，导致证人作证时的面部细微表情无法一一传递至法庭。[8]

三、公证介入证人远程作证的若干争议与法理回应

（一）证人在公证机构作证

作为一项全新的制度设计，证人在公证处远程作证被很多人视为一种不出庭的作证方式，空间的不同一性是它与出庭作证的本质区别。国内现有的远程作证模式有多种，作证地点包括公证处、律师事务所、法院或证人自行选择的其他场所，等等，前述观点认为，在公证处作证与其他几类作证方式没有本质区别，甚至与书面、录音录像证言区别亦不大，其作证效力较之当庭作证要大打折扣。

对此，笔者并不否认在公证处作证与当庭作证存在差异，但这种差异处于可控状态且可以通过努力逐步予以消除。审视当前

---

[7] 参见彭建波：《证人远程作证制度研究》，华东政法大学2011届诉讼法学硕士毕业论文。

[8] 参加何诘弥：《国内首例证人远程出庭作证公证保全案例浅析》，载徐昕、黄群、薛凡主编：《公证的中国进路》（《司法》丛刊第6辑），厦门大学出版社2011年版。

的审判实践，随着信息技术的持续进步和更新，远程审判[9]已经大有成为常态之势，相应的，远程作证同样具有广泛的应用空间。传统的法庭在技术的辅助下已经突破了物理法庭的封闭空间，在法庭外的任意场所，只要能够与法庭实现实时对接，只要审判长（或独任法官）能对作证过程进行自如掌控，只要连线终端两侧的声音、图像能清晰传递，那么，法庭外的该场所就可以视为法庭的一部分，证人远程作证与出庭作证无异。为了增强该"法庭延伸空间"的可控性，可由公证人负责场景切换与庭审阶段衔接、核实证人身份、安排证人阅看庭审笔录并签名等。因此，笔者认为，在公证处进行远程作证可以有效替代出庭作证，宜将其证据效力与出庭作证等量齐观。

（二）传统公证保全证据的边界与突破

如前所述，对本项公证争议最大的是公证事项的定性，那些持公证保全证据应当存在于诉前阶段观点的人，以本公证系在诉讼中发生为由否认该公证事项是保全证据，认为系现场监督公证者有之，认为系保全诉讼行为者有之，认为系《公证法》第11条兜底规定的"其他公证事项"者亦有之。

根据传统的公证理论，公证保全证据是指公证处根据自然人、法人或者其他组织的申请，依法对与申请人权益有关的以及有可能灭失或者以后难以取得的证据、行为过程加以提取、收存、固定、描述、监督的活动。[10]根据该定义，公证保全证据具有以下特征：（1）保全对象与申请人权益有关；（2）保全对象主要指证据、行为过程；（3）保全对象可能灭失或难以取得；（4）保全方式为提取、收存、固定、描述、监督。本项公证与第（1）、第（3）两项特征略有不符，即公证申请人为证人林某，而与保全对象具有利害关系的主要是申请证人作证的原告田某；作为保全对象的

---

9 主要指刑事诉讼中被告人到庭有困难的情形，其原理与民事诉讼中的远程作证相通。

10 2004年8月18日中国公证员协会发布的《办理保全证据公证的指导意见》明确了"保全证据公证"的定义。

……随着民事诉讼职权主义的淡化，法院主导诉讼阶段证据保全的时代背景已经一去不返，当事人有权在诉讼的任何阶段，包括诉前、诉中甚至诉后（比如案件处理完毕后当事人发现了新的证据需要寻求其他救济的）申请公证保全证据。

证人作证的过程不存在灭失或难以取得的情况。此外，传统公证理论认为诉讼阶段的证据保全应当是法院涉足的领域，公证无权介入。这些理由进一步否定了其保全证据公证的定性。

笔者认为，公证保全的证据主要应用于纠纷防范或纠纷解决，以及在引发诉讼的情况下向法庭提供可信度较高的公证证据，帮助法庭查明案件事实。至于诉讼阶段的证据保全是否可以由公证介入，笔者认为，并没有任何实定法对此进行过限制，在法无明文规定的情况下，当事人当然有权通过公证进行取证。此外，上文已有学界观点指出，随着民事诉讼职权主义的淡化，法院主导诉讼阶段证据保全的时代背景已经一去不返，当事人有权在诉讼的任何阶段，包括诉前、诉中甚至诉后（比如案件处理完毕后当事人发现了新的证据需要寻求其他救济的）申请公证保全证据。最后，从公证保全证据的目的出发来加以审视，本项公证保全的对象确在客观上成为帮助法官审核证言本身是否有效的重要参考。因此，尽管本项公证保全证据突破了传统，但它既是传承，又有所突破，体现了公证人在新形势下顺应变革、增强自身生命力的积极姿态。

（三）公证与审判的合作模式：助手还是各司其职

公证是公证人依法行使证明权的过程，审判则是法官行使国家审判权的过程。公证人与法官同属法律职业群体之一员，各自在其职责范围内履职。从化解纠纷角度来看，公证侧重于防患于未然，避免纠纷的产生，或者在纠纷产生后为纠纷的解决提供可靠的依据，而审判则是对业已发生的纠纷进行居中裁判，定纷止争，两者侧重点有所不同。但两者在诸多方面亦须相互配合，如具有强制执行效力的公证债权文书由法院负责执行，公证保全的证据在诉讼中的广泛应用等。也即，从以往的司法实践来看，公证与审判在各自领地内各司其职，并行不悖，同时也要相互配合。

不过，随着公证向审判活动介入的不断深入，笔者对两者的关系有了新的认识。作为法官，在运用经过公证保全的证据时往往更加得心应手，对于公证过的合同、事实等的审查更加简便自如。

尤其是在本文所讨论的公证介入证人远程作证案中，公证人的出色表现更使人加深了这样一种印象，那就是，公证可以作为审判的助手，通过公证人专业的法律知识和公证程序的周密设计，提供值得信赖的公证保全证据产品，使公证保全证据活动深度介入诉讼活动之中，有效地加快推进诉讼进程，与法官一同查明案情，化解纠纷。

四、进一步完善公证介入证人远程作证的实务探讨

（一）公证介入证人远程作证的适用

尽管公证介入证人远程作证具有较高的理论和应用价值，但它并非解决作证难问题的最佳选择，也不可能取代传统的证人出庭作证的主体地位。为了进一步完善公证介入证人远程作证制度，有必要对它的适用范围、申请与决定主体予以明确。

1. 适用范围

笔者建议将公证介入证人远程作证的范围界定为：在证人不愿、不便或不能出庭，且该证人证言对据以定案的关键事实具有重大影响的民事、行政诉讼案件中，证人可以在公证机构通过双向视听传输技术手段向法庭作证。具体来说，"不愿"出庭指证人具有正当理由不愿意到庭审现场，既可以是主观方面的理由，也可以是客观方面的理由，其正当性由法院进行审查；"不便"出庭主要涉及证人保护问题或者证人出庭将付出超出合理范围的时间、费用等成本，又或证人系未成年人、怀孕的妇女、残疾人、行动不便的老年人等情形；"不能"出庭包括证人身在异地无法按期到庭等情形。

此外，根据当前诉讼实践，刑事诉讼中的证据保全不宜由公证介入，因此，刑事证人仍应通过传统的作证方式作证。

2. 申请与决定

远程作证公证目前由证人作为申请人向公证机构提出申请，

根据前述保全证据公证的定义，与公证事项具有利害关系的还应包括申请证人出庭的一方当事人，在法院依职权通知证人出庭的情况中，法院也可以作为公证申请人。不论由谁申请，法院均有权决定是否适用这一作证方式，至于是否受理申请则由公证机构决定。

（二）公证人参与庭审的作用定位

由于本案在国内属于开创性先例，公证人在远程作证公证中履行职责没有任何先例可循。通过对首例证人远程作证公证案进行分析，笔者将公证人所提供的公证服务主要归纳为：1. 提供专业的计算机网络设备，通过特定通讯软件与法庭建立实时对接；2. 提供特定的相对封闭的场所，即该公证处录像室；3. 庭审中根据审判长指令确认设备连接情况；4. 向法庭告知证人现所处的具体位置、周边环境、在场人员；5. 根据审判长要求核实证人身份信息，包括证人姓名、性别、身份证号码等；6. 初步确认证人具备合适的作证状态；7. 见证证人作证过程，并在作证结束后向法庭作出说明；8. 由公证处接收法庭庭审笔录的传真件；9. 监督证人阅看庭审笔录并在笔录上签名；10. 对作证全程进行录像并刻盘附卷；11. 对在作证过程中使用的计算机进行屏幕录像并刻盘附卷；12. 制作和出具保全证据公证书。事实上，公证人在庭审时保全证人远程作证过程不仅仅起到一个第三方见证的作用，还代为行使了部分原本由法院行使的职能，同时兼行公证职能。公证保全证据的程序严谨、规范，与庭审深度融合、衔接得当，使公证人与法官既各司其职又共同致力于在司法过程中发现真实。

（三）适时在部分公证机构设立法院专线的构想

根据国内既有的远程作证实践，证人与法庭建立连接大多数使用具有视频通话功能的通讯软件（主要指腾讯 QQ 和 MSN message），通过公共网络实现视频的双向连通。这种做法简便易行，不存在技术障碍，对软硬件要求较低。但这种连接方式至少存在以下两方面问题：1. 使用公共网络存在信息泄露的风险。尤其在涉及国家秘密、商业秘密、个人隐私等不公开审理的情形时，证人与法庭之间的对话内容也可能涉及上述不宜公开的信息，此时使用公共网络进行远程作证存在一定的信息泄露风险。2. 使用QQ、MSN作证有失严肃，且无法确保视频信号的持续、稳定。作证是一项严肃的诉讼活动，使用日常主要用于娱乐、交往的QQ、MSN作证，显得不够庄重严肃。此外，在公共网络环境中，QQ或MSN之间的视频通讯可能存在信号不稳定的情况，容易导致连接延误或中断，从而打乱庭审节奏。

为此，笔者建议，可以考虑借鉴审判实践中已经较为成熟的远程审判模式，利用法院专线实现远程作证。考虑到成本问题，可以先由法院指定若干公证处进行试点，待条件进一步成熟后，且远程作证公证需求显著增长时，另行扩大适用范围。

附录：本文的若干素材

（一）本案公证文书

公证书

（2010）××××号

公证申请人（下称"申请人"）：林某，女，一九××年××月××日出生，公民身份号码：××××

公证事项：保全证据

申请人林某于二○一○年九月二十九日向本处申请对其在本处通过双向远程视听传输技术手段向上海市杨浦区人民法院提供证人证言的过程办理保全证据公证。

根据《中华人民共和国公证法》第十一条的规定，本处受理了此项公证申请。申请人林某于二○一○年九月二十九日下午来到上海市凤阳路660号本处一楼录像室，在本公证员、公证员助理姚××和本处网络工作人员朱××的现场监督下，申请人林某使用本处电脑，通过 MSN 实时通讯软件，以 MSN 显示用户名为"林某"的账号与法院审判庭电脑 MSN 显示用户名为"陆××律师"的账号连接，申请人林某以远程实时视频语音方式向法院提供了证人证言。对上述林某以远程实时视频语音方式向法院提供证人证言的全过程，本处使用录像设备进行了录像，该录像内容由本处刻录制成光盘一式三张。申请人林某并于当日在本处，在本处上述工作人员面前，在法院传真至本处的法庭审理笔录（下称"笔录"，共四页传真件）上签字。

依据上述事实，兹证明申请人林某于二〇一〇年九月二十九日在本处通过双向远程视听传输技术手段向上海市杨浦区人民法院作出证人证言的全过程和其后在本公证书所附笔录传真件上签字的行为均在本公证员、公证员助理姚××和本处网络工作人员朱××的现场监督下进行，上述过程中本处录像的内容及其后刻录制成的光盘内容均与现场情况相符，上述光盘一张留存于本处，另两张分别加贴本处封签后与本公证书一并交申请人收执。本公证书所附复印件内容与经申请人林某签字的笔录传真件内容相符，该传真件上申请人林某的签字属实。

本处仅对申请人林某提供证人证言的全过程及其后在笔录传真件上签字的行为进行保全，对该证人证言的内容未予以证明。

上海市东方公证处
公证员 田××
二〇一〇年九月二十九日

（二）本案庭审笔录（证人作证部分）

审判长（下称"审"）：根据相关规定，证人应当出庭作证，出于证人的特殊原因，本庭准许证人林某远程出庭作证。

审：准许原告开启视频设备。

原告代理律师：现我正在使用 MSN 实时通讯软件，以用户名为"陆××律师"的账号和对方用户名为"林某"的账号进行实时通讯。

审：现确认视频信号传输情况（调试机器）。

书记员：报告审判长，视频信号传输正常。

审：请对方公证员确认连接情况。

公证员：现我确认对方用户名为"陆××律师"的账号和我方电脑用户名为"林某"的账号进行了 MSN 实时通讯对接。

审：现先由上海东方公证处派员核实证人身份。

公证员：本公证员田××、公证员助理姚××，根据上海市东方公证处指派，现位于上海市凤阳路660号一楼上海东方公证处录像室。现在在我们面前通过双向远程视听传输手段作证的证人为林某，女，身份证号码××××。现在录像室内有：本公证处公证员田××、公证员助理姚××、本处网络技术人员朱××以及证人林某。现确认证人林某可以作证。

（作证详情略）

审：证人林某，你的证言法庭已经记录在案，现本庭将前述证人证言记录传真至你发表证人证言的现场上海市东方公证处，证人应当阅看庭审记录中陈述的证言部分，如有差错或遗漏，可申请补正，确认无误后应在笔录上签名。请公证人员告知本庭你处的传真号码。

公证员：上海市东方公证处传真号码为（略）。

公证员：根据林某的公证申请，本处受理了申请人通过双向视听传输手段作证的保全证据公证。现在我代表上海市东方公证处证明：林某于2010年××月××日下午，××点××分至××点××分在上海市凤阳路660号一楼上海东方公证处录像室内，在本公证员田××和公证员助理姚××的现场监督下，通过双向视听传输手段作出了前面的证人证言。本处将依法出具公证书并附视听资料。本次公证完毕。

（三）本案裁判文书

上海市杨浦区人民法院
民事判决书

（2010）杨民一（民）初字第××号

原告田某，女，19××年××月××日出生，汉族，身份证地址宁夏银川市西夏区××路，现暂住上海市宝山区××村××号××室。

委托代理人陆××，上海市××律师事务所律师。

委托代理人任××，上海市××律师事务所律师。

被告甲食品（上海）有限公司，住所地上海市杨浦区大连路××号××室A。

法定代表人蒋某，总经理。

委托代理人王××，上海市××律师事务所律师。

委托代理人吴××，上海市××律师事务所律师。

原告田某诉被告甲食品（上海）有限公司（以下简称甲公司）劳动合同纠纷一案，本院受理后，依法组成合议庭，公开开庭进行了审理。原告田某之委托代理人陆××、任××，被告甲公司之委托代理人王××、吴××到庭参加了诉讼。本案现已审理终结。

原告田某诉称，2009年其通过招聘网站向被告投递简历，面试后于2009年8月17日至被告处工作，双方约定原告每月工资由基本工资人民币（以下所涉币种均为人民币）1500元、2%提成、150元饭贴构成，工作地点为本市昌化路××号。工作期间，被告始终未与原告签订劳动合同，亦未缴纳社会保险。2009年10月1日至3日、6日原告应被告之要求加班，但被告未按规定支付加班工资，仅支付了200元的补助。2010年2月26日，被告无故关闭昌化路××号门店，告知原告不用再来上班后，未与原告协商经济补偿金之事宜。

因被告违反劳动法之相关规定，侵害原告作为劳动者之合法权益，理应承担此间的法律责任。现请求判令如下：1. 判令被告支付2010年2月工资1650元；2. 判令被告支付2009年8月至2010年2月未签订劳动合同的双倍工资差额9900元；3. 判令被告支付未提前30日通知终止劳动关系的代通金1650元；4. 判令被告支付2009年10月1日、2日、3日、6日的加班费483元；5. 判令被告补缴2009年8月—2010年2月的外来从业人员综合保险。

被告甲公司辩称，原告系案外人乙食品（上海）有限公司（以下简称乙公司）之员工，在乙公司前期筹备及试运营阶段，甲公司代为招聘培训员工。无论原告的工种还是工作地点均与被告营业范围和注册地址不符，因原、被告之间未建立劳动关系，被告并非适格主体，故不同意原告全部的诉讼请求。

本院经审理查明，原告系在本市就业的外来务工人员，于2009年8月进入本市昌化路××号工作。2010年2月26日，该处店铺因故关闭，原告遂离开，未再提供劳动。甲公司于2009年2月26日成立，2009年4月上海市工商行政管理局杨浦分局向其颁发企业法人营业执照，其上记载，甲公司住所地为上海市杨浦区大连路××号××室A，法定代表人为蒋某，经营范围为食品销售管理（非实物方式）：从事货物及技术的进出口业务。2009年2月23日，上海市食品药品监督管理局杨浦分局向甲公司颁发《上海市食品卫生许可证》，生产经营方式与范围为：食品销售管理（非实物方式）。

本院另查明，乙公司于2009年10月27日工商注册成立，住所地为本市静安区昌化路××号一层，法定代表人为蒋某，经营范围为预包装食品（不含熟食卤味、冷冻冷藏）。2009年11月24日，乙公司又取得《食品流通许可证》，其中许可范围之经营方式为：批发兼零售，经营项目为：预包装食品。

2010年3月4日，原告向上海市杨浦区劳动争议仲裁委员会申请仲裁。该仲裁委员会经审理后认为，被告的经营范围为食品销售管理（非实物方式），原告的工作地点为昌化路××号，系乙公司的注册地，原告的职位是营业员一职，与被告的经营范围不相吻合。综上，难以认定原告与被告存有劳动关系。2010年4月23日，该会以杨劳仲（2010）办字第××号裁决书，对原告前述请求均不予支持。原告不服，起诉来院，作如上请求。审理中，因各方意见不一，致调解不成。

以上事实，有裁决书、营业执照复印件、《食品流通许可证》复印件、当事人陈述等证据，经庭审质证，本院予以确认。

审理中，各方对原告劳动关系之归属存有异议。

原告认为其系被告甲公司招用，提供如下证据：

1. 被告公司的宣传册，其上记载被告于昌化路××号经营。

2. 收银员为田某的出货单三张，出货单抬头载有被告公司之名称。

3. 姓名为田某的考勤卡三张，其上写有"昌化店"字样。

被告经质证后，对前述证据的真实性均无异议，但认为因被告公司将某记商标独家授权于乙公司，前述材料均因授权而产生，故无法证明双方存有劳动关系。

被告甲公司认为原告系乙公司招聘之人员，提供如下证据：

1. 授权书，证明甲公司将其独家持有的商标"某记贡燕"特别授权予乙公司。故而宣传册、出货单等均以甲公司名义对外使用。

2. 承包协议及收条，证明乙公司的实际经营人为案外人。根据该协议，在昌化路工作的员工工资和劳动合同都应由案外人负责。

3. 乙公司的函件，该函件由乙公司法定代表人蒋某提供，该函中表明了原告是乙公司的员工。

原告对前述证据的真实性均不认可，认为系被告为应对仲裁、诉讼特意制作的证据。

审理中，原告申请证人林某通过双向视听传输技术手段出庭作证，本院予以准许。2010年9月29日，林某至上海市东方公证处于该处现场监督下以远程实时视频语音方式向本院提供证人证言，并接受双方当事人当庭质询。林某称，其于2009年5月18日进入被告处工作，担任总经理助理一职，原告系由其受被告委托招聘入职，经培训后安排至昌化店工作，该营业场所由甲公司出面租赁，以售卖燕窝和堂吃为主。原告多次要求与被告签订劳动合同，但蒋某没有答应。原告转正后，工资为1500元，由甲公司以现金形式发放。

2010年9月29日，上海市东方公证处出具（2010）沪东证字第××号公证书并附视听资料，对林某前述提供证人证言的全过程及其后在笔录传真件上签字的行为进行公证保全。

被告对林某的证言经质证后认为，林某确系该公司员工，但招聘林某并由其负责原告之招聘、培训等事宜均系为筹备乙公司之用。因被告与乙公司系同一法定代表人，故而林某是误认为昌化路为被告之专卖店，从而做出与事实不符的表述，故对林某的证人证言不予认可。

审理中，原告提供光盘一份，并经本院准许当庭予以播放。视频中显示，门牌号码为本市昌化路××号的商铺，其店招为"燕窝养生馆"及"某记贡燕"等字样。

被告对该证据的真实性、合法性没有异议，认为视频中的店面地址为乙公司的注册地。根据门面的画面和之后的配音，可以得出1.该店铺的经营范围系零售与堂吃，与乙公司之经营范围相符；2.该店铺销售某记的贡燕，可证实乙公司合法使用某记贡燕的商标。

本院在充分审查本案现有证据，并听取各方当庭陈述及原、被告的书面诉、辩称意见后，本院归纳本案争议焦点如下：原告田某与被告甲公司是否存有劳动关系。

本院认为，劳动关系是兼有人身关系和财产关系性质，兼有平等关系和隶属关系特征的社会关系。在用人单位与劳动者未以书面形式签订劳动合同的情形下，当从上述特性审查双方之权利义务。

司法视野中的公证保全证据

从本案查明事实及现有证据分析可见，首先，被告的宣传手册上明确记载了"某记贡燕燕窝养生馆"地址为昌化路××号，同时标注甲公司，并以黄色字体显著标记某记贡燕，未见乙公司等字样。其次，落款日期分别为2009年9月2日、12日，2009年11月16日，收银员为原告田某的出货单，其抬头印制的单位为甲公司，蒋某于每张单据上均签字确认。再次，原告之考勤卡上记载了原告的服务场所为昌化路，同时表明劳动者实际接受用人单位的管理、约束，遵守了包括考勤制度在内的用人单位的规章制度，因被告对前述证据的真实性不持异议，故本院予以确认。上述证据与甲公司劳动者林某之证人证言相印证，形成证据链。

劳动法及劳动合同法明确规定用人单位与劳动者建立劳动关系当签订劳动合同以明确劳动权利义务的相对方及具体的权利义务内容。而在劳动关系中用人单位往往占主导地位，导致用人单位与劳动者未签劳动合同的责任主要在用人单位。本案中，甲公司与乙公司的法定代表人为同一人，其对外宣传手册记载其于本市昌化路××号对外经营，原告在该处工作属实，而两家用人单位均未与原告签订劳动合同，故原告田某究竟与哪家用人单位建立劳动关系应当分析双方劳动关系履行的具体情况。在本案审理期间，原告就其与甲公司建立劳动关系一节，提供了前述系列证据。并有甲公司其他劳动者的证言、视频资料等予以佐证，鉴于原告所提供的证据能相互印证，客观地反映了原告工作的内容及其身份，已构成了证据链。反观甲公司所举之证据，首先，甲公司提供2009年8月1日的授权书，授权乙公司合法使用其商标"某记贡燕"，对此，本院认为，尚不论乙公司应于三个月后方有法律上的拟制人格，即使乙公司可使用某记贡燕之商标与原告必然和乙公司建立劳动关系并无关联。其次，考察由蒋某提供的乙公司之函件。因原告于2009年8月入职，此时，乙公司尚未建立，乙公司以自证的方式认为其与原告建立了劳动关系，有悖事物之发展顺序，本院难以采信。退而言之，即使原告系由甲公司出面代为招聘，鉴于甲公司的法定代表人与乙公司的法定代表人为同一人，而乙公司成立后从未向劳动者明示是该司招用，或以书面形式明确双方劳动关系中的权利义务主体，故原告认为其与甲公司建立劳动关系亦在情理之中。再者，被告的主营业务为燕窝，原告的职务为营业员，负责燕窝销售，原告提供的劳动当然是被告业务的组成部分。至于被告辩称，原告职位与被告的经营范围不相吻合一节，因现实生活中存在多种灵活的经营方式及多元的用工体制，被告在2009年8月至10月间是否超经营范围营业非民事案件所审查之范围，被告更不能以此为由否认双方劳动关系之建立，故对被告抗辩原告系乙公司之员工一节，本院不予采信。

　　劳动合同是建立劳动关系的法律形式，但劳动关系的存在并非仅能由书面的劳动合同所证明，只要劳动者已成为用人单位的成员，并为其提供有偿劳动，即使没有订立书面的劳动合同，双方当事人已经以各自的行为表示了建立劳动关系一致意思，劳动关系即已建立，劳动者和用人单位的各自权利和义务依法亦应得到保护。如前文所述，本院确认，原告与甲公司建立劳动关系。甲公司应向原告发放劳动报酬，提供劳动基准的劳动保护和缴纳原告在职期间的社会保险，承担生产经营的风险。

　　根据我国民事诉讼证据规定，当事人对自己提出的诉讼请求所依据的事实或者反驳对方诉讼请求所依据的事实有责任提供证据加以证明。没有证据或者证据不足以证明当事人的事实主张的，由负有举证责任的当事人承担不利后果。另据规定，用人单位负有保管支付劳动者工资凭证等证据两年以上的义务。现原告提供考勤卡证明其于2009年10月1日、2日、3日、6日存在加班事实，甲公司未能提供证据证明其已足额支付其加班工资及2010年2月工资之依据，原告要求甲公司支付该期间加班工资及工资的请求，当予支持，本院在扣除原告自认甲公司已支付200元补助后，予以核算。

现原告仅要求483元，可予准许。根据劳动合同法规定，用人单位自用工之日起一个月内应当与劳动者签订劳动合同，超过一个月未与劳动者签订劳动合同的，应当向劳动者支付二倍的工资。现甲公司在2009年9月至2010年2月间未与原告磋商、签订书面劳动合同，故原告要求甲公司支付该期间未签订劳动合同二倍工资的请求，合法有据，予以支持。据劳动法规定，用人单位与劳动者建立劳动关系后，应依法参加社会保险。原告在甲公司工作期间，甲公司未为原告缴纳综合保险，违反了相关规定，故原告要求甲公司为其补缴2009年8月至2010年2月本市外来从业人员综合保险的请求，合法有据，予以支持。同时，为保障劳动者利益，使劳动者能够在被解除劳动合同前有一另谋职业的期限，相关法律特规定，用人单位解除无过错劳动者劳动关系时当向被解除的劳动者额外支付一个月的工资以取代三十日的预告期。现因双方均确认昌化路之营业地址于2010年2月关闭，甲公司未提供证据以表明已提前通知劳动者，故对原告主张的代通金，当由被告支付。

综上，依照《中华人民共和国劳动法》第七十二条、第七十九条，《中华人民共和国劳动合同法》第三十条、第四十条、第八十二条，《最高人民法院关于民事诉讼证据的若干规定》第二条之规定，判决如下：

一、被告甲食品（上海）有限公司应于本判决生效之日起十日内支付原告田某2010年2月工资人民币1650元；

二、被告甲食品（上海）有限公司应于本判决生效之日起十日内支付原告田某2009年9月至2010年2月应签未签劳动合同的双倍工资差额人民币7500元；

三、被告甲食品（上海）有限公司应于本判决生效之日起十日内支付原告田某2010年10月1日至3日、6日的加班工资差额人民币483元；

四、被告甲食品（上海）有限公司应于本判决生效之日起十日内支付原告田某未提前三十日通知解除劳动合同的替代通知期工资人民币1650元；

五、被告甲食品（上海）有限公司应于本判决生效之日起十日内为原告田某补缴2009年8月至2010年2月的外来从业人员综合保险。

若未按本判决指定的期间履行给付金钱义务，应当依照《中华人民共和国民事诉讼法》第二百二十九条之规定，加倍支付迟延履行期间的债务利息。

本案案件受理费人民币10元，诉讼保全费人民币180元，由被告甲食品（上海）有限公司负担。

如不服本判决，可在判决书送达之日起十五日内，向本院递交上诉状，并按对方当事人的人数提出副本，上诉于上海市第二中级人民法院。

审　判　长　尹××
代理审判员　王××
代理审判员　陈××
二〇一〇年十二月六日
书　记　员　周××
书　记　员　沈××

When Notarization Approaches Court: Research on compatibility and complementation of trial and notarization from the first domestic case of remote testifying notarization

Abstract: "Set up one more notary office, you can set up one less court", this Spanish proverb has been the most vivid interpretation of the value of notary system. However, the country's first case of remote testifying notarization, which was handled by Shanghai Oriental Notary Public Office, gives people an enlightenment — In addition to preventing disputes before litigation outside the court, notaries can also become the "eyes" of judges, working jointly with the judge to resolve conflicts and settle disputes. This article commences from case material, respectively shows the meditations of judges, notaries and legal experts on the case, responds to the disputes over remote testifying from the legal principle theory and gives a number of reasonable advice from the practical level, so as to promote the notary and judgment to achieve perfect compatibility and positive interaction.

作者感言：

出生在孔孟之乡，山东临沂。如今，在外求学、谋生已近十载。我本生性愚钝，但一路走来，幸得师长开化、亲友关怀，使我逐渐开启了心智，拓宽了视野，找到了属于自己前进的路。

攻读法学专业7年，徜徉在程序与实体、民事与刑事的亲密关系中，思考问题的方式也逐渐被三段论式的逻辑思维所取代，"法科学子"的身份已深深地在我身上留下了烙印。

成为一名法官是我此生最大的荣耀，谨愿慎思定曲直，明辨鉴真伪，夙兴夜寐护公正，殚精竭虑为法治；但职业生涯毕竟不是一个人的全部，我更向往从容的人生，仰望星空，脚踏实地，追寻精神的高度与灵魂的纯度，积蓄力量、厚积薄发，在不断的自我超越中体味曼妙人生！

案例分析

网络隐私公证保全证据的司法评价与风险防范

——兼评全国首例公证保全证据引发的涉隐私权诉讼案

蒋 浩[*]

概要：

如果纯粹从理论上来分析公证保全证据、网络隐私保护与公证保全证据的关系等问题，只是从理论到理论、从逻辑到逻辑，很难得出一个令人信服的结论。法律是实践理性，必须回应社会现实问题，对于网络隐私的公证保全证据，相关立法较为模糊，实务中，公证机构"因噎废食"的情况普遍存在。本文从全国首例公证机构保全"婚外情"电子邮件引发的涉隐私权的纠纷案出发，从实践层面来回应，面对涉及网络隐私的证据，公证机构能否进行保全，如果可行边界几何，司法如何评价等问题，并就风

---

* 上海市普陀区人民法院研究室副主任。

司法视野中的公证保全证据

险防范提出若干建议。

目次：

一、问题引入：公证保全证据遭遇网络隐私保护之困惑
二、分层解读：网络隐私公证保全证据行为的司法评价
（一）涉"婚外情"电子邮件及相关查阅行为性质的认定
（二）网络隐私公证保全证据行为性质的认定
三、延伸思考：网络隐私公证保全证据的风险防范
（一）审视引导公证目的，促进实现公证保全的价值
（二）加强公证档案管理，有效维护当事人隐私权利
（三）加强司法观点研析，积极培育多向度司法共识
（四）加强司法沟通协作，促使公证与诉讼良性互动
四、结语

一、问题引入：公证保全证据遭遇网络隐私保护之困惑

随着诉讼"证据为王"意识渐入人心，公证保全证据以其强势证明力成为越来越多的权利人青睐的维权手段，其业务量随之激增，据统计，2012年上海市办理公证案件51.79万件，其中，公证保全证据案件16281件，约占3.14%，[1]公证保全证据的业务范围也涉及房屋拆迁、财产清点、时效中断、文书送达、证人证言、侵权事实和物品收集等诸多领域。对比鲜明的是，公证保全证据制度尚不完善，《民事诉讼法》仅对公证证据效力作了规定，相关实质与形式要件等配套制度却未予明确，实践中亦缺乏统一的操作规范。面对包罗万象的公证保全证据对象，其合法性审查要求相对模糊，为防止因公证保全证据陷入纷争漩涡，一些公证人[2]在敏感问题面前异常小心，施展浑身解数将其拒之门外，譬如，当公证保全证据遭遇网络隐私信息，就给一些公证人带来了畏难情绪，实践中"因噎废食"的现象比比皆是。但是，制度的运作并非总是循规蹈矩，超越制度行为的实践本身有时也会填补制度的空白，抑或是促成规则的形成，公证保全证据在应对具体个案上所凸显的高效率、强适应性、强证明力等独特优势，激发着越来越多奋发有为的公证人逐步突破局限，在制度与实践的博弈中逾越"囚徒困境"，当然，公证保全证据各行其是的设计虽然可能符合当地公证行业标准的"自选动作"，但也不可避免地引发了相关纠纷，乙诉某公证处和甲公证损害赔偿纠纷案就是一例。本案中，原告乙与第三人甲原系夫妻关系，于2012年11月12日经A法院[3]判决离婚。在离婚诉讼期间，甲向上海市某公证处申请

---

1 参见《上海统计年鉴》（2013年）及上海市公证协会所作统计。
2 本文所指公证人包括公证机构与公证员。
3 本文中的A法院指审理乙与甲离婚诉讼案的上海市某基层法院。

对其与乙婚姻关系存续期间所设置关联邮箱[4]内的电子数据信息办理公证保全证据，该公证处于 2012 年 7 月 23 日出具了保全证据公证书，根据公证书显示，该公证保全的关联邮箱存有乙的照片、身份证、驾驶证信息、电子邮件等。2012 年 8 月 14 日，甲委托代理律师持 A 法院出具的调查令向涉案公证处调取了上述公证书，作为证据在离婚诉讼中提交，用于证明乙存在婚外情的事实。嗣后，乙向该公证处提出异议，公证处于 2012 年 12 月 20 日作出维持公证书的决定。2013 年 1 月 8 日，乙以该公证处侵犯其通信秘密权、隐私权为由，诉请 B 法院[5]判令公证处停止侵权、消除影响，以书面形式公开赔礼道歉，赔偿精神损害抚慰金人民币 30 万元。本案是国内首例公证保全"婚外情"电子邮件证据引发的以公证机构为被告的涉隐私权诉讼案，起因系丈夫向公证机构申请对关联邮箱中反映妻子"婚外情"的电子邮件进行证据保全并用于诉讼证明，继而得到法院认可，为丈夫在离婚诉讼中赢得了有利的判决结果，妻子遂以公证机构主观存在过错、隐私权遭到侵犯为由，诉请公证机构损害赔偿。可以说，该案是涉及网络隐私的公证保全证据的利害关系人、公证机构与人民法院三者关系的一个缩影，这其中既反映了相关主体之间微妙的法律关系，也折射出面对涉及他人隐私的公证保全证据申请，公证人能否受理、受理之后的行为底线在何处等现实隐忧。

二、分层解读：网络隐私公证保全证据行为的司法评价

网络隐私公证保全证据由公证当事人的取证行为与公证人的保全证据行为共同构成，对涉及网络隐私的"婚外情"电子邮件本身及查阅行为性质的认定，是准确认定公证保全证据行为对公

---

[4] 本文提及的案例中的关联邮箱系相对主邮箱而言，主邮箱在使用邮件转发功能时，即将主邮箱收到邮件的副本转发给关联邮箱，主邮箱使用界面上有粉红色条文连续七日提醒主邮箱使用者，注意自己的电子邮件转发给关联邮箱。

[5] 本文中的 B、C 法院分别指审理本案的一审、二审法院，相关司法观点均来自于该案一审、二审判决书，文中对涉及他人隐私的内容均已作技术处理。

民隐私权保护产生何种影响的前提条件，二者既相互关联又相对独立，以下分别讨论。

（一）涉"婚外情"电子邮件及相关查阅行为性质的认定

1. 关于涉"婚外情"电子邮件——隐私 or 证据？

所谓隐私，是指私人生活中不欲人知的信息，其要件有二：一是须属个人生活中的事实；一是须不欲外人知悉。电子邮件作为网络个人数据信息之一种，当然属于网络隐私的范畴[6]，更何况其涉及个人的重要敏感信息。网络隐私保护意味着权利人对于自己的电子数据信息是否有权保有、有权公开，甚至准许他人察知和利用等。本案中，甲向公证机构申请公证的，并非是发送至乙个人电子邮箱内的邮件，而是其持有密码的非实名制关联邮箱中的转发邮件。引申之，隐私不欲外人知悉中的"外人"，是否指向权利人之外的一切人？从隐私权支配控制的权能内涵来分析，即使甲已经知晓涉"婚外情"邮件内容，甲对该信息仍负有保密义务——即权利人乙对该信息的控制权并未因之丧失，所谓"不欲外人知悉"，只要不欲部分"外人"知悉即可。因此，关联邮箱中涉及乙"婚外情"内容的电子邮件，当然属于乙包括其他利害关系人的网络隐私，理应受到法律保护[7]（见附图1：《涉案当事人关系示意图》）。

---

[6] 2012年12月，全国人大常委会制定了《关于加强网络信息保护的决定》，该《决定》第1条明确指出："国家保护能够识别公民个人身份和涉及公民个人隐私的电子信息。任何组织和个人不得窃取或者以其他非法方式获取公民个人电子信息，不得出售或者非法向他人提供公民个人电子信息。"上述规定为日渐增多的网络隐私权纠纷提供了法律依据。

[7] 最高人民法院《关于确定民事侵权精神损害赔偿责任若干问题的解释》第1条第2款规定："违反社会公共利益、社会公德，侵害他人隐私或者其他人格利益，受害人以侵权为由向人民法院起诉请求赔偿精神损害的，人民法院应当依法予以受理。"

司法视野中的公证保全证据

附图1 涉案当事人关系示意图

由于涉案主邮箱对邮件转发至关联邮箱设有持续7日的提醒，可以推定乙明知涉"婚外情"邮件均将转发至关联邮箱，进而使关联邮箱密码持有人甲知晓邮件内容，因此相对甲而言，"婚外情"电子邮件则不再构成隐私，C法院即本案二审法院即持此观点：

> 个人有公开自己私领域秘密的自由，而个人一旦将自己私领域的某些秘密告之特定他人，对特定他人而言也就不能再将其称为隐私。

此前，在离婚诉讼进行过程中，相对于审理离婚纠纷的法院来说，系争"婚外情"电子邮件是一种民事证据，其证明内容系乙违反婚姻忠诚义务，侵犯甲配偶权的不合法行为，就此，审理该离婚诉讼的A法院在乙与甲离婚案件的判决书中亦有所反映：

> ……对于甲认为乙对感情不忠的辩称，根据甲提供的证据及邮件内容相互印证，法院有理由相信乙与婚外异性关系密切。综合案件相关证据及事实情况，为了孩子能够健康成长且受到良好教育，法院认为婚生子随被告共同生活更为适宜……。

由此，在法院的离婚诉讼判决中，网络隐私证据保全公证书的证据资格得到了法院的认可，且具有相当的证明力。

2. 关于查阅涉"婚外情"邮件——搜集证据还是侵犯隐私？

本案中，可以推定乙应当已经知晓关联邮箱，对转发邮件亦属明知，故甲有权查阅"婚外情"电子邮件。但值得关注的是，假设甲未经乙同意，私自登录乙的电子邮箱查阅涉案邮件，此种行为应如何界定？属搜集证据还是侵犯隐私？这就涉及取证的合法审查问题。最高人民法院《关于民事诉讼证据的若干规定》第68条规定："以侵害他人合法权益或者违反法律禁止性规定的方法取得的证据，不能作为认定案件事实的依据。"这一规定确立了民事诉讼中的非法证据排除规则，事实上对何谓合法的取证方式作出了界定，其效力无疑及于公证保全证据活动。[8]《婚姻法》第4条规定："夫妻应当互相忠实，互相尊重……"《婚姻法》规定的夫妻间忠实义务和离婚过错赔偿制度，为"婚外情"中的无过错方提供了救济途径。但是，根据举证规则，离婚过错赔偿的获得，以能够证明对方有违背忠实义务的事实为基础，而"婚外情"的隐蔽性给无过错方的举证带来了诸多障碍。为此，无过错方对配偶大多采取诸如查询通话记录、私自查阅电子邮件、翻看日记、跟踪拍录等措施。基于夫妻之间存在法定的互相忠实义务，衍生出配偶间相互享有一定范围的知情权，这与彼此各自享有隐私权产生了矛盾与冲突。对此，B法院在裁判文书中有所提及：

> 隐私权并非是一种绝对的权利，仍然是一种相对的权利，具有可克减性。当隐私权与其他权利体现的价值发生冲突时，出于权利平衡和维护社会公共利益的考虑，应当按照价值位阶确定哪一种权利需要优先得到保护。对隐私权的过度保护和滥用往往导致权利冲突的加剧和社会问题的突现，只有将隐私权局限在合法的、合乎公共道德准则和社会需要的范围内，隐私权制度才能作为个人与社会相处的协调器，不至于破坏社会存在的基础。

由上不难看出法官在协调两种权利冲突时的心证过程与考量

---

8 薛凡：《照亮边界——公证保全证据活动行为准则司法观点的展开》，载徐昕、黄群、薛凡主编：《公证的中国进路》（《司法》丛刊第6辑），厦门大学出版社2011年版。

原则，我们从学理层面作如下展开：一是权利克减原则，二是公序良俗原则，三是利益评价原则。

（1）权利克减原则

夫妻间的隐私是由于婚姻缔结而产生共同支配、共同保护的相对隐私，利害关系的相对人基于配偶身份而享有一定的知情权。夫妻一方的婚外情行为属于先行侵犯了另一方的配偶权，根据自力救助原理，另一方在不得已的情况下，私自窥视涉"婚外情"邮件行为系为了维护本人的配偶权，后一行为在本质上属于自助救济行为。有婚外情的一方由于侵权在先，其本人的隐私权相对于对方的维权行为而言就应相应克减。

（2）公序良俗原则

夫妻一方违反法律规定或公序良俗，另一方正当行使权利，需要优先考虑正当行使权利一方的权利；配偶为行使自身权利或维护某项利益（如知情权），不可避免地要侵犯另一方的隐私权，否则权利或利益就无法实现。

（3）利益评价原则

利益评价原则指将两种权利进行价值判断，对利益先后位序进行安排，试图找到一种使牺牲和摩擦降低到最小限度从而尽可能多地满足一些利益的方式来解决冲突，从而使社会利益最大化。[9]本案所涉离婚纠纷案中，乙的行为显然违反了婚姻中的忠实义务，违反了社会公德和公序良俗，而甲申请公证保全证据，仅在离婚诉讼中作为证据使用，并未扩大范围公开宣扬妻子隐私，故甲的知情权应优先得到保护。与此相对应，其行使知情权时所采取的方式，应符合公序良俗原则。

（二）网络隐私公证保全证据行为性质的认定

侵犯网络隐私权的具体样态，主要包括窥探、录制他人网络个人数据、私生活事实，擅自公开他人隐私事实等。面对不同民事主体，侵权样态各不相同，在保护隐私权与合法知情权相互冲

---

[9] ［美］E.博登海默著：《法律哲学与法律方法》，邓正来译，中国政法大学出版社2004年版，第414～415页。

突的情况下，法院从侵权行为之要件分析，即须有归责性之意思状态、违法性之行为以及因果律损害，[10] 最终对能够体现更高质量的"特殊正义"有所倾斜。由于本案系公证损害赔偿纠纷，我们可以从公证视角切入，重点考察三个层面的问题。

1. 公证人接触他人隐私的正当性

根据上述分析，乙查阅妻子涉"婚外情"电子邮件行为本身并不违法，对于依法有权或已通过合法途径知晓权利人隐私的法律主体，在逻辑上不存在以窥探方式侵犯隐私权的可能。但是，当事人向公证人提出申请，对涉及他人网络隐私的电子邮件进行公证，向作为第三方的公证人披露他人隐私信息，势必会使一定范围内的公证人知晓隐私，扩大隐私信息的知悉范围（见附图2：《案件所涉公证保全证据行为分析示意图》）。

附图2　案件所涉公证保全证据行为分析示意图

```
        "婚外情"电子邮件
          保护隐私

        公证保全证据行为
   有权接触——行为合法——充分注意

        登录保全邮件内容
          合法知情
```

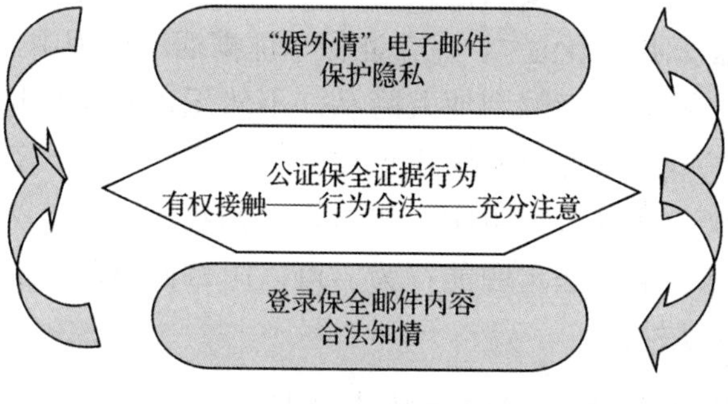

公证人作为第三方接触隐私是否具有合法性，相关法律法规对此未予以明确规定。对此，B法院的观点是：

> 公证处对甲合法的行为办理公证，因此而了解、介入当事人的隐私是必要和不可避免的，公证处行使的是法定的证明职能，体现了客观、中立的立场。

社会学理论认为，角色"是处于一定社会地位的个体，依据

10　史尚宽著：《债法总论》，中国政法大学出版社2000年版，第111页。

社会客观期望,借助自己的主观努力适应社会环境所表现出来的行为模式".[11] 角色期望是社会或团体对特定地位的角色所规定的一整套权利义务和行为规范,其功能定位才是角色的内在依据。根据《公证法》第 2 条、第 11 条相关规定,公证机构的性质是证明机构,公证保全证据行为是公证机构行使法律赋予的基本职能,用当事人提供的证据材料来表明或断定人或事的真实性、合法性。根据 2012 年 1 月 7 日中国公证协会第六届常务理事会第七次会议通过的《办理保全互联网电子证据公证的指导意见》,其第 13 条明确规定:"实名制邮箱的注册人或者非实名制邮箱的密码持有人申请办理保全互联网电子邮件公证的,应当保证其申请登录邮箱保全电子邮件的行为不会侵犯他人的通信秘密、个人隐私。公证机构受理后,应当审查保全电子邮件的行为是否存在侵犯他人通信秘密、个人隐私的情形"。实践中,多数利害关系人也确实以此为由,习惯性地将全部风险推卸给公证人,进而引发讼争。事实上,公证人擅自接触他人不欲为外人所知悉的隐私,还要看其是否有违法阻却事由[12]。在公证保全证据活动过程中,公证人必然要消极、被动地接触到他人隐私,不然无以行使公证权,这就如同法官在审理案件中无法避免接触他人隐私一样,否则将无法行使审判权,难以查明事实,作出合理判决。因此,公证人接触个人隐私属于履行法定职能行为,可以阻却网络隐私公证保全证据行为的违法性。

2. 公证人保全证据行为的合法性

公证制度是国家设立的一种预防性司法制度,它通过对非争议、非诉讼的既存事项,依法进行真实、合法的判断性证明,从而实现预防纠纷、防患未然、保障社会公共利益和当事人合法权

---

11 周晓红著:《现代社会心理学》,上海人民出版社 1997 年版,第 361 页。

12 "违法阻却事由"是针对在事实层面上侵害他人权利的行为,法律基于特定的价值判断和利益衡量所特别规定的可以排除该行为违法性的事由。实践中,其具体情形主要包括正当防卫、紧急避险、自助行为、无因管理、权利行使、被害者同意、履行法定职能及行使法定权力等。

益的目的。[13] 从公证行为本身来看，它具有一定的特殊性，是一种证明行为，公证人作为市场和社会中介主体，根据当事人的申请或法律、法规的规定，行使法律授予的证明权，依法确认和证明法律事实、法律行为以及有法律意义的文书的真实性、合法性，或根据当事人的申请，为当事人提供非诉讼法律服务和社会中介服务，为建立现代信用制度、实现诚实守信发挥着特殊的价值。在本案中，B法院对公证行为的证明属性也进行了阐述：

> 申请人提供的证明材料真实、合法、充分，申请公证的事项真实、合法的，且并不违背社会公德，公证机构应当在法定期间内出具公证书。公证行使的是法律赋予的权力，……不能任意作为或者不作为，更不能无故拒绝办理公证。公证行为本身不能创立、变更、终止当事人之间的权利义务关系，也不直接导致损害事实的发生。

"迟到的正义非正义"，当权利主体自身正当利益遭受损害并不能通过自力救济解决时，就得求助于司法救济，而司法救济必须讲究效率。作为服务于诉讼的手段，公证人为当事人提供保全证据的途径，公证文书证据效力优势得以有效发挥，此举缩短了司法机关证据采信和排除过程，起到了降低证明难度、快速解决纠纷、提高审判效率的作用，满足了诉讼当事人、司法机关、国家和社会的多层价值需求。笔者认为，只要公证人在公证活动中不存在与公证申请人恶意串通的情形，未蓄意改变客观事实，未出具虚假公证文书，则公证行为本身不存在违法问题，考察重点应转向基于公证行为的判断属性而衍生的公证人注意义务（以下详述），这在上海市高级人民法院2006年出台的《关于涉及公

13　田春生：《从制度角度看全球化进程中的发展中国家》，载谈世中等编：《经济全球化与发展中国家》，社会科学文献出版社2002年版，第259页。

证民事诉讼若干问题的解答》[14]及2009年出台的《关于当前商事审判若干问题的意见》[15]等相关司法文件中也得到了佐证与支撑。正因为如此，B法院在因果关系问题上的认定十分明确：

> 乙之所以失去对婚生子的抚养权，究其实质，并非因公证行为本身所导致，而系A法院根据邮件内容及其他证据，在认定乙与婚外异性关系密切的前提下，综合案件相关证据及事实所作出的判决。甲的行为并非改变了客观事实，而仅是在面临举证困难及证据可能灭失的情况下，以公证的形式降低了举证难度。退一步说，如果相关证据不存在灭失的风险，即便没有公证行为，甲仍然可以当庭向法官演示上述取证过程，只是对审判效率有所影响，但不会因此而改变审判结果，所以公证行为与损害事实间不存在法律上的因果关系。

3. 公证人履行注意义务的充分性

《公证法》第43条明确规定公证人只有在存在过失的情况下

---

14 上海市高级人民法院2006年出台《关于涉及公证民事诉讼若干问题的解答》中明确规定，公证机构的赔偿责任根据下列方法确定："因当事人提供虚假材料，故意隐瞒真实情况，导致公证机构作出错误公证文书的，经审查，如果公证机构已经尽到充分的审查、核实义务，仍无法避免错误出现的，公证申请人应当承担全部赔偿责任，公证机构不需要承担责任，如果公证机构在审查、核实中也存在过失，导致错误发生的，公证机构对其相应的过错，承担补充赔偿责任；对于公证申请人因疏忽或者认识错误，提供了错误材料，而公证机构因过失未尽到审查、核实义务，而作出错误公证，给当事人造成损害的，应当根据公证申请人和公证机构的过错程度，分别判定其各自承担相应的责任；公证机构与公证申请人恶意串通，作出错误的公证文书的，公证机构与公证申请人应当对损害承担连带责任。"

15 上海市高级人民法院2009年出台《关于当前商事审判若干问题的意见》中明确规定：（1）公证机构已正确履行了《中华人民共和国公证法》第27条、第28条、第29条规定的审查、核实义务的，公证机构不承担责任。（2）公证申请人提供虚假材料，故意隐瞒真实情况，致公证机构作出错误公证，公证机构存在审核过失的，应当根据过错程度大小，承担相应的补充性质的赔偿责任。（3）公证机构在公证业务活动中与公证申请人恶意串通，作出错误公证并给利害关系人造成损失的，公证机构与公证申请人应当承担连带赔偿责任。（4）公证机构因自己的工作疏忽产生差错，对因此而造成的损失应承担赔偿责任。

才承担相应的赔偿责任,据此,公证人在审查公证事项时应履行充分的注意义务,即通过行为判断公证人是否具有客观必要之谨慎,并采取合理措施避免风险发生。[16] 从这个意义上说,公证具有与司法相似的属性即判断属性。公证人在公证保全证据过程中,不但要保证公证行为真实、合法,而且要对保全证据的取证方式、程序和目的作出判断,这是由公证促进实现公正的价值目标所决定的。只有对当事人的合法权益作出更为妥帖的判断,才能不偏不倚地使当事人权益得到维护,当事人之间的利益得到平衡。正因为如此,公证人保全网络隐私证据并不是所谓"心理上的偏好",相反,是公证人在反复权衡各种可能后果后作出的一种理性选择,B法院认为:

> 公证处在办理公证前与甲作了询问笔录,注意到邮件的内容涉及甲配偶隐私时,就邮箱的有关情况、公证目的进行了详细的询问,并告知了甲所享有的权利、应承担的义务及存在的风险。在办理公证后,要求甲仅用于诉讼之目的,并以向A法院申请调查令的方式,由律师调取密封的公证书交给法院,再由法官亲启。在整个公证过程中,公证处严格限定了收集的范围和目的,并将公证内容知情范围降到了最低程度,而且没有逾越收集目的之外使用,同时也没有证据表明,公证处泄露了在执业活动中知悉的乙个人隐私。故公证处的公证行为并无过错。

英国学者哈特曾经利用一个虚构的沉船事件,引申出四种意义的责任:一是角色责任,即由于担任一定职务而产生的责任;二是因果责任,即人的行为(作为或不作为)引起的责任;三是法律责任,即违法者因其行为应受到惩罚或向被害人赔偿;四是能力责任,即某人应对行为负责,是断言某人有一定的正常能力。[17]

……公证具有与司法相似的属性即判断属性。

---

[16] 廖焕国著:《侵权法上注意义务比较研究》,法律出版社2008年版,第1页。

[17] 张文显著:《当代西方法哲学》,吉林大学出版社1987年版,第165页。

在这四种责任中,角色责任、因果责任和能力责任是法律责任的基础,必须综合加以考察。哈特的观点对于我们重新建构公证人的注意义务具有重要启示,即摆脱将注意义务局限于对法律责任的理解,作以下四个层面的延伸理解:

(1)释明告知阶段

公证人在采集信息前应履行告知义务,要求公证申请人承诺对个人信息加以保护,保证将所收集的个人信息可靠地仅用于既定的公证目的;未经当事人同意、授权,不得擅自将所控制的个人信息用于其他目的,合理地预防对该信息的滥用;收集个人信息的手段、方法必须合法。

(2)调查取证阶段

从真实性与合法性的角度,按照公证行业一般的审查标准,审查证据的具体内容、取得方式以及公证目的。

(3)过程管控阶段

公证人应如实开展公证保全证据,主要指公证人应严格依照法律、法规、办证规则的规定,依据实际情况原原本本地记录客观事实,如实实施保全、如实进行保全活动的现场记录、如实出具公证书。[18]此外,在信息搜集过程中,应合理限定参与人员,避免不当接触隐私。

(4)定向披露阶段

《公证法》虽然未禁止对涉及个人隐私、商业秘密和国家秘密的事项进行公证,但设置了反向保密义务[19]。本案中,公证人以由律师向A法院申请调查令的方式,先由律师调取密封的保全证据公证书交给法院,再由法官亲启,向法院披露公证书,未实施不当公开或利用行为,并未违反保密义务。在这一案例中,公证

---

18 薛凡:《照亮边界——公证证据保全活动行为准则司法观点的展开》,载徐昕、黄群、薛凡主编:《公证的中国进路》(《司法》丛刊第6辑),厦门大学出版社2011年版。

19 《公证法》第23条第8项将"泄露在执业活动中知悉的国家秘密、商业秘密或者个人隐私"明确作为公证员所禁止的行为。此外,我国《商业银行法》、《证券法》、《保险法》、《执业医师法》、《律师法》、《邮政法》等单行法律法规,对于易获悉他人隐私的特殊行业,均设有隐私保护的专门规定。

人专注、有效地履行了职务，我们甚至可以认为，其所采取的非常规方法，是一种谨慎的、值得称道的业务操作方式。必须承认，在大数据时代，网络社会的变化日新月异，网络数据信息海量流转，包括网络隐私侵权在内的各种网络侵权时有发生，这无疑在判断层面对公证人提出了更新、更高的要求。在本案的处理上，法院将公证行为是否存在过错作为核心要件，结合公证行为的合法性及因果责任进行综合分析，这其中包括法律与道德的、规则与事实的、社会与个体的、制度与人情的因素，有些来源于司法制度对法官所设定的应然要求，有些来自于法官所处的充斥着诸多有悖于司法规律的特定环境。[20] 最终，法院认定公证人"两利相权取其重、两害相权取其轻"并无不当，判决对乙的诉讼请求不予支持。

> ……审视、引导当事人申请公证保全证据的内在动机、心理需求以及要实现的真正目的，确保其公证保全证据目的的实现与设立公证制度的目的与价值相互匹配……

三、延伸思考：网络隐私公证保全证据的风险防范

公证保全证据引发的涉隐私权诉讼案尘埃落定，但公证失范导致侵犯隐私的状态必须得到规制，毕竟公证的首要任务是预防纠纷，而非引发纠纷。

（一）审视引导公证目的，促进实现公证保全的价值

"目的是全部法律的创造者，每条法律规则的产生都源于一种目的，即一种实际的动机。"[21] 纵观上述案例，法院在评价网络隐私公证保全证据行为时，无不贯穿着对于公证目的的实现这根主线的考察，这也给防范公证风险提供了重要启示——审视、引导公证目的，促进实现公证行为价值。"没有调查就没有发言权"，公证人面对具体个案，可通过研究公证对象、与申请人深入沟通和调查取证等多种手段，尽可能多地掌握与个案有关的各种信息，审视、引导当事人申请公证保全证据的内在动机、心理需求以及

---

20 钱卫清著：《法官决策论——影响司法过程的力量》，北京大学出版社2008年版，第197页。

21 ［美］E.博登海默著：《法律哲学与法律方法》，邓正来译，中国政法大学出版社1999年版，第119页。

要实现的真正目的,确保其公证保全证据目的的实现与设立公证制度的目的与价值相互匹配——即促进法律的正确实施,保障交易安全,预防和解决纠纷,保护公民、法人及其他组织的合法权益等。在此基础上,分析公证保全证据启动、演变、发展的具体过程,细化完善公证保全证据方案,有针对性地采取公证保全证据措施,或者使申请人合法地达到自己的目的,或者为申请人找到达到合法目的的途径。

(二)加强公证档案管理,有效维护当事人隐私权利

公证档案不是为了普通公众的阅读,也不是为了好奇或不诚实的非法调查,必须加强对公证档案中个人信息隐私的保护,有效处理和尊重隐私利益,必须实施更完备、更彻底的法律规范,列明密级及公开范围,以确保公证档案的隐私状态,保护公证档案的内容不被未经授权而披露。公证人向当事人出具公证书时可以根据公证书内容的实际情况,特别告知其应合法使用公证书、对于涉及个人隐私的公证书不得公开传阅、注意个人信息的保护,否则应承担相应的法律后果。当然,例外情况是基于合法目的寻求披露,当特定公证的有效性被挑战或者公证档案能够提供相关信息的时候,为降低当事人举证障碍,避免陷入举证不能,披露应当被允许;或者是能够作为公证人未疏忽或合理注意情况的有力证据、作为一种基本的公平,需要某些信息以支持公证的有效性;或者需要档案支持公证的利害关系第三方,可以按照规定程序接触公证档案中的隐私信息。

(三)加强司法观点研析,积极培育多向度司法共识

实践中,由于协调权利冲突的复杂性,判断公证保全"婚外情"邮件这类行为的合法性,必须结合各种因素综合判定,因为本来在配偶的知情权与夫妻间的隐私权谁更应优先受到法律保护的问题上,就很难判断。对此,行使"合法"判断权的法院尚感棘手,更何况提供法律服务活动的公证机构。由于《公证法》在赋予公证活动以及公证文书以"合法性"证明效力的同时,也要求公证

人要为保全证据行为的"合法性"承担相应的审查责任,因此,在合法与不合法的把握上,公证人不应浅尝辄止,而应对司法机关通过司法解释、判例、司法建议等各类形式形成的大量司法观点进行研析,了解多数法官的所思所想。心理学家认为,现实生活中人们之所以产生认识分歧、观点对立,矛盾难以化解,都是"我们的思想方法,我们的认知模式不同而造成的。我们的所感决定我们的所知,我们的所知决定我们的所行"。[22]发挥司法观点独特的启示、指引、示范和规范功能,培育公证人符合法治精神的法律思维,在法律理念、法律价值、法律原则、政策导向等多向度达成司法共识,这对减少和避免公证纠纷很有必要。

> 公证人进行保全证据的目的,是提高被证明事实、文书及证据的公信力,取得第三方的信赖,并不涉及具体权利义务关系的变动。

(四)加强司法沟通协作,促使公证与诉讼良性互动

观察个体显示出的选择行为,需要对行为背后的内生动机和心理过程进行考虑,无论是纯粹的自利还是纯粹的利他,均是一种极端。就包括网络隐私在内的公证保全证据的产生动机而言,实为自利和利他的组合,只是其利他性更为纯粹,即在对公证的内部认识和社会期待上,在对公证的职业判断和生活感受的关系上,在公证的技术要求和社会影响的关系上,让公证行业获得了回应社会现实问题的空间。毕竟,公证人进行保全证据的目的,是提高被证明事实、文书及证据的公信力,取得第三方的信赖,[23]并不涉及具体权利义务关系的变动。此外,公证人作为中立第三方介入网络,通过信息技术手段对网络电子数据信息进行公证,能够有效地解决网络证据固定难的问题,这些为公证和诉讼良性互动迎来了广阔的空间。面对网络隐私公证保全证据难题,作为同属一个法律共同体的法官和公证人,更应加强互联互通,共享司法资源,这不仅体现在公证人固定证据帮助法官查明事实上,还可体现在共同恪守保密义务上。当出现类似该案的情况时,由于公证人接触证据在先,其一旦发现保全证据的内容涉及他人隐

---

22 易法建、冯正直著:《心理医生》,重庆出版社2010年版,第38页。
23 吕文蔚:《公证的价值及其实现》,载《中国公证》2005年第3期。

私，可随保全证据公证书致函（电）告知法官独自拆阅公证书，建议在证据交换、正式开庭阶段做好保密工作，甚至可建议对该案进行不公开审理，同时合理控制公证案卷材料的可查阅范围，避免隐私泄露。

四、结语

合法性的关键，在于把握法律理想与法律现实之间的距离，两者之间必须保持若即若离的关系。当法律理想与法律现实差距太大时，理想就会显得缥缈虚无，而距离太小时，理想也就不复存在了。[24] 因此，在对待公证保全证据行为边界的问题上，我们既不能超越现实所处的社会环境和法治环境，更不能单纯地用理想的制度设计来规划实践的发展轨迹。公证人所能做的也是应该做的，就是直面现实，在法律限度内找到"若即若离"关系的最佳平衡点，将法律赋予的权利用足、用好。

---

24 田有成著：《法律社会学的原理与运用》，中国检察出版社2002年版，第1页。

The Judicial Opinion and Risk Prevention on Evidence Preservation Notarization of Online Privacy: Also on the first domestic litigation case related to privacy right arising out of evidence preservation notarization

Abstract: It would be difficult to get a credible conclusion if we just analyze issues of evidence preservation notarization, of the relationship between online privacy protection and evidence preservation notarization in the theory of law. Law is practical reason, it must meet the needs of society. There are only some obscure norms in law which are relevant with online privacy protection, and it is an general phenomenon that in practice notary organizations always hesitate to accept cases which are relevant with online privacy protection. This article started from a real case, then it would answer questions in practical perspective such as whether notary organization can conduct evidence preservation notarization of online privacy protection, where is the limit of such conduct, and at last it would offer some advice of risk prevention.

作者感言：

出生于芜湖，华东政法大学硕士研究生毕业，自2011年起任法官，随之是非曲直、悔意忠奸、财产万千、生命自由——"各种活生生的现实扑面而来"，皆在判笔之下，遂感内心沉重。唯恐演变为讲法律、重逻辑、轻生活、少情趣的冷面法官，故办案之余，广泛培养各种兴趣爱好，杂食各类书籍，穷游好山好水，玩票家居组装，也喜欢交朋友侃大山，时而也会内心反思，努力让生活更富有跳跃感。渴望通过自己长期而持续的付出和积累，丰富人生阅历，增添精神厚度，成为一名思绪浪漫、态度务实、工作专业的法官。当然，如能在社会发展、法治进步的浩大工程中增添一粒沙子，实属荣幸之至。

法律与文学

大义凛然或是保持客观
——由小说《公证人》看公证保全证据中法官和公证人的定位
/黄　颋

绝对中立：在控辩双方之间
——解读电影《套利交易》中的公证人保全证据
/陈婕婷

郝拴记著：《公证人》
人民文学出版社 2001 年版

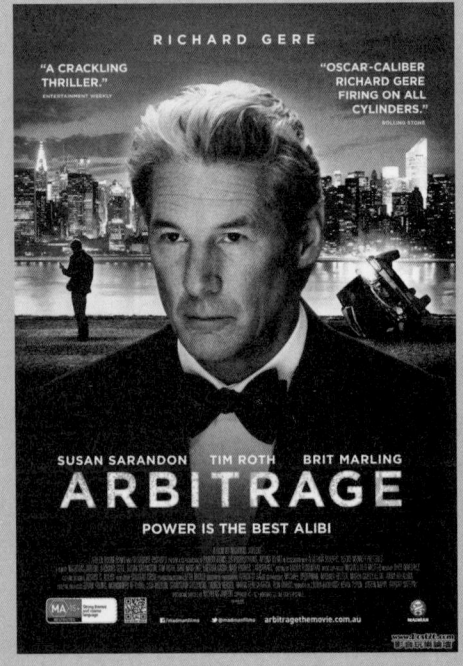

电影《套利交易》（Arbitrage）
2012 年在美国首映

法律与文学

大义凛然或是保持客观

——由小说《公证人》看公证保全证据中法官和公证人的定位

黄 颀[*]

概要：

本文通过长篇小说《公证人》中的一个有关公证保全证据的故事，引发了对现实生活中公证保全证据司法适用的思考，进而对小说和现实中的公证保全证据活动进行比较：小说中所展示的中国的公证人更多的是大义凛然的形象，现实中的公证人在执业中更应体现客观、公正。在此基础上，结合公证保全证据活动与司法活动，展开了对法官和公证人各自职业定位的思考：法官和

---

[*] 上海市黄浦区人民法院法官助理。

司法视野中的公证保全证据

公证人都必须保持客观，但公证人应着重解决事实问题，而法官需要根据证据裁判原则审查经公证保全的证据，以解决法律问题。

目次：

一、教学楼外墙坍塌后校长首先想到了谁？
二、文学作品与现实生活中的公证保全证据活动是否同一？
（一）公证保全证据的司法适用
（二）小说与现实中公证保全证据活动的区别
三、法官和公证人如何面对公证保全证据活动？
（一）法官对经公证保全之证据的适用——证据裁判与自由心证的关系
（二）公证人应如何进行公证保全证据活动

一、教学楼外墙坍塌后校长首先想到了谁？

故事开始于一个阳光明媚的上午，小不点正出神地看着其他同龄孩子在学校操场上做着韵律感极强的广播操，心里有一种说不出的羡慕和神往，同样身处学校，其他同龄的孩子在上学，而他却在学校的教学楼工地上干活。这时，两名学生小胖和小瘦正在追逐打闹着，小胖一个趔趄，撞向了外墙。此时，令人意想不到的事发生了，外墙坍塌了，小不点被压在了下面……

看着烟尘滚滚的事故现场，此刻，忧心如焚的王校长突然想起了一个人，王校长想起的这个人是谁呢？警察？政府官员？都不是。此人是本地的一位公证人，公证人的名字叫叶永彬。为什么王校长会突然想起这位公证人呢？时光回到半个月前，王校长去叶永彬所在的公证处申请办理保全证据公证，在听说了工程队的恶劣行径之后，公证人叶永彬迅速和质量管理部门一起完成了对施工现场的保全。但是，在办完公证保全证据之后，经不住工程队的软磨硬泡，王校长心头一软，准许工程队继续建造教学楼。可是，谁想到竟然发生了如此重大的工程事故，王校长的神经就像绷紧的弦，已经濒于崩溃的边缘：可怜的小不点在事故中身受重伤，各方都在推卸责任，学校在不停地为他支出巨额医药费，小不点的爸爸甚至差点在教学楼上跳楼自杀。王校长想起自己花了两年的时间求爷爷告奶奶，终于求到了新建教学楼的项目和扩招学生的指标，不少市民都在看着学校的工程，甚至还有传闻说王校长吃回扣吃得太厉害，才导致楼塌了……王校长越想越害怕，不由得开始后悔，后悔当初把公证人叶永彬对自己的提醒当成了耳边风，但事已至此，自己怎么还有脸面再去找这位公证人呢？

正当王校长渐渐陷入绝望之际，事情却峰回路转，公证人叶永彬在看到事故发生的新闻后，并没有袖手旁观，而是主动找到了王校长。之后的某一天，谁也没有注意到，公证人叶永彬乘坐一辆"司法"警车随着一辆"质量监理所"的车一同开入学校的

司法视野中的公证保全证据

建筑工地，公证人与同来的几个人在王校长和学校分管基建后勤的钱主任的陪同下，对教学楼的施工进度、用料和质量情况进行了全面而细致的现场勘测，其中一个人负责指引，其他人负责详细地记录、录像、拍照，整个公证保全过程整整持续了三个半小时。又过了几天，学校重新开始招投标，新的工程队进入工地，工地恢复了往常的喧闹。

与此同时，黑心工程队的老黑和二愣子却急得像热锅上的蚂蚁，黑幕即将被揭开：老黑通过贿赂钱主任，以一建公司的名义拿下了教学楼工程，随即转包给了二愣子，二愣子接收后，又把工程分割成众多小工程，分包给其他小包工头，为了赚钱，层层分包后偷工减料，最后造成了这起工程事故。他们本来还在庆幸事故现场由于工程复工被全部破坏，却没想到公证人已经对事故现场进行了证据保全，公证证据成了悬在他们头上的"达摩克利斯之剑"。为了销毁这份公证保全的证据，在贿赂、盗窃先后失败后，这些人只好对叶永彬使用了最后的、也是极其阴险的一招。

一天，叶永彬应邀来到了一家宾馆的包厢，奇怪的是，王校长并没有在包厢里，身后的钱主任也不见了踪影，包厢里只有老黑和二愣子，正当叶永彬转身欲走出包厢时，突然脑袋受到重击，顿时感到天旋地转……醒来之后，除了发现自己身处一家宾馆外，手边还多了一张自己和一个陌生女人的裸照。面对这份屈辱，是保全自己的声誉、毁灭辛辛苦苦做好的公证证据，还是忍辱负重、与黑恶势力拼个鱼死网破？一时间，叶永彬陷入了巨大的痛苦之中。

最终，理智战胜了情感，叶永彬也用自己的聪明才智化险为夷：他假装答应了对方的要求，取出公证证据交给王校长，抓住了半夜企图偷取证据的钱主任，自己去稳住老黑和二愣子，最终帮助警察抓住了这几个良知泯灭、唯利是图、造成重大责任事故的坏人，等待他们的将是法律的严惩。

法律与文学

二、文学作品与现实生活中的公证保全证据活动是否同一？

（一）公证保全证据的司法适用

在看完长篇小说《公证人》[1]中这个"铁证如山"的故事之后，不禁让人既为小不点和他家人的未来担忧，又对坏人被公安抓起来的结局感到欢欣鼓舞。但是，这起案件的处理远未终结，小说给我们留下了一个悬念：故事里并没有出现法官的身影，当这起案件被提交至法院时，法官是否会采信这份经公证保全的证据？如果采信，这份公证证据到底有多大的证明力？黑恶势力是否会受到法律的制裁？

对于上述问题，我们可以从公证保全证据本身着手。在当今中国社会，对于公众而言，公证保全证据并不是一个陌生的话题，如同学者所指出的：

> 随着我国社会、经济、科技、文化的快速发展，人们对社会关系的稳定和安定的诉求也愈加强烈，由此，公证机构的职能也越来越受到人们的重视，公证机关在社会发展和稳定方面正发挥着日益重要的作用。除了公证机关的公证证明这一基本职能外，公证机关的公证证据保全职能也在实践中得到越来越广泛的应用。公证证据保全已经成为近几年公证事务中最受人们关注的一项新兴业务。[2]

公证保全证据活动是公证机构根据公民、法人或其他组织的申请，依法对日后可能灭失或难以提取的证据加以验证提取、收存和固定的活动。公证保全证据是对于客观事实、权利现状的一

---

[1] 郝拴记著：《公证人》，人民文学出版社2001年版。
[2] 张卫平：《论公证证据保全》，载《中外法学》2011年第4期、《公证研讨》2011年第4期。

种保全，目的不仅在于预防更在于解决纠纷，保全对象的范围既包括权利证据，也涵盖侵权证据。随着人与人之间利益冲突和不信任感日趋剧烈，纠纷的发生越来越多，公证保全证据活动的重心也正在逐渐向解决纠纷倾斜，公证保全证据在知识产权、违约纠纷、劳动争议纠纷以及其他类型的民事纠纷案件中的运用愈加广泛和普遍。

为何公证保全证据在诉讼领域会得到如此广泛的运用呢？这与公证保全证据在诉讼法中的地位具有密切的联系。《民事诉讼法》第69条规定："经过法定程序公证证明的法律事实和文书，人民法院应当作为认定事实的根据，但有相反证据足以推翻公证证明的除外。"《公证法》第36条规定："经公证的民事法律行为、有法律意义的事实和文书，应当作为认定事实的根据，但有相反证据足以推翻该项公证的除外。"由此说明，经过公证机构证明的事实和文书具有极高的证明力，除非对方当事人提出的证据足以推翻该公证证据，否则人民法院应当予以采信并作为认定案件事实的证据，这也是对法官审核证据的一种合理限制。

但是，《民事诉讼法》与《公证法》的相关规定并不意味着免除法官对于公证保全证据的审查义务。法官在审查判断证据效力时的核心标准，应该是审查该证据是否具有客观性、关联性、合法性，在审查经公证保全的证据时亦然。公证保全证据不是简单化的公证程序的操作，而是公证人监督取证全过程的体现，保全证据公证书并不是对公证保全对象的简单记载，而应反映保全活动的全部过程，在这个过程中，公证人的主观认识和保全技术手段都可能影响到公证保全证据的有效性，因此，法官在决定是否采信经公证保全的证据时，通常会从公证人的公信度、公证人的执业立场、保全技术手段、保全过程与步骤等方面综合评判，最终决定是否采信该证据。

（二）小说与现实中公证保全证据活动的区别

回到故事本身，笔者注意到，在"铁证如山"章节中，作者笔下公证人的形象，既有细致、谨慎、负责的一面，如：

工程人员和叶永彬都作记录，杨倩一边拍照，一边摄像，忙得不亦乐乎。……叶永彬对杨倩说："这个光记录不行，我们还要进行样品封存，保全实物证据。"

……

证据保全现场勘验工作从早上八点半开始，直到十二点才结束。叶永彬记了整整五十页的现场笔录，杨倩足足拍了三个胶卷，一整盒带子，实物证据搜集了满满一整箱。[3]

同时，小说中的公证人也有大义凛然的一面，工程事故发生后，叶永彬去医院看望王校长时说：

第一步，还是要保全证据，这一方面，是为了和一建打官司，另一方面，也是为换新的建筑队做准备；第二步对教学楼这个半拉子工程，面向社会进行招投标，在保证质量和工期的前提下，优先选择那些资质和信誉都过硬的建筑队。等教学楼工程顺利开工后，你们就和一建打官司，将损失补回来。[4]

……

见利忘义是这些包工贩子的本性！[5]

……

叶永彬紧咬着牙，没有说话。他怕自己一张嘴，就会破口大骂。[6]

这种细致、谨慎、负责的工作态度，以及公证人对现场状况详尽、完整的记录，无疑能够增加其所出具的保全证据公证书的可信度。但是，小说中公证人所表现的这种大义凛然的形象及其发表的具有倾向性的言论在现实生活中是否妥当？综观《公证人》

[3] 郝拴记著：《公证人》，人民文学出版社2001年版，第47～49页，这里提到的杨倩也是公证人。

[4] 郝拴记著：《公证人》，人民文学出版社2001年版，第41页。

[5] 郝拴记著：《公证人》，人民文学出版社2001年版，第46页。

[6] 郝拴记著：《公证人》，人民文学出版社2001年版，第62页。

司法视野中的公证保全证据

> ……小说中的公证保全证据活动给读者留下的更多是公证人伸张正义、大义凛然的印象，却少了几分公证人在公证保全证据活动中所需要的客观、中立的执业态度，这与现实生活中的公证人是有所不同的……

这部小说，小说中刻画的公证人，是一种大义凛然、充满正义感的形象，是一个经过了作者大量艺术加工的、虚构的公证人形象，更多地介于现实和理想之间。这种"高、大、全"的公证人形象，更像是我们仰望公证职业理想的灯塔，却未必与现实生活中的公证人真实对应。[7]

这种角色定位的差异，导致文学作品与现实生活中的公证保全活动并不相同。在小说中，作者为了文学价值的需要，为了使公证人的角色变得更加生动、立体，在描写公证人叶永彬从事公证保全证据活动时，更多地是将他作为英雄人物进行描写的，因而，小说中的公证保全证据活动给读者留下的更多是公证人伸张正义、大义凛然的印象，却少了几分公证人在公证保全证据活动中所需要的客观、中立的执业态度，这与现实生活中的公证人是有所不同的，无论是按照笔者的理解，还是按照证据形成的一般规律或是按照《公证法》所确认的公证活动应具有的客观、公正的原则[8]加以理解，公证人在进行公证保全证据活动时，需要的可能都不是这种大义凛然的态度。

三、法官和公证人如何面对公证保全证据活动？

面对公证保全证据活动，无论是公证人或是法官都应保持客观立场，但是二者"客观"最大的不同在于，公证人负责解决事实问题，法官负责解决法律问题，正是这种职业定位上的不同，导致了对二者职业要求的不同。下文将分别从法官与公证人的角度考察两种法律职业与公证保全证据活动的不同关系。

（一）法官对于经公证保全之证据的适用——证据裁判与自由心证的关系

证据裁判原则强调的是当事人和法院应当运用经过证据调查

---

[7] 参见薛凡：《一部小说 两个特点 三重意义——在长篇小说〈公证人〉研讨会上的发言》，载《中国公证》2012年第1期。

[8] 《公证法》第3条规定："公证机构办理公证，应当遵守法律，坚持客观、公正的原则"。

后以具有证据能力的证据来证明和认定案件事实,证据需依照法定程序发现、调查和质证,否则不能作为定案根据;自由心证原则的主要内涵是,法律不预先设定机械的规则来指示或约束法官,而由法官针对具体案情,根据经验法则、逻辑规则和自己的理性与良心来自由判断证据和认定事实。自由心证原则的根本出发点,就是承认"个案差异"的事实,证据如何评价以及证据价值高低,只能委诸法官依照具体个案的情况加以判断。[9]

作为当代证据法学理论的两大基本原则,证据裁判原则与自由心证原则具有一些共同点,如它们都强调裁判依据是靠证据、证明案件事实的证据需要通过一系列的程序规范其来源和使用、其目的都是通过证据尽可能还原案件事实等。两者的区别在于侧重点与适用顺序的不同。

1. 侧重点不同

证据裁判原则侧重于规范证据的来源范围,即未经法定程序发现、调查和质证的证据,不能作为裁判的依据;而自由心证原则侧重于解决法官如何将这些证据串联成一个相对完整的、合理的、令人信服的法律事实以及对证据证明案件事实的可靠性进行判断。

2. 适用顺序不同

自由心证原则是建立在证据裁判原则基础之上的,依照笔者个人尚不成熟的理解,证据裁判原则在先解决证据资格问题,而自由心证原则在后解决证明力问题,两者在逻辑顺序上有先后之分。

公证人在坚持客观、公正原则的前提下所作成的保全证据公证书以及其他公证文书,只有通过证据裁判原则才能被法官采信,最终进入判决书,形成公证与审判的衔接。法官判断公证保全证据采信与否,首先应摒弃个人好恶,注重客观判断,综合案件事实,审核该证据是否具有客观性(包括公证人在进行公证保全证

---

9 林钰雄著:《严格证明与刑事证据》,法律出版社2008年版,第88页。

据活动时是否坚持客观中立的立场、保全过程是否完整、是否存有瑕疵等）、关联性、合法性，同时注意审查是否存在足以推翻公证保全证据的相反证据，如果没有，则采信该证据就成为法官的法定义务。因此，证据裁判原则显然应当吸收公证的客观原则，构成对法官自由心证的约束。

（二）公证人应如何进行公证保全证据活动

从公证保全证据活动的出发点着手，我们可以看到，公证保全证据的根本目的在于固定证据或事实最初的形态，防范因证据灭失或遭篡改而引起的举证不能，如同论者所指出的：

> 公证保全证据活动所要求的客观，从根本意义上加以理解，公证人不是为公证当事人保全证据，也不是仅仅为可能发生的诉讼保全证据，而是为时间留存证据，使公证保全的证据定格于"事件之最初"，通俗言之或可称为之为"保存证据之新鲜度"[10]

另有论者还指出：

> ……而公证人在法律行为或私权事实形成当时，以其专业素养，忠实记录当时状况，保存证据之新鲜度，足凭为法官认定事实之重要资料。[11]

笔者认为，公证人在进行公证保全证据活动时应尽量保持客观。客观，并不是对公证员主观认识的要求，而是要求公证员在进行公证保全证据活动时需严守客观的立场，尽量保存证据的"新

---

[10] 薛凡：《照亮边界——公证保全证据活动行为准则司法观点的展开》，载徐昕、黄群、薛凡主编：《公证的中国进路》（《司法》丛刊第6辑），厦门大学出版社2011年版。

[11] 郑云鹏：《公证文书之效力及瑕疵公证文书救济方法之研究——以公证文书在民法、民事诉讼法、强制执行法所生效力为中心》，台湾私立东海大学法律学研究所2010年博士论文。

鲜度"。从实践的现状来看,公证保全证据活动不再限于《公证法》所说的预防纠纷,而越来越多地参与了纠纷的解决,因此,公证人更应明确自身的定位:公证人不是终局裁判者,不可能代替法院对是非曲直进行直接评判,公证人所能做的是利用现有技术,尽量客观、完整地记录整个保全过程。本质上,按照证据形成的一般规律,特别是《公证法》对于公证人执业活动的定位,公证人在从事公证保全证据活动的过程中,其职责更多地在于对证据进行客观完整的保全,而不是外在地展现自身的正义感,正义感存在于公证人内心的良知和一丝不苟、严谨的保全过程之中,因为,案件的裁决最终交由法官,而不是交给公证人,公证人的职责是解决事实问题,将可靠的事实提交给法官,作为法官断案的事实依据,而将法律问题留待法官判断。

不仅仅在小说里,在现实生活中,公证人在进行公证保全证据活动时究竟应大义凛然还是保持客观?我想,答案一定是后者,因为只有始终坚持将事实和法律作为自己的信仰,始终保持客观,以审慎的态度进行公证保全,才能使公证保全证据活动为逝去的时间保留客观的证据,公证保全证据活动才会具有公信力。

最后,借用他人的一段话,略陈笔者写完此文之心迹:

> 逝者如斯,浮生就如同浪花之一击,那么难道此生就这么白白过去,如同浪花一击之飞沫去留无痕?生命或许会消失,但生命的光彩永远不会消失。路或者会走完,但路上的泥泞险阻、如画风光会在旅行者心中长存。[12]

---

12 王心裁编著:《林肯传》,湖北辞书出版社1996年版,第31页。

司法视野中的公证保全证据

Maintain the Dignity of Justice or Stay Objective: To see the position of the judge and the notary in evidence preservation notarization from the perspective of the novel "*The Notary*"

Abstract: This article initiates the thinking about judicial application of evidence preservation notarization in reality through one story about notarial evidence preservation in the novel *The Notary*, and then the author compares the activities of evidence preservation notarization both in the fiction and reality: the notary represented in the novel tends to be subjective, however, they should be more objective in reality. On this basis, combined with the notarization activities and judicial activities, the author starts to ponder over the professional orientation of the notary and the judge: the notary need to be objective, focus on solving factual issues, the judge also need to remain objective, verifying the evidences under the guidance of principle of evidentiary adjudication and discretional evaluation of evidence, to solve legal issues.

作者感言：

　　本人章与周恩来总理同乡，本科及研究生均就读于华东政法大学。平时兴趣有三：一是喜欢看历史、传记类书籍，希望能在这复杂、变迁的世界中找准定位、找到努力的方向；二是背包客式的旅行，以开阔自己的眼界，更重要的是，让自己在旅途中品味世界的酸甜苦辣、认识不一样的自己；三是喜欢运动，运动让人健康、快乐，保持对生命的热爱、对生活的激情。对于自己的职业人生规划，暂无永久性定位和目标，只想通过自己的努力，成长为一名合格乃至优秀的法官，用自己的行动使法律的光芒长久照耀在民众心中，让这个世界因为有了我，而有那么一点点不一样。

法律与文学

绝对中立：在控辩双方之间
——解读电影《套利交易》中的公证人保全证据

陈婕婷[*]

概要：

本文以美国电影《套利交易》[1]作为分析载体，从电影跌宕起伏的故事情节中解读了美国公证人保全的证据在司法活动中具备的特殊证据效力，指出确保此种特殊证据效力有赖于法官和公证

---

[*] 上海财经大学法学院诉讼法专业2012级硕士研究生。
[1] 《套利交易》（Arbitrage），导演尼古拉斯·杰雷基（Nicholas Jarecki），主演理查·基尔（Richard Gere）、内特·帕克（Nate Parker）、蒂姆·罗斯（Tim Roth），由Ascot Elite Entertainment Group发行，2012年在美国首映。本文所引台词均出自该部电影。

人的绝对中立,并分析了公证保全证据在中国现阶段的适用情况以及某些限制性因素,进而提出继续改革和完善中国公证体制,实现公证权和公证人真正的独立。

目次:

一、米勒和格兰特——绝地反击"带上公证人"

二、公证保全证据:司法证据领域的佼佼者

(一)《套利交易》中的庭审现场

(二)从电影回归现实:中国公证保全证据活动概览

(三)公证体制改革与完善——公证保全证据活动走向开放的必由之路

三、绝对中立——公证保全证据特殊效力之根基

(一)《套利交易》中法律职业人的不同角色

(二)绝对中立——公证人在保全证据活动中的基本立场

(三)绝对中立的例外——公证保全证据的合法性前提

一、米勒和格兰特——绝地反击"带上公证人"

一架私人飞机在机场上降落，罗伯特·米勒（Robert Miller）走出了机舱。他西装革履，光鲜亮丽，但两眼却布满了血丝。在别人眼里，他是风光无限的成功企业家，但事实上他的事业并不顺利，一笔错误的投资使得他的公司面临倒闭，他只能向朋友借钱填补亏空，同时急切地寻找买家，意图将尚未崩溃的公司高价售出，然而，随之而来的审计随时都有可能会揭穿这家公司4亿美元的账目亏空，更令他没有想到的是，一场法庭风暴正在等待着他。

奔波劳碌的米勒也有自己的秘密，他甚为想念情人朱莉（Julie），一位新晋画家、美丽的法国女郎。应付完家里和公司的事务，米勒来到朱莉的公寓，两人驱车一同前往海边准备度假。安静的夜晚，佳人在侧，一切都那么美好，只是米勒太累了，连日的奔波早已让他精疲力竭，此刻的他几乎连眼睛都已经睁不开了，就是这么小小一闭眼，事故瞬间就发生了。

轿车失去了方向，撞上了路基，翻腾而起，旋即撞击地面，连续翻滚，朱莉当场毙命，米勒也受了伤。满身伤痛的米勒艰难地掏出手机按下了911，但是，在按下拨通键之前的那一刻，他犹豫了，或许这会毁了他的一切，家庭、事业、名誉、声望……他不能报警，但他必须收拾这一切。此刻，他想起了一个人，一个能救他的人。

事发地点不远处，加油站旁边的一个电话亭里，米勒拨通了一个人的电话——吉米·格兰特（Jimmy Grant），他的一个黑人朋友。格兰特的父亲曾经是米勒手下的员工，在老格兰特去世之后，米勒对格兰特一直照顾有加，他知道，格兰特一定不会拒绝他的请求。果然，讲义气的格兰特不久就出现在加油站，驾车带着米勒离开了事故现场。米勒并没有向格兰特解释任何事情，他只是告诉格兰特，如果有人问起，只需要说："你并没有在这里出现，

司法视野中的公证保全证据

我们不在这里。……我们此刻都在各自的家里睡觉。"

与此同时,警方开始了对事故的调查。警探[2]麦克·布莱尔(Mike Bryer)发现,死亡的朱莉并非当时驾车的人,在层层调查的过程中,他发现了米勒与朱莉之间不寻常的关系,很快就将当时的司机锁定为米勒。布莱尔通过调取加油站旁边电话亭的通话记录,发现了在事发后不久米勒拨给格兰特的一通电话,他将格兰特列为证明米勒出现在事故现场的重要证人。岂料,这位讲义气的黑人朋友面对警察的各种盘问,一直否认自己曾经出现在事故现场,或是与米勒有任何的联系。事实上,在这之前,对金融巨头们深怀仇恨的布莱尔已经追踪米勒整整20年:

"他们雇佣律师来摆脱我们,他们买通我们。……不能因为他被美国全国广播公司财经频道播出过,就让他逃出法网。"

想要将米勒定罪,就必须从格兰特身上寻求突破。多年来对这位大亨的敌意使得布莱尔如此急切地想将米勒绳之以法,以至于明知手头的证据少得可怜,布莱尔依然希望能在正式开庭前"得到"一份可以将格兰特定罪的证据。于是,布莱尔设法伪造了一份格兰特在事发当晚驾车经过大桥收费站的监控照片的证据,并据此以"妨碍司法公正"的罪名起诉了吉米。

事情的发展对于米勒来说如此不利,对于格兰特则更加艰难,作为一个有前科的黑人,如果起诉成立,他将面临5年甚至10年的牢狱之灾,而他对真正发生的一切都不知情。他唯一需要做的,就是告诉布莱尔当晚他去接了谁,仅此而已。这是一个交易,以检察官撤销对吉米起诉为条件的交易,但是,格兰特放弃了这一交易,格兰特的律师厄尔·门罗(Earl Monroe)也放弃了。正当米勒万念俱灰的时刻,他忽然想起了一个疑点,那就是控方的关键证据——格兰特驾驶的车经过大桥收费站的监控照片。格兰特

---

[2] 电影《套利交易》(Arbitrage)中,原文为detective,译为"警探",其身份相当于我国的侦查人员,本文在涉及司法职业人员时称为"侦查人员",二者含义大致相同。

曾经说过，当时他并没有经过大桥。那么，这一证据是哪里来的？于是，米勒叫上他的律师顾问悉德·费尔德（Syd Felder）和格兰特的律师门罗一起去大桥收费站现场取证，而且特别交代费尔德要"带上公证人（Bring a notary）"。公证人参与的现场取证结束后，米勒拿到了与控方手中的证据形式相同的监控照片。拿起放大镜将两张照片相互比对，米勒轻蔑地笑了。在控方用于控告格兰特的那张大桥收费站监控照片中，在车牌号码的地方，一个细微的人为改动，把照片中的这辆车变成了"格兰特的车"，相当高明的伪证啊。

故事最终的结局是：格兰特被无罪释放，警探布莱尔遭到了法官的一顿严厉责骂，米勒自然也逃离了警探对他的追查。

美国电影《套利交易》的结局似乎出乎人们的意料。米勒和格兰特在各种不利因素和重重的困难下上演了一场绝地反击，这是一场漂亮的反击，而这场漂亮的反击的参与者远不止米勒、格兰特以及他们的律师。法官对于控方伪造证据的态度，公证人对米勒派人取证过程的保全，与米勒和格兰特的律师们共同完成了这一完美的翻盘，可以说，法官、公证人以及律师这三个关键的角色合力促成了这样一个出乎意料的结果，其中，那个神秘甚至有点神奇的公证人显得尤为关键，公证人所保全的证据影响以至决定着整个案件的最终走向。事实上，通过对公证保全证据的系统解读，我们就能了解到，故事的结果虽然出乎意料，却在情理之中。

> ……那个神秘甚至有点神奇的公证人显得尤为关键，公证人所保全的证据影响以至决定着整个案件的最终走向。

二、公证保全证据：司法证据领域的佼佼者

（一）《套利交易》中的庭审现场

这里是起诉吉米·格兰特"妨碍司法公正"的庭审现场：

检察官："我申请呈上第一件证物。这是过路收费亭所拍下的照片，地点是在三区大桥往北第九道。请注意，是在

司法视野中的公证保全证据

三区大桥。格兰特先生,请你认真看图片,请你读出上面的日期和时间,就在右上角的位置。"

吉米·格兰特:"这不可能。"

检察官:"格兰特先生,请回答问题。"

吉米·格兰特:"4月11日,凌晨2点33分。"

检察官:"请您再次看下图片,请读出这辆车经过收费站时的车牌号码。"

吉米·格兰特:"A—O—C—8—9—6—3"

检察官:"这是证据二,机动车车牌登记处打印的资料。格兰特先生,请注意这份资料,收费站图片上的数字是否和你的车牌号码相同?……格兰特先生?"

吉米·格兰特:"是的。"

检察官:"是的?数字是相同的?"

吉米·格兰特:"是的。"

检察官:"请问你有何解释?"

吉米·格兰特:"我无法解释。"

检察官:"但那就是,你的车在此图片中,对吧?"

吉米·格兰特:"不。"

检察官:"难道这不是你的车?……格兰特先生,请回答我。"

吉米·格兰特:"这图片里的车不是我的。我不知道你怎么弄的,但那不是我的车。"

检察官:"有了这份机动车管理部门的资料,你以为在座的陪审团会相信这图片里的车不是你的车?"

故事讲到这里,可能大多数观众基本上都已经认定格兰特和米勒难逃此劫了,检察官手里的照片打印件似乎结结实实地证明了格兰特妨碍司法公正的行为。然而,当米勒向法庭出示了另外一张照片作为证据时,为何检察官所提交的这一"铁证"就被否定了呢?在此,我们暂时不去考虑证据本身的真假与否,虽然检察官所出示的证据是伪造的,但是,在法官和陪审团面对这两份针锋相对的证据时,为何米勒提交的证据能够大获全胜?可能所有疑问的答案就在取证前米勒所说的那一句话:"带上公证人(Bring a notary)"。正是有了公证人的介入,米勒所取得的证据就不仅仅只是对抗控方的普通证据,更是一份通过公证人保全的证据,这一证据之所以能够完全消灭此前控方举证的优势,原因就在于该证据本身以及取证过程的真实性得到了公证人出具的公证文书的证明。

(二)从电影回归现实:中国公证保全证据活动概览

走出电影情节,将视野落到当今中国,公证保全证据活动已经逐渐渗入社会公众生活,并且呈现不断发展的趋势。在民事诉讼中,公证证据的使用愈加广泛,越来越多的当事人倾向于通过申办公证保全证据以维护自身权利。为什么公证保全证据活动会如此受欢迎呢?这取决于两个方面,即公证保全证据所享有的强势证据效力和公证证据对于司法公正的保障作用。

所谓公证保全证据所享有的强势证据效力,即法律赋予公证保全证据在诉讼中的强证明力和优势证据地位,根据我国《民事诉讼法》第69条规定:"经过法定程序公证证明的法律事实和文书,人民法院应当作为认定事实的根据,但有相反证据足以推翻公证证明的除外。"公证保全证据所享有的这种强势证据效力促使更多的当事人在诉讼中向法院提交经公证保全的证据,以期更有力地证明其所主张的事实。

由于公证保全证据的独特形成方式及其享有的法定强势证据效力,因而在诉讼中,公证保全证据能够有效地保障司法公正的实现。从公证保全证据形成的过程上看,由公证人依法独立行使职权,法官并不参与公证证据的形成过程,因而,能够有效避免法官形成先入为主的判断。从证据的效力上看,一方面,公证保全证据所具有的强证明力有助于法官准确认定事实,另一方面,公证保全证据在客观上也构成了对法官自由心证的合理限制,除非存在相反的证据,否则法官就必须将公证保全证据作为认定事实的依据,因此,在诉讼中,经公证保全的证据能够有效制约法官的恣意，防止裁判结果过多地受到法官主观因素的影响。

综上，公证保全证据在当今中国所呈现出的繁荣发展的态势绝非偶然，而是与公证保全证据自身的特征和优势息息相关的。我们可以预见，随着我国法治的进一步发展，公证保全证据在人民的法律生活中必将占据更为重要的地位。

（三）公证体制改革与完善——公证保全证据活动走向开放的必由之路

如上所述，在现今中国的法律实践中，公证保全证据活动正扮演着越发重要的角色。究其根本，乃是因为公证活动与司法活动享有共同的价值理念，从本质上说，公证活动与司法活动二者的终极目标是一致的。公证活动以客观、公正为特征，把所追求的目标定位在公正的实现，这与司法活动的最终目标即追求公正是相一致的。公证保全证据活动具备公证活动所要求的真实、合法的效应，其特殊的证据效力能够更强有力地支持诉讼。法官在审理案件时，针对证据的真实性及其与待证事实的关联性进行审查，而公证保全证据活动可以在最大限度上保证证据的真实性，所以，法官在审理涉及公证保全证据的个案时，一般只需针对公证证据的关联性进行判断。但是，从另外一个角度来说，公证证据只是一种具有较强证明力的证据，公证人的证明权并不能对抗法官的自由裁量权，当公证保全证据本身存在瑕疵时，法官仍然可以依据自由裁量权决定是否采信这一公证保全证据。公证与司法这种相伴相生的关系，引领着二者共同朝着公正的方向行进。

然而，与电影《套利交易》中美国公证人大展拳脚有所不同，在我国现阶段，公证保全证据适用的范围尚属狭窄，而公证人职业的独立性和中立性也尚未达到国外特别是大陆法系国家公证人的程度，甚至不少人的心目中依旧存在着将公证人等同于公务员这一根深蒂固的误解，公证人想要作为独立的社会力量支持司法公正仍然任重而道远。造成这一现象的根源，很大程度上在于我国现行的公证体制。我国现代意义上的公证制度形成于民国时期，当时基于国情的考虑，公证处被设在了法院，公证人以司法人员的身份履行职责。新中国建国以后，尽管清算了《六法全书》的内容，但司法制度的框架形式却延续了下来，其中就包括了公证制度，这也是为何长期以来公证权被包含在司法权之中的原因。另外，当代中国公证体制又来源于对苏联时期《苏俄国家公证章程》的照搬[3]，公证处作为国家机关而设立[4]，故迄今我国的公证行业仍未能完全摆脱行政化的色彩。在我国现行的公证体制下，虽然相当一些公证机构业已按照自收自支的事业单位体制运行，但是，行政机关却通过人事权等途径形成了对事业单位体制公证机构的控制，在这种尴尬的处境下，要求公证人在公证保全证据活动中，尤其在某些涉及公权力机关的活动中做到绝对中立和客观，似有强人所难之嫌。

　　从《套利交易》这部电影中，我们也能看出中美公证体制差异带来的司法与公证实践的某些区别。电影中，"妨碍司法公正"是一项刑事罪名，但公证保全证据仍能够适用于中，原因之一就在于美国以至其他许多国家不同于中国的公证体制设置。以电影所涉及的美国公证制度为例，美国的公证制度具有浓厚的私权自治色彩，政府对于公证事务实行自由主义和不干预政策，公证行为在美国不被认为是公务行为，公证人在社会中扮演者一种"中立的目击者"的角色，对于公证人的选任并没有特殊的要求，公证人并不属于司法工作人员，只需要根据规定对公证对象进行相对的形式审查即可，公证制度也不从属于司法制度。因此，美国的公证权自形成之初便完全独立于行政权和司法权，公证人在行使公证权时可以不受行政机关或者司法机关的任何影响而保持独立、中立。

　　至此，我们可以发现，我国公证保全证据活动走向开放的重要途径之一在于深化公证体制改革，巩固公证权作为独立的社会公共权力的地位，构建更为科学、合理的公证制度。公证权不同

3　《苏俄国家公证章程》第9条规定："国家公证处的经费依苏俄司法部所提出的预算，列入共和国收支概算之内。"载中央人民政府法制委员会编：《苏联律师章程·苏俄国家公证章程》，王增润译，人民出版社1951年版，第23页。

4　《中华人民共和国公证暂行条例》第3条规定："公证处是国家公证机关，公证处应当通过公证活动，教育公民遵守法律，维护社会主义法制。"

于行政权和司法权，公证制度是对当事人的合法权益的证明和保障机制，这个特点决定了公证体制必须具有独立性和公平性，这样才能形成公证的公信力[5]。现阶段，我国也正处于公证体制改革的新时期，如何确立公证权以及公证人的独立地位，不仅关系到公证保全证据活动能否在司法活动的各个领域得以推广，更关系到整个公证制度的未来。

三、绝对中立——公证保全证据特殊效力之根基

现在，我们再深入一个层面分析，公证保全证据存在如此特殊效力的根基何在？下面，我们将通过分析电影《套利交易》中出现的律师、侦查人员与检察官、法官、公证人四类法律职业人的执业活动来加以阐述。

（一）《套利交易》中法律职业人的不同角色

1. 律师

电影中，在事故发生后，米勒和他的律师顾问悉德·费尔德有过这样的对话：

费尔德："假设是你说的那种情况，即为过失杀人。"

米勒："那个人……"

费尔德："会有很大的麻烦，尤其是如果他的公司正准备和一家大型银行合并，任何关于他接受调查或被捕的消息都会推迟或终止交易。但前提是有证据证明他有罪。"

米勒："指纹？DNA？"

费尔德："爆炸后很难找到的。现实和电视剧不一样。"

米勒："那通话记录呢？"

费尔德："他在现场用过电话吗？"

米勒："没有用手机。"

5　林光炯：《我国公证体制改革探讨》，载《法制与经济》2012年第2期。

费尔德："那就没办法证明他在场。"

米勒："你建议那个人怎么做？"

费尔德："立刻自首。"

米勒："否则？"

费尔德："如果可能的话，让自己离那件事远远的，越远越好。但我得告诉你，我现在是以朋友的身份说，有太多细节是无从考虑的，时间越久，谎言越多，情况就越糟。……"

可以发现，费尔德是以律师和朋友两个不同的身份与米勒对话的。从律师身份出发，费尔德根据米勒给出的信息对"那个人"的情况进行了分析，建议米勒尽可能划清自己和事故的界限。但以朋友的身份，他必须提醒米勒，警探"会找上门来的"。很明显，从律师职业的角度出发，费尔德会尽可能地协助米勒划清其与事故的关系，因为作为一名律师，尽全力维护当事人的利益是最基本的职业道德，所以，就一个律师来说，是很难要求其做到客观的，为了维护委托人的利益，他的执业过程必然带有很强的主观倾向性。

2. 侦查人员与检察官

与律师截然相对的法律职业自然就是侦查人员和检察官了。作为代表国家发现犯罪和惩罚犯罪的主体，侦查人员和检察官都有着强烈的将犯罪嫌疑人绳之以法的主观意向，在这部电影中，这一意向也表现得淋漓尽致。作为警探，布莱尔对于米勒有强烈的敌意，多年来，他始终在找机会剥下这位金融大亨光鲜亮丽的外衣，但每次都苦于没有足够的证据而无法达到目的，在布莱尔与检察官雷·德福里托（Ray·Deferlito）的对话中我们可以强烈地感受到他的这种急切的情绪：

"20年啊，雷。我们监视这些人20年了。他们通过律师从我们这逃脱，他们收买我们，我他妈受够了。那这些结果呢？是那个人干的，不能因为他被美国全国广播公司财经频道播出过就让他逃出法网。"

电影中，再从检察官违背程序在警探未取得充足证据的基础上就签发逮捕证的行为上看，他对于米勒的敌意也是非常强烈的。在故事的结尾，当法官宣布格兰特的案件结案且不再复审时，布莱尔甚至气势汹汹地质问法官："所以……你的意思是让我傻坐着，心中祈祷有一天在某个地点，这些有钱的混蛋里会有人开口大讲特讲自己的罪行，让我们没办法忽视吗？"这些都表明，警探、检察官为了追求心目中的"正义"，会倾尽所能甚至不择手段。因此，作为律师对立面的控方，无论是侦查人员还是检察官在执业过程中同样可能带有强烈的主观倾向。

3. 法官

前文提到，法官在审判过程中必须严格依照法律的要求保持中立，正如电影中，尽管法官内心同样可能确信米勒与该案存在关联，但最终仍然选择采信米勒提供的公证人保全的证据，释放了格兰特。面对警探布莱尔的质问和辩解，法官怒斥："滚出我的办公室！"这一激动的言辞表明法官一直恪守着客观、中立的原则。但是，这种客观、中立并不是唯一的，法律也赋予了法官一定的自由裁量权。自由裁量权的存在意味着法官可以根据自己的自由心证去肯定或者否定一项事实或者一份证据，而自由心证又带有很大程度的主观性。在电影中，法官已经了解警探布莱尔起诉格兰特的目的所在："全部证据我都看过，不仅是这照片。但是你要用正当的方法。"从这句话中我们可以推测，法官在内心中已经确认米勒与汽车爆炸案有关，如果米勒未能提供公证保全证据作为充分的支撑以限制法官的自由心证，那么，法官审判时行使自由裁量权有可能把案件的结果推向截然相反的方向。因而事实上，尽管法官对事实判断应尽量客观中立，但仍然可能进行主观认定。

4. 公证人

与前三类法律职业人不同，公证人必须遵守的行为准则之一就是保持客观,虽然电影中没有出现具体的公证人的形象,但是,我们完全可以对公证人保全证据的过程作合理的想象:公证人乘坐门罗的轿车,一起通过大桥收费站,记录下门罗收下的过桥费的收据。随后,门罗当场签署调取证据的文书,公证人跟随门罗到收费站值班办公室,调取当晚收费站的监控录像,截取门罗的车过桥时刻的图像画面,打印成照片,最后,公证人依据当晚记录的情况,形成一份类似中国公证人出具的保全证据的公证书。整个公证过程,公证人参与其中并担任一个记录者的角色,公证书的内容仅仅是对整个取证过程的固定,没有也无需加入公证人的主观判断,而始终保持客观。所谓保持客观,要求公证人在整个公证保全证据活动中严守客观的立场[6],在公证保全证据活动中,公证人不仅需要客观,而且应持"纯客观的态度",形象地讲,"公证员的眼睛就是摄像机和照相机的镜头,不带任何感情色彩",并且公证文书也只能"纯客观地描述"[7]。

(二)绝对中立——公证人在保全证据活动中的基本立场

公证人要保持客观,必然要保持中立。通过前文的讨论可知,律师以及检察官和警探的职业特性难以要求其保持中立,因为他们始终是一方利益的代表,法官虽然一般会在作出最后裁决的时候站在一个中立的立场,但只是相对中立,有时候也可能会因为公共利益而放弃中立。但是,作为公证人,在公证保全证据过程中保持绝对中立是必须秉承的职业立场,这也是为何大陆法系国家将公证人称为"中人"或者"旁站者"的原因。一旦公证人未保持中立,就无法保证其执业活动的客观性。

所谓公证人的中立,应为绝对中立,包括以下两方面的含义,即职业地位的中立和执业活动的中立:职业地位的中立,是指公证人中立于各方当事人之间。在公证保全证据活动中,公证人不

在公证保全证据活动中,公证人不代表任何一方当事人的利益,公证人只需要证明某一个客观的过程,公证人不负有协助申请公证保全证据活动当事人获取有利证据的义务,而在于还原事实之客观以帮助法官作出正确的判断,至于公证保全证据所产生的后果是否有利于公证申请人,应由申请人自行承担。

---

6 薛凡:《照亮边界——公证保全证据活动准则司法观点的展开》,载徐昕、黄群、薛凡主编:《公证的中国进路》(《司法》丛刊第6辑),厦门大学出版社2011年版。

7 参见《薛凡主任在要素式公证书培训班授课内容摘要》(2002年12月21日),载《南京公证通讯》2003年第1期。

代表任何一方当事人的利益，公证人只需要证明某一个客观的过程，公证人不负有协助申请公证保全证据活动当事人获取有利证据的义务，而在于还原事实之客观以帮助法官作出正确的判断，至于公证保全证据所产生的后果是否有利于公证申请人，应由申请人自行承担。执业活动的中立，是指公证人在公证保全证据过程中不作任何主观判断。公证人利用现有技术条件，以公正、客观的姿态到现场对取证对象进行客观记录和证明，至于被取证对象本身是否合法，是否能够证明某一问题，公证人不作任何评判或断言。

在此我们可以作一个初步总结。相较于律师、法官以及检察官和侦查人员这三类法律职业，公证人是唯一一个能够做到客观，同时也是被要求必须保持中立客观的职业，正是因为这种中立性、客观性，确立了电影《套利交易》中公证证据在控辩双方中的超然特殊的地位。

（三）绝对中立的例外——公证保全证据的合法性前提

公证人在公证保全证据活动过程中必须保持绝对中立，但是，并非只要保持绝对中立公证证据就必然会被法官采信，公证保全证据活动还应当遵循公证行为的合法性要求，只有中立而合法的公证保全证据才能够具备特殊的证据效力而被法官采信。公证保全证据的合法性要求需要公证人的保全行为遵循法律程序，公证人必须以合法的方式或手段保全证据，如果公证人保全证据采用欺诈、胁迫或其他法律所禁止的方式，就将影响公证保全证据的效力。

公证保全证据的合法性要求表明，在公证保全证据活动中，公证人的绝对中立是建立在合法基础上的，当一项公证保全证据活动超出了合法性要求时，即使公证人确实保持了绝对中立，在法律实践中这样的公证证据也不会被法官采信。因此，合法性形成了对公证人绝对中立的限制，公证保全证据只有在中立和合法的基础上才能具备其特殊的证据效应。

Absolute Neutrality: Between the Prosecution and the Defense Interpret the Evidence Preservation Notarization of "*Arbitrage*"

Abstract: The article take the American movie *"Arbitrage"* as the carrier of analysis, interpreting the special effectiveness of Evidence Preservation Notarization in the American judicial activities through the up and down storyline, which depends on the absolute neutrality of the notary and the judge. At the same time, the article will analyse the current application situation of Evidence Preservation Notarization in China as well as some restricted factors, so as to appeal to perfecting the Chinese notarization system as soon as possible for achieving the truly independence of notary and notary authority.

作者感言：

踏上学习法学之路，已近6年。尤记当年，期盼自己能够成为一个捍卫权利的使者，无视所谓的专业和就业压力，毅然选择了法学。从本科到研究生，大学6年的法学之旅，让我体会到法学特有的魅力，同时也深感所学之浅薄。或许从最初选择法学之日起，我就已然明白，法学之于我是终生追求的信仰。无论现实存在的种种与理论无奈的相悖，我仍会静静地守候内心的那一份执着，追寻我纯真的法学之梦。

Absolute Neutrality Between the Prosecution and the Defense Interpret the Evidence Preservation Notarization of Attorneys

Abstract: The article take the "American movie Anatomy" as the carrier of analysis, interpreting the special circumstances of F during Prosecution Association in the American judicial activities through the up and down storyline, which depends on the tireless neutrality of the notary, and the judge. At the same time, the article will analyze the current application situation of Evidence Preservation Notarization in China as well as some restricted factors, so as to appeal to perfecting the Chinese notarization system as soon as possible for achieving the truly independence of notary fiduciary authority.

评论与随笔

论　坛
花开两头　一枝独秀
——社会治理视域中公证与诉讼保全证据的关系
/ 钱一栋

法言译萃
权利：古与今
/ 薛　骏

评论与随笔

花开两头　一枝独秀[*]

——社会治理视域中公证与诉讼保全证据的关系

钱一栋[**]

概要：

本文从两个方面探讨了公证保全证据与诉讼保全证据的关系：一是两类保全证据活动在社会治理架构中的分工与合作关系；二是相较于诉讼保全证据，公证保全证据具有中立性、广泛性、及时性、专业性的独特优势，进而讨论如何发挥公证保全证据的独特功用。

---

[*] 本文的写作得到了薛凡老师的倾力指导，本文的最初思路以至题目均来自薛凡老师，本文的基本素材主要来自薛凡老师在本校讲授的公证保全证据课程，文章的修改完善也得益于薛凡老师的指点，在此表示感谢。当然文责自负，向来如此。

[**] 复旦大学法学院法学理论专业2013级硕士研究生，《公证研讨》编辑。

司法视野中的公证保全证据

目次

一、两类保全证据概念之界定
二、社会治理架构中的公证保全证据与诉讼保全证据
（一）国家与市民社会——讨论社会治理架构的前提
（二）公证与市民社会的内在关联
（三）公证，亦公亦私？
（四）社会治理视域中的公证
（五）公证保全证据在社会治理中的独特地位
三、公证保全证据较之诉讼保全证据的独特优势
（一）中立性
（二）广泛性
（三）及时性
（四）专业性
四、发挥公证保全证据的独特功用

一、两类保全证据概念之界定

在我国的制度安排中，保全证据主要分为诉讼保全证据和公证保全证据。保全证据是指当证据有变形或灭失的危险时，相关主体采取措施进行提取、固定和保存的活动。诉讼保全证据和公证保全证据的区别主要在于保全主体的不同，前者为法院，后者为公证机构。

诉讼保全证据是我们较为熟悉的一类保全证据，《民事诉讼法》第 81 条规定：

> 在证据可能灭失或者以后难以取得的情况下，当事人可以在诉讼过程中向人民法院申请保全证据，人民法院也可以主动采取保全措施。因情况紧急，在证据可能灭失或者以后难以取得的情况下，利害关系人可以在提起诉讼或者申请仲裁前向证据所在地、被申请人住所地或者对案件有管辖权的人民法院申请保全证据。证据保全的其他程序，参照适用本法第九章保全的有关规定。

可见，人民法院在诉前或诉中可根据当事人的申请保全证据；在诉中，人民法院还可主动保全证据。

至于公证保全证据，《公证法》第 11 条规定：

> 根据自然人、法人或者其他组织的申请，公证机构办理下列公证事项：……（九）保全证据；……

可见，保全证据是公证机构的合法公证事项，但必须根据自然人、法人或者其他组织的申请进行，具有被动的特性，当然这并不妨碍公证人主动提示当事人申请办理公证保全证据。

在一般的公证证明行为中，公证人的角色是消极被动的，不参与证据的形成，而只是"置身事外"地证明证据，"即申请办理公证的当事人申请办理公证并提交证据材料，公证人受理后进行核查，再出具公证书证明所公证的事项真实、合法，从而完成整个公证程序"[1]；公证保全证据业务的独特性就在于，公证人积极地"置身事内"参与了证据的形成，公证人自身的行为成了证明对象的内在组成部分。[2]

社会和公证人自身对公证的固有印象往往是消极被动的证明，因此，对于这类习惯认知，要求公证人"置身事内"进行保全证据带来了深切的困惑：为什么人们需要公证保全证据？相比于其他类型的证据，尤其是已有的诉讼保全证据，它有何种独特的功用？这种独特功用如何在当代中国的社会治理架构中得到发挥？这是本文所致力于探讨的问题。

二、社会治理架构中的公证保全证据与诉讼保全证据

美国法学家埃尔曼尝言："公证人……居于市民生活千事万物之开端与终点，恰如教士在宗教秩序中之地位。"[3] 回溯公证在全球尤其是大陆法系国家和地区的发展历史，我们发现，埃尔曼的话并不夸张。

1　薛凡：《照亮边界——公证保全证据活动行为准则司法观点的展开》，载徐昕、黄群、薛凡主编：《公证的中国进路》（《司法》丛刊第6辑），厦门大学出版社2011年版。

2　"置身事外"与"置身事内"是薛凡老师在本校讲授公证保全证据课程时对两类不同的公证证明行为的精辟概括。

3　[美] H.W. 埃尔曼著：《比较法律文化》，贺卫方、高鸿钧译，三联书店1990年版，第111～112页。

（一）国家与市民社会[4]——讨论社会治理架构的前提

一般认为，市民社会（civil society）[5]是与国家相对的一个概念。在中世纪，出现了从封建关系中游离出来的，在城市中取得自由身份的市民阶层（或称第三阶级、资产阶级）。市民之间相互平等自由，从事商品经济，他们之间的相互关系即"市民社会"。

---

[4] 关于"国家和市民社会"这一理论框架，受制于本文主题，笔者不作详细的理论梳理，在此只简要作些说明。在中国改革开放之后，当市民社会真正成了现实中的重要存在时，市民社会理论已经不仅仅是理论存在，而能真正咬合现实、释放出它的解释能量。此外，海外汉学对国家—市民社会框架的利用、哈贝马斯关于公共领域的论述等也深深影响了中国学界。由于上述原因的共同作用，国家—市民社会这一理论框架在20世纪80年代之后的中国学界受到极大关注，主要研究者有汪晖（与陈燕谷合编：《文化与公共性》，三联书店2005年版）、邓正来（见氏著：《国家与社会》，北京大学出版社2008年版）等；在法学界，黄宗智（见氏著：《清代的法律、社会与文化：民法的表达与实践》，上海书店出版社2001年版）、梁治平（见氏著：《清代习惯法：社会与国家》，中国政法大学出版社1996年版）等主要在对清代习惯法的研究中对这一理论框架作了相当重要的探讨，强世功（见氏著：《法制与治理：国家转型中的法律》，中国政法大学出版社2003年版）则从理论上专门分析了这一理论框架。笔者在此问题上的基本立场是，该理论框架对我们的相关研究具有启发性，但不能直接套用该理论框架，每一国家、每一历史时期的国家—市民社会——如果存在的话——都有其独特性，因此，在用这一框架分析改革开放后的中国时，必须对其作历史化、中国化的诠释。

[5] "社会"一词起源于罗马，即拉丁文societas，其最初含义是"人民之间为了一个特定的目标而结成的联盟。"（[美]汉娜·阿伦特著：《人的境况》，王寅丽译，上海人民出版社2009年版，第15页）在古希腊不存在和"社会"相对应的概念，古希腊政治哲学中最基本的一对概念是"政治"与"家政"。"政治"是公共领域，公民在广场上、议会里通过辩论、演讲等活动展现自己的卓越（希腊文：arete）；"家政"一词是"经济（economy）"的希腊词源，"家政"是私人领域，其意义在于满足人的自然生命的维续。从"家政"的束缚中解脱出来、参与"政治"即是希腊意义上的自由。经由古典晚期到中世纪的历史变迁，"政治"与"家政"的关系被打破。中世纪的封建领主、行业协会等是以家政的方式来理解自身的，社会的特征在于化私为公，"社会（society）——家务管理及其活动、问题和组织化设计——从被遮蔽的家庭内部浮现出来，进入公共领域的光天化日之下，这不仅模糊了私人和政治之间的古老界限，而且使两个词的意思变得几乎不可辨认……"（同前引阿伦特书，第24页）社会是私人领域的公共化，政治消失在家政中，而家政本身又公共化了，于是，社会的出现同时取代了希腊意义上的"政治"与"家政"。当然，不必迟至中世纪，古罗马即已出现了社会的因素。

作为对市民社会概念的界定作出开创性贡献的哲人，黑格尔将市民社会定义为一个由独立个体组成的"需要的体系"，其中的人关注的是特殊性的个人私利。[6]因此，国家与市民社会的本质不同在于，"市民社会的所有活动追求的是以个人私欲为目的的特殊利益，是人们凭借契约性规则进行活动的私域，个人于此间的身份乃是市民；而国家关心的则是公共的普遍利益，是人们依凭法律和政策进行活动的公域，个人于其间的身份乃是公民。"[7]

古典时代的人们认为，"人类在本性上，也正是一个政治动物"[8]，"政治"因此是一种自然存在。而从中世纪开始，人渐渐将自己理解为"经济动物"，"政治"也不再是自然的，而成了人的创造物。最能表现这种新的理解的便是社会契约论。

近代早期的政治思想都表现为社会契约论的形态，典型的如霍布斯的《利维坦》、洛克的《政府论》（下篇）、卢梭的《社会契约论》、康德的《法的形而上学原理》等[9]，其论证都是从前国家的社会状态出发，通过契约构造出国家。因此，在社会契约论看来，国家只是维护缔约者自由（权利）的工具，国家的权力来自于社会的委托，社会在逻辑和价值上先于国家。国家不具有内在价值；国家本身意味着暴力和强制，政治权力的正当性要由其对社会的作用来论证。对国家性质的社会契约论式的理解正是宣称国家是"必要的恶"，主张"守夜人政府"、"小政府大社会"之类话语的理论预设。

从历史上看，西方世界经历了一个从中世纪开始的、市民社

6　参见［德］黑格尔著：《法哲学原理》，张启泰、范扬译，商务印书馆2010年版，第三篇第二章。

7　邓正来著：《国家与社会》，北京大学出版社2008年版，第34页。

8　亚里士多德著：《政治学》，吴寿彭译，商务印书馆1997年版，1253a3。

9　相应中译本可参见：［英］霍布斯著：《利维坦》，黎思复、黎廷弼译，商务印书馆2013年版；［英］洛克著：《政府论》（下篇），叶启芳、瞿菊农译，商务印书馆2011年版；［法］卢梭著：《社会契约论》，何兆武译，商务印书馆2012年版；［德］康德著：《法的形而上学原理》，沈叔平译，商务印书馆2012年版，更准确的中译本可参见《康德全集》（第6卷），张荣、李秋零译，中国人民大学出版社2010年版，其中的"道德形而上学"前半部分"法权论的形而上学初始基础"。

会不断扩张并最终建立相应国家制度的历史过程。社会契约论无非是对这一历史过程的政治辩护。由此，在现代政治哲学和社会理论中，国家与市民社会成了最基本的概念框架。

新中国建立后，在土改和社会主义改造等一系列运动中，传统社会的基层自治被打破，工商业经济被改造，由此，国家权力深入到了方方面面，自由人逐利的市民社会被挤尽了生存空间。改革开放后，市民社会的成长是国家主动调整治理方式的结果，即从总体性支配[10]——国家几乎垄断全部重要资源——的计划经济时代进入到引入市场机制的改革开放年代。[11]因此，我国改革开放后的市民社会不是自生的，而主要是国家开始主动收敛控制力量、让出生长空间的产物，例如国企改制、取消行政审批等，都是国家力量退出市场的具体步骤。因此，在我国当代的国家—市民社会关系中，在国家依旧保持了强大的调控能力的同时，市民社会的活力也被充分释放了出来。改革开放以来国家与社会关系的这一调整过程对于理解中国公证制度的性质至关重要，也是我们在社会治理的视域中分析公证保全证据活动的基本背景，诚如著名学者孙笑侠教授所言：

> 从新中国建国后公证制度的发展历程来看，公证制度恢复重建之初，公证机关曾为行政机关，公证权可以视为是国家权力的一部分，这是我国公证制度一度所具有的特殊性所在，但是，从公证权的本质而言，公证权是由于中国改革开放以来基于社会结构的变化而由国家让渡给社会的一种公共

10　"总体性支配"这一概念采自渠敬东、周飞舟、应星：《从总体支配到技术治理——基于中国30年改革经验的社会学分析》，载《中国社会科学》2009年第6期，文中对"总体性支配"作了这样的界定："本文所谓'总体性支配'主要是指中国改革前的社会结构的一个基本特征，即国家几乎垄断着全部重要资源，这种资源不仅包括物质财富，也包括人们生存和发展的机会及信息资源。"

11　邓正来将形成中国市民社会雏形的三类原因总结为：第一类为由上而下的国家因素，即国家主动塑造市民社会；第二类为由下而上的社会因素，即国家活动之外的社会成员的创新活动，如个体经济的发展；第三类为由外而内的外部因素，即国际社会对我国市民社会产生的积极影响，见氏著：《国家与社会》，北京大学出版社2008年版，第14～16页。

权力……[12]

（二）公证与市民社会的内在关联

一般认为，公证制度起源于罗马共和国末期的"达比伦（tabellio；tabelliones；tabellion）"[13]，而众所周知，共和国末期的罗马基本完成了"从身份到契约"的人格转换，出现了繁茂的商品经济和市民社会空间。可见，公证制度在西方法律最重要的源头——罗马法——中就与市民社会密不可分了，马克斯·韦伯在研究中世纪法时发现：

> ……意大利公证人……曾在商法发展方面起到极重要作用。在中世纪意大利那些迅速发展的城市里，公证人形成一个由法律贤人组成的地位团体，他们组成同业公会，并成为统治城市的资产阶级的一个重要分支。在这些城市内部和城市之间日益活跃的商业活动中，公众法庭宁愿使用证据文书，而不使用其他非理性证明手段，而这些公证人在使用证据文书的法律实践中，就发挥了决定性影响。在这样做的时候，他们运用罗马法……这样，意大利公证人就和大学一道，成为传播罗马法的启动者，并使其最后传布欧洲大陆乃至更远之处。[14]

可见，意大利公证人登上历史舞台的背景即是中世纪城市生

---

12 张宇衡：《社会结构演变对于公证权性质的影响——访孙笑侠教授》，载《公证研讨》2014年第1期。

13 参见郑云鹏：《世界主要国家与地区公证制度之设计及功能》，载徐昕、黄群、薛凡主编：《公证的中国进路》（《司法》丛刊第6辑），厦门大学出版社2011年版。

14 [美]本·迪克斯著：《马克斯·韦伯：思想肖像》，刘北成等译，上海人民出版社2002年版，第443页。

活的复兴、市民社会的兴起。诚如伯尔曼等学者所指出的[15],作为一个连续传统的现代法律——至少是大陆法系国家和地区的现代法律传统——正源于中世纪市民社会和罗马法的复兴,公证制度的发展和成熟也是这一历史进程的一部分,而我国改革开放后公证制度的重建也与市场经济的发展及市民社会的兴起密不可分。

公证与市民社会的这种联系不是偶然的。传统社会是熟人社会。所谓熟人社会,即内部成员都相互熟悉、知根知底的小范围的地缘血缘共同体,信息在这样小范围的共同体内部中能够充分流通,因此,证明行为可以借助熟人社会内部的密切交往得到实现,而市民社会是由独立自由的逐利个体组成的陌生人社会。陌生人社会地域广、人口多、流动性大,交换关系、地域关系、血缘关系等分化开来,往往要在陌生人之间发生一次性的单一性质的交往关系。因此,有公信力的第三方如公证人是市民社会的交往得以顺利进行的客观条件,于是,每当商品经济发达、市民社会兴起,公证事务也随之兴盛。

(三)公证,亦公亦私?

"公证"一词在英文中为"Notary",法文中为"Notaire",德文中为"Der notar",都是从同一个拉丁词源"notarii"演变而来的,其最初含义是"记录",在字面上并没有直接表达出"公"的意涵,根据王剑先生的研究成果,我国最早出现的现代意义上的公证机构即被命名为"登记所"[16],这是对相关西语概念忠实的字面翻译,

---

15 伯尔曼在《法律与革命》一书导论的开头指出:"曾经有一种称做西方的文明;这种文明发展出了独特的'法律的'制度、价值和概念;这些西方的法律制度、价值和概念被有意识地世代相传数个世纪,由此开始形成了一种'传统';西方法律传统产生于一次革命……",[美]伯尔曼:《法律与革命》(第1卷),贺卫方、高鸿钧、夏勇译,法律出版社2008版,第1页。伯尔曼在此书中将西方界定为11世纪末、12世纪初通过改造古希腊、古罗马和希伯来的思想资源而形成特定文明形态的西欧诸民族,而前述产生了西方法律传统的革命则是指11世纪末由格里高利教皇开启的"教皇革命",对这一观点的详细论述可参见该书第二章"西方法律传统在教皇革命中的起源"。

16 参见王剑:《中国近现代公证制度开端之初考——东省特区及其法院与公证事务的由来》,载《公证研讨》2013年第2期。

司法视野中的公证保全证据

"公证"一词是我国在引入域外公证制度时对相关外语概念的意译[17],这一翻译是一种跨文化诠释,带入了中国思想的前见,体现了中国人对这一制度的自我理解。

据沟口雄三研究,中国的"公"的概念除具有"朝廷、政府、国家"和"公开"的含义外,还有"公正、平等"的含义。[18]显然,"公证"这一名称所想表达的不是"朝廷、政府、国家"这类"公"权力的证明活动,而是强调这一证明活动是"公平、平等"的,此外也表达了这一证明活动所具有的"公开、公示"的功能意涵。

当然,我们无法仅仅从公证的名称理解其性质,而必须在国家—市民社会的理论框架中作更为具体的探讨。需要说明的是,国家—市民社会这一理论框架也可用"公"和"私"这一对概念来理解,例如前引邓正来对国家和市民社会的界定就是将国家归为"公域",市民社会归为"私域"[19];小穆勒的《论自由》[20](On Liberty,严复将之意译为《群己权界论》)强调,公域(public sphere)讲权力,私域(private sphere)曰权利,公域讲民主,私域言自由,两者之间的界限就是群己权界,这一分析同样依托于国家—市民社会的理论框架。国家—市民社会在粗略的意义上可以等同为公域—私域,这里的"公"和"私"是"域"(sphere)意义上的;但"公证"之"公"与"域"的空间隐喻无关,而主要表达"公正、平等"的道德理念,与之相对的是"私"则是"谋私、偏私"。

国家与市民社会对应于法律中的公法与私法。私法的作用在于维护市民社会的自由,这一自由表现为排除国家的干预,放任

---

17 根据王剑的研究,1911年清政府颁布的《钦定大清刑律》第362条中最早出现了"公证"一词,参见王剑:《中国近现代公证制度开端之初考——东省特区及其法院与公证事务的由来》,载《公证研讨》2013年第2期。

18 参见[日]沟口雄三著:《中国思想史:宋代至近代》,龚颖、赵士林等译,三联书店2014年版,第252页,对此问题的更为详尽的探讨可参见沟口雄三著:《中国的公与私》,郑静译,三联书店2011年版。

19 参见注8。

20 小穆勒的《On Liberty》一书最早由严复于1903年译成中文,名为《群己权界论》,可参见[英]穆勒著:《群己权界论》,严复译,商务印书馆1981年版;较为通行的中译本为[英]穆勒著:《论自由》,许宝骙译,商务印书馆2014年版。

个人利用市场机制安排自己的生活；公法则用来规范国家，牵制行政力量。当然，任何概念的两分都是权宜之计，现实世界中的事物都是混沌不清的。在国家与市民社会的理论框架中，公证遇到了叙述的困境：公证显然不是国家行为，但也与纯粹逐利的市场行为不同，似乎有着亦公亦私的属性。

现代各国的公证体制大致可分为三种类型：一是以法国、西班牙、意大利、荷兰等大陆法系国家为代表的公证人事务所；二是以前苏联、东欧各社会主义国家和中国为代表的由国家设立的公证处；三是德国、俄罗斯以及台湾地区的官方公证人和民间公证人并存的模式。[21]

具体到我国，1951年中央人民政府公布《中华人民共和国人民法院暂行组织条例》[22]，其中第12条规定：

> 县级人民法院管辖下列事件：
> ……
> 四、公证及其他法令所定非讼事件。
> ……
> 第20条规定：
> 中央及大行政区直辖市人民法院管辖下列事件：
> ……
> 七、公证及其他法令所定非讼事件。

从上述规定可以看出，在新中国建立初年，公证事件归人民法院管辖。1956年，经国务院批准在地方设立由司法行政机关主管的公证处。1959年司法部被撤，公证工作重新划归人民法院管理。可见，这一时期的公证制度几经变革，但办理公证事务的机构基本属于国家机关。

---

21 这里参考了薛凡老师在华东政法大学授课的讲稿《公证制度与公证人的成长——比较法视角的前瞻思考》，未刊稿。

22 《中华人民共和国人民法院暂行组织条例》于1951年9月3日中央人民政府委员会第十二次会议通过，同年9月4日中央人民政府公布。

司法视野中的公证保全证据

改革开放后，1982年国务院颁布《中华人民共和国公证暂行条例》，其中第3条规定：

> 公证处是国家公证机关。公证处应当通过公证活动，教育公民遵守法律，维护社会主义法制。

可见，无论建国初年还是改革开放初期公证制度恢复之后，公证机构都是作为国家机关存在的，这一状况一直延续到了2000年。

2000年，国务院批准了司法部《关于深化公证工作改革的方案》，这一对当代中国公证制度改革具有划时代意义的文件明确规定：

> 建立与市场经济体制相适应的公证机构……现有行政体制的公证处要尽快改为事业体制。改制的公证处应成为执行国家公证职能、自主开展业务、独立承担责任、按市场规律和自律机制运行的公益性、非营利的事业法人。今后，不再审批设立行政体制的公证机构。

2005年颁布的《公证法》第6条也就公证机构的性质作出了相关规定：

> 公证机构是依法设立，不以营利为目的，依法独立行使公证职能、承担民事责任的证明机构。

现阶段，我国的公证体制处于事业单位、行政机关、公证人合作体制三者并存的局面，但从前引《关于深化公证工作改革的方案》和《公证法》的规定来看，公证行业去行政化、实现社会化的趋势已经明朗。

通过以上梳理我们看到，在公证的制度安排上，不同国家、不同历史时期并没有统一的做法，有的强调国家控制，有的偏于社会自治，但无论如何，公证既不同于法院、检察院等国家机关，是毫无疑问的公权力；也不同于律师，是市民社会中独立自主的职业；公证带有亦公亦私的性质，处在公与私两个领域中间的暧昧地带。这也给相关理论探讨带来了困难：公证究竟是公权力，还是社会权力，抑或准公权力、社会公共权力？公证机构是国家机关还是纯粹的市场主体，抑或社会中介组织？

德科尔[23]先生认为，公证人是由国家控制的公务助理——并不是国家机关，但受国家控制，不完全服从市场逻辑；[24]我国学者对此问题也有精辟的论述，如孙笑侠教授认为，公证具有社会性和公共性，是一种社会公共权力。[25]前引《公证法》第6条对我国公证机构的性质作出了明确的界定，其中"依法独立行使公证职能、承担民事责任"表明了公证的社会性（非国家性）；"不以营利为目的"表明了公证的公共性，孙笑侠教授将公证界定为社会公共权力是非常准确的，当然正如论者所言，"考虑国情首要的一个就是要看到我国的公证制度是在借鉴前苏联模式的基础上逐步建立起来的，这种公证制度带有浓重的前苏联时期国家包揽一切、社会自治性较弱背景下公证制度的色彩。"[26]从实然层面讲，在我国，公证确实带有某种公权力的色彩，这也是一般人对公证的印象，但实然不代表应然。中国共产党十四届三中全会通过的《中共中央关于建立社会主义市场经济体制若干问题的决议》、十五届四中全会通过的《中共中央关于国有企业改革和发展若干重大问题的决定》、十六届六中全会通过的《中共中央关于构建社会主义和谐社会若干重大问题的决定》均明确将公证机构界定为中介组织—社会组织。公证机构作为中介组织—社会组织之一种，其应在国家和市民社会之间起到良好的沟通规制作用，引导市场活力、

23　让－保罗·德科尔，法国马赛市公证人，曾任国际公证联盟主席。
24　参见［法］德科尔：《公证制度：调控与自由之间的合理平衡》，载徐昕、黄群、薛凡主编：《公证的中国进路》（《司法》丛刊第6辑），厦门大学出版社2011年版。
25　参见张宇衡：《社会结构演变对于公证权性质的影响——访孙笑侠教授》，载《公证研讨》2014年第1期。
26　叶青、袁彬、黄莺对话录：《漫谈公证机构性质的选择》，载《公证研讨》2005年第2期。

体现公共利益,这似乎正是公证机构的恰当定位。

总之,公证机构处在国家和以市场为基本运行逻辑的市民社会之间,既不是国家机关,又不完全按市场逻辑运转;既有社会的自由与活力,又体现公益。国家—市民社会、公域与私域之间有时并不存在一条截然两分的界限,公证正处在亦公亦私的交界地带。但在"公正、平等"之"公"和"谋私、偏私"之"私"的意义上,公证人毫无疑问应该站在"公"的一边。

(四)社会治理视域中的公证

社会治理这一概念由"社会"与"治理"两个概念组合而成,而这两个概念在不同理论脉络、话语体系中都有着极为复杂的含义,因此在直接谈论社会治理之前需要先对其进行细致的概念辨析。

中国共产党十八届三中全会通过的《中共中央关于全面深化改革若干重大问题的决定》中提出了"社会治理体制创新"的施政方向。在中国当下的官方话语体系中,与强调"自上而下"的"管理"不同,"治理"强调公共事务管理并非政府之专责,市民社会也应参与其中,正如江必新先生所言:"管理与治理虽非截然对立,但至少有如下显著区别:一是主体不同。管理的主体只是政府,而治理的主体还包括社会组织乃至个人。……二是权源不同。政府的管理权来自于权力机关的授权。……而治理权当中的相当一部分由人民直接行使,这便是所谓的自治、共治。三是运作不同。管理的运作模式是单向的、强制的、刚性的……治理的运作模式是复合的、合作的、包容的,治理行为的合理性受到更多重视,其有效性大大增加。"[27] 简言之,国家不再事必躬亲,而主动让出空间,让市民社会参与治理。

本文对治理(governance)概念的使用受晚年福柯相关分析的影响。[28] 福柯认为,在现代社会,希腊意义上的"家政"被引入了

---

27 江必新:《推进国家治理体系和治理能力现代化》,载《光明日报》2013年11月15日。

28 参见[法]福柯著:《安全、领土和人口》,钱翰、陈晓径译,上海人民出版社2010年版,第4讲。

政治领域，"经济"成了政治的主要关切对象，"治理国家"就意味着在国家的层面应用"家政"手段。本文将当下中国出现的治理看作一种新的治理术，即国家不再事必躬亲，而主要通过社会的规训使个体生命的功用最大化，也即"国家能够把社会纳入到自己的治理视野中，并通过社会来履行国家的治理职能。"[29] 就此而言，本文对治理概念的使用较为宽泛，不仅官方所谓的"治理"是治理，"管理"也是治理——虽然相比之下管理带有更多的传统色彩——从管理到治理的变迁只是治理方式的变迁，官方话语体系中的管理和治理都可视为福柯所谓的现代社会治理方式在具体历史情境下的表现，两者的区别只是知识／权力的更新、治理方式的调整，因而都是从治理的理性算计出发的。[30] 当然笔者在文中也提及了官方话语中的治理概念，但笔者并非简单在官方话语体系中使用这一概念，而是将这一治理话语作为分析的对象。

作为对社会管理的扬弃，社会治理这一概念在中国当下政治语境中的基本内涵是国家治理与市民社会自治共同参与的对社会的治理，社会治理中的"社会"是治理的对象，治理的主体则是国家与市民社会。[31] 必须注意的是，在官方话语体系中，"社会"的含义可能未必等同于市民社会意义上的"社会"，例如中国共产党十八届三中全会通过的《中共中央关于全面深化改革若干重大问题的决定》中提到："加快发展社会主义市场经济、民主政治、先进文化、和谐社会、生态文明"，在此"社会"是一个和经济、政治、文化、生态并列的领域。社会与提供私人产品的经济领域相对，社会领域提供的是公共产品，如治安、教育、卫生乃至道德风气等，因此社会是一个治安、教育、卫生等公共服务发挥作用的领域，也因此社会的治理目标是"和谐"，日常语言中常见

29　强世功著：《惩罚与法治》，法律出版社 2009 年版，第 186 页。

30　也因此，笔者并不想简单提供一种国家强制退场、社会自由兴起的自由主义叙事，社会同样可能是自由的敌人，国家同样可能是自由之友，国家与社会的关系也远为复杂。对意识形态化的自由主义叙事的拒绝能使我们更具现实感地认识改革开放以来治理方式的转变的真正意义。对此问题的详细论述可参见强世功著：《惩罚与法治》，法律出版社 2009 年版。

31　关于当代中国语境中的治理思想的分析可参见李泉著：《治理思想的中国表达》，中央编译出版社 2014 年版。

的"社会环境"、"社会风气"等都是这一意义上的社会。概言之，市民社会意义上的社会主要是从政治哲学、社会理论等学科出发，从分析公私关系的视角切入的分析对象；官方话语体系中的社会主要从不同治理领域的划分着眼，经济、政治、文化是现代以来形成的最大的功能系统[32]，而社会和生态则不具有强烈的功能色彩，而是指人们共同的外部生存环境，其中社会是人为环境，生态是自然环境。

综合以上论点，本文将社会治理界定为国家治理与市民社会自治共同参与对社会的治理，"社会"是治理的对象，治理的目标是通过提供良好的公共服务营造出良好的"社会环境"，治理的主体则是国家与市民社会。

国家治理需要极大的成本，社会自治能够有效减轻国家的治理负担。如前所述，改革开放以来，我国放弃了国家的总体性支配，转而赋予诸领域一定的自主权，释放出了一些自治空间，以此减轻国家的治理负担、释放社会经济的活力。具体到司法领域，国家政法机关不再包揽一切，而赋予市民社会（公证人、律师、仲裁员等）一定的自主权，国家与社会一起参与纠纷解决。

我国司法系统面临着巨大的案件压力，例如，"全国法院审执结案件总量，从2007年的885.1万件，已增加到2011年的1147.9万件，处于稳步上升状态。与之相比，全国法官总数只从18.9万人增加到19.5万人，与1979年相比，仅增加了2.31倍，增幅并不明显。"[33]而我国法官人均办案数量也居于世界前列。根据司法部统计，2013年，全国公证机构办理案件1120万件；另据最高人民法院统计，同一年度各级法院一审审结民商事案件750万件，[34]可以想象，若不存在公证制度，国家司法机关的办案压力

---

32 也即经济、政治、文化是最高层面的系统概念，是"一级概念"，其他具体的系统如金融系统、法律系统、大众文化系统等都是经济、政治、文化的"下级概念"，而经济、政治、文化三者本身却无法再找到更高层次的也即可以包含这三者的，并且还具有分析力的系统概念了。

33 何帆：《法官多少才够用》，载《人民法院报》2013年6月7日。

34 参见薛凡：《一个中国公证人对于法定公证的感悟——在"中法不动产登记与公证研讨会"上的发言》，载《公证研讨》2014年第2期。

将会有多大。《公证法》第1条规定："为规范公证活动，保障公证机构和公证员依法履行职责，预防纠纷，保障自然人、法人或者其他组织的合法权益，制定本法。"可见，"预防纠纷"是国家设计公证制度的意图所在，是公证制度的基本价值。

公证机构是不以营利为目的社会中介组织，具有社会性和公共性；与作为私人产品的律师提供的服务不同，公证业务具有公共产品的色彩；公证具有预防纠纷、参与解决纠纷等功能，显然与营造良好的社会环境相关，也即公证属于社会治理领域。综合公证的这些独特属性，公证机构显然应该在社会治理体制创新中发挥自己的独特作用，其中自然也包括发挥公证保全证据的作用。

（五）公证保全证据在社会治理中的独特地位

如前所述，在我国，存在着两类保全证据，即公证保全证据和诉讼保全证据。作为公证业务的一类，公证保全证据也分享了公证的普遍功用，即预防纠纷、参与解决纠纷，前文已详细论证了这一点。因此，公证保全证据与诉讼保全证据也应在国家—市民社会共同参与的治理架构中分工合作，找到属于自己的恰当位置。

不唯如是，静态的、被动的证明是公证行业的传统业务，谈不上功能创新；公证保全证据则可成为公证行业在"社会治理体制创新"中作出自己独特贡献的一个突破口。

包括公证保全证据在内，公证业务正日益深入和广泛地参与进市民社会的各类交往活动中，起到了预防纠纷、参与解决纠纷的重要作用，是市民社会交往活动顺利进行的润滑剂，公证之所以能发挥预防纠纷、解决纠纷的功能，离不开证据与纠纷的内在联系；众所周知，公证的直接功能即提供具有公信力的证据。纠纷是当事人之间的博弈，当事人往往试图在纠纷中"发挥主观能动性"，以造成对自己更为有利的结果。信息的增加能使博弈结果的可预见性变高，而证据正是纠纷中至关重要的信息，越是关键的证据越能决定纠纷的后果，因此，证据能够缩小纠纷当事人在纠纷中"发挥主观能动性"的余地。证据公信力的大小决定了证据对当事人约束性的大小。有公信力的证据划定了纠纷双方都

有公信力的证据划定了纠纷双方都必须接受的事实前提，当事人只能在证据所塑造的事实面前"表演"，因而，有公信力的证据能使纠纷当事人更为清晰地计算出进行纠纷或进一步扩大纠纷的机会成本，进而有助于当事人在达成妥协的"价码"上取得共识，从而原本可能发生的纠纷被提前制止，此即预防纠纷；可能进一步扩大的纠纷就此结束，此即解决纠纷。公证的这种预防纠纷、解决纠纷的功能尤其体现在公证保全证据上。

必须接受的事实前提，当事人只能在证据所塑造的事实面前"表演"，因而，有公信力的证据能使纠纷当事人更为清晰地计算出进行纠纷或进一步扩大纠纷的机会成本，进而有助于当事人在达成妥协的"价码"上取得共识，从而原本可能发生的纠纷被提前制止，此即预防纠纷；可能进一步扩大的纠纷就此结束，此即解决纠纷。公证的这种预防纠纷、解决纠纷的功能尤其体现在公证保全证据上。公证保全证据可以充分发挥公证人证据专家的角色，帮助缺乏相关法律知识的民众提取、固定和保存证据。一般的公证证明活动解决的只是赋予已经存在或能通过简易程序即能产生的证据以更高的公信力，而公证保全证据则使证据从无到有，并且这种证据的从无到有往往不是一般民众自己所能为的，必须借助法律职业人的帮助才能"生产"出来，公证人正是处理此类问题最重要的法律职业人。

就公证作为诉讼的前置程序而言，公证保全证据能为司法机关提供可靠的证据，减轻司法机关的取证压力，成为一般民众和司法机关都能接受的"事实提供者"，在国家和市民社会之间起到良好的沟通规制作用。

三、公证保全证据的独特优势

公证保全证据与诉讼保全证据在国家—社会共同参与的治理架构中都有自己的位置，这是公证保全证据存在的理由之一，此即"花开两头"；另一理由在于，公证保全证据相比于诉讼保全证据更具有自己的独特优势，此即"一枝独秀"。本章将集中探讨公证保全证据的独特优势。

（一）中立性

中立性是公证的基本属性，"全世界所有的公证法都规定公证人有义务为当事人提供咨询，使当事人弄明白，并向当事人解释法律和专业术语，涉及各方面利益的时候要保持中立的立场等等。"[35] 相较于诉讼保全证据，公证保全证据的中立性是其最大的优势所在。

1. 中立性概念之辨析

中立性与客观性是亲缘概念。客观性更多侧重认识论层面，其对立概念是"主观性"。在对认识活动的朴素思考中，真理被认为是主观认识与客观现实的符合。认识主体自身的情感、偏好、文化背景等等会扭曲对客体的认识，只有完全排除认识主体的特殊性，单纯依靠正常的感觉，客体才会向我们显现其性质。这种展现和特定主体无关，而完全是客体本身的性质，因而是客观的；客体的性质是稳定的，只要排除认识过程中的主观因素，客体可以重复向我们展现其性质，因而客观性也便意味着普遍必然性。相比之下，中立性这一概念内含有明确的价值尺度——中立不仅是一种单纯的认识立场，而首先表达了一种不偏不倚的价值立场。因此，与中立相对立的概念是"谋私"、"偏私"、"徇私"等，中立性的深层意涵是"公平、平等"。中立性的这一深层意涵不仅符合我们日常语言的语感，不仅出现在辞书的解释中，更体现在作为法言法语的中立性的固有用法当中，例如最高人民法院2010年修订后重新发布《法官职业道德基本准则》第13条规定：

> 自觉遵守司法回避制度，审理案件保持中立公正的立场，平等对待当事人和其他诉讼参与人，不偏袒或歧视任何一方当事人，不私自单独会见当事人及其代理人、辩护人。

显然，"中立"与"公正"在此作为近义词并用，对其的解释——"平等对待"、"不偏袒或歧视"、"不私自单独会见"——都表达了不"偏私"的色彩。

综上，中立性间接表达了客观的内在要求，即不让认识主体

---

35 ［瑞士］米歇尔·麦罗蒂：《律师与公证行业能否并存》，载徐昕、黄群、薛凡主编：《公证的中国进路》（《司法》丛刊第6辑），厦门大学出版社2011年版。

的主观偏私影响对客观对象的判断；中立性也是作为抽象概念的公正的一种具体表现，即不偏不倚的立场。可见，中立性兼有"客观"和"公正"的意涵。

2. 诉讼保全证据的"中立性危机"

中立性也是法官的重要品性，如回避制度的目的就在于使法官保持中立，前引《法官职业道德基本准则》第13条对此作出了明确规定。

在诉讼中，存在着利益相互冲突的双方，诉讼保全证据可能给法官的偏私提供了操作空间，尤其是当法官不可避免地诉诸自由心证时，更会有许多说不清道不明，或自觉或不自觉，或真或假的偏私存在。因此，法官进行诉讼保全证据容易使当事人对法官的中立性产生怀疑。就此而言，公证保全证据不仅可以分担法院的业务压力，还可以缓解法官的"中立性危机"，避免使法官陷入尴尬的境地。

3. 公证保全证据在中立性上的相对优势

客观而言，公证保全证据在中立性上也确实优于诉讼保全证据。

在进行公证保全证据时，一般不存在利益冲突的双方、不存在复杂的争端，而只存在公证保全证据的申请人和公证人。因此，公证人在进行公证保全证据时的心灵犹如一张白纸，对相关事务并没有太多前见，而在诉中进行诉讼证据保全证据时，法官通常已经将这一证据放在具体争端中进行理解了，相关的前见已经参与进了对证据的判断。就此而言，公证保全证据相比诉讼保全证据可能更为客观。

在我国，法院是国家机关，法官审理案件时政策层面的考量难免会渗入进法律推理的过程中，而公证人未必有这样明确的体制身份和职业任务，因此能更超脱、更公正地——也即仅仅以事实和法律为标准——进行证据的判断。从国家—市民社会的理论视角来说，公证机构的中立性在于其不仅中立于不同私法主体之间，也中立于私法主体与公法主体之间。国家以"公"自居，似乎天然拥有相比于市民社会中的私法主体的道德优越性，但"使天下人不得自私，不得自利，而以我之大私为天下之大公"[36]的现象也并不少见。"天下为公"并不意味着无条件支持"国家之公"，就此而言，公证人在国家和市民社会主体之间的中立性更为深刻地诠释了"公"的意涵。保全证据公证的中立性突出地表现在国家公权力与其他主体存在直接利害关系的情形中，例如在某些执行案件中，法官既是"裁判"又成为了"运动员"，因而容易被认为有徇私舞弊的嫌疑，此时法院往往求助于公证人进行公证保全证据，公证人作为中立于私法主体与公法主体之间的第三方能够证明法官行为的合法性。

综上"客观"与"公正"两个方面可以发现，较之诉讼保全证据，公证保全证据更具中立性。

（二）广泛性

根据《民事诉讼法》第81条规定，人民法院在诉前或诉中可根据当事人的申请进行证据保全；在诉中人民法院可主动采取保全措施。因此，诉讼保全证据具有严格的时间条件，即诉前和诉中。与之相比，公证保全证据完全不受这一限制。[37] 公证活动本身是独立于、外在于诉讼的，虽然公证活动可以对诉讼起到积极的协助作用。对于公证而言，根本无所谓"诉前、诉中、诉后"，盖因"诉前、诉中、诉后"本身预设了一个以诉讼为原点的时间轴，这一时间轴只有在诉讼的视角下才有意义。此外，在诉前向法院申请保全证据，有"因情况紧急，在证据可能灭失或者以后难以取得的情况下"这一限制条件；诉中保全证据也有"在证据可能灭失或者以后难以取得的情况下"这一限制条件。申请公证保全证据则没有这些限制，法律并没有规定专门针对公证保全证据的其他限定条件。可见，公证保全证据的覆盖面更为广泛。

---

36 黄宗羲著：《明夷待访录》，中华书局1981年版，第1页。
37 参见叶青、黄群主编：《中国公证制度研究》，上海社会科学院出版社2004年版，第289页。

公证保全证据不仅保全的覆盖面更广,其在应用上较之诉讼保全证据也更为广泛,"公证保全的证据不仅可以用于诉讼,也可以用于人民调解、仲裁等其他纠纷解决替代方式和程序之中。"[38]

(三)及时性

众所周知,法院业务繁忙,且有节假日、明确的上下班时间等,因此,往往无法及时受理诉讼保全证据,而公证机构的工作时间远为灵活,工作方式也更贴近市场,例如上海市东方公证处可以做到365天24小时办理业务,这一点是法院无法比拟的。考虑到许多证据存在着"即时性"的特点,在一定时间内可能灭失或难以取得,公证保全证据便捷及时的特点是极为重要的。

(四)专业性

法官与公证人都有较高的入职门槛。《法官法》第9条规定:

> 担任法官必须具备下列条件:(一)具有中华人民共和国国籍;(二)年满二十三岁;(三)拥护中华人民共和国宪法;(四)有良好的政治、业务素质和良好的品行;(五)身体健康;(六)高等院校法律专业本科毕业或者高等院校非法律专业本科毕业具有法律专业知识,从事法律工作满二年,其中担任高级人民法院、最高人民法院法官,应当从事法律工作满三年;获得法律专业硕士学位、博士学位或者非法律专业硕士学位、博士学位具有法律专业知识,从事法律工作满一年,其中担任高级人民法院、最高人民法院法官,应当从事法律工作满二年。

《法官法》第12条又规定:

> 初任法官采用严格考核的办法,按照德才兼备的标准,

---

38 张卫平:《论公证证据保全》,载《中外法学》2011年第4期。

从通过国家统一司法考试取得资格，并且具备法官条件的人员中择优提出人选。

《公证法》第18条规定：

> 担任公证员，应当具备下列条件：（一）具有中华人民共和国国籍；（二）年龄二十五周岁以上六十五周岁以下；（三）公道正派，遵纪守法，品行良好；（四）通过国家司法考试；（五）在公证机构实习二年以上或者具有三年以上其他法律职业经历并在公证机构实习一年以上，经考核合格。

对比这几条规定，可以发现，担任公证员的门槛并不比法官低。和法官一样，公证人也是具有较高职业准入条件的法律人，而非只能操办单一的、技术含量低下的证明行为的证明人。

此外，法律人包含了许许多多不同的类型。公证人是法律人中的证据专家，因此在证据领域更具专业性。

综合这两点，可以认为，在保全证据领域，公证保全证据较之诉讼保全证据更具专业性。

四、发挥公证保全证据的独特功用

公证保全证据业务是公证行业在社会治理体制创新中的一个突破口，是发挥公证行业独特功用的重要领域。但公证保全证据功用之发挥也面临着不少障碍，主要有两方面：一是对公证活动的固有观念与公证保全证据的独特性质格格不入；二是公证人的职业技能与公证保全证据的要求有所差距。

（一）更新固有观念

在社会大众、法律同行乃至公证人自己的心目中，公证活动一般都被看作是被动、静态、机械的证明行为，而公证保全证据则强调公证人的积极参与、亲力亲为。[39] 应该承认，对于公证的固有观念确实表达了公证活动在过去和当下的主要特征，而公证保全证据确实是一项新兴的公证业务，它的未来是向着新的经验开放的。

身处在已经把变迁当成常态的现代社会，任何行业既要尊重传统，又不能拘泥于传统，而应在社会发展对行业的要求中发现本行业的新机遇，将本行业的优势能力与社会的现实需要结合起来，创造出新的业务增长点，为自己的发展谋空间，为满足社会现实的需求作贡献。在社会经济活动日益繁复、社会治理体制创新不断推进的今天，公证保全证据正是公证行业以自己的优势能力满足新的现实需求的突破口。

业务的调整首先要求观念的调整，一方面需要公证人自身积极调整对本行业的理解，更加积极地参与进公证保全证据业务中来；另一方面需要公证人积极与法官、律师等法律同行进行沟通，与社会大众沟通，使法律同行和社会大众能正确理解公证保全证据的独特性质和功用，从而为公证保全证据的发展创造良好的外部条件。

（二）提高职业技能

相比于公证行业的传统业务，公证保全证据不仅对专业知识的要求更高，还要求公证人具备对各行各业、对社会生活的健全理解，因此，公证人必须不断提升自己的职业技能，以符合行业发展的新要求。

总之，只有更新观念、创新服务、提升技能，公证人才能以证据专家的形象更为积极地参与进社会治理中去，公证保全证据才能真正发挥自己的独特功用。

39　参见薛凡：《照亮边界——公证保全证据活动行为准则司法观点的展开》，载徐昕、黄群、薛凡主编：《公证的中国进路》（《司法》丛刊第6辑），厦门大学出版社2011年版。

A Thriving Branch Of Flower
——The relationship between evidence preservation notarization and evidence preservation proceeding in horizon of social governance

Abstract: This paper discusses the relationship between evidence preservation notarization and evidence preservation proceeding from two aspects: one is the division of labor relations of these two kinds of preservation of evidence in the governance structure; the other is that compared with evidence preservation proceeding, evidence preservation notarization has its unique advantages, which include neutrality, extensiveness, timeliness, speciality, so that we can see the unique status and important role of notarization of evidence preservation notarization.

作者感言：

本硕都是法学出身，也一直不惮鄙陋，以学术为志业，但几年来都是泛览专业外的"杂书"，学无所本，业无所精，因而时常自问："我要做什么样的法学？"

一直认为，只有从具体生存经验中生长出来的问题才是有价值的，只要有助于解决相关问题的智识资源都是可取的。当然，要做出能真正把握现实逻辑的法学，只能从具体的研究摸索、积累。本文是我第一次深入法律实务之后所写的文章，如果把法学看作一种实践旨趣的技艺之知，这也许算是我的第一篇法学文章。

"我要做什么样的法学？"今天的我依然没有答案。只愿若干年后当我再次看到这篇文章时，会觉得里面的思索虽然幼稚，却也可能种下了将在未来不断成长的思想"种子"。

司法视野中的公证保全证据

权利：古与今*

薛　骏[**]

　　也许是爱好英语和图书信息管理的缘故，笔者对国内外文献中一些具有源头价值的资料不无兴趣，例如权利（rights）一词就有一些经典语句，从中我们可以看到权利这一概念自古至今的演变。

　　1763年，时任英国首相的威廉·皮特（William Pitt）在国会作了一次著名演讲，从中我们可以聆听到"风能进，雨能进，国王不能进"这一耳熟能详的名言：

　　The poorest man may in his cottage bid defiance to all the

---

* 本文汉语译文经钱一栋学友指正，特此致谢。
** 图书信息管理专业出身，现修习英语。

forces of the crown. It may be frail, its roof may shake, the wind may blow through it, the storm may enter, the rain may enter, but the King of England cannot enter.

即使是最贫穷的人，在他的小屋里也敢于对抗国王的权威。小屋可能很破旧，屋顶可能摇摇欲坠；这座小屋风可以吹进来，雨可以打进来，但是国王却不能踏进一步。

时至今日，权利概念历经演进，内涵更为清晰。在由国外诸多行家里手合力编写的《斯坦福哲学百科全书》（*Stanford Encyclopedia of Philosophy*）中，Leif Wenar 对权利概念的解说充分展现了权利在现代社会中的核心价值和地位：

Rights dominate modern understandings of what actions are permissible and which institutions are just. Rights structure the form of governments, the content of laws, and the shape of morality as it is currently perceived. To accept a set of rights is to approve a distribution of freedom and authority, and so to endorse a certain view of what may, must, and must not be done.[1]

在现代社会，权利主宰了关于何种行为可行、何种制度公正的理解。权利建构了政府的结构、法律的内涵以及道德的形态，而这些观念已经成为人们的广泛共识。接受一项权利意味着承认一种对于自由和权威界限的划分方式，并由此确立起一套明确的关于何者可为、何者必为、何者禁为的观念。

1　"Stanford Encyclopedia of Philosophy", Stanford University. July 9, 2007. Retrieved 2009-12-21.

编后小记

未　来
——职业和职业以外之随想
/薛　凡

编后小记

未 来
——职业和职业以外之随想

薛 凡

目次

未来

"但还是要前进"

移动的方向

你是否"只有一种用途"？

"到广阔的世界中去寻求舞台"

"质量是上海的生命"

时刻铭记在心

可能性

"你的脑子一定不能想当然"

人生的两个重要词汇

思想市场

训练有素

"不偏不倚，不懈不休"——日记摘抄

"一刻不敢懒散"

企业成长的三个阶段

司法视野中的公证保全证据

未 来

何为未来？斯坦福大学法学院教授劳伦斯·莱斯格（Lawrence Lessig）在他问世于21世纪初的享有盛誉的著作《思想的未来》（The Future of Ideas）中写道（〈美〉劳伦斯·莱斯格著：《思想的未来》，李旭译，中信出版社2004年版）：

在我们的面前有两种未来。一种是我们正在成就的未来，另一种是我们能够成就的未来。（P.7）

习惯上，人们都愿意相信未来是美好的，并且会在某一个远方静静地、微笑不语地等候着我们，而按照莱斯格的说法，其实我们现在所做的一切正在成就着自己的未来，有一句我喜欢的外国格言是这样讲的，当你开口说出未来这个词的时候，未来已经开始。

（2009年6月25日）

"但还是要前进"

开设在台北地标建筑101大厦内的PAGEONE是一家富有品位的书店，除了出售各类书刊，这家书店还自编了一些小册子供读者取阅，逛书店之时，我读到的一本小册子名为《转折点》，它的装帧朴素大方，内容也很丰富，有的文字不仅令人喜爱，而且值得品味和深思，例如里面有这样一首诗（《转折点》第15期）：

作出决定吧！
虽然很难，
趁着现在不会偏头痛，清醒、果断地选择你想要的。

> 前方没有灯光,但还是要前进;
> 前方没有指示,但还是要前进。
>
> 未知的前方,让人兴奋又恐惧,
> 必须要有信心,否则尚未开始你就已经输了。
>
> 失去就会有所得,转折点就是我最好的借口。

(2009年10月27日于台北)

移动的方向

香港作家思果有一散文名篇题为《移动的方向》(载《新民晚报》1999年8月6日),其中写道:

> 美国名作家何姆斯(Oliver Werdell Holmes,1809—94)说,"人站在哪里无关紧要,紧要的是他朝什么方向移动。"这句话说得妙极。某青年瘦弱、贫穷、没有受过教育,人人可以轻视他。但是他运动、读书有恒心,渐渐身体强壮、学识也丰富起来,收入也增加了。他向前进,这个方向很值得注意,谁也断不定他将来进展到什么程度。
> 换个人,身体结实。受了高等教育,甚至继承了一大笔遗产。可是他过的是荒唐的生活,没有运动,从来不读书,又浪费金钱,嗜赌如命,不事生产。不多久,身体衰弱,知识赶不上时代,钱也花光。
> 这两个人的最初站的地方大不相同,不要紧;随后移动的方向不同,一个建树很多,一个趋向毁灭。
> 古代罗马帝国,一度称霸,可是盛极流于奢逸,渐渐衰微而亡。我们看历史,多少盛衰早有迹象显露,就是向什么

……在这个世界上，重要的不是我们立足于何处，而是我们向什么方向前进。

方向移动。不是向上，就是坠落。人家也一样。勤俭的一定兴，奢逸的一定败。这并没有神秘，说命运也不太妥当，因为理只有一个。

《移动的方向》一文引用的 Holmes 的箴言出自其 1858 年所写的《早餐桌上的独裁者》，整段话视野开阔，显示出崇高信念的力量，原句如下（转引自［美］罗伯特·古德著：《后顾无忧》（第 2 版），徐晓云译，人民邮电出版社 2002 年版）：

> 我发现，在这个世界上，重要的不是我们立足于何处，而是我们向什么方向前进。为了到达天堂之港，我们必须时而顺风，时而逆风——但是我们必须航行，而不是随波逐流或者抛锚。

（2007 年 1 月 1 日）

你是否"只有一种用途"？

波斯纳法官（Judge Richard A Posner）在他的经典名著《法律的经济分析》（ECONOMIC ANALYSIS OF LAW）第一章里论述成本时有一段神来之笔（转引自熊秉元：《究天人之际？》，载《21 世纪经济报道》2002 年 3 月 18 日）：

> 如果某种资源"只有一种用途"，那么，这种资源的价值为零。

波斯纳法官的这段妙文，是用来讲述机会成本（opportunity cost）的，按照他的解释，机会成本"意谓由于将资源使用于某一方面而不能用于其他方面时所放弃的收益"（［美］理查德·A. 波斯纳著：《法律的经济分析》，蒋兆康等译，中国大百科全书出版社1997年版，p.7）。人的一生，职业生涯也好，私生活也好，机会成本如影相随，只不过许多人从未关心过这个术语罢了。波斯纳法官之所以了不起，在于寥寥数语就道破了比机会成本更为深刻的一个问题，那就是，机会成本建筑在资源不止"一种用途"的基础之上，如果某种资源仅有"一种用途"，甚至可能连机会成本也无从谈起，一种资源，一人，一组织，莫不如此。

（2004年6月1日）

"到广阔的世界中去寻求舞台"

作为一本影响广泛的名著，《激荡的百年史——我们的果断措施和奇迹般的转变》（世界知识出版社1980年版）是曾任日本首相的吉田茂为在全球享有盛誉的《大英百科全书》（Encyclopedia Britannica）1967年版补充年鉴撰写的卷首论文，后稍加润色成书。由于是一篇论文，篇幅并不太大，译成中文约六万字，仅是一本薄薄的小册子，但是它的内涵却十分厚重，作者回顾了明治以来日本输入西方文明，成功地实现了现代化并在二战后使经济迅速得到恢复和发展所走过的漫长路程，提出了一些富有价值的想法。

例如，作者坦言"不敢自负"的一段文字，冷静、清醒、客观，令人过目难忘。那是1967年5月，作者在为本书撰写的"序"中回顾了上一年夏天美国大使赖肖尔与其会见时曾对日本倍加赞扬，作者就此回答说："希望不要把日本人捧得太高"，作者并写下了这样一段话：

> 对日本过去的成绩和今天的实力感到自豪和充满信心，在这一点上我也决不后人，但作为一个亲身经历大半个明治以来百年历史的人，我是不敢自负的。

为什么"不敢自负"呢？作者又引申出了一个更有意义的话

题——寻求"机智"。他认为，很大程度上，日本所取得的成就源于日本人具有的"卓越的机智"，同时还有凭借幸运的一面，但是，"机智"与幸运不会赐予自负的人们：

> 但是，"机智"这种东西，和幸运一样，不是信手拈来的，它们好像都是赠给具有卓越的历史敏感并勤奋工作的国民的一种礼物。
>
> 对于那些被胜利冲昏头脑和过分自信自己实力的人们，绝不会赐予这种幸运和"机智"。（P.2）

进而，对于现在和将来而言，什么才是最重要的？作者写下了思考的答案：

> ……最重要的是，抱有理想，并且到广阔的世界中去寻求舞台。（P.95）

（2011年1月1日）

"质量是上海的生命"

1988年12月1日，受时任上海市市长朱镕基的邀请，联邦德国专家威尔纳·格里希在上海全市厂长大会上为1200多名大中型企业的厂长、经理作了关于加强企业管理、提高产品质量的报告。在和厂长、经理们一起听取了格里希的报告后，朱镕基作了讲话，2013年问世的《朱镕基上海讲话实录》（人民出版社、上海人民出版社2013年版）发表了这篇讲话的一部分，题为《质量是上海的生命》，其中讲道：

> 我们要从细微处见精神，一丝不苟，把产品质量搞好，质量是上海的生命。（p.227）

当年，有关部门在整理这一讲话时，曾经有过这样一段历史插曲（王永鉴：《"语文老师"朱镕基——由朱镕基谈"质量是上海的生命"想到的》，载《文汇读书周报》2013年12月20日）：

当时，有关部门把讲话整理成文，讲话录音中有这么一句："我们要从细微处见精神，一丝不苟，把产品质量搞好，质量是上海的生命。"在整理时，"质量是上海的生命"被修改为"质量是上海企业的生命"。朱镕基同志看到后很不满意，在一次会上批评说："哪个自作聪明，给我加了'企业'两个字。我讲的质量，不仅仅是指企业的质量，更指的是各行各业的质量，也包括机关工作质量、文件质量。"

这是朱镕基就"质量是上海的生命"的又一讲话实录，二十多年以后的今天读来，更觉意味深长。

（2014年3月1日）

时刻铭记在心

有一些事，总要时刻铭记在心，例如事关产品质量，不仅仅是产品制造商的责任，政府、社会和民众都应时刻铭记在心，中国国务院副总理吴仪在为 The Wall Street Journal（《华尔街日报》）撰写的一篇文章中这样写道（转引自陈序：《挑剔作为一种异端的权利》，载《东方早报》2007年12月17日）：

我们非常清楚，即使卖出的1万件产品质量都合格，而仅有1件不合格产品流入市场，购买者的利益也会受到损害。中国政府时刻将此铭记于心。

（2007年12月30日）

> 关于可能性的思考其实就是，意识到除了我们正在看到的现实，还有其他可能的现实存在。

可能性

肖恩·埃科尔（Shawn Achor），哈佛大学幸福课程设计者之一，2009 年开始，来到中国为一些企业和企业家进行演讲与咨询，在回顾这些演讲与咨询的经历时，他觉得需要强调一个词：可能性。

2012 年，埃科尔撰写的《快乐竞争力》（THE HAPPINESS ADVANTAGE）在美国行世，当年就出了中文版（师冬平译，中国人民大学出版社 2012 年版），在为中文版所写的序言"快乐是最强的竞争优势"中，埃科尔提醒人们说：

> ……如果要取得我们想达到的任何成就，那就需要非常谨慎地思考自己输入头脑中的究竟是什么。

值得关注的，是埃科尔对可能性所作的描述（出处同上）：

> 人们常常只看到最近发生的事，而忽视了其他。如果连续 10 天都是阴雨绵绵，那么我们会感到仿佛从没见过太阳。当寒冬结束，小鸟又重新开始歌唱时，我们又会想："已经忘记小鸟或者树叶是什么样了。"关于可能性的思考其实就是，意识到除了我们正在看到的现实，还有其他可能的现实存在。

（2012 年 6 月 25 日）

"你的脑子一定不能想当然"

在一个复杂多变的年代，应该如何看待自我和周围的世界？搜狐 CEO 张朝阳对此有一段精辟之论。在一次访谈中，张朝阳强调说，"你的脑子一定不能想当然"，为什么这样说呢？因为，"这个世界往往跟你想的是不一样的"，正是由于如此，"你的学习能力非常重要",张朝阳的原话是这样讲的(荣涌:《张朝阳:孤独的CEO 还是硬撑的商人》,载《文汇报》2002年3月24日):

> ……人就是要不断地学习。在这个时候,你的学习能力非常重要,你的脑子一定不能想当然,这个世界往往跟你想的是不一样的,所以你要非常谦虚地来观察、学习、总结经验。

(2010年10月1日)

> ……你的脑子一定不能想当然,这个世界往往跟你想的是不一样的……

人生的两个重要词汇

人生有哪些词汇最为重要?不同的人自有不同的解答。据闻(记者侯肖林:《远飞者当换其新羽》,载《上海支部生活》2009年12月上),当年CNN(美国有线电视新闻网)名嘴赖瑞金(Larry King)曾经邀请全美43位最精英的人士,一起探讨如何迎接21世纪,结果,赖瑞金发现,这些精英人士提到次数最多的词汇有两个,一个是"改变",一个是"学习"。

(2010年1月1日)

> ……这些精英人士提到次数最多的词汇有两个,一个是"改变",一个是"学习"。

思想市场

2011年12月15日,新制度经济学的创始人、1991年获诺贝尔经济学奖的经济学家罗纳德·哈里·科斯(Ronald H. Coase)通过视频在《财经》年会上致辞,提出了培育"思想市场"的观点,所论富于洞见(科斯:《中国将成为商品生产和思想创造的全球中心》,载《南方周末》2011年12月22日):

> 回顾中国过去三十多年,所取得的成绩令人惊叹不已,往前看,未来光明无量。但是如今的中国经济面临着一个重

要问题，即思想市场还待进一步发育，这是中国经济诸多弊端和险象丛生的根源。开放、自由的思想市场，不能阻止错误思想或邪恶观念的产生，但历史已经表明，就这一方面，压抑思想市场会招致更坏的结果。一个运作良好的思想市场，培育宽容，这是对偏见和自负的有效解毒剂。

在一个开放的社会，错误的思想很少能侵蚀社会的根基，威胁社会稳定。思想市场的发展，将使中国经济的发展以知识为动力，更具可持续性。而更重要的是，通过与多样性的现代世界相互作用和融合，这能使中国复兴和改造其丰富的文化传统。

（2012年1月1日）

训练有素

许多年以后，美国驻华大使馆前武官、海军少将、现美国外交政策分析研究所（IFPA）亚洲安全事务主任麦利凯（ERIC A. McVadon）回忆起冷战期间在美国攻击型航母"香格里拉"号（CVA－38）做助理领航员的经历时，写下了这样一段令人难忘的文字（［美］麦利凯：《快慰平生：我的航母岁月》，单雪菱、阮二双译，《东方早报》2011年8月11日）：

地中海并非总是阳光明媚。在暴风雪的天气里，能见度很低，特别是夜里，想要靠港可没那么容易。每当这个时候，我总庆幸我们拥有一支训练有素的队伍，哪怕狂风暴雪伸手不见五指，也能让航母安全靠港。

（2011年12月1日）

编后小记

"不偏不倚，不懈不休"
——日记摘抄

赴港讲学。

细雨蒙蒙之中，下午近5点抵赤腊角机场，入住宾馆后稍事休息上网，读到本月9日香港终审法院首席法官马道立在2012年法律年度开启典礼上发表的演讲全文，内容精彩纷呈，其中提到整整100年前的今天，也就是1912年1月15日，香港法院大楼正式落成启用之际，出席启用仪式的时任香港总督卢吉爵士曾经有这样一段致辞（《港终审法院首席法官马道立：民事司法制度改革进度令人满意》，香港政府新闻网）：

……纵使其他建筑物不复存在，我们的法院仍将屹立不倒。牢固于基石之上，风吹不动。正如这座大楼所标志着的公义精神一样，尽管日换星移，仍将巍然矗立……往后的首席按察司于此主持聆讯……定会无惧无偏。时代转移，始于今日。各国的宪法或时有变化，世界的版图或时有变更，然而，于未来悠长岁月，这座蒙上双眼，手持天平的公义之像，将年年月月矗立于法院门廊之上，不受世事沧桑变幻所影响；庭院之内，亦将日复一日施行公义，不偏不倚，不懈不休。

（2012年1月15日）

"一刻不敢懒散"

"一刻不敢懒散"，是帕斯捷尔纳克著名诗章中的一句话。提起帕斯捷尔纳克，许多人可能都知道他历时十年完成的那部传世巨著《日瓦戈医生》以及据此改编的同名经典影片，但也许不会有太多的人接触过他的那些同样不朽的诗篇。近阅莫斯科列宁师范大学语文学系教授阿格诺索夫主编的文学史教科书《20世纪俄罗斯文学史》，对帕斯捷尔纳克一些饱含哲理思考的诗作有了一些初步的感悟。

1956年冬，应一家出版社之约，刚刚完成《日瓦戈医生》写作的帕斯捷尔纳克开始编选自己的一部诗集，题名《雨霁》，诗集开篇的那首诗可以视为这位作家文学与人生的宣言，热爱生活、抱有理想的人们，都会从诗中获取无穷的教益（转引自［俄］符·维·阿格诺索夫主编：《20世纪俄罗斯文学》，凌建侯等译，中国人民大学出版社2001年版，第455页）：

　　对一切的一切，
　　我总想寻根问底，
　　无论是工作、是探索道路，
　　还是心境的纷乱阴郁。

　　追究逝去岁月的实质，
　　理出它们的来历，
　　挖到基础、挖到根本，
　　深入核心的奥秘。

　　抓住种种命运与事件的联系，
　　一刻不敢懒散，
　　这样去生活、思考、感受、爱恋，
　　如此去不断追求发现。

（2005年1月1日）

企业成长的三个阶段

Mckinsey有一个很有名的企业成长三阶段理论，事实上，也就是企业成长最佳路径的设计。依照该理论，企业成长的形态可表现为（载《管理科学文摘》2000年第7期）：

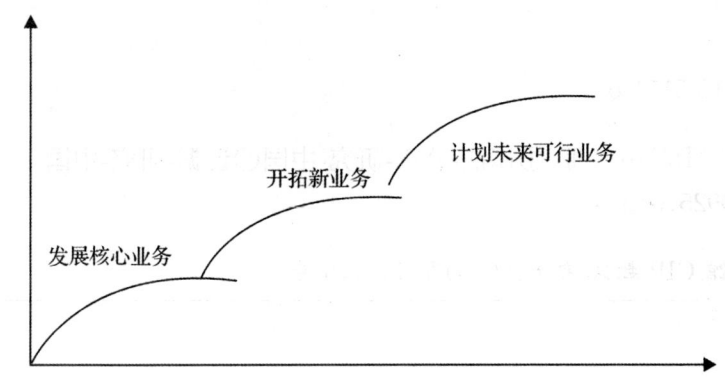

由上图可以归纳出这样几个思路：其一，企业应将发展核心业务列为首要步骤；其二，新业务的拓展一般需具备核心业务呈上升态势这一前提；其三，凡事预则立，因而，在第一和第二阶段之上，还应未雨绸缪，投入精力计划未来可行业务，以确保企业成长的连续性。当然，无论是对新业务还是未来可行业务都应进行市场细分，及时发现其中的核心业务，这又是另外一个有价值的话题了。

（2006年12月1日）

图书在版编目(CIP)数据

司法视野中的公证保全证据/薛凡主编.—厦门:厦门大学出版社,2014.12
(2015.12重印)
(法律实践丛刊)
ISBN 978-7-5615-5151-6

Ⅰ.①司… Ⅱ.①薛… Ⅲ.①司法-公正-研究-中国②证据-研究-中国
Ⅳ.①D926②D925.013.4

中国版本图书馆 CIP 数据核字(2014)第 142179 号

官方合作网络销售商：

厦门大学出版社出版发行

(地址:厦门市软件园二期望海路39号　邮编:361008)
总 编 办 电 话:0592-2182177　传真:0592-2181253
营销中心电话:0592-2184458　传真:0592-2181365
网址:http://www.xmupress.com
邮箱:xmup@xmupress.com

厦门市金凯龙印刷有限公司印刷

2014年12月第1版　2015年12月第2次印刷
开本:720×970　1/16　印张:27.5　插页:2
字数:400千字　　印数:3 001～5 000 册
定价:45.00元

本书如有印装质量问题请直接寄承印厂调换